《中国榜样：永远的雷峰》大型丛书

编委会主任　冷宽　王保安

# 当兵要当雷锋那样的兵

## ——将军和部队士兵漫谈学雷锋

田永清

著

中国财政经济出版社

**图书在版编目（CIP）数据**

当兵要当雷锋那样的兵：将军和部队士兵漫谈学雷锋/田永清著.
—北京：中国财政经济出版社，2013.2
（《中国榜样：永远的雷锋》大型丛书）
ISBN 978-7-5095-4271-2

Ⅰ.①当…　Ⅱ.①田…　Ⅲ.①学习雷锋—学习参考资料
Ⅳ.①D648

中国版本图书馆CIP数据核字（2013）第025879号

责任编辑：周桂元　　责任印制：张　健
封面设计：逸品文化　　版式设计：楠竹文化

中国财政经济出版社 出版
URL：http：//www.cfeph.cn
E—mail：cfeph@cfeph.cn

社址：北京市海淀区阜成路甲28号　邮政编码：100142
营销中心电话：88190406　北京财经书店电话：64033436　84041336
北京中兴印刷有限公司印刷　各地新华书店经销
710×1000毫米　16开　28印张　387 000千字
2013年3月第1版　2013年3月北京第1次印刷
印数：1—5000册　定价：46.00元
ISBN 978-7-5095-4271-2/D·0218
（图书出现印装问题，本社负责调换）
本社质量投诉电话：010-88190744

# 《中国榜样：永远的雷锋》
# 大型丛书编委会

# 总 序

一个人无法选择自己所处的时代，但可以选择自己的人生道路。人所从事的职业可能要双向选择，而人生的态度完全由自己决定。雷锋，一个年轻的士兵，影响了几代人的成长，成为全国人民学习的榜样。50 年来，学雷锋活动经久不息，这足以证明雷锋精神具有多么强大的渗透力和感染力。现在，几乎整个民族都在呼唤雷锋。面对社会上不尽如人意的现象，就是不情愿学习的人，也希望别人都学习雷锋了。更有人说，雷锋精神具有普世价值，是中华民族精神的集中代表，雷锋可做中国人的形象代言人。

在经过 50 年的学雷锋活动后，问起有关雷锋的事迹、雷锋精神的实质，仍有许多人不甚了了。这就促使雷锋的战友们、雷锋的传人们、长期坚持研究雷锋的学者们感叹不已。感叹之余，有了一个共识——组织起来，为全国的学雷锋活动做一点事情：一是还原雷锋，把一个真实可信的雷锋的光辉形象奉献给人们，使更多的人知道一个简单的道理：雷锋的一生是平凡的，谁都可以学习雷锋；雷锋精神是伟大的，谁都需要努力，才能把雷锋精神学到手。二是集 50 年研究成果，把理论层面上对雷锋新的认知告诉人们，使人们从中悟出道理，鼓励人们都来做社会进步的“正能量”。三是针对不同人群，编委会成员多次讨论，力求选准书名和写作内容，就这样，汇集50年的思索和探讨的成果，经过近一年的归纳和整理，就有了这样一套学雷锋的系列读物献给广大读者。这既是献给毛泽东等老一辈革命家为雷锋题词50周年的一份厚礼，更是为贯彻落实党的十八大精神，推动学雷锋活动常态化作出的一份贡献。

这套丛书有以下特点：一是具有权威性。雷锋身边的战友、培养雷锋的领导干部、看着雷锋成长的亲朋好友直接参与写雷锋，是用第一手材料叙述雷锋，其中还纠正了社会上对雷锋不恰当的传闻，还原了雷锋的真实性，维护了雷锋精神的纯洁性。二是具有完整性。有人说，这是一套既用多种形式全面地介绍雷锋事迹、系统地多专题研究雷锋精神的书籍，又是注重研究雷锋精神的时代价值，对当前学雷锋活动常态化提出了建设性意见的读物。三是具有针对性。该大型丛书分别对领导干部、企业家和职工、大学生、部队士兵等不同职业的人群如何结合本职工作学雷锋提出了参考意见，其中不乏独到之处。这些意见和看法在作者所作的多场报告中已与听众形成共识。这是一套值得收藏和系统研读的作品。对不同的读者来说，也是一套可各取所需的读物。

特别应该提到的是，2013年1月12日，中国社会福利基金会学雷锋基金管委会、辽宁省雷锋研究会、中国财政经济出版社在2013北京图书订货会上为本套丛书联合举行的推介会上，雷锋亲密战友乔安山，全国“五一”劳动奖章获得者、全国劳模李素丽，“京城活雷锋”孙茂芳，“雷锋班”现任（第二十五任）班长毕万昌等应邀亲临会场，发表了热情洋溢的讲话。“当代雷锋”郭明义虽未到会，但通过现场连线对出版本套丛书给予了很高的评价。学雷锋基金管委会名誉主任、雷锋生前战友、海军原副政委冷宽中将，学雷锋基金管委会名誉副主任、总参原兵种部政委田永清少将，分别就自己对“雷锋精神”的认识以及对本套丛书的期待作了精彩的发言。媒体及有关领导赞赏出版单位的社会责任感，高度评价图书出版活动传递的“正能量”。

学习雷锋，在于学实质——全心全意为人民服务；学习雷锋，在于行动——一言一行都为别人更幸福；学习雷锋，在于持久——一生一世讲奉献；学习雷锋，要有表率——领导干部应走在前列。

愿这套丛书助大家在追求成功的路上走得更远、更坚实。

衷心感谢在组织编写本套丛书及其开展的相关活动过程中给予我们大力支持和帮助的所有同志。

《中国榜样：永远的雷锋》编委会

2013 年 2 月

# 目 录

## 开篇的话

2012年临近3月5日，由中宣部和中央文明办主办的中国文明网的三位女记者，到我家中采访我。

她们向我提出的第一个问题就是：50年来，你为什么一直坚持学习雷锋、宣传雷锋？

我回答了两个原因：

一是我与雷锋有缘，我们俩是同年出生、同年入伍的。雷锋生于1940年12月18日，我生于1940年12月24日，我们俩都属龙，他比我大六天。雷锋是1960年1月8日参军的，他到的是工程兵部队，我是1960年7月1日参军的，我上的是军校。虽然雷锋生前我无缘与他相见，但是1960年冬天部队开展忆苦思甜教育的时候，我就从《解放军报》上知道了他的大名，了解了他的苦难家史。

二是雷锋是平凡而伟大的共产主义战士，他是我终生学习的光辉榜样。我虽然后来忝列共和国将军阵容，但无论品德、风格还是境界等方面，我与雷锋都相差甚远，根本不能同日而语。正如古人所言；“高山仰止，景行行止。虽不能至，然心向往之。”

人们常说，有时一个人、一本书、一首诗甚至一句话，可能改变甚至决定一个人的命运。对于这种说话，我不但非常赞同，而且深有感触。

回顾我的成长历程，对我产生深远影响的，主要有两个人：一位是老红军、开国中将、百岁老人孙毅，另一位就是平凡而伟大的共产主义战士雷锋。

我应邀到军队和地方一些大学去作报告，大学生经常问我这样一个问题：你原来是一个普通农民的儿子，是一个青年学生，你是怎样成长为共和国将军的?

对此，我总是这样回答：

我之所以能成为共和国将军，是党和军队长期培养教育的结果，其中还有一个重要原因，就是雷锋精神激励了我、教育了我、鼓舞了我。

我这样讲，绝不是随便说的，而是我的心里话。

2011年12月18日，在雷锋诞辰71周年那天，由雷锋生前战友、海军原副政委兼纪委书记冷宽中将等12人，发起成立了中国社会福利基金会学雷锋基金管理委员会，我是发起人之一，并被推选为管委会名誉副主任。

一年来，我们管委会开展了一系列产生广泛影响的活动，包括举办雷锋大型照片展，雷锋日记书法展，学雷锋讲座，雷锋精神文明论坛，接受各种媒体采访等。

在这些活动中，我做了一些微不足道的工作。更重要的是，从大批观众、听众热情的举动中、企盼的眼神中、感人的留言中，我深深体会到，雷锋没有死，雷锋精神永存，我们的时代需要雷锋，我们的人民呼唤雷锋。

记得我们在海南省举办雷锋照片展时，省文明办主任与我们会见，他开头说了这样两句欢迎词：要想身体好，常来海南岛!

我马上回答了这样两句话：人生要成功，一定学雷锋!

2012年8月15日，是雷锋因公殉职50周年，雷锋的第二故乡——辽宁省抚顺市市委、市政府举行了大型公祭活动。冷宽和我等五位将军，怀着激动的心情，应邀参加了这次公祭活动，并再次参观了雷锋纪念馆，受到了深刻的教育。

抚顺市委、市政府提出，要把雷锋精神作为抚顺市的灵魂，要把抚顺市建设成为雷锋城。这个倡议，得到了抚顺市人民群众的热烈响应和积极参与。

在抚顺雷锋纪念馆中，我看到了这样三句话：知雷锋，学雷锋，做雷锋。我觉得这三句话讲得很好，很有道理。

当晚，我们与抚顺市委宣传部和文明办的同志举行座谈。主要围绕两个问题：一是如何做到学雷锋活动常态化，二是为抚顺市建设雷锋城出谋献策。我不揣冒昧，建议在那三句话的基础上，再加上一句话，成为四句话：知雷锋，爱雷锋，学雷锋，做雷锋。我认为，要学雷锋，做雷锋，首先必须知雷锋，这是前提。另外，还必须爱雷锋，不爱雷锋，对雷锋没有感情的人，是绝不会学雷锋、做雷锋的。

中国财政经济出版社和我们学雷锋基金管委会商定，为了纪念毛主席等老一辈革命家为雷锋题词50周年，为了推动学雷锋活动常态化，准备出版一套学雷锋大型系列图书，共20余本。按照商定，由我写两本：一本是《做人要做雷锋那样的人——将军和大学生漫谈学雷锋》，一本是《当兵要当雷锋那样的兵——将军和部队士兵漫谈学雷锋》。

我深感任务光荣、责任重大，又深感时间紧迫、水平有限。

我觉得，写这样两本书，应该回答这样几个问题：

一是雷锋究竟是怎样的一个人？

二是雷锋精神的内涵和实质是什么？

三是现在和今后还要不要学雷锋？

四是向雷锋学些什么？

五是怎样学雷锋？

要回答这样五个问题，谈何容易！

回答这五个问题，如果用答卷式、论文式或教科书式，肯定会是干巴巴的，枯燥无味的。

如果还是讲那些很多人早已耳熟能详的雷锋故事和雷锋日记，那很可能是再炒一次冷饭。据初步统计，50年来由50多家出版社发行的关于雷锋的书籍已多达430多种，2000多万册。《雷锋日记》已发行多达上亿册。

因此，现在写学雷锋的书，必须有新内容、新角度、新形式。

我开始酝酿写这两本书的时候，在2012年9月13日《参考消息》第16版“书海泛舟”栏目中，看到本来是推荐余世雄写的《孩子的竞争力，父母亲最好》这本书的一篇文章，作者却写了这样一段话：

通常，我们喜欢给孩子讲一些空洞的精神，比如学雷锋之类的。雷锋是很伟大，但我们能把“雷锋精神”四个字的细节讲出来吗？能够在孩子的生活中进行很切实的指导，并且给他有助益的体验吗？都说学雷锋，结果没有几个学得像。这不是大家不愿意学，而是大多数人说不出雷锋好在哪里，精神很感动，细节都抓不住，伟大这个东西已经成了一种抽象的精神。父母说不明白的东西，当然很难让孩子理解明白。

这段尖锐的话语，深深地刺激和触动了我。

贺敬之诗云：“我写下这两个字，雷锋。我是在写啊，我们阶级的，整个新一代的，姓名。”

另外，我也非常同意《解放军报》原副总编陶克将军说的一段话（大意）：

现在，雷锋已不是具体指一个人，是我们时代的代表，是许许多多善良人的代表，在很多中国人身上都能看到雷锋的身影。雷锋精神已不是一个人的精神，而是凝聚了千万个中国人的优秀品德，雷锋精神是共同的。

贺敬之的诗句和陶将军的话语，也启发了我，开阔了我的眼界。

我认为，我们现在讲雷锋，讲雷锋精神，讲学雷锋，应该是大概念的“雷锋”，大概念的“雷锋精神”，大概念的“学雷锋”。

根据这些指导思想，我在写这本书时，从内容、角度到形式，都作了一些尝试。有的是新作，有的是旧作。无论是新作还是旧作，都与当代部队士兵学雷锋这个主题有着直接或间接的关系。

下面，我把这几个部分的简单内容和相互关系作个说明：

第一部分，将军与部队士兵漫谈学雷锋。

这部分是本书的主要内容，其篇幅占全书的一半以上，有12万多字。

为了写这部分，我通过电话采访了12位熟悉雷锋的人，他们讲的都是第一手材料，可以告诉你一个真实、立体、鲜活的雷锋。

为了写这部分，我反复重温了党和国家几代主要领导人为雷锋的题词（包括讲话），领袖人物对雷锋的题词，精神是一致的，又是各具特色的。重温他们的题词，可以加深对雷锋精神的理解。

为了写这部分，我又反复学习了雷锋的事迹和雷锋的日记，从中概括出了雷锋精神“十个一”。这“十个一”，最初是刊登在中国文明网上，后来被多家网络转载。

对于现在如何学雷锋，我也谈了自己一些看法。

第二部分，介绍张思德、董存瑞、黄继光、邱少云四位英雄人物的光辉事迹。

我认为，学习革命理论特别是毛主席著作，学习革命先烈和战斗英雄的光辉事迹，是雷锋精神两个主要思想来源。对雷锋产生重大影响的革命先烈和战斗英雄，我们永远不能忘记，而应了解他们的光辉事迹，学习他们的革命精神。

第三部分，讲践行当代革命军人核心价值观。

这本书既适合部队士兵阅读，也适合军校大学生和依托地方重点大学为军队培养的国防生阅读。因此，讲讲践行当代革命军人核心价值观是必要的。

第四至第九部分是根据我的著作《将军与士兵十日谈》（解放军文艺出版社 2002 年版 2008 年第 2 次印刷）的部分内容经少量改写而成的。虽然“偷了一把懒”，但感觉很适合本书，就使用了。其标题分别是：

第四部分，人生最美是军旅　优秀儿女当兵去——和刚入伍的新兵谈心。第五部分，战士追求高素质　当兵就要当好兵——和现役士兵谈心（一）。第六部分，风华正茂是青春　三大课题记在心——和现役士兵谈心（二）。第七部分，自古巾帼多豪杰　谁说女子不如男——和部队女兵谈心。第八部分，士官肩上责任重　建功立业在军营——和部队士官谈心。第九部分，入伍退伍都光荣　广阔天地书鹏程——和退伍老兵谈心。

我在前面讲了，写这本书，我深感任务光荣、责任重大，又深感时间紧迫、水平有限。如果可亲可爱的士兵同志们读了这本书，感到稍微有点收获，我就算没有白白浪费大家的时间和精力了。

我今年 72 周岁了，入党 53 周年了，参军 52 周年了，退休也已 11 周年了。我心中还有三个梦：强国梦、统一梦、百岁梦。

为了实现这三个梦，在有生之年，我一定要继续坚持不懈地学习雷锋、宣传雷锋，并且争取在我离开这个世界后，到天堂上拜访雷锋。我要亲切地叫雷锋一声“小大哥”，并且深情地向他表示感谢和敬意！

为此，我还写了一首小诗：

我与雷锋同年生，
我与雷锋同步行。
雷锋是我好榜样，
我是雷锋老学生。

老学生不见得是好学生，说我是雷锋的老学生，只是为了说明我五十年来一直坚持学雷锋，到了老年还要继续坚持学雷锋。

最后，我想再对士兵同志们讲几句话。

根据我的切身体会和其他同志学雷锋的经验，可以得出这样的结论：

谁学雷锋谁进步，
谁学雷锋谁快乐，
谁学雷锋谁幸福，
谁学雷锋谁成功，
谁学雷锋谁光荣！

可亲可爱的士兵同志们！让我这个年逾“古稀”的退休老兵，与你们携起手来，一起向雷锋同志学习吧！

**田永清**

写于 2012 年 12 月 24 日

第一部分

# 将军和部队士兵漫谈学雷锋

雷锋

# 一

# 告诉你一个真实的雷锋

## ——了解雷锋的12个人谈雷锋

想要学雷锋、做雷锋，首先就要知雷锋、爱雷锋。

怎样才能知雷锋呢？我想无非有这样三条途径：

一是阅读雷锋的故事，了解雷锋短暂一生的人生历程和光辉事迹。这方面的书很多，建议大家认真阅读、学习。有些书也有道听途说、胡编乱造的一些内容，需要认真加以分辨和甄别。

二是阅读雷锋的日记。一个人如果能在历史上留下哪怕是一本书、一篇文章、一首诗甚至一句话，那就了不起！可不要小看了雷锋日记，那既是雷锋成长轨迹的忠实记录，又有雷锋所思所想、所感所悟的许多至理名言。我坚信，雷锋日记中的许多格言警句，既会给现代人以深刻的启示，也必将永远流传于后世。

连毛主席在1963年6月召开的中央杭州会议上，也对中央和地方的高层领导同志这样说道："雷锋同志的日记我看了一部分，看来雷锋同志是懂得哲学、懂得辩证法的。你们看过没有？很值得看一看。"后来毛主席又对他的子女毛岸青、李敏、李讷说："我们要向雷锋同志学习，为人民服务。"毛主席还指出，《雷锋日记》比那些死读书的大学生写的论文强多了，这一点是那些大学生无法比拟的。

《雷锋日记》内容丰富，道理深刻，世界观、人生观、价值观等都有，还有方法论。依我看，《雷锋日记》胜过许多作家大部头的书，胜过许多理论家的长篇大论。读《雷锋日记》，感触颇深，受益极多。年轻人读了会立志，中年人读了会发奋，老年人读了会反思。有的人对

《雷锋日记》不屑一顾，那只能说明他们不是骄傲，就是无知。

三是听了解雷锋的人讲雷锋。只有掌握了第一手材料，你才能知道一个真实的雷锋。在这方面，我有一些便利条件。多年来，我一直坚持学雷锋，去年又开始担任学雷锋基金管委会荣誉副主任，因而我结识了众多了解雷锋的人，其中包括雷锋故乡的人，培养过雷锋的人，和雷锋做过工友的人，和雷锋当过战友的人，还有雷锋当年辅导过的人。这些人，大的已经年过八旬，中的已年逾古稀，最小的也已年近花甲。我与他们都比较熟悉，有的还成了无话不说的好朋友。这里仅举两个例子：

一个是冷宽同志。他退休前是海军副政委兼纪委书记，中将军衔。我认为，在党政军高级领导干部中，最熟悉、最了解雷锋同志的，可能就是冷宽将军了。这是由他的经历决定的。我经常称他为“四老”，哪“四老”呢？一是是老乡，我们都是河北人；二是老大哥，他比我大两岁；三是老朋友，我们来往最多；四是老同学。1997 年下半年我们一起在国防大学研究系学习了 3 个月，在我们数十位同学中，2/3 是正军职以上将军，1/3 是省部级领导干部。从那时以后，我与冷宽将军就成了过从甚密的好朋友。我们经常就一些重大问题，包括如何开展学雷锋问题，交流思想，沟通看法。

再一个是乔安山同志。自从 1997 年放映以他为主人公原型的电影《离开雷锋的日子》之后，他就成为名人了。这十多年来，我们经常一起参加活动，或是一起参加雷锋精神研讨会，或是一起作学雷锋报告。我比他大 1 岁，他和他爱人张淑芹，总是一口一个地叫我“大哥”，连我的姓都不说，显得很亲切。他身体不好，心脏有毛病，我总是告诉他外出要随身带上硝酸甘油。我有什么好衣服，有我 1 件，也总要送给他 1 件。我还经常和他开玩笑，有时甚至说他几句。记得我们参加抚顺市雷锋小学建校 50 周年庆典时，共活动了两天，安排我与乔安山同乘一辆卧车。司机同志一直想与乔安山合个影，但又觉得他是雷锋的亲密战友，是家喻户晓的名人，所以虽然有想法，但总张不开口。司机同志对我讲了，我就喊了乔安山几嗓子：“你算什么名人？赶快下车与司机同志照相！”我这样一说，老乔就乖乖地、乐呵呵地下车，与司机照了合影。

不说这些了，我通过电话采访了了解雷锋的12位同志，并趁热打铁，整理出了采访稿。

下面，大家就看看他们是怎么讲的吧！

雷孟宣：男，雷锋本家、少年时挚友，湖南望城雷锋纪念馆原馆长，现年80岁。

要我说呀，一个“爱”字成就了雷锋。

为什么这样说呢？大家都知道，雷锋苦大仇深，他的父亲、母亲、哥哥、弟弟都是被旧社会迫害致死的，他7岁时变成了一个孤儿。是毛主席、共产党、解放军拯救了他。通过新旧社会对比，他无限热爱毛主席、热爱共产党、热爱解放军。他有很强的感恩思想。他把这样的“爱”，体现在对党、对祖国、对人民、对领导、对同志的深厚感情上，落实到他从事的事业上。所以他才能做到干一行、爱一行、专一行、精一行。

雷锋在部队、在地方，都做了大量感人至深的好事。部队有一种说法，叫做“雷锋出差一千里，好事做了一火车”。我们这里也有一种说法，叫做雷锋“走一路，爱一线；住下来，爱一片。”

总之，雷锋是热爱他人也赢得他人热爱的人。

当然了，雷锋也有一个不断成长的过程，所以我们也不能“神化”雷锋。我比他大几岁，他小时候的一些事儿也知道得一清二楚。

新中国成立以后，雷锋的生活好过了，但当时他还是一个一般的人，而且还是一个比较调皮的孩子。比方说吧，有一天他在路上挖了一个洞，用树枝和树叶盖上。当有人走过时，不知道下面有洞，扑通一声就踩进了洞里。

到雷锋岁数大一些了，他和其他年轻人一样，也爱美、追求美。他那时爱穿“列宁装”，把白衬衣的领子翻在外衣上，这样显得醒目、好看。雷锋绝不是一个“苦行僧”，他是一个有血有肉的人，是一个热爱生活的人。

冯健：女，在少年时雷锋称她“姐”，她是劳动模范，人称“养猪姑娘”，曾受到毛主席、周总理3次接见，退休前为湖南省总工会副主席，现年75岁。

我年轻的时候，是个知识青年。为了响应党的号召，我就回乡在农业合作社养猪。养了好多猪，还养得很好。开始我还有点不好意思，觉得一个女孩子养猪，面子不好看。后来我就想通了，还被评为了劳动模范，曾三次进北京，到天安门、大会堂，受到毛主席、周总理亲切接见。雷锋知道了，就老缠着我问：“你真的到北京了吗？真的见到毛主席、周总理了吗？毛主席穿什么衣服呀？他老人家还说我们湖南话吗？”

我觉得雷锋特别热爱毛主席、热爱共产党。他有一种很强烈的英模情结，他总想着自己以后也能成为英模，受到毛主席、周总理的接见。据我所知，雷锋到鞍钢当工人之前，还专门抽时间去了一趟韶山，瞻仰了毛主席故居和纪念馆。

你问我雷锋是个什么样的人，我说下面这么三点：

一、雷锋是个具有高尚道德情操的人。

他为党、为人民、为社会作出了很大贡献，做了很多好事。他心里老想着别人，很少想到自己。记得当时我们都读了吴运铎撰写的自传体小说《把一切献给党》这本书，并且交流过学习心得。从那时开始，我们都下定决心：把一切献给党。雷锋不但热爱党、热爱人民、热爱新社会，感谢党、感谢人民、感谢新社会，而且以实际行动报答党、报答人民、报答新社会。

二、雷锋是个热爱学习的人。

那个时候的雷锋，总是身不离书、手不离笔。对于看书学习，他真是做到了如饥似渴、废寝忘食、锲而不舍。他不只是向书本学习，向革命先烈学习，向先进人物学习，还注意向身边的人学习，谁哪一方面好，雷锋就向谁哪一方面学习。他不只学理论、学文化，还特别注意学技术，他是我们县的第一位拖拉机手呀！现在不是提倡建设学习型政党、学习型社会嘛，要我说呀，雷锋当年就是一位学习型青年，他是一个自学成才的人。

三、雷锋是个勇于攀登高峰的人。

雷锋志存高远，有远大理想，同时又脚踏实地，不骄不躁，不断给自己提出新的奋斗目标，终于成为平凡而伟大的共产主义战士。

雷锋离开湖南之前，给我写下了这样的赠言："冯健姐姐，我永远向你学习，为共产主义奋斗终生"。我和雷锋以姐弟相称，我们之间有很深厚、很纯洁的感情和友谊。我永远忘不了雷锋，他是我终生学习的榜样。

这里，作为附录，加上雷锋另一个工友王佩玲（女，另用名黄丽）致雷锋的临别赠言。

亲如同胞的小雷弟弟：

你勇敢聪明，有智慧，有远见，思想明朗，看问题全面，天真活泼，令人可爱。你有内在的美和外在的美。对任何同志都抱着极其信任的态度，等等。这一切结合起来，才算得我心爱的弟弟……

弟弟，你值得人羡慕的还多着哩，是青年中少有的，在建设社会主义中是会做出很大的贡献的。你的干劲和钻劲使你勇往直前。希望你在建设共产主义的事业中把你的光与热发遍全中国、全世界，让人们都知道你的名字，使人们都热爱你、敬佩你。弟弟，希望你实现姐姐的希望。

在临别之前，要把我内心的千言万语说完是办不到的。我是不愿弟弟离开的，但祖国钢都需要你和等着你呢。弟弟，前进吧！前途是伟大的、光明的。姐因文化太低，不能把我内心想说的都写出来，只好就此停笔吧。

你姐　黄丽

1958 年 11 月 9 日

这位王佩玲同志真是一位预言家，在雷锋还没有出名之前，她就预测到全中国、全世界都会知道雷锋的名字，都会热爱他、敬佩他。作出这样准确的预测，可谓慧眼识珠、实属不易呀！

我没有见过王佩玲同志，但曾当面问过冯健大姐，王佩玲何以能作出这样准确的预测？冯健大姐说，雷锋不但苦大仇深，而且具有远大理想，他热爱学习，善于思考，老是做好事。当时我们就觉得雷锋与众不同，将来会成就一番事业。所以，王佩玲的预测，也代表了我们大家的看法。

陈雅娟：女，雷锋当年辅导过的红领巾，退休前任抚顺烟草专卖局副局长，现年 63 岁。

雷锋叔叔当年给我们学校当校外辅导员的时候，我在抚顺市望花区本溪路小学上五年级。雷锋经常给我们讲革命故事，辅导我们学文化。我们都很热爱雷锋、敬佩雷锋。

我当时就觉得雷锋热爱生活、懂得感恩。他无论做什么，都全力以赴，争取做到最好。

雷锋多才多艺。1962 年春节，我们一群红领巾到雷锋连队联欢，我亲耳听到雷锋唱了湖南小调，他还会拉二胡、拉手风琴。我还看过雷锋打篮球，他个子最小，喊声最响，在高个子中间钻来钻去，打得可欢啦！雷锋还喜欢照相，他有很多照片，留下了许多美好的回忆。

我在与雷锋多次接触中，感到他的言行有“三快”：一是说话快，他的语速很快，湖南口音比较重，因此他说话时，我们总是说，雷锋叔叔你慢慢说；二是走路快，他扎着腰带，斜背挎包，昂首阔步，走起路来像一阵风；三是办事快，他赠给我们红领巾“三件宝”（针线包、储蓄箱、节约箱），说办就办，很快就落实了。

我记忆最深的一件事情是，有一次我们一群红领巾从部队营房里走出来，雷锋送我们，我们簇拥着他。这时，雷锋问我们：“你们长大了准备干什么呀？”他这一问，我们就七嘴八舌地说开了，有的说当科学家，有的说当文学家，有的说当工程师，有的说当画家，有的说当医生。雷锋听了，对我们说：“你们的理想都不错嘛！人小志大呀！可我问你们一个问题：你们为什么没有人长大了想当工人、农民呢?”雷锋这样一问，我们都不吱声了，不知怎么回答才好。

后来，我读《雷锋日记》，发现雷锋在1961年3月16日的日记中写道：

世界上最光荣的事——劳动。

世界上最体面的人——劳动者。

我觉得，这是雷锋给我们最好的答案。工人、农民是绝大多数的人，是我们国家的主体，我们怎么能看不起工人、农民呢！雷锋教导我们，在做人上不求“高人一等”，但在做事上要力求“出人一头”。

在雷锋精神的感召下，我当了一名女兵。在中苏珍宝岛军事冲突时，我在前线当话务员。气温在零下三四十度哇，又冷又累又危险，可我什么也不怕，那时真是一不怕苦、二不怕死。我还扛过200多斤的麻袋呢，和男兵们比着干！

多年以后，我转业到地方工作，时刻以雷锋为榜样，努力做到一身正气、两袖清风。我当烟草专卖局副局长的时候，查到一些人违法乱纪，我坚持原则、坚决查处。有的人企图贿赂我，我一分钱不要，坚决退了回去。有的人威胁我，我一点也不害怕，坚决顶了回去。

我曾被评为辽宁省学雷锋先进个人、全国烟草系统先进工作者、全国模范转业干部。没有雷锋当年的教导，就没有后来的我。

在我的心目中，雷锋是一位非常可爱可亲的人，是我一生中最难忘的人，是我做人做事的老师和楷模。

孙桂琴：女，雷锋辅导过的红领巾，现任沈阳军区总医院副主任医师，现年59岁。

雷锋叔叔给我们当校外辅导员的时候，我在抚顺市建设街小学上二年级。

在我的心目中，雷锋是一位有理想、有志向、专心为他人着想的大好人。他不是一位理论家，但他确实是一位实干家。

有两件事我至今记忆犹新。

一件事是，有一次雷锋带着我们一群红领巾参加助民劳动，我们这些城市里的孩子可谓“四体不勤、五谷不分”，本来是要我们拔草，结果倒把一些禾苗拔掉了。见此情景，雷锋显得很心痛，带着我们又把禾苗栽了回去。这还不算，雷锋又带着我们站在一起，集体向农民道歉。我们有些不解，雷锋就语重心长地对我们说：“当你们戴着红领巾，把手举过头顶的时候，你们有没有想到人民的利益高于一切？”他这一问，使我们幼小的心灵深感震撼。

还有一件事是，有一次我们帮助一位烈属老太太拉煤，结果满脸满身都沾满了煤末，显得很脏。这时，就有人讥笑我们，还说我们这样干，家长也不会省心。对此，我们感到很委屈，就去找雷锋诉苦。他听后开导我们说：“你们做了好事，就不要计较别人怎么说、怎么看。只要是对人民有利的好事，就一定要坚持做下去！”

这两件事已经过去50多年了，但雷锋说的这两段话，始终像两盏明灯，照耀着我不断前进的征程。我曾荣立两次二等功、三次三等功，获得沈阳军区学雷锋金质奖章。这些荣誉都与当年雷锋对我的教导分不开。

薛三元：男，雷锋当年的排长，退休前任沈阳老龙口酒厂纪委副书记，现年72岁。

很多人问我雷锋究竟是怎样的一个人？我总是回答这么五句话：

第一句话是：雷锋是个开朗活泼、人见人爱的人。

第二句话是：雷锋是个好学上进的人。

第三句话是：雷锋是个助人为乐的人。

第四句话是：雷锋是个兴趣爱好广泛的人，他爱好体育、音乐，还擅长写作。

第五句话是：雷锋是个勇于开展批评与自我批评的人。

雷锋各方面表现都很好，多次立功受奖。我们还经常口头表扬他。当然，他也有一些缺点，比如有时外出做好事没有请假，有时工作方法上显得比较主观。但一经领导指出，他总是虚心接受，坚决改正。

季增：，为雷锋拍照片最多（260 多张）的人，转业后任《承德日报》高级摄影师，享受政府特殊津贴，被中国摄影家协会授予终身成就奖，现年 77 岁。

雷锋当兵的时候，我是团里的摄影员，我也是雷锋做很多好事的直接见证人。现在有些人问，雷锋作为普通士兵，他怎么留下了那么多照片呢？我想，这可能有 3 个方面的原因：

一是雷锋普通又不普通，他苦大仇深，表现又特别突出，是忆苦思甜的典型，又是大家学习的榜样，当然我给他拍照就多了。

二是我们部队有一个很重要的优良传统，就是注意发现、培养、树立和宣传先进典型。雷锋就是这样的人物，所以为他拍照片，也是我们应尽的责任和义务。

三是雷锋是个很爱美很阳光的年轻人，他遇到什么喜事，总喜欢照相留念。比如，他从湖南到鞍钢，路过北京在天安门留下的那两张照片，还有他刚一被批准入伍，带着大红花到照相馆拍的那张照片，就是这样流传下来的。据不完全统计，雷锋自己拍的照片，大概有 60 多张。

我举三个例子吧！

1960 年冬天，根据当时祖国大陆处于经济困难时期，盘踞在台湾的蒋介石又叫嚣“反攻大陆”的情况，我军开展了“两忆三查”活动，其中一项重要内容是忆苦思甜。雷锋第一个走到运输连大会的讲桌前，痛说苦难家史，深深地打动了在场的每一个人，许多人都流下了眼泪。这时，我和当时沈阳军区工程兵宣传处的张峻同志，同时举起相机，为雷锋拍摄了感人至深的照片。

还有雷锋擦拭“解放”牌汽车的那张照片，我说说为什么拍摄这张照片。雷锋平时开的是苏制“嘎斯—51”型汽车，1960 年冬，上级给团里配了一辆拉水用的国产“解放”牌汽车。一个阳光灿烂的上午，我到车队停车场转悠，看到雷锋正在保养那辆车，他时而抬头远望，时而笑容满面，充分展现出他发自内心的幸福和骄傲。我猜想，雷锋看到“解放”两个字，一定是又联想起了新旧社会的对比。对这两个字，他的感受可以说是刻骨铭心的。这时，我赶快按下快门，拍下了那张照片。这张照片刊登在《解放军报》1961 年 2 月号上。

我不否认，个别照片是事后补拍的。负责摄影的同志都知道，在有些时候、有些情况，补拍是允许的、也是必要的。但我负责地表示，我为雷锋拍的每一张照片，都是当时忠实的记录，没有任何一张是无中生有、弄虚作假的。

我以雷锋送一位老大娘找儿子的照片来说明这个问题。

1961 年秋冬之际，雷锋到丹东给部队作报告。回抚顺途中，在沈阳转车。过天桥时，见一位老大娘拿了许多东西，走路很吃力，雷锋便过去主动帮忙。得知老大娘是去抚顺找儿子，正好同路，雷锋便急忙帮着拿东西，扶她上火车，并帮她找座位。一路上，雷锋站在老大娘身边，亲切地问这问那，细心照料。老大娘担心找不到地方，掏出写有儿子地址的信封给雷锋。雷锋安慰大娘说：“您老人家放心吧，到抚顺后我一定帮您找到儿子。”实际上，雷锋对抚顺的一些偏僻街道也不熟悉，他边走边问，几经周折，终于在郊区露天矿的一条小街上，找到了老大娘儿子的家。老大娘感动不已，不停地夸奖雷锋。这时，天色已晚，雷锋急忙赶回了部队。后来，雷锋又去看望老大娘，家里只有老人和她的孙女。这次，我和雷锋一起去了，就为他们三人拍了两张照片。

现在竟然有人说，根本没有老大娘找儿子这回事，连这两张照片也是伪造的，这真是胡说八道！

上面讲了这么多，下面我讲讲在我的心目中，雷锋究竟是个什么样的人。

雷锋是个永不忘本的人。

雷锋是个见先进就学的人。

雷锋是个特别能吃苦、特别能吃亏的人。

雷锋是个时时处处把人民群众放在自己心上的人。

雷锋是个言行一致、说到做到的人。

张兴吉：男，雷锋入伍时的班长，退休前任四川南充供销社土产公司干部，现年 72 岁。

雷锋一到我们班，我就发现他与别的新战士不一样，他表现特别积极、特别突出。我还清楚地记得，他分到班里第二天早晨，大家起来出早操，他早已经在营院里打扫卫生了。

接触时间长了，我发现雷锋有“三勤”：

一是“嘴勤”，我看到他的嘴老是动，但又不出声，经询问才知道，他是在背诵毛主席语录和一些格言警句。

二是“手勤”，雷锋是个闲不住的人，他总做这做那，身上好像总有使不完的劲。

三是“腿勤”，别人有什么事，他很快就赶去帮忙。

在我的心目中，雷锋是个永远不会让人忘记的人，是个有强大精神力量的人，是个既平凡又高尚的人，是个脱离了低级趣味的人，是个值得让人尊敬的人。他还是一个多才多艺的人，他会唱歌，会拉手风琴、拉胡琴。不过实事求是地说，他唱歌时方言比较重，还往往走调。

虞仁昌：男，先后担任过雷锋所在连的副连长、连长，离休前任浙江省东阳市运输公司支部书记，现年 81 岁。

我是 1949 年 5 月参军的，是 1950 年 6 月入党的。我今年 81 岁了，听说你也 72 岁了。雷锋是平凡而伟大的共产主义战士，让我们一起向雷锋同志学习吧！

雷锋是 1960 年 1 月 8 日参军的，当时我任副连长，1 月 17 日是我接雷锋到我们连队的。那一年的 11 月 10 日，我开始当连长，雷锋当副班长、班长，他多次立功受奖，我都是直接的见证人。

1962年8月15日，雷锋因公殉职，他咽最后一口气，心脏停止跳动，都是在我的怀里。当时，我难受极了！心想，这么好的一个战士，还不到22岁，怎么说走就走了呢?!

我当时还关了乔安山3个小时的禁闭，后来就把他放出来了。一是雷锋牺牲是一起意外事故，乔安山和雷锋是同开一辆车的亲密战友，平时他俩关系很好，所以不能追究他的责任。二是因为乔安山心里更难过，怕他想不开，出问题。一个好战士牺牲了，总不能再让另一个战士出什么事吧！

在我的记忆里，雷锋在三个方面表现特别突出：

一是他不忘旧社会的苦，他极端憎恨国民党反动派、憎恨万恶的旧社会，无限热爱毛主席、热爱共产党、热爱解放军。

二是他知恩必报，他认为，为人民服务就是最好的报恩，为共产党、为解放军争光就是最大的报恩。基于这种思想，他就一贯地不停地在军内外做好事。

三是雷锋是个读书明理的人，他很爱学习，很懂道理。你别看他年纪轻轻，可讲起话来却非常精辟，做起事来也非常到位。因此，我们当时的连队干部，都很关心他、喜欢他。

我现在老了，但心里还是经常想，我这一辈子很幸运，也很幸福。我最大的幸运和幸福是，我当连队干部的时候，遇到了雷锋。我这一辈子遇到过很多好人，但我认为最好的好人还是雷锋。

我还经常想，我们敬爱的周总理做到了“鞠躬尽瘁，死而后已”，而雷锋同志则做到了“尽心尽力，死而后已”。

易秀珍：女，与雷锋一起从湖南到鞍钢的工友，退休前为工厂职工，现年71岁。

1958年10月，鞍钢来湖南招工，我从长沙，雷锋从望城，总共400多位同志一起到了鞍钢。

从我与雷锋相识，到他 1960 年 1 月 8 日光荣参军，我算了一下，我们当工友共计 413 天。

你问我对雷锋印象如何，我可以这样如实地说，他的表现相当不错，他就是和一般的人不一样，主要表现在他对学习特别认真，对工作特别负责，对人民特别热爱，对同志特别诚恳。

这方面的情况可能有很多同志讲到了，我就不多说了。我主要讲讲他留给我印象最深的几件事。

我们刚到东北时，好多人一起吃大食堂，伙食很不好，每月只有 4 斤细粮，其他的就是玉米、高粱米。我很不习惯，觉得这些粗粮实在难以下咽。

这种情况，被雷锋看在眼里，记在心上。他打了细粮，就让给我吃，他自己坚持吃粗粮。我心想，他也是从湖南来的呀，他吃粗粮也肯定不习惯，所以他让给我，我也不吃。我不吃，他就生气，说你不吃，我也不吃，以后我就吃了。

1959 年过春节的时候，家在东北的工友大部分回家过年了，剩下在工厂里的主要是来自湖南的工人。我很想家，情绪不好，除夕之夜我没吃饭就睡觉了。大年初一早晨我哭了，还躺着不起来。雷锋从食堂里打来大米饭，还有一些好菜。那时虽然很困难，但毕竟是大年初一呀，伙食还是有了很大改善。

雷锋把饭菜送到我住的宿舍让我吃，我还是既不起来又不吃。这时雷锋就生气地说，你不起来吃饭，我就站在这里不走。他又耐心细致地做我的思想工作，对我说，你不吃饭会生病的，过了年怎么上班呀！我听了他的劝告，终于起来了，吃饭了。这时，雷锋也就高高兴兴地走了。

雷锋一方面在生活上关心我、照顾我，另一方面也从思想上鼓励我、鞭策我。1959 年 8 月，他写给我一段赠言："船，能够乘风破浪才能前进；人，能够克服困难才能生存。"同年 11 月，他又写给我一段赠言："生长在毛泽东时代，生活是多么幸福，前途是何等广阔，望你努力去追求它。"雷锋的这两段赠言，给了我很大的鼓舞。

还有雷锋买“三大件”的事情，我至今想起来还很惭愧。有人问，雷锋不是节约标兵吗？怎么他在经济困难时期还买皮夹克、料子裤和小英格手表呢？对此，我有必要实事求是地加以说明。

大家都知道，雷锋是个孤儿，没有家庭负担。他原来是在县委当公务员（勤务员），在农场当拖拉机手，虽然工资很低，大概每月不到 30 元，但雷锋省吃俭用，多少也存了一点钱。我们到鞍钢以后，每月的工资是 34.5 元，这在当时就不算低了。

那时我们都还年轻，爱热闹，讲究美，白天紧张工作了一天，晚上有时去图书馆看书，有时去俱乐部跳舞。跳舞时，男女青年都穿得比较干净、整齐、漂亮。唯有雷锋还是穿着胶鞋和破旧的工作服，显得很扎眼。

于是，我和一些工友就劝雷锋，你又不是没钱，干嘛那么寒碜，为什么不买一两件像样的衣服穿穿呢？

在我们的怂恿下，雷锋买了一件皮夹克，大概花了 40 多元；买了一条料子裤，花了 20 多元；还买了一块小英格手表，花了 100 多元。就是这样的所谓“三大件”，总共花了不到 200 元。当然，这在当时也算是一项很大的开支了。

雷锋确实也穿着皮夹克、料子裤并且戴着小英格手表跳了几次舞。后来他收到望城县委张兴玉书记的一封信，提醒雷锋要艰苦朴素，继承和发扬工人阶级的优良传统。从那以后，雷锋就不再穿皮夹克、料子裤，不戴那块手表了，也不去跳舞了。而是更加积极地工作，奋发地学习了。

1960 年 1 月，雷锋光荣参军时，因为没有家人，单位就指派我作为代表，给他佩戴大红花。我当时既为他感到光荣和骄傲，又感到依依不舍，激动得一句话也说不出来。

雷锋离开工厂时，把公家发的大厚被子留给了我，现在这床被子放在弓长岭雷锋纪念馆展览。他参军后，我们互相通过信，可惜他写给我的信没有留存下来，我至今还感到内疚。

雷锋牺牲以后，我从收音机里听到了这个噩耗。当时，我既震惊又悲痛，大哭了一场，还在身上披上白布，到照相馆里照了一张照片，以此表示对雷锋不尽的哀悼和永远的怀念。

于泉洋：男，雷锋当年的战友，“雷锋班”第 3 任班长，退休前任中国石油辽化运输处党委副书记，现年 71 岁。

于泉洋同志已经 71 岁了，而且患有脑血栓、脑萎缩等疾病，当我拨通他的电话，询问他对雷锋怎么看时，他还是激动而又显得十分吃力地说了下面一段话。

我和雷锋都是 1960 年 1 月入伍的，到部队后我们又分到了一个连一个排一个班。我与雷锋可以算得上亲密战友，对于他怎样为人、如何处事，我还是比较清楚的。他给我印象最深的是这样几个方面：

一是雷锋非常爱学习。那时《毛泽东选集》第 4 卷刚开始发行，雷锋就如饥似渴地学了起来，正如人们形容他“《毛选》随身带，有空学起来”。通过学习，雷锋树立了正确的世界观、人生观、价值观。雷锋之所以成为平凡而伟大的共产主义战士，与他爱学习特别是学习革命理论，是分不开的。

二是雷锋全心全意为人民服务。雷锋真正做到了有一分热发一分光，他在军内外都做了大量好事，全心全意为人民服务。这方面的事例很多，大家都知道，我就不罗嗦了。

三是雷锋艰苦奋斗乐于助人。那时我们每个月才 6 元钱津贴，雷锋每月只花几毛钱，其余都存起来。他存钱干什么用呢？帮助有困难的同志呗！据我所知，他给乔安山、周述明家里都寄过钱。他对有困难的同志很慷慨，对自己很节俭。我们团里开运动会时，别人买汽水喝，他却喝自来水，舍不得花一分钱。可谁有困难了，他就毫不犹豫地解囊相助。他的思想境界是非常高的。

四是雷锋非常关心爱护同志。雷锋认为，在革命队伍里，只有恩人，没有仇人。所以，大家应该相互关心、相互爱护、相互帮助。

雷锋帮助战友学政治、学文化、学技术。这方面事例很多，我也不

多讲了。

在生活小事上，雷锋对战友的关心爱护也是无微不至的。我们有一位战友叫韩玉臣，一次他在搬汽车电瓶时，一不小心把含有硫酸的电瓶水洒在裤子上了，烧了一个洞，这可怎么穿呢？

雷锋看到了，就利用晚上大家入睡以后的时间，拿出自己平时备用的针线包，再把自己棉帽的黄色衬布拆下来，一针一线地把韩玉臣的裤子补好了。第二天早晨韩玉臣一起床，看到自己的裤子补好了，他猜想，这样的好事肯定是雷锋做的。他那个激动呀，真是无法用语言形容。

总之，雷锋是好人啊！是大好人，我觉得没人能比过他。所以，作为战友，我从内心里佩服他，一直坚持向他学习。

张时扬：男，雷锋当兵时，他在营部任负责文书工作的书记，从团副政委任上转业地方工作，退休前任营口市综合治理办公室副主任，现年 75 岁。

我是 1958 年中专毕业后参军的，算个小知识分子吧。雷锋当兵时，我是负责营部文书工作的书记，又兼文化教员，所以对雷锋比较熟悉。

雷锋全心全意为人民服务，在军内外做了大量的好事，这方面大家都知道，我就不多讲了。我主要讲讲雷锋做好事不留名的几件事。

雷锋当兵一个星期后，火车站就有人来我们营反映，说有一个战士，利用业余时间，到火车站打扫卫生、扶老携幼，车站工作人员和过往旅客都很感动。问他是哪个部队的，叫什么名字，他都不说，只是埋头苦干。希望部队查找这位战士，向他表示感谢，并请部队给予表扬。

我向营首长作了汇报，营首长让我去帮助查找。我就问车站来的人，这位战士有什么特征呀？来人说，这位战士是个小个子，穿着大头鞋，身上穿的棉衣不合身，显得很肥大，说话好像南方口音。当时我们营的官兵北方人多，南方人少。根据来的人说的那位战士的体貌特征和南方口音，我就带着他去新兵排查找。结果很快就认出是雷锋了，来的人当然很感动了，高兴地与他握手。我转过身问雷锋，人家问你姓名，你为什么不说？雷锋只答了两句话："这是我应该做的，没有必要说出自己的姓名。"

又过了一段时间，一所小学的两位女老师，来到我们营，通过哨兵求见营首长。她俩反映，有一位战士路过学校门口，看到师生们正在清扫地上厚厚的积雪，他就帮助干了起来。扫完雪才走，问他名字，他就是不说。我有第一次查找雷锋的经验了，这一次带着她俩很快就找到了雷锋，当然又是一番衷心的感谢了！

以上两件事都发生在营口市，下面我再说一件雷锋到抚顺以后发生的事。

有一天，我正在打篮球，忽然听到敲锣打鼓声，顺着声音一看，发现地方上来的两位同志，手里举着喜报（感谢信），说是有一位汽车兵（当时汽车兵佩戴的领章上有汽车符号）帮助他们搞建学校劳动，问他叫什么名字，他就是不说，估计是我们部队的，特来表示感谢，并请求帮助查找。

我有了在营口市的两次经验，估计到这件好事又是雷锋做的。于是就找来了雷锋的连长，连长说，不对呀！雷锋肚子疼，请假外出看病，这件事不可能是他做的。为了弄清楚，连长又叫通信员找来雷锋，这次雷锋如实承认了。

他红着脸对连长说，我的确是肚子疼，请假外出看病，但在路过本溪路小学时，看到工人们正在热火朝天地劳动，为学校盖楼房。广播里喊运砖的人手不够，紧急需要运砖。我见状就找了一辆小推车，帮助他们运起砖来。结果出了一身汗，肚子也不痛了。这事没有什么好说的，见困难就上呗！

雷锋苦大仇深，各方面表现又特别突出，所以他当时就是我们部队官兵真心佩服、共同学习的先进典型。

当时我们部队有一个不成文的规定，就是不在当兵不满一年的新兵中发展党员。但是因为雷锋表现特别突出，所以他参军刚满 10 个月的时候，也就是在 1960 年的 11 月 8 日，就光荣地被营党委批准入党了。

他的《入党志愿书》上的公章，还是我亲手盖的呢！他的入党介绍人是连长、指导员，他俩盖的是私章。

还有，1960年夏秋之交，雷锋带病在抚顺抗洪抢险，奋战7天7夜，因身体虚弱、劳累过度，昏倒在河堤上。他醒来后，又奔赴抗洪前线。为此，部队党委为他记了三等功。他的立功表格，也是我亲手填写的。

总之，雷锋不忘旧社会的苦，报答新社会的恩，全心全意为人民服务，做好事不留姓名，不计名利。正因为如此，他才受到部队官兵的爱戴，成为大家学习的光辉榜样。

附：我电话采访张时扬同志之后，他很快就给我寄来了怀念雷锋的材料，并附了一封信，现将这封信照录如下：

田将军：您好！

昨晚，接到您的电话指示，今将材料邮去，请雅正。

雷锋生前我们曾在一个营里当兵，因工作关系，相互接触较多。此材料是我亲身经历的几件事，印象深刻，永远难忘。

我觉得，雷锋是一个不忘旧社会阶级苦，铭记新社会幸福来之不易，懂得怎样做人，为谁活着的人。他树立了热爱党、热爱祖国、热爱社会主义的崇高理想和信念，做到了全心全意为人民服务。

雷锋同我们一样，都是一个普通的人。同在一个部队当兵，同在一样的环境中生活，雷锋所做的事，也都是我们日常工作生活中经常遇到的一些力所能及的事。但我们没能做到或没有做好，而雷锋不仅做到了，还能持之以恒地坚持做得比我们好，成为一个超越自我、全心全意为人民服务的楷模。

此致

敬礼！

张时扬

2012年10月26日

乔安山：既是雷锋的工友，又是雷锋的战友，电影《离开雷锋的日子》主人公原型，现任抚顺市雷锋纪念馆荣誉馆长，现年71岁。

要说与雷锋关系最密切的人，大概非我莫属了。雷锋1960年1月8日参军，1962年8月15日牺牲，他在部队的时间共计两年8个月零7天。而从雷锋于1958年10月来到鞍钢当工人，到他动员我一起参军，共计413天。这样算来，我们相识相处将近4年的时间。到了部队，我俩又分到了一个连一个排一个班，而且同开一辆车。现在大家介绍我的时候，都说是雷锋的亲密战友。虽然我与雷锋无法相比，但从相互关系的角度上讲，我也就认可了。

正因为如此，很多人都问我，究竟雷锋是怎样的一个人，我不说雷锋是这种“人”那种“人”了，很多人作了大同小异、各种各样的概括，他们说的都有道理，我完全同意。现在人们写文章、作报告，经常说到几个“关键词”，我也想学学这种说法，试图用几个“关键词”，概括一下雷锋的为人和精神。

第一个关键词是“苦孩子”，这个不用多讲了，雷锋的苦难家史大家都知道。

第二个关键词是“好战士”，雷锋是个名副其实的好战士，这是大家都充分肯定的。

1960年冬，先后在《辽宁日报》和《人民日报》发表的最早介绍雷锋事迹的文章，题目就是《苦孩子——好战士》。这篇文章，在辽宁乃至全国都产生了较大的影响。

第三个关键词是“大好人”，光说雷锋是好战士还不够，因为在他短暂人生的不同阶段，他还分别是好孩子、好学生、好农民、好工人、好党员呢，我觉得说雷锋是“大好人”，才比较全面。

第四个关键词是“热心肠”，雷锋是一个热心肠的好人，人们都说他像“一团火”，雷锋走到哪里，都能给人们带来温暖。

第五个关键词是“闲不住”，雷锋把他的热心肠转化为一种力量，就是无论他走到哪里，都要做一些好事，来回报给予他新生的党和社

会，他是一个闲不住的人。他总是前、后、左、右地忙碌着，让人感到他总是那么充满活力，仿佛他的心里装了一台永不停歇的发动机，给了他无穷的力量。雷锋很有干劲！

再说说雷锋是怎样关心我、爱护我、帮助我的吧！

我们在鞍山一起当工人时，雷锋给予我的最早帮助是写家信。我没上学读过书，是个文盲，连家信都不会写。那时的工人文化程度普遍比较低，类似我这种情况的人还不少。我们很多人住在一个宿舍，睡大通铺。每到节假日，雷锋就在宿舍门口，坐个小凳子，前面再摆个大凳子，帮助工友们写家信。后来到了部队，每逢来了家信，雷锋就帮助我写回信。写好邮走后才告诉我，你家里来信了，我写回信了，就说你在部队很好，让家人放心。

雷锋动员我一起参军。老实说，开始我并没有主动报名要求参军。这是为什么呢？我家里人口多，经济上很困难，我在工厂当炉前工，属于技术工种，每月工资 46 元，这在当时就属于高工资了。部队开始征兵时，雷锋对我说，现在国家处于经济困难时期，蒋介石叫嚣“反攻大陆”，正是部队需要兵员的时候，再说咱俩又是好朋友，为什么不一起报名参军呢？雷锋的一席话，使我提高了觉悟，毅然与他一起报名参了军。这样，我们之间的关系也就从工友变成了战友。

在部队雷锋帮助我学政治、学技术、学文化。在雷锋留下的几百张照片中，其中有两张是雷锋在汽车驾驶室里辅导我学习《毛泽东选集》的真实记录。关于这方面的情况，我就不多讲了。我们俩同开一辆车，雷锋文化水平高、脑子灵、领会比我快，我俩经常一起切磋驾驶技术。下面我重点讲讲雷锋帮助我学文化的情况。

为了帮助我学文化，雷锋用节约下来的津贴费为我买了钢笔和笔记本，那真叫手把手地教哇！可我开始时还是不怎么用功，非但如此，还把雷锋给我买的笔记本上的纸撕下来，用来卷烟抽。看到这种情况，雷锋就善意地诚恳地批评我，他还引用毛主席的话“没有文化的军队是愚蠢的军队，而愚蠢的军队是不可能战胜敌人的”以开导我。这下子我可真的感动了，下决心好好学习了。真是功夫不负有心人，经过一段时间的努力，有一次考语文，我还得了100分呢！

我现在肚子里的这点“水”，这点文化底子，都是雷锋当年帮助我、督促我、辅导我的结果。如果没有雷锋，我哪会有今天？我现在有时作报告，偶尔还会蹦出一两个成语或是格言警句什么的，比如“予人玫瑰，手留余香”。有的同志听到了，就跟我开玩笑说，想不到乔安山还会“拽词”了！

雷锋曾分两次给我家里寄过20元钱。我家里生活困难，母亲生病，雷锋就瞒着我，以我的名义，先后分两次给我家里寄过20元钱，一次寄10元。我母亲病好后来部队探亲，对我说，你寄给家里的钱收到了。我没给家里寄钱呀，我猜想肯定是雷锋寄的，就找来问他。他说，你的家就是我的家，你的母亲就是我的母亲，你的困难就是我的困难。作为儿子，给母亲、给家里寄这么点钱，又算得了什么呢！

对此，我和母亲都很感动。我母亲还真把雷锋当做自己的亲儿子对待了。他让我把雷锋叫来，仔细量了雷锋两只脚的尺寸。雷锋的脚与我的脚一般大，我俩都穿38号的鞋。母亲回家后，一针一线地为雷锋做了一双千层底布鞋。这双鞋还没寄来，雷锋就牺牲了。听到噩耗，我母亲大哭了一场。她不断地念叨：这么好的孩子，怎么就走了呢！这件事也成了我终身的遗憾，雷锋对我这么好、帮助这么大，可我又为他做过一点什么呢！

下面我有必要讲一讲雷锋牺牲的情况了。

前些年的一天，我到长春参加一个活动，有人指着我说：大家看呀！这个人就是撞死雷锋的那个人！我一听，一下子就晕倒了，这件事对我刺激太大了！

现在我去一些地方作报告，绝大多数人都注意听讲，但也有人指指点点，小声地说：他就是撞死雷锋的那个人！

我并不埋怨这些同志，但我有必要有责任说明当时的情况。

我还很清楚地记得，50年前的1962年8月15日，那天早晨，天气阴沉，下着小雨，我和雷锋驾驶苏制“嘎斯—51型”13号汽车，从铁岭山区工地回到抚顺驻地。上午9点半，赶到部队营房。雷锋看到汽

车溅满泥水，就让我把车开到营房边的空地去冲洗。雷锋当时没有上车，他站在营房通往空地的拐弯处指挥我开车。因为角度很大，需要拐几个弯，难度确实很大。想不到汽车左后轮滑进了路边的小沟，车身猛地颠了一下，碰折了一根晾衣服的木竿，木竿弹起击中了雷锋的头部，导致颅损伤及脑机能障碍，紧急送至抚顺职工医院，经多方抢救无效，雷锋不幸牺牲，当时他还不满 22 岁。

我震惊！我悲痛！我惭愧！我真想替雷锋去死，我也不想活了！

我们团各级领导和上级机关对这个问题的认定和处理是实事求是、合情合理的。这是一起意外事故，定性雷锋之死是因公牺牲，部队也没有追究我的责任，更没给我什么处分。

尽管如此，50 年来，我一直觉得愧对雷锋。我经常想，如果雷锋活到现在，该有多好哇！雷锋又能做多少好事呀！他可以为党、为国家、为人民、为军队作出更大的成绩和贡献！

1966 年，我复员到地方工作，到汽车公司开大货车。多年来，我忍辱负重，不怕讥讽挖苦，不怕各种议论，一直坚持学雷锋、做好事。我经历的酸甜苦辣多了去了，这里就不再一一说了。

后来，我做的一些事情被工程兵某团政治处干事蔡原征同志发现了，他写成通讯报道在报纸上刊登后，引起了多方面的重视。据此，北京市紫禁城影片有限公司于 1997 年改编、拍摄出以我为主人公原型的《离开雷锋的日子》，并在全国各地放映，据说看过这部电影的多达 1.5 亿人。随着电影的放映，我好像在一夜之间也变成“名人”了！但我心里很清楚，没有雷锋当年对我的帮助，哪里会有我的今天呢！我所做的那些小事，与雷锋又怎能相比呢！连“沧海之一粟”都够不上。

1999 年，雷锋第二故乡抚顺市委、市政府正式开会决定，让我们全家从铁岭搬到抚顺，成为抚顺市民，还让我担任抚顺市雷锋纪念馆的荣誉馆长。

我非常感谢抚顺市党政领导对我的照顾，感谢各界人民群众对我的关心。这些年来，我怀着对雷锋的愧疚之心和对党、政府、人民群众的感激之情，应邀到全国各地包括香港特区作了 2000 多场报告。我患有高血压、脑出血等多种疾病，在作报告的过程中，曾经3次晕倒在讲台上。最近，我和老伴去了一趟我国的宝岛台湾，我给旅游团的同志们讲了雷锋的光辉事迹。台湾籍的导游说，我知道雷锋的大名，我们台湾人也应该向雷锋学习！

我的老伴张淑芹，还有两个儿子、两个儿媳，一个孙子、一个孙女，都表示，我们全家人都要学习雷锋、宣传雷锋，世世代代纪念雷锋。我的孙女乔婷娇，大学毕业后应征入伍，现在雷锋所在团的雷锋纪念馆当解说员。讲解雷锋事迹时，她总是称雷锋爷爷。今年她还和另外几位同志参加了中宣部组织的学雷锋报告团，到全国各地作巡回报告。由于她平时表现较好，报告任务完成突出，于今年光荣地加入了中国共产党，并荣立了个人三等功。

有一次，一位美国记者问我，你怎样理解雷锋精神？我回答，如果用一个字概括，就是“爱”；如果用两个字概括，就是“大爱”、“博爱”。

还有一次，我在武汉作报告过了点，气喘吁吁地跑上飞机时，愤怒的眼神纷纷向我投来。这时，机长解释说：“这位是雷锋的亲密战友乔安山同志，老人家给武汉大学师生作学雷锋报告误了机，耽误大家的行程了！”

立时，乘客全体起立，热烈的掌声在客舱响起。我激动得泪流满面，但我清楚地知道，这掌声是给雷锋同志的，而不是给我乔安山的。

冷宽：男，雷锋当兵期间，他在雷锋所在团先后担任见习参谋、政治处干事、党委秘书，退休前系海军副政委兼纪委书记，海军中将，现年75岁。

冷宽是从雷锋所在团走出来的职务最高的领导干部。他在雷锋所在团里工作时，先后担任见习参谋、宣传干事、党委秘书。由于工作关系，与雷锋接触较多。他退休之后，联络军队和地方一些志同道合的人士，经国家民政部批准，发起成立了中国社会福利基金会学雷锋基金管

理委员会，担任管委会名誉主任，实际上是这个民间社团组织的“核心人物”。他是雷锋精神的见证者、宣传者和实践者。他对雷锋怀有深厚的感情，对学习和宣传雷锋具有高度的热情，因而被人称赞“冷政委是热政委”。他提出“用雷锋精神，做雷锋事业”，成为学雷锋基金管委会的指导思想和行动指南。

冷宽同志说：

我第一次见到雷锋，是在我们团欢迎新兵的大会上。欢迎大会就设在一个大操场上，雷锋代表新兵讲话。他手里拿着事前准备好的讲话稿，因为风很大，把讲话稿吹跑了，雷锋干脆就那么讲了起来。我记得他讲，刚才团首长号召我们新兵争当“五好战士”，我们一定坚决响应！别说“五好”了，就是“七好”、“八好”，我们也一定能够做到！讲到这里，引起了一片笑声。这一方面说明刚参军入伍的雷锋，还不了解“五好”的具体内容，另一方面也说明雷锋一参军，就下定了当个好兵的坚定决心。雷锋讲的一番话，给全团官兵留下了深刻的印象。我们团的韩万金政委当时就说，看来这个新兵不简单，要重点培养、多加帮助，并指定刘家乐副政委具体负责这项工作。

人们经常提问，在我的心目中，雷锋究竟是一个什么样的人？我总是从这样 3 个方面回答：

第一，雷锋是个很阳光的人。我所说的阳光，不是一般意义上的时尚，更不是赶时髦，而是指雷锋具有坚定的理想信念，具有强大的精神支柱，他热爱党、热爱祖国、热爱人民、热爱社会主义制度。因而，他心地坦然、光明正大。雷锋的阳光是从内心表现出来的。他整天乐呵呵的，他灿烂的笑容，深深地铭刻在我的心目中。

第二，雷锋是个助人为乐的人。雷锋具有强烈的报恩思想，他把这种报恩思想转化为全心全意为人民服务的实际行动，他在军内外做了大量的好事。可以说，助人为乐成了雷锋的自觉行动和生活习惯。

第三，雷锋是个事业成功的人。雷锋好学上进，艰苦奋斗，顽强拼搏，发扬“螺丝钉”精神，真正做到了干一行、爱一行、专一行、精一行，他从事每项工作，都力求做得最好，达到极致。因此，我们完全可以说，雷锋是个事业成功的人。

雷锋牺牲后，我们团的韩万金政委带领我到雷锋所在班蹲点调查，根据全班同志的强烈请求，我参与起草了请求国防部命名“雷锋班”的请示。在韩政委的主持下，我们还确定了应予保留的雷锋的 10 件遗物，这 10 件遗物分为 5 个类别。

第 1 类是武装雷锋思想的 1 件：雷锋认真阅读、写过多处眉批的《毛泽东选集》1—4 卷；

第 2 类是与雷锋热爱并做好本职工作有关的 3 件，分别是：雷锋与乔安山合开的苏制“嘎斯—51”型 13 号汽车，雷锋背过的冲锋枪和使用过的教练弹；

第 3 类是与雷锋助人为乐有关的两件：一是他当小学校外辅导员带过的红领巾，二是他为地方一位大嫂挡风遮雨穿过的雨衣；

第 4 类是与雷锋艰苦奋斗有关的 3 件，分别是针线包、节约箱和理发工具；

第 5 类是与雷锋刻苦学习有关的 1 件，即雷锋随身使用，装着书、笔和本子的军用挎包。

这 10 件遗物，展览在雷锋所在团的雷锋纪念馆里。当年的遗物成了珍贵的文物，成了留给后人的宝贵精神财富。可以说，这 10 件遗物是雷锋精神的物质载体。通过瞻仰这 10 件遗物，可以比较全面地领悟雷锋精神。

雷锋同志牺牲后，有两件事使我深受感动、终生难忘。

第一件事是，雷锋牺牲后，一时筹集不到一副好棺材，时任中共抚顺市委第一书记的沈越同志，把为自己母亲准备的棺材捐献出来，并和部队领导一起，亲自为雷锋整容入殓。这是何等感人的义举呀！

第二件事是，隆重悼念雷锋和移葬雷锋的情况。

1962 年 8 月 17 日，抚顺军民在望花区礼堂举行了隆重的追悼雷锋大会。从望花到葛布，20 多公里的路途上，成千上万的群众自发地来到街头，看雷锋同志最后一眼，不少人自发地护送雷锋的灵柩到葛布烈士陵园。

1964年4月，为了更好地纪念和学习雷锋，抚顺市又在望花区公园新建了雷锋墓。我作为干部代表，和“雷锋班”的6位战士一起，抬着雷锋的灵柩，护送到新建的坟墓。这段路途并不算远，但却走了很长一段时间。沿途都是参加护送和向雷锋表示敬意的人民群众。据第2天的《抚顺日报》报道，参加护送的部队官兵和人民群众，多达20多万人，真可以说是倾城出动、万人空巷。目睹此情此景，我感慨万千、泪流满面，既为我们解放军培养出了平凡而伟大的共产主义战士雷锋而骄傲和自豪，又为人民群众对雷锋的真切悼念而激动和感谢。面对雷锋之墓，我对雷锋在天之灵说：雷锋同志，您安息吧！我们一定永远怀念您、学习您，继承您的遗志，争做您的传人！

（2012年10月23日、24日通过电话采访以上12位同志
2012年10月25日、26日整理出这份采访稿）

二

# 重温领袖题词　理解雷锋精神

毛泽东等老一辈革命家，发表向雷锋同志学习题词，揭开了全国学雷锋活动的序幕，开启了一场影响新中国历史走向、塑造全新国民性格的伟大实践。半个世纪过去了，学雷锋活动虽然产生过一些曲折，但总的趋势还是发展向上的。毛泽东等老一辈革命家为雷锋的题词，经受住了历史和实践的检验，至今依然闪耀着真理的光芒。

从 1963 年 3 月以来，中央政治局常委以上的党和国家领导人为雷锋题词的 19 人次，全国人大副委员长、全国政协副主席、国务委员以上的领导人 25 人次，元帅、大将、上将军衔的部队领导人 21 人次，省军级领导人共 220 多人次。2012 年，世界吉尼斯纪录通过了“雷锋是党和国家领导人题词最多的士兵”。

领袖人物的题词，精神是一致的，又是各具特色的。重温领袖的题词，可以加深我们对雷锋精神的理解。

## （一）毛泽东题词，发出了“向雷锋同志学习”的伟大号召

其实，早在 1962 年 6 月，毛主席就知道了沈阳军区有个好战士叫雷锋。据《解放军画报》2000 年第 10 期第 12 页中李雪梅撰文《解放军画报与雷锋》说：“1961 年 1 月 16 日出版的第 2 期《解放军画报》，一篇《苦孩子　好战士》的报道，很多人从这里记住了他——雷锋。1962 年第六期的画报发表了一组专题《五好战士与红领巾》，再次对雷锋进行了宣传。对于一个普通战士连续宣传，这在画报历史上几乎是前

无先例的，足见画报社对宣传雷锋的高度重视。据一些老记者回忆，那张人们非常熟悉的毛泽东阅读《解放军画报》的照片上，毛泽东正凝神阅读的就是这篇报道。”雷锋生前做梦都想见到毛主席的愿望虽说没有实现，但毛主席的确在雷锋生前的 1962 年 6 月，在《解放军画报》上见到了雷锋的照片和事迹。历史就有这样的巧合。

毛泽东曾三次为雷锋题词。

1963 年 2 月初，《人民日报》、《中国青年报》等报刊，相继发表社论、评论和介绍雷锋事迹的文章。毛泽东仔细阅读之后，激动地踱着步子，深情地对当时的国务院副总理、中国人民解放军总参谋长罗瑞卿说：“雷锋值得学习啊！向雷锋学习，也包括我自己，我也要向雷锋学习。”

罗瑞卿对总政治部领导说：“毛主席这样重视，我们还能不抓紧吗?”1963 年 2 月 9 日，中国人民解放军总政治部及时发出通知，号召“全军迅速开展宣传和学习雷锋同志模范事迹的活动”。2 月 15 日，共青团中央向各级组织发出《关于在全国青少年中广泛开展“学习雷锋”的教育活动的通知》。

《中国青年》杂志社的领导敏锐地意识到，雷锋是具有时代特点的先进典型，应下大力宣传，讨论确定把《中国青年》1963 年第 5 期和第 6 期合刊为“学习雷锋专辑”。讨论中思想修养组的副组长王江云提出，能否请毛主席为雷锋题词。大家认为，毛主席一向关心青年，《中国青年》又是他偏爱的一本杂志，于是决定写信恳请毛主席为雷锋题词。

据毛泽东秘书林克回忆，记得大约在 1963 年 2 月中旬的某一天，《中国青年》杂志准备出版一本学雷锋专辑，为此，该杂志编辑部给毛主席写了一封信，请毛主席为学雷锋题词。当我接到这封信时，毛主席正在北京，住在中南海丰泽园的菊香书屋里。

当天，毛主席睡醒后，值班警卫打电话告诉我，主席醒了，我立即拿出已选好要批办、阅读的文件和资料，其中有《中国青年》杂志请毛主席题词的信，来到毛主席寝室。我在藤桌西边的一张椅子上坐下来，面对着毛主席，向他汇报了需要批阅的文件、重大的国际新闻，也提到了《中国青年》杂志请他题词的信。

大约过了两三天，《中国青年》杂志编辑部的同志打电话到毛主席办公室，询问主席是否答应写题词。当时，我知道毛主席已经看过了《中国青年》杂志的信，但未做什么表示。我便如实告诉了他们。大约两天后，该杂志编辑部的同志又打电话来询问。我便将杂志编辑部的请求如实转告主席：《中国青年》杂志在3月1日出版，能否请主席2月25号前写好，因为印刷还需要一周的时间。毛主席闻听，让我先拟几个题词供他参考。我回到办公室，思索了一番，拟了十来个题词，立即送给了他。我现在可以回忆其中几个题词的大致内容，如："学习雷锋同志全心全意为人民服务的思想"、"学习雷锋同志鲜明的阶级立场"、"学习雷锋同志大公无私的共产主义风格"、"学习雷锋同志艰苦朴素的作风"、"学习雷锋同志毫不利己、专门利人的优良品德"、"学习雷锋同志勤奋好学的革命精神"，等等。

2月22日，值班警卫打电话告诉我，主席让我去一下。我带着事先选好的文件资料匆匆来到毛主席的寝室。毛主席正穿着睡衣斜倚在床栏上看文件，看见我到了身旁，便放下了手中的文件。他示意我坐下，从左半边床的书堆上拿起了一张信纸递给我。只见他在信纸上用毛笔书写了"向雷锋同志学习"七个潇洒飘逸的行草字。我为他拟的十来个题词，他一个也没用。

这时，他吸了一口香烟，从容地带着询问的目光问道："你看行吗?"我爽朗地回答说："写得很好，而且非常概括。"毛主席好像要解释为什么没有采用我拟的题词这一疑问似的，接着说道："是嘛，学雷锋不是学他哪一两件先进事迹，也不只是学他某一方面的优点，而是要学他的好思想、好作风、好品德；学习他长期一贯地做好事而不做坏事；学习他一切从人民的利益出发，全心全意为人民服务的精神。当然，学雷锋要实事求是，扎扎实实，讲求实效，不要搞形式主义。不但普通干部、群众学雷锋，领导干部也要带头学，才能形成好风气。"现在看来，毛主席的这番话不仅指出了学雷锋的方法，而且指明了雷锋身上最本质的东西，特别是指出了学雷锋的方向。

毛主席谈完之后，林克便回到自己的办公室，打电话给《中国青年》杂志编辑部，告诉他们毛主席的题词已经写好了，请他们到中南海西门来取。

1963年3月2日，《中国青年》第5—6期合刊《学雷锋专辑》，首先刊登了毛主席“向雷锋同志学习”的题词，同时还发表了周恩来、董必武、郭沫若、罗瑞卿、谢觉哉等领导人为雷锋的题词、题诗和文章。毛主席的题词，因为排版时间来不及，是专门印成插页，夹在杂志的首页发行的。

1963年3月5日，《人民日报》、《解放军报》、《光明日报》、《中国青年报》、《工人日报》等报纸，都在头版显著位置刊登了毛泽东为雷锋题词的手迹。3月6日，《解放军报》又首次刊登了刘少奇、周恩来（第二次）、朱德、邓小平等领导人为雷锋的题词手迹。随着毛泽东等老一辈革命家为雷锋题词的公开发表，学雷锋活动很快就从军队面向全国各行各业发展开来，迅速形成了一个全国范围内的学雷锋热潮。

在中南海菊香书屋毛主席办公桌的黑色大墨盒上，至今还摆放着一份毛主席为雷锋题词的手迹件。右侧为：“向雷锋同志学习——毛泽东”的题词手迹，左侧说明文字为：毛泽东同志1963年3月5日“向雷锋同志学习”的伟大题词就是在这里题写。

毛主席在他的办公室里曾批阅过多少文件、报告、请示，书写过多少文章、书信、诗词、题词，恐怕中央办公厅也难以计数，单单把为雷锋的题词摆在其办公桌的显要位置，可见学雷锋活动非同一般，极不寻常。

有关毛泽东为雷锋的题词，现在人们见到的，是《中国青年》杂志和《人民日报》等报刊公开发表的题词。其实，毛泽东为雷锋的题词还有两份：一份与公开发表工整、有力、传神的题词，内容、格式完全一致，只是字迹显得潦草些。这份题词，后来发表在《毛泽东手书全集》第二卷第219页上。据后人分析，此题词与公开发表的题词，应是毛主席同时题写的，二者相比，送到《中国青年》杂志社公开发表的，应是更为工整、有力的一份。而第三份题词是毛主席1965年8月30日题写的，全文为："学习白求恩，学习雷锋，为人民服务。毛泽东一九六五年八月三十日"。

毛主席一生中，只为白求恩、刘胡兰、雷锋三人题过词，而对雷锋却一而再、再而三地题词，号召全党全军全国人民"向雷锋同志学习"，足见雷锋在毛泽东心目中的沉重分量。

毛主席不但号召人民群众向雷锋同志学习，更要求各级领导干部特别是高级干部，带头向雷锋同志学习。

1963年5月2日至12日，毛泽东在杭州召集的有部分中央政治局委员、书记处书记和各大区书记参加的小型会议——杭州会议上，主要是讨论农村社教问题。西子湖"淡妆浓抹总相宜"的湖光山色并没能引发毛泽东的诗兴，而周恩来向他推荐的雷锋日记却引出了他的一番感慨。11日，毛泽东在会上话锋一转谈到雷锋，他说："我看过雷锋日记的一部分，看来此人是懂得一点哲学、懂得辩证法的。我们不要把哲学看得那么神秘，那么困难。雷锋那样年轻的同志，就懂得一点哲学。你们看了没有？希望你们都看看。我们要把哲学从哲学家的课堂上和书本里解放出来，让它变成广大老百姓的锐利的思想武器。"他进一步指出，雷锋的日记中，有很多辩证法的观点和语言，比那些死读书的大学生的论文强多了。雷锋的哲学思想是从哪里来的？还不是从为人民服务的丰富多彩的具体实践中来的！雷锋为群众办了那么多好事嘛！这一点是那些死读哲学书的大学生所无法比拟的。可见领袖的感慨中还透露出几分赞许。在座的领导同志跟着毛泽东几十年，很少听到过他对哪个人作出"懂得一点哲学"的评价。一个普通的士兵享受如此殊荣，使人们对这位士兵的认识更加深了一层。

### （二）刘少奇题词，概括了雷锋这位英雄人物的典型特征

刘少奇的题词是："学习雷锋同志平凡而伟大的共产主义精神。"这份题词可以说明两个问题，一是刘少奇认定雷锋是平凡而伟大的共产主义战士，现在我们经常这样评价雷锋，就是由此而来；二是刘少奇认定

雷锋精神是共产主义精神。

什么叫伟大？一说到伟大，人们就联想到品格高尚、才识卓越、气象雄伟、规模宏大、超出寻常、令人景仰等词汇，如伟大的领袖、伟大的祖国、伟大的事业、伟大的成就，等等。

什么叫平凡？平凡就是平平常常、普普通通、点点滴滴、实实在在。平平常常才是真，实实在在才是美。平凡孕育伟大，汗水浇灌成功。

平凡和伟大，看似是一对矛盾，其实是相辅相成的。安于平凡，热爱平凡，并不妨碍铸就伟大。我国在革命、建设和改革的历程中，涌现了大批的英雄模范人物。他们都是出自平凡岗位，而当社会给他们戴上英模桂冠的时候，在那耀眼的光环后面，仍旧是平凡的人生。

把雷锋称为平凡而伟大的共产主义战士，把雷锋精神称为共产主义精神，真是再适合不过了。

1963 年 5 月 9 日，刘少奇给女儿刘平平写了一封生日贺信，信中特别讲到了向雷锋同志学习的问题。这封贺信，让人警醒，发人深思。现全文转录如下。

祝贺你就要满 14 岁了，希望你的 14 岁生日过得有意义。

满 14 岁后，在生理上就已成长为青年，在智力上也有了一定的思考能力，我们希望你在满 14 岁以后，认真思考一下，你到底要做一名什么样的青年？

在我们社会主义新中国里，大多数青年都是有一定的社会主义觉悟的，但是仍有先进的青年一般的青年和落后的青年之分。整天想不费力气、不费脑筋，而又能吃得好些、穿得好些、玩得好些，看来似乎最讨便宜、最享福，但实际上这样的落后青年是最苦恼的。他们没有远大理想，不去关心别人，只知道吃穿玩乐，只知道计较个人得失，不仅当前不会心情舒畅，将来也不会有前途的。他们经常处于苦闷和困惑中，在困难的复杂的阶级斗争环境中，在某些关键的时刻，这样的人就可能变为反对共产党、反对人民、反对社会主义祖国的坏分子。

我们认为根据你自幼受党的抚育和身体健康状况、智力条件等因素，你不应当安居于中游，不应当马马虎虎地度过你的青春时期，我们希望你能有决心做个进步的革命的青年，做个具有远大共产主义理想、具有雷锋式的平凡而伟大的共产主义精神的青年。这样，才能够真正继承革命先辈的伟大事业。

雷锋是全国人民学习的榜样，更是青年人的楷模。你要像雷锋那样刻苦学习，热爱劳动，虚心学习别人的优点长处，关心集体，关心国内外大事，并要注意锻炼身体，要有强健的体魄，这样，将来党和人民需要你时，你就可以做好一切工作。当然要做到这些是会有许多困难的，要有吃苦耐劳的精神，要有任劳任怨的精神。

雷锋之所以伟大，就是因为他将自己的一切完全奉献于伟大的共产主义事业，奉献于建设祖国的事业，只要你有了这种精神，就什么困难都能克服的，就能为党为人民为国家做出应有的贡献。只要你真正做一名进步的革命的青年，永远听党的话，以雷锋为榜样，严格要求自己，管束自己，老师、同学和父母都会喜欢你的，党和人民也会喜欢你的。

如果你认为我们的意见是对的，那么从现在开始，你就要以一个优秀的共青团员的标准来要求自己，就应该时时刻刻用雷锋精神激励自己。团员们能做到的事，你都要做得到，自己做错了事，要勇于改正错误。这样，等你满 15 岁后，团组织就一定会欢迎你成为一名光荣的共青团员的。我们的社会就会再增加一名有用的青年的！

时任中共中央副主席、中华人民共和国国家主席的刘少奇，给自己刚刚 14 岁的孩子写这样一封信，是否讲了一篇大道理呢？我认为不是的。这封信值得每个年轻人认真学习思考，这对于一个人世界观、人生观、价值观的形成，有非常重要的指导意义。

这里使我想起著名学者、曾任国家图书馆馆长的任继愈同志，生前在为台湾地区出版的一本书所写序言中说的一段话：

多年来我发现了一个普遍现象，奠定一个人的人生观、世界观，不是在大学学了哲学或政治课开始的，而是在中学时代，从十二三岁时随着身体的发育、知识的积累、意志的培养平行前进，同步开展的。再回想自己成长的过程，也是在中学时已经考虑过将来如何做人。……教育最终目的在于育人。人是社会的成员，社会培养他成长，成长后反过来为社会奉献他们的聪明才智。古今中外社会都是这样走过来的。对社会有用的人，不光有丰富的知识，还要关心国家大事，除了专业分工以外，还要熟悉祖国的历史，对世界大势有所了解，对艺术欣赏，辨别美丑，对人间的善恶有判断的能力。要养成关心别人、帮助弱者、坚持真理的品格。这是一个现代公民必备的基本条件。

**（三）周恩来题词，既是对雷锋精神的精辟概括，也是对雷锋精神形成的深刻诠释**

据当年的新华社驻辽宁分社军事记者佟希文、李健羽两位同志回忆，1963 年 2 月 7 日《人民日报》发表“雷锋事迹”和“雷锋日记摘抄”的当天晚上，周总理阅读了这两篇稿子。总理亲自给人民日报社社长吴冷西打电话说，雷锋是个好战士啊，要估计到这个战士影响很大，需要很好地宣传这个典型。

周总理第一次为雷锋题词的内容是：“雷锋是劳动人民的好儿子，毛主席的好战士。”

当周总理得知毛主席为雷锋题了词，就请秘书打电话给《中国青年》杂志社了解，之后周总理根据毛主席的题词内容又草拟了一份题词：“向雷锋同志学习　憎爱分明的阶级立场　言行一致的革命精神　公而忘私的共产主义风格　奋不顾身的无产阶级斗志”。总理的这一题词，是经过深思熟虑的，对向雷锋学什么作了具体的阐述，进一步指明了学习的方向。

《解放军报》社原副社长兼总编辑室主任吕梁回忆，在周总理的题词即将见报前的一个星期六的晚上，《解放军报》的两位领导从中央军委礼堂来电话讲，周总理正在这里参加晚会，总理说他为雷锋题词拟了四句话：“向雷锋同志学习　憎爱分明的阶级立场　言行一致的革命精神　公而忘私的共产主义风格　奋不顾身的无产阶级斗志”。总理说他感到第四句还需要斟酌，希望能像前三句一样（憎爱、言行、公私）把矛盾的两个对立面具体表达出来，要求军报的同志帮他推敲修改。因为时间紧急，要求一个小时内提出修改意见。大家想出了好几个修改方案，经过反复比较，感到都不理想，没有达到总理预期的要求。

周总理的第三次题词，是 1965 年 10 月 10 日题写的雷锋的一段名言："对待同志像春天般的温暖　对待工作像夏天般的火热，对待个人主义像秋风扫落叶一般　对待敌人像严冬一样残酷无情　录雷锋同志选句　周恩来"。周总理题词的内容与雷锋日记中的原文，虽说有所改动，但意思没有变。雷锋日记的原文是："我要牢牢记住这段名言：对待同志像春天般的温暖，对待工作像夏天般的火热，对待个人主义像秋风扫落叶一样，对待敌人像严冬一样残酷无情。"

1963 年的元宵节，周总理在北京文艺工作者的联欢会上，向全国文艺界发出要用文艺形式来歌颂雷锋的倡导。他说："你们这些作家，应该大量地反映我们时代的英雄人物。东北有一个战士叫雷锋，他的事迹可以写一写"。沈阳军区抗敌话剧团，积极响应周总理的号召，仅用 9 天的时间就创作与排演了五幕八场话剧《雷锋》。经过 4 次大的修改，1963 年 6 月 26 日《雷锋》剧组奉命启程进京汇报演出。周总理、陈毅、邓颖超观看了话剧《雷锋》。演出结束时，周总理、陈毅、邓颖超等领导高兴地走上舞台。周总理一面和演员握手一面说："戏不错！这样的事能写成戏很不容易，你们写成了。本子不错，戏也演得好！"陈毅也连连说："演得很好，很好！蛮有戏嘛！"

1963 年 7 月 31 日，毛主席、周总理等中央领导同志在怀仁堂观看了由沈阳军区抗敌话剧团创作演出的多幕话剧《雷锋》。在观看过程中，毛主席时而伏案沉思，时而开怀大笑，他和观众一起热烈鼓掌 40 多次。演出结束后，毛主席、周总理等领导同志走上舞台，并四下寻找"雷锋"，和雷锋的扮演者张玉敏同志亲切握手。

在这之前，1963 年 3 月 30 日晚上，天全黑下来了，军事博物馆《雷锋同志模范事迹展览》的讲解员忙碌了一天，正准备关门离去。突然，一辆小车驶进院内，从车上走下来的竟是周总理。总理劳累了一天，连晚饭都没吃就赶来参观雷锋事迹展。讲解员考虑到总理工作繁忙，为了不多占用他的时间，只选用几条有影响的雷锋日记作介绍，可总理却指着那些没念的雷锋日记说："你念，你念。"他一边听一边戴上眼镜，站在旁边仔细地看。讲解员有的地方念错了，总理便帮助纠正；辨认不清的字，总理就一字一句地琢磨，然后告诉讲解员。这个动人的情景，在后来军博雷锋事迹展厅里悬挂的巨幅照片上就可以看到：总理穿着灰色制服，笔直地站着，仰着面，神情专注地看着雷锋的大幅照片。

看完展览，周总理仍不愿离去，又提出要看看雷锋的日记原文，军博的同志赶快拿来雷锋日记的笔记本，总理翻到雷锋的最后一篇日记观看，是 1962 年 8 月 10 日（雷锋 8 月 15 日就因公殉职）记下的，原文为："今天，我认真学习了一段毛主席著作，其中有句话对我教育很深。主席教导我们说：'虚心使人进步，骄傲使人落后。'这是千真万确的真理。……今后，我要更加珍爱人民和尊敬人民，永远做群众的小学生，做人民的勤务员。"周总理看后合上雷锋的笔记本，这才匆匆离去。

### （四）邓小平题词，强调"向雷锋同志的品德和风格学习"

1963 年，时任中共中央总书记的邓小平，应《解放军报》社的请求为雷锋题了词，内容是："谁愿当一个真正的共产主义者，就应该向雷锋同志的品德和风格学习。"这一题词，随刘少奇、周恩来、朱德等领导人的题词，一并独家发表在 1963 年 3 月 6 日的《解放军报》上。

实事求是地说，向雷锋同志学习，做几件好事还是比较容易的，但要达到雷锋那样优秀的品德和崇高的风格，则是很困难的。邓小平同志强调向雷锋同志的品德和风格学习，抓到了学习雷锋的要害之处，也是邓小平同志的过人之处。

爱默生说："品格如同树木，名声如同树荫。我们常常考虑的树荫，但却不知树木才是根本。"

达·芬奇说："谁播种道德，谁就收获荣誉。"

苏霍姆林斯基说："道德是照亮全面发展的一切方面的光源。"

莎士比亚说："生命短促，只有美德能将它留传到遥远的后世。"

1975 年 7 月 14 日，邓小平在北京京西宾馆召开的中央军委扩大会议上，全面部署军队的整顿工作。面对全军高级将领，这位中央军委副主席兼解放军总参谋长，讲到军队在"文革"中出现的问题时，出人意料地举了一个在群众中广为流传的例子："过去军队同志坐公共汽车，向来是给老人、带娃娃的妇女让座的，现在有的不让了。有个战士坐车，一位妇女抱着娃娃，他不让座，娃娃哭了他也不理。旁边有位老人说，雷锋叔叔不在了。"

会上有人笑了，邓小平不仅没有笑，而且神情庄重地告诫在座的将领们："从这个事情上是可以看出问题的，我们军队在这方面本来有很好的传统。现在，不讲团结，不讲纪律，三大纪律八项注意至少有某种程度的丧失。"

邓小平停了一下，手指激动地点着，"有的人发展到追求资产阶级生活方式，艰苦奋斗的传统作风丢掉了。这方面的例子多得很。如果认为这些都无关重要，没有警觉，那是危险的。"

当时在场的沈阳军区司令员李德生暗暗敬佩，邓小平同志不愧是一位伟大的政治家。事隔 14 年后，李德生回忆说：小平同志讲的不是一个普通的笑话，我们这些老同志听了心里很沉重。小平同志讲雷锋，讲的是为人民服务这面旗，举的是我军光荣传统这面旗。

许多部队借着东风重新提出了"学雷锋树新风"的口号，车站、码头、公共汽车上又出现了"雷锋"的身影。

当邓小平 1977 年再次站在中国政治舞台上时，他又讲到了雷锋。12 月 28 日，他在中央军委全体会议上说："一九七五年我讲到'雷锋叔叔不在了'，'四人帮'对此大肆攻击、污蔑，其实这不是我的话，是老百姓的话。老百姓讲'雷锋叔叔不在了'，说明当时的政治工作放松了。"

1978 年之后，邓小平在讲话中多次强调："我们要建设的社会主义国家，不但要有高度的物质文明，而且要有高度的精神文明。"开展学雷锋活动，无疑是加强社会主义精神文明建设的重要组成部分。由此可见，邓小平对学雷锋活动的高度重视。

1983年3月5日，为更好地促进学雷锋活动，《人民日报》、《解放军报》、《中国青年报》等各大报纸重新刊登了毛泽东、刘少奇、朱德、叶剑英、邓小平、陈云、董必武等为雷锋题词的手迹。与此同时，中共中央、国务院、中央军委召开了“首都各界隆重纪念向雷锋同志学习二十周年大会”。之后，全国学雷锋活动再次掀起热潮，形成了一种时代造就雷锋、社会呼唤雷锋、人民需要雷锋的强大声势。

### （五）江泽民题词和讲话，指出了雷锋精神的核心内容和集中体现

江泽民作为中国共产党的总书记，高度重视社会主义精神文明建设，十分注重对雷锋同志的学习和宣传。他上任不久，就于1990年2月21日为雷锋题词：“学习雷锋同志　弘扬雷锋精神”。

在江泽民题词不久，中央领导集体成员都相继为雷锋题了词。1990年3月5日是毛泽东等老一辈革命家为雷锋题词27周年纪念日，《人民日报》、《解放军报》、《光明日报》、《中国青年报》等各大报纸发表了江泽民、杨尚昆、李鹏、乔石、姚依林、宋平、李瑞环等为雷锋的题词。

1990年3月，党中央召开了十三届六中全会，并通过了《中共中央关于加强党同群众联系的决定》。《决定》中有一句话：“全体共产党员和党的领导干部要带头学雷锋。”在党中央全会的决定中强调学雷锋，这是第一次。

1990年9月29日，正在辽宁考察工作的江泽民，专程来到抚顺市雷锋纪念馆。在这里，他详细地观看了雷锋事迹陈列馆各展室，并亲笔为抚顺雷锋纪念馆题写了馆名，还提议和前来陪同的各级领导一起，在雷锋墓前默哀、三鞠躬，追思这位平凡而又伟大的共产主义战士。

与此同时，江总书记亲切接见了雷锋生前所在团的干部和“雷锋班”全体战士，并发表了重要讲话：“今天有机会和雷锋生前所在团的干部战士见面，我非常高兴。出现雷锋这样伟大的共产主义战士，不仅是人民解放军的光荣，同时也是中国人民的光荣。”

接着，他又强调指出：“雷锋精神的实质，是全心全意为人民服务，

为了人民的事业无私奉献。学习雷锋，要有一定的活动形式，但更重要的是抓住实质……社会主义物质文明和精神文明要共同发展，相互促进。因此，一定要继续在全国开展学雷锋的活动，学习雷锋全心全意为人民服务的精神。”

1991 年 3 月，江泽民到湖南考察工作。16 日，他在百忙中来到雷锋的故乡——望城县雷锋镇，参观湖南雷锋纪念馆，又亲笔留言并题写了“雷锋纪念馆”馆名。

1991 年 12 月 18 日（12 月 18 日是雷锋同志的生日），江泽民到福建考察工作，特意来到厦门的武警部队，接见了鼓浪屿好八连官兵，并题词：“弘扬雷锋精神，建设保卫特区。”

1992 年 9 月 28 日，沈阳军区雷锋纪念馆在雷锋生前所在团的驻地抚顺市顺城区落成。江泽民再次为该馆题写了馆名。

1993 年 3 月，根据军委和总政首长的指示，摄制了反映全军 30 年学雷锋历史和丰硕成果的五集电视系列专题片《时代颂歌》。江泽民亲笔题写了《时代颂歌》的片名，这在电视系列专题片里是很少见到的。

### （六）胡锦涛讲话，指出了雷锋精神的重大价值和时代意义

1993 年 3 月 4 日，由中宣部、国务院办公厅、国家教委、总政治部、共青团中央、中共北京市委、市政府举办的纪念毛泽东等老一辈无产阶级革命家为雷锋同志题词三十周年大会，在北京人民大会堂举行。会前，江泽民、刘华清、胡锦涛、丁关根、李铁映等中央领导同志亲切会见了受表彰的学雷锋活动先进集体和先进个人的代表，勉励他们再接再厉，继续带头弘扬雷锋精神，把学习雷锋的活动推向深入，并同他们合影留念。

胡锦涛在大会上讲话，他代表中共中央和国务院，向在学雷锋活动中涌现出来的先进集体和先进个人表示亲切的慰问和崇高的敬意。他说：“一个只有 22 年短暂生命的普通共产党员，能够赢得亿万人民如此崇高和长久的敬意；一个普通的战士所表现的高贵品质，能够激励几代人的健康成长；一个群众性的活动，能够在几十年历史进程中延续不

断，影响一个时代的社会风尚，这表明雷锋精神对于我们这个民族和社会过去具有、现在仍然具有重大价值和时代意义。”

2011年，胡锦涛同志主持召开了党的十七届六中全会，在会议所作的决定中，专门写了这样一段话：“深入开展学雷锋活动，采取措施推动学习活动常态化。”不多不少，是22个字，正好和雷锋的年龄22岁是同一个数字。平均一岁在党的重要文件中留下一个字，雷锋不容易啊，太伟大了！

在前不久召开的党的十八大上，胡锦涛同志代表党中央所作的报告中，他又讲了这样一段话：“深化群众性精神文明创建活动，广泛开展志愿服务，推动学雷锋活动、学习宣传道德模范常态化。”

胡锦涛同志没有为雷锋题过词，但他的重要讲话，无疑对开展学雷锋活动有着深远的指导意义。

在讲了党和国家的几代主要领导人为雷锋的题词和讲话之后，有必要再讲讲其他领导人为雷锋所写的诗词。

1963年2月20日，大文豪、时任全国人大副委员长的郭沫若同志，为雷锋写了一首长诗，共13段，52行，诗名为《一把劈断昆仑的宝剑》，开头四句为：“雷锋，一把劈断昆仑的宝剑；他虽然只活了二十二年，他永远活在人们的心坎里，他的声音永远在空中回旋。”诗句中，郭沫若对22岁的雷锋给予了高度的赞扬和肯定。

时间仅仅过了一天，诗兴大发的郭沫若，又写了一首《满红红·赞雷锋》的词，共有八句：“劈断昆仑，有宝剑，锋芒淬砺。平地起，电光石火，一声霹雳。二十二年成永久，九州万姓仰英烈。牧猪童，身世本平凡，真奇迹。理安在？毛选集。窍安在？忠党业。大海中，一滴水珠洋溢。公而忘私人本道，粉身碎骨心皎洁。日记抄，字字出心头，言行一。”

我特别赞赏老一代革命家谢觉哉同志为雷锋所写的诗篇，现节录如下：

轻轻的年龄，

平平的事迹，
短短的记述，
滚出了革命战士的火球，
任何恶浊碰着就要被焚毁，
任何黑暗触着就要被照亮。
开出了共产主义的花朵，
神圣的工作在每个人的日常事务里，
理想的前途在于一点一滴做起。
………
雷锋读的书不比别人多，
但读一句懂一句，融化在自己的骨髓里面。
雷锋同志年纪轻轻，做的工作不多，
但他具备了共产主义的品质，有了建设共产主义事业的本领。
雷锋同志要求自己极严，一丝一毫不肯放过。
雷锋同志每天写自己的历史，要在自己的历史里放进新的东西。
所有革命的青年人中年人老年人，都应该每天在自己的历史里放进新的东西。
…………
雷锋同志是平凡的，任何人都可以学到；
雷锋同志是伟大的，任何人都要努力才能学到。

谢老的诗篇充满着哲理，我们要特别记住他最后这两句充满哲理的话语。

还有一位诗人写道：

他不是将军，
却立下了无数功勋；
他不是文豪，
却写下了不朽的诗文。

他如此平凡，
如此年轻，
像一滴小小的春雨，
却渗透亿万人的心。

是的，雷锋的一生只有 22 年，他只有 6 年多的工作经历，中士军衔，班长职务，两年零 8 个月的军龄。他的足迹所至也只是由家乡的湖南望城到第二故乡辽宁抚顺，加上其间曾经短暂工作过的营口、鞍山和辽阳的弓长岭。然而就在这有限的时空当中，他却用平凡的累积，彰显了生命的要义；用人性的光辉，给世间增添了温情。他把忠诚、善良、无私、敬业等中华民族的传统美德和全人类共有的道德价值演绎到了极致。由此，他也赢得了人民群众由衷的爱戴和崇敬。

总之，自从毛主席等老一辈革命家发出向雷锋同志学习的伟大号召，50 年来，雷锋的事迹传遍了长城内外、大江南北，影响了一代又一代的人奋发向上，激励无数的人创造了可歌可泣的业绩。雷锋事迹和雷锋精神在人民群众中影响如此之大、之广、之深、之久，这在中国历史上是极为罕见的。

写到这里，我想起了两个节日：一个是清明节，一个是端午节。

大家都知道，端午节的主题是纪念爱国诗人屈原。端午节又称诗人节，是中国唯一的诗人节日。对此，我就不多讲了。

我重点说说清明节的来历。

要清楚清明节的起源，必须先从寒食节说起。寒食节，因纪念春秋时期忠孝节义名臣介子推而设，它是我国传统节日中形成最早的，比端午节早 200 年历史。

自东汉周斐《汝南先贤传》始，就明确记载民间已将介子推故事与禁火习俗相提并论。其曰："介子推以三月三日自燔，后成禁火之俗。"西晋孙楚《北堂书钞·祭介子推文》曰："至三月清明，断火寒食，其至先后一月。"介子推是春秋时期晋国人，一度追随晋献公的公子重耳流亡他乡，在外 19 年。其间，介子推在重耳饿极之时，悄悄割下自己的股肉给重耳充饥，重耳知后感动莫名。后来，重耳终于回国即位，是为晋文公，却在封赏群臣时，落下了介子推。功不言禄、洁身自好的介子推偕母出走，隐居介休绵山山中。晋文公悔悟后上绵山寻访，求之不出，无奈之中放火烧山，想逼他偕母出山。但是狐偃、赵衰这两个也曾经随重耳逃亡的大臣，自知自己的功劳比不上介子推，暗中使人四面举火，最终将介子推母子烧死在绵山上。晋文公追悔莫及。

据传介子推母子烧死在一棵大柳树下。晋文公悲痛欲绝，于是将烧焦的树干做成木屐，“朝夕相随，终身不离。”第二年还孝服登山祭奠介子推，见柳树死而复生，绿枝千条，于是折柳枝戴于头上，并赐名该柳树为“清明柳”，定清明为清明节。同时还下令晋国官民在介子推忌日禁火，只吃冷食，禁火寒食于是相沿成习。

我和著名作家二月河，在前几年曾一起登上绵山，瞻仰介子推遗迹，聆听介子推传说。深为介子推忠孝节义、淡泊名利的高风亮节所感动。

由此我想，每年的 3 月 5 日，我们也应该像清明节纪念介子推、端午节纪念屈原那样，纪念平凡而伟大的共产主义战士雷锋。而且我建议，把每年的 3 月 5 日，定为“好人节”。

二

# 学习雷锋精神“十个一”

看到这个题目，有人可能会说，你把雷锋精神概括为“十个一”，是否牵强附会、勉强凑数。我如实地说，不是这样的。

首先应该承认，我提出的学习雷锋精神“十个一”，的确是借鉴了辽宁石油化工大学对雷锋精神“五个一”的提法。这所大学50年来一直坚持用雷锋精神建校育人，并取得了显著的成绩，积累了丰富的经验。他们概括的雷锋精神“五个一”是：“一颗钉”的爱岗敬业精神、“一滴水”的团结协作精神、“一团火”的无私奉献精神、“一块砖”的普通劳动者精神、“一片叶”的感恩反哺精神。

我反复学习雷锋的事迹和雷锋的日记，感到雷锋的有些精神似乎还应提及，并且加以阐述，这样就归纳总结出了学习雷锋精神的“十个一”。这“十个一”，都是有出处、有依据的，不是勉强凑数、随便提出的。

雷锋精神不是高不可攀、遥不可及、深不可测的。用简明、精练的语言，概括雷锋精神，可以使读者看得见、摸得着、记得住、做得到。

为了更好地理解雷锋精神，我在提出和阐述雷锋某一方面精神的后面，又引用了一些相关的格言警句，讲述了一些哲理故事。这样，可以使读者感到旁征博引、娓娓道来、回味无穷、受益良多。

下面，我就分别讲一讲雷锋精神“十个一”。

## （一）学习雷锋同志“一辈子”的奉献精神

大家都知道，雷锋只活了不到22岁，就因公殉职了。

雷锋的一生，是极其短暂的一生，更是无私奉献的一生，光辉灿烂的一生，永垂不朽的一生。

雷锋精神的实质和核心，是全心全意为人民服务，为了人民的事业无私奉献。其他精神都是由此派生出来的。

我们经常讲奉献、无私奉献，我问大家一句：什么叫奉献？你能准确地说出这两个字的准确含义吗？

你可能说不出，我也说不出。

怎么办呢？我还真的上网百度了一下，让我们一起看看网上是怎么说的吧！

“奉”即“捧”，意思是“给，献给”；“献”，原意为“献祭”，指“把实物或意见等恭敬地送给集体或尊敬的人”。把“奉”与“献”两个字合起来，“奉献”就是恭敬地交付、呈献。

别咬文嚼字了，还是让我们一起来领悟、感受一下雷锋的一生吧！

有人说雷锋短寿，这话说得不错，按照世俗的说法，雷锋的确是短寿。

可真的“寿”是什么呢？

老子《道德经》上说：“死而不亡者寿”。

孔子《论语》上说：“仁者寿”。

《左传》上说：“太上有立德，其次有立功，其次有立言，虽久不废，此之谓三不朽。”

雷锋在立德、立功、立言这三方面都做到了，他是真正的“三不朽”。

当代大诗人臧克家诗云：“有的人活着，他已经死了；有的人死了，他还活着。”

雷锋一直活在人们心里，从这个角度上讲，雷锋之寿又是无限的。

在雷锋充满哲理的日记中，有两段话给我的印象可以说是刻骨铭

心、牢记不忘的，可以作为我们大家共同的座右铭，终生躬身实践。

一段是：“人的生命是有限的，可是，为人民服务是无限的。我要把有限的生命，投入到无限的为人民服务之中去。”

另一段是：“我觉得自己活着，就是为了让别人过得更美好。”

雷锋为什么能够做到“三不朽”？就是因为他全心全意为人民服务，就是因为他一辈子只做好事不做坏事。

讲到这里，让我们一起认真温习一下毛主席 50 年前为雷锋的题词吧！

毛主席为雷锋的题词，是苍劲有力、入木三分的 7 个大字“向雷锋同志学习”。

毛主席为雷锋的题词，只写了这七个大字，而没有采用秘书林克预先准备的十几个词条。为此，毛主席还向林克作了一番解释。他老人家说了一段很重要的话：

“学雷锋不是学他哪一两件先进事迹，也不是只是学他某一方面的优点，而是要学他的好思想、好品德；学习他长期一贯地做好事，而不做坏事；学习他一切从人民的利益出发全心全意为人民服务的精神。当然，学雷锋要实事求是，扎扎实实，讲究实效，不要搞形式主义。不但普通干部、群众学雷锋，领导干部也要带头学，才能形成好风气。”

毛主席的这段话言简意赅，不仅指出了学雷锋的方法，而且指明了雷锋身上最本质的东西，特别是指出了学雷锋的方向。

为人，要一辈子做好事不做坏事，是毛主席的一贯教导、一贯思想。让我们把时间回溯到 72 年前的 1940 年 1 月 15 日，看一看毛主席在为“延安五老”之一的吴玉章祝贺六十岁华诞时是怎么讲的吧！

人总是要老的，老人为什么可贵呢？如果老就可贵，那么可贵的人太多了。因此我们一定要有一个标准。就是说，可贵的是他一辈子总是做好事，不做坏事，做有益于人类的事，不做害人的事。如果开头做点好事，后来又做坏事，这就叫做没有坚持性。一个人做点好事并不难，难的是一辈子做好事，不做坏事，一贯地有益于广大群众，一贯地有益于青年，一贯地有益于革命，艰苦奋斗几十年如一日，这才是最难最难的啊！

要这样做，不但需要有坚定正确的政治方向，而且需要艰苦奋斗的精神，不然就不能抵抗各种恶势力恶风浪，例如死的威胁，饥饿的威胁，革命失败的威胁等等，我们的吴玉章同志就是经过这样无数的风浪而来的。因此，我们要学习他的各方面的好处，但特别要学习他对于革命的坚持性。这是最难能可贵的一件事，这是我们党的光荣，这是中国革命的光荣。我们今天大家欢欢喜喜地庆祝他的六十岁生日，我想主要的意义是在这里。

毛主席经常讲人一辈子要做好事不做坏事，我猜想他也是有感而发。他所领导的中国革命事业从无到有、从小到大、从弱到强，直到取得革命胜利，建立新中国，这期间经历了多少九死一生、惊心动魄的重大斗争呀！革命又是一个大浪淘沙的过程，有的经受住了斗争的考验，建立了丰功伟绩；有的在战争年代壮烈牺牲了，成了可歌可泣的革命烈士；也有些人，经受不住残酷斗争的考验，脱离了革命，成了可耻的叛徒、汉奸、卖国贼。

别的例子不举了，让我们看一看出席党的“一大”的13位代表，后来的不同结局吧！

我党“一大”13位代表的不同结局，可归纳为五种类型：一为奋斗终生者，二为英勇牺牲者，三为身离心仪者，四为误入歧途者，五为投敌叛党者。

在革命斗争中牺牲的有4人：陈潭秋、何叔衡、邓恩铭被敌人杀害，王尽美病故，也算烈士。

曾经脱党但坚持革命的两人：李达曾经脱党，后来又再度入党，李汉俊曾经脱党，但是新中国成立后回来了。

从“一大”代表到脱离革命，走向对立面，再到找组织，迷途知返的两人：刘仁静和包惠僧，当然他们不能再重新入党了。

叛党变成反革命的三人：陈公博、周佛海、张国焘，而陈公博、周佛海还成了大汉奸。

1956年2月，董必武回到上海兴业路78号“一大”会址视察并题词：“作始也简，将毕也巨。”这题词出自《庄子》，原文为“其作始也简，其将毕也巨。”意思是说，有些事情开始时极其微小，不被重视，后来却发展壮大起来，成就了一番大事业。这富有哲理的题词，正是中国共产党发展历程的真实写照。

与董老题词意思相近的，还有8个大字：“慎终如始，则无败事。”意思就是为人处世，始终如一，就会成功，就会胜利，就不会失败。一般的规律是，善始者众，善终者寡。一个人一生自始至终能够一以贯之，又谈何容易呀！

据说，毛主席到了晚年，在中央召开的一次会议上，很动情地说，参加我们党“一大”的13位代表，现在就剩下我和董老了！

讲到这里，台下掌声雷动，很多人泪流满面。

在革命战争年代是这样，在和平建设时期乃至改革开放以后，又何尝不是如此呢！

正面的不多讲了，你看那些贪官，你能说他们天生就是坏人吗？能说他们一开始就贪吗？不是这样的，由于一些主客观原因，他们没有经受住这样那样的考验，没有做到慎终如始，他们才变坏了，成了令人不齿、罪大恶极的贪官。

我认真研究过一些贪官的人生轨迹，可以概括为四句话：贫寒的少年，奋斗的青年，辉煌的壮年，悲惨的晚年。

我讲这些，对于青年朋友来说，可能是扯远了。权当是打打“预防针”，吸取他们的沉痛教训，以后千万不要重蹈他们的覆辙呀！

为了说明只做好事不做坏事这个重要的人生守则，让我们再看看外国人对人生看法的两篇短文吧！

一篇题为《爷爷奶奶们后悔什么》。

比利时的《老人》杂志曾在全国范围内，对60岁以上的老人开展了一次题为“你最后悔什么”的专题调查。调查结果十分有意思：

72%的老人后悔年轻时努力不够，以致事业无成；

67％的老人后悔年轻时错误地选择了职业；

63％的老人后悔对子女教育不够或方法不当；

58％的老人后悔锻炼身体不够；

56％的老人后悔对伴侣不够忠诚；

47％的老人后悔对双亲尽孝不够；

41％的老人后悔选错了终身伴侣；

36％的老人后悔自己未能周游世界；

32％的老人后悔一生过得平淡，缺乏刺激；

11％的老人后悔没有赚到更多的金钱。

老人们的这些判断，对他们来说是一种结论，对年轻人来说却不妨视为忠告，因为这些忠告是老人们用时间、青春、幸福以及痛苦、失败、不幸等为代价换来的。

另一篇文章的题目是《墓碑上的年龄》。

一位中国游客独自游历瑞士小城卢塞恩时，被旖旎的田园风光深深吸引住。游客越走越远，逐渐迷失了方向。在翻过一座小山包后，他误闯进了圣泉公墓。

幽静深邃的墓地里，树立着大小不一的墓碑。游客在一个墓碑前蹲了下来，上面的刻字清楚地写着死者仅仅活了 22 年。让游客难以理解的是，墓碑上死者的照片分明是一个 70 多岁的老爷子，根本不是毛头小伙子。游客往前走了几步，只见另一个墓碑上的刻字说死者活了 45 年，可照片却是一个 60 来岁的老奶奶。游客不敢相信自己的眼睛，又走到了第三个墓碑前，奇怪的是，这个墓碑的刻字却说死者一天也没活过。看照片，分明是一个 10 岁上下的孩子。

游客的闯入引来了守墓人，他静静地站在游客的身后注视着。看到游客在摇头叹气，守墓人走到游客面前，面带微笑地解释说："没错。你看到的都是死者真实的情况。在我们这里，死者的寿命并不是指他为自己活了多少年，而是计算这个人为别人活了多少年。刚才你看到的第一块墓碑的主人，原来是一个恶贯满盈的人，他欺压了市民几十年，直到 50 岁那年，他良心发现，悔过自新，做起了社会义工，之后活了 22

年，他就葬在这里；第二块墓碑的主人，原来是一个农村妇女，在她只有 15 岁时，父母突遇车祸，双双离开人世，她挑起家庭重担，拉扯弟妹长大成人，结婚后相夫教子，直到 60 岁去世；第三块墓碑的主人，原来是一个小学生，在他 10 岁那年不幸得了重病，可惜的是，他还没来得及为别人而活，按照我们这里的规矩，他的寿命只能为零。”

听到这里，这位游客恍然大悟。守墓人又说下去：“在卢塞恩城，一个人不管能活多久，只为自己活的年份等于白活，为了别人活的年份总和，才是他真正的生命长度。我们都想活得更长一点，因此，只有造福社会公众，为别人活得长一些，才能在别人的心里活得长一些。”

林间常见千年树，世上难逢百岁人。

人生自古谁无死，留取丹心照汗青。

有志不在年高，无志空活百岁。

人生几十年，说起来简单，过起来却不容易。凡夫俗子的我们在红尘中奔波、忙碌，为的是生活。古人有言：钱财如粪土，功名似浮云，皆生不带来，死不带去。说这话常被指责为消极人生，然而面对地震造成的巨大人员财产损失，回头再看看这句话，无疑会对人生有更深沉的思考。实际上怎样理解这句话，乃是一种人生态度，也是一种人生哲学，更是一种人生境界。有些人借此醉生梦死，浮华一生，认为人这一辈子实在无趣、无乐、无意义，到头来终究难逃一死，不如及时行乐，今朝有酒今朝醉。而真正豁达、睿智的人，却将其当成人生的一种警示和压力，既然生命来去无常，更当发奋今日，抓住当下，好好地珍惜它、利用它、充实它，让这无比宝贵的生命，散发真善美的人性光辉，映照出生命的真正价值。

分辨一件事是好事还是坏事，一般说来还是比较容易的。而要坚持一辈子只做好事不做坏事，则是很不容易的。

你无法判断别人是好人还是坏人，但你自己可以做一个好人。

个人的历史，是由自己的言行写成的。人这一辈子，说来说去无非两条路，一条是正路，一条是歪路。走正路，就有光明大路；走歪路，就没有出路。命运总是掌握在自己的手里。

让我们以雷锋 1959 年 12 月 20 日的日记，作为这个部分的结尾吧！

一个人出生在世界上以后，除了早夭的以外，总要活上几十年。每个人从成年一直到停止呼吸的几十年的生活，就构成各人自己的历史。至于各人自己的历史画面上所涂的颜色是白的、灰的、粉红的或者鲜红的，虽然客观因素起一定作用，但主观因素起决定性的作用。每个人每时每刻都在写自己的历史，每个共产党员和共青团员都应该好好地想一想，怎样来写自己的历史。每个共产党员和共青团员时时刻刻都要以马克思列宁主义、毛泽东思想作为自己思想行动的指导，真正做到言行一致。我要永远保持自己历史鲜红的颜色。

**（二）学习雷锋同志“一个心眼”的傻子精神**

首先，让我们一起先认真阅读一下雷锋 1960 年 8 月 20 日写的日记。

望花区成立了一个人民公社，我把平时节约下来的一百元钱，支援了他们；辽阳市遭受了洪水的灾害，我把省吃俭用积存的一百元钱寄给了灾区人民。有些人说我是个傻子，是不对的。我要做一个有利于人民、有利于国家的人。如果说这是“傻子”，那我是心甘情愿做这样的“傻子”的。革命需要这样的“傻子”，建设也需要这样的“傻子”。我就是长着一个心眼，我一心向着党，向着社会主义，向着共产主义。

雷锋的这种“傻子”精神，太难能可贵了。特别是在物欲横流的今天，很多人变得很“聪明”、一个心眼“向钱看”的时候，值得大大加以提倡和发扬这种“傻子”精神。

其实，古今中外，凡是成大事、留美名者，虽然成无定法、各成其成，但多是这样两种人：一种是“疯子”，一种是“傻子”。当然，我这里所说的“疯子”，不是指得了精神病的“疯子”；我这里所说的“傻子”，也不是指智商低的“傻子”，而是指带引号的“疯子”和“傻子”。

我们今天重点谈论“傻子”，只简单地顺便地谈谈“疯子”。

大凡“疯子”，往往有个倔脾气。他们认准的事，非干到底不可，谁劝也不听。干革命的时候，他们天不怕、地不怕，冲锋陷阵、舍生忘死，比如一代战将王近山，就被人们称为“王疯子”。干事业的时候，他们废寝忘食、如痴如醉，不达目的，决不罢休。别人是“不到黄河心不死”，他们则是“到了黄河也不死心”。

历史上，这样的“疯子”太多了，我这里只举一个例子，就是章太炎先生。鲁迅曾写过一篇著名的文章《章太炎先生二三事》。他盛赞章太炎的业绩，“留在革命历史上的，实在比在学术上还要大”。他建议校印辑录章太炎“战斗的文章”，让其永远“活在战斗者的心中”。

鲁迅如此推崇的章太炎，究竟是何许人也？

章太炎是近代民主革命家、思想家、国学大师。在清朝末年，他鼓吹革命，带头剪辫，痛斥“载湉小丑”，为“革命小将”邹容撰写的《革命军》作序，并发表《驳康有为论革命书》，他曾“七被追捕，三入牢狱，而革命之志终不屈挠。”因他多有惊世骇俗之举，被人称“章疯子”。

我们在这里重点讨论一下“傻子”精神。大凡“傻子”，多为大好人，他们说老实话，办老实事，做老实人，有点“傻”，有点“憨”，有点“迂”。人们常说老实人吃亏，其实老实人不吃亏，吃亏在于不老实。

为了说明这个问题，我下面讲几个事例。

第一个事例，讲讲“当代雷锋”郭明义的故事。

郭明义的事迹太多了，太感人了！这里仅讲讲他多次献血、救死扶伤的故事。

1991 年冬天，“血荒”成了一个曝光率很高的字眼，但是鞍山市的红十字血站却没有这个顾虑。郭明义和他组织的“郭明义无偿献血应急服务大队”，凝聚成这座城市里最温暖的生命纽带。

1991 年 5 月，响应齐大山铁矿的号召，报名参加义务献血的郭明义走进血站，长到 32 岁，第一次献血。

他心里突突跳，浑身冒虚汗，害怕。第一针咋抽都抽不出来，全是泡泡。等到第二针抽完血，坐了半个多小时，他才平静下来。

后来听说，他献的200毫升血，救活了一名孕妇。“咱活得好好的，还能救别人的性命”。他感觉“老幸福了”。那一刻，他就知道自己这辈子跟献血是分不开了。

打这以后，他用不着单位号召，每年自个儿往血站跑。从矿山出发，倒三趟公交车，一个半小时，他舍不得打的，钱还得省着资助孩子。开始他一年献一次，后来半年一次，这是无偿献血的极限。

2005年，鞍山市中心血站引进血小板提取设备后，郭明义又开始无偿捐献血小板。这需要每次抽血800毫升到1600毫升的血液，提取一个或两个单位的血小板后，再将血液输回体内。

知道血小板金贵，捐献者少，郭明义就按照血小板可以一个月捐一次的上限，月月往血站跑，5年中从未间断。

2009年春节前一天，大雪纷飞，郭明义正从采场下山准备吃午饭，突然接到血站电话，一名患严重溶血症的临产孕妇急需血小板，问他能否提前捐献血小板。

郭明义二话不说，从不舍得打的的他，拦下一辆出租车，在风雪中直奔血站。

血站的工作人员让他只捐一个单位的血小板，他不同意。“捐两个吧，还有孩子呢！宁肯浪费一点，也要保母子平安！”

长达1小时40分钟的血小板采集结束，从早晨5点起水米未进的郭明义在采血床上沉沉地睡着了。4个多小时，谁也不忍心惊醒他。一位护士轻轻给他脱下鞋，看到一只脚的袜子露着两根脚趾，她哭了……

鞍山市血站为郭明义做过一个粗略统计。20年来，他光献血证就有54本，累计献血6万多毫升，相当于自身全部血量的10倍。按一个病人需要800毫升计算，这些血至少能够抢救75名危重患者的生命。

郭明义是一个从来不向后看的人，他的眼睛总是急切地寻找着下一个可以继续给予的目标。

2002年，郭明义加入鞍山市第一批捐献造血干细胞志愿者的队伍；

4年后，又成为鞍山市第一批遗体（器官）捐献志愿者。

只要他有的，他都愿意拿出。

那一年，辽宁科技大学一位21岁的学生患尿毒症，父亲因病已丧失劳动能力，靠打工维持全家生活的母亲准备捐肾救女。

郭明义从报纸上看到这个消息，坐不住了。“他母亲是家里的顶梁柱，不能冒这个险！”他决定捐出自己的肾。

同他相知多年的朋友钟明杰正巧来找他，一听缘由，和他一起直奔医院，两人气喘吁吁地推开病房门，张口就要和孩子配一下“型”。孩子的父亲瞪大眼睛，反复问了几遍，才敢相信这两个陌生人是来给自己孩子捐肾的。

因为配型不成功，郭明义的肾没有捐出去。

很长一段时间，郭明义被人看做“卡”（鞍山话，傻子），有人曾当面问他，你缺心眼啊？

郭明义为这掉过泪。

掉完泪的郭明义依然如故。

“说我傻，那我宁愿傻，因为有太多的人需要这样的傻子！”

这个与雷锋同在一座城市入伍、又在雷锋部队当过五年兵的人，和雷锋一样执拗。

“我常常问我自己，
我究竟能给你什么？
我的朋友。
虽不知道这个答案，
但我深深地知道，
我确实能给你，
那属于我的生命，
我的血，
还有那用生命和热血，
铸成的诗。”

这是热爱诗歌的郭明义写下的一段小诗。与其说这是诗，不如说这是他一颗滚烫的心。

郭明义就像一把火，燃烧自己，照亮了更多人的心。

他曾受过讥笑，被人称做“郭大傻”。有一次，一个路人把他发送的材料劈脸打回。他捡起来，继续发送。身边的工友替他难过。他笑笑：“这有啥，做好事呐！咱啥也不图，就没什么伤得着咱。”

郭明义就像一个巨大的磁场，凝聚起越来越壮阔的爱心大军。

2006 年以来，他 8 次发起捐献造血干细胞的倡议，得到 1700 多名矿山职工和社会人士的响应，占鞍山市捐献造血干细胞的 1/3。

2007 年以来，他 7 次发起无偿献血的建议，600 多人累计献血 15 万毫升。

2008 年以来，他发起成立的“郭明义爱心联队”，从 12 人发展到 2800 多人，捐款近 40 万元，资助了 1000 多名希望工程特困生。

2009 年以来，他发起成立的遗体（器官）捐献志愿者俱乐部汇集了 200 多名成员，是目前中国人数最多的遗体（器官）捐献志愿者俱乐部。

如今，郭明义精神的光芒已从鞍山洒落到更广阔的土地上：

2012 年 10 月 15 日，全国第一个省级郭明义爱心团队——重庆大队举行授旗仪式；

11 月 2 日，郭明义爱心团队济南钢铁大队成立；

11 月 16 日，“郭明义班”、“郭明义爱心支队”在辽宁科技大学先后成立；

更有无数的人以无声的行动，成为郭明义的追随者。

有人问他：世界上什么最幸福？

郭明义认真地瞪大眼睛：“什么最幸福？我做好事就最幸福。因为只有做了，我才能保持与善良人们的沟通，才能感受这个世界的气息，感受这个社会的力量。”

他扬着头，孩子一般地笑了，像蔚蓝的天空。

讲到这里，我想讲一讲有关无偿献血的知识。

为什么要实行无偿献血？

我们国家实行无偿献血制度。无偿献血是献血者自愿提供自身的血液或其他血液成分而不收取任何报酬的行为。无偿献血体现了人与人之间互帮互助的人道主义和崇高的奉献精神，促进了社会主义物质文明和精神文明建设。

正常人体内血液的总量有多少？

一般成人的血液量约占体重的8%，一个50～60公斤体重的人，约有4000～4800毫升血液。一次献血400毫升，不足全部血量的10%。科学测定，健康人一次失血10%以下，极少引起不适反应。

多长时间可以捐献一次成分血？

捐献成分血与捐献全身血比起来时间短多了。由于我们体内贮藏存着大量的血小板，并且能迅速补充新捐献出来的数量。所以，健康人士可以间隔一个月捐献一次血小板，但是一年之内捐献血小板的次数不能超过十二次。

第二个事例，讲讲外国一个士兵参加赛跑的故事。

二战时期，有个国家的训练营内进行了一次野外赛跑。

赛跑进行时，一名叫卡尔的士兵，他身材瘦小，多次感到体力不支，眼看越来越落后。但他不断告诉自己，绝对不能放弃，必须坚持。他发现，越往后路线越复杂，跑起来越困难。但有个念头一直支撑着他：哪怕跑最后一名，也要到达终点。

突然，前面出现一个岔路口，竖立着两个指示标牌，分别标出两条道路：一条是军官跑道，一条是士兵跑道。凭经验，卡尔知道，通常负责管理的军官们在体能方面不如普通士兵，为了方便他们，军官跑道一般比士兵跑道平坦，更容易到达终点。虽然心中有些不平，但他依然朝着士兵跑道前进。看到指示标牌的其他士兵，大多选择了军官跑道。卡尔感到奇怪，后面的道路怎么越来越平坦，跑起来越来越轻松。通过一个黑暗的隧道后，没跑多远，他就看到前方彩旗飘扬，终点到了。

卡尔跑过终点线，最高长官麦克逊将军过来与他握手，祝贺他跑出前十名的好成绩。卡尔感到不可思议。在此之前，自己连前五十名都没进入过。

他问麦克逊将军："那些选择军官跑道的士兵都在哪里?"麦克逊将军告诉他："他们还在路途中，不知道天黑之前能不能到。"原来，当初设置那个指示标牌的目的，并不是要让军官和士兵分开赛跑，而是为了考验士兵的诚实度。这次越野赛，根本就没有军官参加。

卡尔以其绝对的诚实赢得了比赛。

第三个事例，讲一讲关于苏格拉底的故事。

在古代雅典城里，有一座德尔斐神庙，供奉着雅典的主神阿波罗。相传那里的神谕非常灵验，当时的雅典人一遇到重大的或疑难的问题，便到庙里求谶。有一回，苏格拉底的一个朋友求了一个谶："神啊，有没有比苏格拉底更智慧的人?"得到的答复是："没有。"

苏格拉底听说了，感到非常奇怪。他一向认为，世界这么大，人生这么短促，自己知道的东西实在太可怜了。既然如此，神为什么说他是最智慧的人呢? 可是，神谶是不容怀疑的。为了弄清楚神谶的真意，他访问了雅典城里以智慧著称的人，包括著名的政治家、学者、诗人和工艺大师。结果他发现，所有这些人都只是具备某一方面的知识和才能，却一个个都自以为无所不知。他终于明白了，神谶的意思是说：真正的智慧不在于有多少学问、才华和技艺，而在于懂得面对无限的世界，这一切算不了什么，我们实际上是一无所知的。他懂得这一点，而那些聪明人却不懂，所以神谶说他是最智慧的人。

这么说来，智慧有点儿像是谦虚，不过这是站在很高的高度才具备的一种谦虚。打个比方说，智慧的人就好像站在神的地位上来看人类包括他自己，看到了人类的局限性。他一方面也是一个具有这种局限性的普通人，另一方面却又能够居高临下地俯视这局限性，也就在一定意义上超越了它。有位哲学家说得好："一个人具有人的一切弱点，同时又像神那样坦然处之，你应当把这看做一种成就。"

所以，智慧和聪明是两回事。聪明指的是一个人在能力方面的素质，例如好的记忆力、理解力、想象力，反应灵敏等等。具备这些素质，再加上主观努力和客观机遇，你就可以在社会上获得成功，成为一个能干的政治家、博学的学者、精明的商人之类。但是，无论你怎么聪明，如果没有足够的智慧，你的成就终究谈不上伟大。也许正是因为这个原因，自古到今，聪明人非常多，伟人却很少。智慧不是一种才能，而是一种人生觉悟，一种开阔的胸怀和眼光。一个人在社会上也许成功，也许失败，如果他是智慧的，他就不会把这些看得太重要，而能够站在人世间一切成败之上，以这种方式成为自己命运的主人。

第四个事例，讲一讲我国一位留学生的教训。

多年前，有个男孩子大学毕业去了一个欧洲国家半工半读，发现当地的公共交通几乎都是开放式的，不设检票口，也没有检票员，并且极少有随机性的抽查。售票自助，你想去哪，就自己买到哪儿的票。

这发现让他惊喜，他精确地估算了这样一个概率：逃票而被查到的比例大约仅为万分之三，查到以后再补票也不是不可以嘛！他为自己的发现而沾沾自喜，之后，他便经常逃票乘车。一面在心里宽慰自己：还是个穷学生嘛，能省一点是一点。

几年过去了，名牌大学的博士文凭和优秀的学业成绩让他踌躇满志，他频频向当地一些跨国公司推销自己。他知道这些公司都在积极地开发亚太市场。然而，这些公司都是先热情有加，数日之后却又都是婉言拒绝。一次次的失败，使他愤怒。他认定是这些公司有种族歧视的倾向，排斥中国人。最后一次，他冲进某公司人力资源部经理的办公室，要求经理对不予录用他给出一个明确的理由。

结局是他始料不及的：

对方说，我们对你没有歧视，相反，我们很重视你。我们公司一直在开发中国市场，非常需要一些优秀的本土人才来协助我们完成这个工作，所以你一来求职的时候，我们对你的教育背景和学术水平很感兴趣。老实说，从工作能力上，你就是我们所要找的人。遗憾的是，我们查了你的信用记录，发现你有三次乘公交车逃票被处罚的记录。

就为了这点小事，你们就放弃了一个用得着的人才？男孩叫起来。

对方说，我们并不认为这是小事。我们注意到，第一次逃票是在你来我们国家后的第一个星期，检查人员相信了你的解释，因为你说自己还不熟悉自助售票系统，只是给你补了票。但在这之后，你又两次逃票。

那时刚好我口袋中没有零钱。男孩解释。

我不能同意你这种解释。对方说，我相信在被查获前，你可能有数百次逃票的经历。

干嘛那么认真？以后改还不行吗？男孩颇不服气。

对方说，不，先生。此事证明了两点：一是你不尊重规则。不仅如此，你擅长发现规则中的漏洞并恶意使用；二是你不值得信任。而我们公司的许多工作的进行是必须依靠信任进行的，因为如果你负责了某个地区的市场开发，公司将赋予你许多职权。为了节约成本，我们没有办法设置复杂的监督机构，正如我们的公共交通系统一样。所以我们无法雇用你，可以明确地说，在这个国家甚至整个欧盟，你可能找不到雇用你的公司。

男孩如梦方醒，懊悔难当。这才想起不知什么人的一句话：

德行有可能弥补聪明的缺陷，聪明却填补不了德行的空白。

第五个事例，不是真有其人，而是小说《红楼梦》中的艺术形象——王熙凤的故事。

我为什么讲到王熙凤呢？有两个原因：一是我是中国红楼梦学会会员，虽然不够格，是混进去的，但我的确非常喜欢这部伟大的文学作品，对小说中的人物和故事多少也还知道一些。二是我从雷锋说的自己只有“一个心眼”，联想到了王夫人的陪房周瑞家所说的王熙凤“少说些也有一万个心眼子”。

我觉得一个人不能有坏心眼，不能有歪心眼，当然也不能缺心眼，不能多心眼。“一个心眼”的人，做人能做好，做事往往也能成功。心眼太多的人，往往做人做不好，做事也不容易成功。这种人如果做官，可能更糟糕，很可能会成为贪官。现在有人说，做官是一种高危职业，事实的确如此。过去成为一个贪官很困难，现在成为一个清官很困难。大家看看那些垮台的贪官，从县处级、地市级、省部级乃至副国级倒了多少？大家再看看，那些贪官，哪个是缺心眼的？他们不是心眼太少了，而是心眼太多了！

王昆仑先生在《红楼梦人物论》中说：“恨凤姐、骂凤姐、不见凤姐想凤姐。”的确，一部《红楼梦》，如果没有王熙凤，真不知道要逊色多少。曹雪芹从多角度、多方位刻画王熙凤的八面玲珑、工于心计、贪婪成性，使我们看到了一个精明、刻薄、狠毒的“凤辣子”的形象：嘴甜心苦、两面三刀；上头一脸笑，脚下使绊子；明是一把火，暗是一把刀。

《红楼梦》第二回中，冷子兴说王熙凤：“模样又标志，言谈又爽利，心机又极深细，竟是男子万不及一的。”

《红楼梦》第六回中，周瑞家的说王熙凤：“这位凤姑娘年纪儿虽小，行事却比世人都大呢。如今出挑的美人一样的模样，少说些有一万个心眼子。再要赌个口齿，十个会说话的男人也说他不过。回来你见了就信了。就只一件，待下人未免太严些个。”

就是这样一个“男人万不及一”、“少说有一万个心眼子”的王熙凤，其结局又是如何呢？

种瓜得瓜，种豆得豆。善有善报，恶有恶报。尽管王熙凤能力很强、管理有方，在大观园里也的确大展了一番身手，但终因好话说尽、坏事做绝，最后落得个极其悲惨的下场。

金陵十二曲的《聪明累》，也暗寓了王熙凤的命运和结局：“机关算尽太聪明，反误了卿卿性命。生前心已碎，死后性空灵。家富人宁，终有个家亡人散各奔腾。枉费了，意悬悬半世心；好一个，荡悠悠三更梦。呼喇喇似大厦倾，昏惨惨似灯将尽。呀，一场欢喜忽悲辛。叹人世，终难定。”

现实生活中，贾宝玉、林黛玉式的人物已经极少见了，因为我们现在的社会形态已经不具备产生这种人物的条件了。但我敢说，王熙凤式的人物还常有常在。而且下面有，上面也有；女人中有，男人中也有。

有人说，中国人的优点是聪明，缺点是太聪明。

太聪明的人们啊，反误了卿卿性命！

写到这里，忽然接到我的挚友，著名作家二月河发来的一则短信，转的是一首在英国脍炙人口的短诗《如果》，是诺贝尔文学奖获得者吉卜林写给他12岁儿子的诗。我看后觉得与我们现在正讨论的问题多少有些联系，所以抄在下面，供大家一起品读：

如果你在众人六神无主时，镇定自若，而不是人云亦云；

如果你在被众人猜忌怀疑之日，自信如常，而不是妄加评论；

如果你有梦想，又不迷失自我；

如果你有神思，又不是走火入魔；

如果在成功之中能不忘形于色，在灾难之后也勇于咀嚼苦果；

如果听到自己说出的奥妙，被无赖歪曲成面目全非的魔术而不生怨艾；

如果看到自己追求的美好，受天灾破灭为一摊零碎的瓦砾，也不肯放弃；

如果你辛苦劳作，已功成名就，还是冒险一搏，哪怕功名化为乌有，即使惨遭失败，也仍要从头开始；

如果你与村夫交谈而不离谦恭之态，和王侯散步而不露献媚之颜；

如果他人的爱憎左右不了你的正气；

如果你与任何人为伍能够卓然独立；

如果昏惑的骚扰动摇不了你的意志，你能等自己平心静气时再做回答时；

那么，你的修养就会如天地般的博大，而你就是真正的男人女人了。

一个人做一件好事容易，一辈子做好事不做坏事不容易；一个人干一辈子坏事不容易，但干一两件坏事很容易。但就是你干的这一两件坏事，就可能败坏了你的名声，甚至毁灭了你的前程。

思想的改变会带来生活方式的改变，生活方式的改变又会带来命运的改变。

有人说，世界上有这样几种人：一种人“大智若智”，一种人“大愚若愚”。这两种人一目了然，比较好分辨。另外还有两种人值得琢磨一番。一种是“大愚若智”的人，一种是“大智若愚”的人。

雷锋被人称为“傻子”，其实他是个“大智若愚”的人。

### （三）学习雷锋同志“一颗钉”的学习精神

一个人脑子里装什么很重要。

脑子里装圣贤，则神圣；装鲜花，则芬芳；装荆棘，则长刺；装乱麻，则烦乱；装淫秽，则丑恶；装党、祖国、民族、人民，心胸就博大了，眼界就开阔了，就不会为一些芝麻绿豆般的小事或闲言碎语而自寻烦恼了。

雷锋的脑子里装着一些什么？看雷锋故事，读雷锋日记，我发现雷锋的脑子里，装着四种东西：一是革命的理论，二是英雄的形象，三是广博的知识，四是过硬的本领。

不论是谁，只要能在脑子里装上这四种东西，那么，他就不会碌碌无为了，他的思想就会是高尚的，他的行为就会是有益的。

雷锋只有小学文化程度，他为什么能写出那么好的日记、眉批、诗歌、小说、散文、书信、赠言和其他文章？他为什么能在军内外做那么多可歌可泣的好事？他为什么能作那么多次生动深刻、感人至深的报告？特别是雷锋为什么能从一个小人物，成长为一个平凡而伟大的共产主义战士？这一切，都和雷锋酷爱学习有关，和他脑子里装着四种东西有关。

有人不承认雷锋是英雄，只承认雷锋是楷模。我不同意这种看法，为此还和有些人辩论过。

世界上的英雄有两种：一种是用平凡铸就伟大，一种是用惊天动地的壮举彰显伟大。二者得其一，即可称之为英雄。雷锋属于前一种英雄，董存瑞、黄继光、邱少云属于后一种英雄。

让我们看看词典中是怎样解释的吧！

词典上对英雄的解释有三：一、“英雄”是个名词，指本领高强、勇武过人的人，例如：英雄好汉，自古英雄出少年；二、“英雄”还是名词，指不怕困难，不顾自己，为人民利益而英勇斗争，令人钦佩的人，例如：人民英雄、劳动英雄、民族英雄；三、“英雄”还属于形容词、属性词，指具有英雄品质的，例如：英雄的中国人民。

我曾亲耳聆听一位老一辈革命家在人民大会堂作报告时说过：毛主席是我们中国空前伟大的民族英雄。我们平时经常说毛主席是这个“家”那个“家”，但很少有人说毛主席是空前伟大的民族英雄的。

一位外国友人说：“毛泽东创建了新中国，其功不亚于美国的华盛顿、印度的圣雄甘地！”这是从横向比较而言。

一位著名学者说：“毛泽东及其战友统一了中国，其功不亚于秦皇汉武！”这是从纵向比较而言。

一位历史学家说：“谁是中华人民共和国的国父？是毛泽东！”

毛主席的确是无论古人、今人，都难以企及和比拟的。

“惟楚有才，于斯为盛”，三湘四水，物华天宝；芙蓉国里，人杰地灵。

国外评论界认为，中国湖南出了两个“神仙”：一个大“神仙”是毛泽东，一个小“神仙”是雷锋。

这样讲可能不准确、不恰当。正如《国际歌》里所唱的：“从来就没有什么救世主，也不靠神仙皇帝！要创造人类的幸福，全靠我们自己！”

那就变换一个说法，湖南出了两个英雄：一个大英雄是毛泽东，一个小英雄是雷锋。

这样说总可以了吧？谁还有什么疑义？

雷锋作报告或写日记，善用比喻，既形象生动，又富有哲理。

请看雷锋关于读书学习的几则日记：

毛主席著作对我来说好比粮食和武器，好比汽车上的方向盘。人不吃饭不行，打仗没有武器不行，开车没有方向盘不行，干革命不学习毛主席著作不行！（1961 年 4 月 X 日）

有些人说工作忙，没时间学习。我认为问题不在于工作忙，而在于你愿意不愿意学习，会不会挤时间。

要学习的时间是有的，问题是我们善不善于挤、愿不愿意钻。

一块好好的木板，上面一个眼也没有，但钉子为什么能钉进去呢？这就是靠压力硬挤进去的、硬钻进去的。

由此看来，钉子有两个长处：一个是挤劲，一个是钻劲。我们在学习上，也要提倡这种“钉子”精神，善于挤和钻。（1961 年 10 月 20 日）

我们要真正学到一点东西，就要虚心，譬如一个碗，如果已经装得满满的，哪怕再有好吃的东西，像海参、鱼翅之类，也装不进去。如果碗是空的，就能装很多东西。装知识的碗，就要像神话中的“宝碗”一样，永远也装不满。（1962 年 3 月 28 日）

对于看书学习，雷锋的确是善于挤善于钻的，以至到了如饥似渴、废寝忘食的程度。

雷锋在团山湖农场当拖拉机手的时候，有一个藤条箱子，里面放有不少书，如《刘胡兰小传》、《黄继光》、《卓娅和舒拉的故事》、《把一切献给党》、《钢铁是怎样炼成的》等等。白天紧张劳动一天，晚上他就争分夺秒地认真阅读这些书籍。

他不仅自己学，还鼓励工友一起学。有的工友说：“劳动一天累得很，哪里还有什么精神看书！”雷锋就说：“我们是生活在社会主义时代，比起解放前不知幸福多少倍，劳累一点算什么！”

雷锋特别崇敬《钢铁是怎样炼成的》一书中的主人公保尔，他对工友说："战争和病魔使他瘫痪，接着又两眼失明。但他以无比顽强的意志和毅力战胜了种种困难，最后写成了这本著名的小说。我们要学习保尔这种坚忍不拔的精神。"

雷锋还经常当着工友的面，高声朗诵保尔的名言："人最宝贵的东西就是生命。生命属于每个人只有一次。人的一生应当这样度过：当他回首往事时，不因虚度年华而悔恨，也不因碌碌无为而羞愧。这样，在他临死的时候，就能够说：我已经把自己的整个生命和全部精力，都贡献给了世界上最壮丽的事业——为人类解放而斗争！"雷锋把这段名言警句，当做自己终生奉行的座右铭。

雷锋于 1959 年 8 月 8 日从鞍钢转到弓长岭矿山，参加新建焦化厂的工作。在 8 月 26 日的日记中，他清楚地写道：

自从由鞍山转到弓长岭以来，自己就抱定决心：一定要好好地学习、工作，争取加入中国共产党。对各种学习任务都能认真完成，自学较好，每天早晨学习一小时，晚上总要自学到深夜 10 至 11 点钟……

部队是一所大学校。参军以后，雷锋对学习抓得更紧了。

他总结了挤时间学习的"六点"法："早起点、晚睡点、饭前饭后挤一点、行军路上想着点、外出时候抓紧点、星期假日多学点。"

他还总结出了以实际问题为中心，到毛主席著作中找答案，按毛主席指示办事的学习公式：问题——学习——实践——总结。

最难能可贵的是，雷锋并不是为学习而学习，不是为了装点门面、武装嘴巴而学习。他在日记中写道：

理论学习如果脱离实际，即使学得烂熟，但是表里不一，言行不一，仍然不能很好地改造思想，……我决心要把毛主席的思想学到手，一定要使毛主席的光辉思想在我的脑海里扎根，在我的一切实际行动中开花结果。

雷锋在 1961 年 11 月 26 日的日记中写道：

我学习了《毛泽东选集》一、二、三、四卷后，感受最深的是，懂得了怎样做人，为谁活着……

我觉得自己活着，就是为了使别人过得更美好。

我要以黄继光、董存瑞、方志敏等同志为榜样，做一个热爱祖国、热爱人民、永远忠于党、忠于革命事业的人。

看了雷锋这一天的日记，引发了我的三点联想：

一是雷锋对于学习的确抓得很紧，他的读书量很大、进度很快。我是与雷锋同年入伍的，我在军校，他在部队。我清楚地记得，《毛泽东选集》第四卷是 1960 年冬天才开始发行的，不到一年的时间，他就通读了一、二、三、四卷，其中有些文章，他还反复读过很多遍。另外，他还读过《论共产党员的修养》等 60 多本政治理论书籍。不用说一个普通战士，就是当时的许多军队领导干部也做不到这样。

二是他通过学习进一步树立了革命的世界观、人生观、价值观。这“三观”属于人生的“顶层设计”，是人生的“总开关”，这“三观”正确了，遇到具体问题就好办了。这对于雷锋成为平凡而伟大的共产主义战士，无疑起到了不可估量的作用。

人为什么活着？应该怎样做人？有史以来，一切时代有社会责任感的人，都在寻求这个问题的正确答案。但是，只有辩证唯物主义和历史唯物主义才能给出最圆满的答案。雷锋对这个人生根本问题作出了正确的回答，他用自己找到的答案，指导自己的人生实践，从而获得了最大的人生动力。

三是雷锋把学习革命理论与学习革命先烈、战斗英雄结合起来，既读书又读人，这样印象会更深刻，收获会更巨大。

雷锋的涉猎面很广，我估计他还学习过马、恩、列、斯的一些著作。

比如，在 1962 年 5 月 6 日的日记中，他引用了马克思的话：

不学无术在任何时候、对任何人，都无所帮助，也不会带来利益。

又如，在 1961 年 9 月 10 日写的《自我鉴定》中，他引用了列宁的话：

多做日常细小平凡的工作，少说漂亮话。

再如，在 1961 年 9 月 10 日的日记中，他引用了斯大林的话：

我们不能要求批评百分之百的正确。如果批评是来自下面的，那么即使这种批评只有百分之五到百分之十是正确的，我们也不应当忽视。

雷锋不只是学习革命理论，他还特别注意向革命先烈和战斗英雄学习。我觉得，在雷锋的学习者和研究者中，对于这一方面还注意不够。

我大体统计了一下，在雷锋从 1958 年至 1962 年写的 330 篇日记中，他写到的有关向革命先烈、战斗英雄、劳动模范等人物学习的日记，就多达 23 篇，涉及的人物，一一映入我们的眼帘：董存瑞、黄继光、安业民、白求恩、聂耳、方志敏、郅顺义、王若飞、时传祥、邱少云、徐特立、张思德、吴运铎，等等。

近朱者赤，近墨者黑。一个人脑子装着什么人，崇敬什么人，他就会学习什么人，去做什么人。

我在何跃青编著的《历史上的那些人》一书中看到这样几句话：

名人的力量作用到历史，会掀起时代的骇浪；
名人的力量作用到将来，会激起未来无穷的潜质；
名人的力量作用到众人的心灵，那将是一股永不枯竭的精神源泉。

事实的确是这样，以英雄人物为镜，可以端正人生态度，拯救自己的道德疾患，塑造健康的心理世界。榜样的力量是无穷的，重视英雄人物的作用，可以让我们变得坚强，少走弯路。

一些成功人士，心中都有一个乃至多个英雄人物作为偶像，作为参照系，作为奋斗的目标。正因为这样，他们才从中汲取了力量和营养，最终取得了成功。毫无疑问，雷锋之所以成长为平凡而伟大的共产主义战士，注重向革命先烈和英雄人物学习，是其中一个极其重要的原因。

雷锋多才多艺，他热爱文艺、体育，擅长写作和演讲，他还怀揣作家梦。在总政办公厅编研室原主任邢华琪同志编纂的《雷锋全集》中，还收录了他创作的30多篇诗歌、3篇小说以及10篇散文。

雷锋在他还不满18岁的时候，于1958年8月1日，写了一首65行的长诗，题为《南来的燕子啊》。开头是这样几句：

南来的燕子啊！
新来的候鸟，
从北方飞到了南方，
轻盈地掠过团山湖的上空，
闪着惊异的眼光。
我分明听清了呢喃的燕语，
像在问：为什么荒芜的团山湖，
今年改变了模样？

全诗以拟人的手法，通过燕子的眼睛，反映了团山河翻天覆地的变化和雷锋欢天喜地的心情。雷锋的诗，是有情的血和肉，不是无味的笔和墨；雷锋的诗，是辛勤和智慧的花朵，不是懒惰和多余的饶舌。

看了雷锋的这首长诗，我既感动又汗颜。雷锋写这首诗的时候，我在读高中二年级，平时还比较爱好文科，但当时我绝写不出这样的长诗、好诗，就是现在我也写不出来。我不妨再问一句，我们这么些年培养出来的博士、硕士、学士们（包括学文科的），不知你们18岁的时候能否写出这样的长诗、好诗？也不知现在你们能否写出这样的好诗、长诗？

雷锋除了孜孜不倦地学习上述这些之外，他还非常注意学习技术，掌握过硬本领。他说：“不但要有好的思想，而且还要有高超的技术，才能更好地为人民服务。”关于这方面的情况，我准备在其他部分再讲，这里就不多说了。

关于雷锋发扬“钉子”精神，发奋用功、刻苦学习的情况，大体上就讲到这里了。

下面，用老一辈革命家董必武于1963年5月写的一首歌颂雷锋的诗，作为这个段落的结语：

有众读毛选，雷锋特认真。
不惟明字句，而且得精神。
阶级观清楚，劳动念朴纯。
螺丝钉不锈，历史色常新。
只做平凡事，皆成巨丽珍。

下面，讲一讲我们应该如何发扬雷锋的“钉子”精神，如何刻苦学习的问题了。

毛主席在早年曾说过这样一段话：“我们的队伍里有一种恐慌，不是经济恐慌，也不是政治恐慌，而是本领恐慌。过去学的本领只有一点点，今天用一些，明天用一些，渐渐告罄了。好像一个铺子，本来东西不多，一卖就完，空空如也，再开下去不成了，再开就一定要进货。我们干部的进货，就是学习本领，这是我们许多干部所迫切需要的。”

毛主席这样教导和要求别人，他自己就是终生看书学习的光辉榜样。我经常想，毛主席的渊博知识是从哪里来的？单从学历讲，他没有就读过正规大学，就在湖南第一师范读过几年书，按现在算，也就相当高中或中专学历。但毛主席却成了举世公认、流芳千古的伟大政治家、思想家、革命家、军事家、战略家，他还是书法家、大诗人，等等。毛主席的高超本领和渊博知识，一靠看书学习，二靠革命实践。他在这两个方面，都为我们树立了光辉的榜样。

前些年，我曾几次到毛主席位于中南海的故居瞻仰，看到卧室里那张宽大的木板床上，差不多有一半的位置摆放着成摞的书报杂志，他要看什么书，随手可拿，信手拈来。

什么叫嗜书如命？什么叫手不释卷？什么叫博览群书？我从毛主席故居的卧室里，得到了令人信服的答案。

我还听说过毛主席酷爱看书学习，同时教导别人看书学习的两个故事。

1938年的一天，毛主席在党中央于延安举行的会议期间，与贺龙、徐海东等同志散步、闲谈。毛主席说，中国有三部古典文学名著：《三国演义》、《水浒传》、《红楼梦》，谁不好好看这三本书，谁就不算中国人！毛主席问徐海东看过没有？徐海东如实回答，看过前两本，没看过《红楼梦》。毛主席笑着说，那你只能算半个中国人！徐海东把这次谈话牢记在心，后来于生病期间，在病床上坚持读完了《红楼梦》。

1957年的一天，毛主席在卧室里休息，他指着放在桌子上的《史记》和《资治通鉴》两部书，对护士说，这是中国的两部大书，难得的两部好书。《史记》我读过多少遍记不大清楚了，《资治通鉴》我读过17遍，每读一遍都获益匪浅。毛主席还像辅导小学生那样，认真地对护士说，不读书不行啊，不读你不知道啊！人是学而知之，谁也不是生而知之啊！

让我们看一看毛主席他老人家在生命的最后两天是怎样度过的吧！

1976年9月7日、8日，毛主席已经生命垂危，但他仍然坚持要看书、看文件。7日这天，经过抢救刚苏醒过来的毛主席，示意要看一本书。由于声音微弱和吐字不清，工作人员没有弄明白是要看哪一本。毛主席显得有些着急，他用颤抖的手握笔写了一个“三”字，又用手敲敲木质的床头，工作人员猜出他是想看有关日本首相三木武夫的书。当把书拿来，他点点头，露出满意的神态。毛主席在工作人员帮助下只看了几分钟，就昏迷了过去。

根据医疗组的护理记录可以看出，9月8日这一天，毛主席看书、看文件十一次，共两小时五十分钟。他是在抢救的情况下看书、看文件的：上下肢插着静脉输液导管，胸部有心电监护导线，鼻子插着鼻饲管，书和文件是由别人用手托着看的。

毛主席最后一次看文件，是8日下午四时三十七分，在心律不齐的情况下，看文件时间长达30分钟，这时离他去世只有八个多小时了。

1976年9月9日零时十分，经过连续四个小时抢救无效，一代伟人毛主席的心脏停止了跳动。

毛主席真正做到了活到老、学到老！

下面，我再讲讲大科学家钱学森认真看书学习的故事。

钱学森和夫人蒋英当年一个是年轻有为的留美博士，在航空理论领域崭露头角的科学家，一个是中国乐坛冉冉升起的歌唱明星。他们的结合让很多人羡慕，但却遭到蒋英姐姐的反对，她给妹妹讲了一个故事：在美国的时候，别人给钱学森介绍了一个女朋友。有一天，钱学森去接女朋友参加一个聚会，等了很久，大家才看到钱学森一个人急匆匆地赶来。一问才知道，他在路上把女朋友给丢了。

但蒋英没听姐姐的话，她佩服钱学森，认为有学问的人就是好人。6 个星期后蒋英与钱学森在上海和平饭店举行了婚礼。

婚后不久，钱学森先回美国，一个多月后，蒋英独自到了波士顿和钱学森会合，在异国他乡开始了他们的新婚生活。

他们愉快地在一起吃早饭，钱学森泡了一杯茶，喝完，突然站起来向蒋英告别。

蒋英回忆道，他说我走啦，晚上再回来，你一个人慢慢熟悉吧。我很惊讶，这叫结婚啊？我第一天来呀！

人生地不熟的蒋英独自等待着钱学森回家，直到夜色来临。

蒋英记得，到晚上五六点钟，他回来了，很客气。他问吃什么饭？我不会做饭，不知道怎么做。于是，我们就到外面吃了一顿快餐。他跟我说：到礼拜六礼拜天，我陪你去买菜，咱们一起做菜。他给我介绍美国生活，我觉得很有意思。

一回到住所，钱学森的举动让蒋英吃了一惊。

蒋英回忆，他就说回见、回见。我还没反应过来，他就拿了一杯茶到小书房里去了，门一关不见人了。

到晚上 12 点他出来了，很客气。我也很客气。就这样，从结婚的第一年第一天到以后这六十几年，他天天晚上都是吃完晚饭，自己倒一杯茶，躲到小书房里去看书，从来没有跟我聊天，更没有找朋友来玩。

六十几年啊，天天晚上都学习到 12 点！

下面，我们再看看钱学森数十年坚持剪报的故事。

钱学森保存的剪报，总共 629 袋，24500 多份，装满好几个书柜。

剪报，是钱学森的资料库、信息库。他的剪报按照不同的内容，装进一个个牛皮纸袋，袋上写明剪报的主题。

钱学森有 3 位秘书。人们以为，这些剪报可能是钱学森在报纸上画个圈，他的秘书帮助他剪下来。令人惊讶的是，钱学森的儿子钱永刚教授告诉人们，这些剪报全是“老爷子”自己动手剪的！在工工整整剪好之后，钱学森把剪报端端正正贴在白纸上，再注明报刊名、年月日，便于日后引用时注明文章的出处。

钱学森喜欢看报。他每天要看的报纸依次是《人民日报》、《经济日报》、《光明日报》、《科技日报》、《解放军报》、《北京日报》、《参考消息》、《经济参考报》。这“依次”，是指他的阅读顺序。服务员知道他的阅读习惯，每天收到这八份报纸之后，必定按照这一顺序放好，送给钱学森。钱学森逐一看完，必定按照“依次”的顺序放好。在阅读的过程中，他认为有保存、参考价值的文章，就剪下来保存。

钱学森的阅读面很广。他不光是看报，而且阅读方方面面的杂志，既有他的专业方面的杂志，如《力学学报》、《中国航天》等等，也有自然科学杂志《科学通报》、《物理学报》，还有社会科学杂志《新建设》、《语文建设》、《中国图书评论》等等。钱学森家中，藏有 15000 多册他阅读过的期刊。

钱学森的剪报习惯，其实早在美国从事研究工作的时候，就已经养成。1950 年 8 月下旬，美国海关无理扣压了钱学森的八大箱准备托运回国的行李。美国联邦调查局在细细审查这些行李时，发现内中有九大本按照不同主题分类的剪报。其中，甚至有关于美国原子能方面的详尽剪报。美国联邦调查局感到不解，钱学森的专业是火箭，并不是原子能，他为什么那样关注美国的原子能研究？这会不会是一种“间谍”行为？后来他们“研究”了钱学森方方面面的剪报之后，终于认定，这是一位高层次的科学家的广博学识的体现。

年过九十之后，钱学森虽然仍每日坚持看报，但是毕竟体力有限，已经无法一一亲自剪报。他只能请身边的服务员代劳。不过，服务员要么贴歪了，要么日期、报刊名写不完整，钱学森不满意。钱永刚说：

“我来!”钱永刚贴的剪报，跟钱学森一样规范，钱学森这才满意。

上面讲了两位大人物看书学习的故事，一个是讲大革命家毛泽东，一个是讲大科学家钱学森。下面，我们再看看一位小人物自学成才的故事。

## 一名特殊的“清华人”——张立勇

2011年4月24日，对我国著名高等学府清华大学来说是极其重要的一天，那一天是清华百年华诞。而那一天对于其中的一个年轻人来说，也是一生当中值得记忆的日子。他不是清华的学生，也不是清华的老师，也没对清华的发展作出什么丰功伟绩，但他却作为清华大学的杰出校友代表，应清华大学的邀请，来到了庄严的人民大会堂，出席清华大学建校100周年的庆典大会，并受到党和国家领导人的接见。他是谁？其实他只是一位在清华学生食堂工作过八年的炊事员而已。他就是被清华大学的老师和同学们称之为“清华英语神厨”的张立勇同志。

张立勇同志是我众多朋友当中的一位小朋友、好朋友，算是忘年交。然而就是这么一位普通的炊事员为何能受到清华师生们的尊敬？通过我与张立勇同志多年的接触交流，我发现，他在清华园虽然职业为食堂炊事员，但却敬岗爱业，刻苦学习，并用实际行动诠释了清华自强不息的奋斗精神。他的故事虽然普通，但却感人。在他身上，有着很多这一代年轻人应该学习的地方。

下雨和开学，是他最怕的两件事

张立勇同志出生在革命老区江西赣南的一个小山村，家境十分贫困，没有电，只能靠点煤油灯看书。“小时候，我最怕的事情有两件，一是下雨，二是开学。”一次我和张立勇同志共同去西安高校讲学的途中，他跟我这样说。原来，由于南方雨水多，加上家里的房子年久失修，十分破旧，一下雨屋子就漏水，屋里全是烂泥，根本没法住，而且房子有倒塌的危险。害怕家里的房子倒塌，担心父母被掩埋，几乎成了小立勇最大的噩梦。而害怕开学，则是因为每到开学，他的父亲便不得

不去向别人借钱，“现在回想起来，觉得我的爸爸脸皮真的很厚，今天向这个人借钱，明天向那个人借钱。”张立勇回忆说。

即便如此，读书时的张立勇仍然每年都是学校的三好学生，读到高二的时候，以他当时的成绩，考上一所重点大学不是问题。然而，因为无法解决的贫困，尤其是一下雨，他在学校就无法安心学习，老是惦记家里的房子会不会倒下了砸到父母，所以在高二第一个学期结束后，热爱学习的他咬牙主动放弃了学业，准备外出打工挣钱，为父母盖一座风雨不漏的房子，供弟弟妹妹继续求学。“当时在我看来，父母的安全和健康，比我考任何一所重点大学都要重要，如果父母真因房子倒了出意外，即使我考上了清华北大也没什么意义了，每当回想起这一段岁月，张立勇总是动情地跟我这么说。

1993 年，张立勇带着自己没有学完的高中课本和未竟的学习梦想去了广州。张立勇在广州给别人擦过鞋、送过水，后来在建筑工地当了一年半的建筑工人，与老家农村相比生活还算不错。但他对这份工作并不满意，因为过大的工作强度让他没有多余的时间与精力学习。后经朋友介绍，张立勇到了一家玩具厂工作，虽然每天工作十几个小时，但他还是会尽量抽出休息时间学习英语。张立勇当时的想法很简单，具备较高的英语能力，能找到一份更好的工作。

当时张立勇的栖身之所是一间几十人共享的工友宿舍，在那种环境下，学习并非易事。工友们平日休息最喜欢做的事便是打牌、打麻将，每每“三缺一”时，张立勇作为“替补队员”，不得不加入其中。收了工的夏天晚上，工友们总喜欢结伴去吃夜宵，为了不脱离团队，张立勇有时候也会跟着一起去，但去了又会后悔，“觉得时间不应该这样被浪费。”

1996 年 6 月，不想浪费自己时间的张立勇经过亲戚介绍，来到清华大学，成为学校食堂的一名临时工。当时在广州，张立勇凭借自己的努力，已经做到了玩具厂包装部的经理，薪水也越拿越高，但中国最高学府——清华大学，对嗜学如命的他来说，有着不可抗拒的魅力，他没有丝毫犹豫，甚至有些迫不及待地奔向了北京，奔进了清华。“薪水越拿越高的时候，我越是想学习，越是觉得要去完成自己对父母的承诺”，张立勇说。“爸爸、妈妈您们放心，我只是暂时不上学，将来我还要上学，还要上大学”——这是当年张立勇决定不上学的时候，为了安慰父母，说的一番话。

## 一张永不动摇的时间表

张立勇同志经常回忆说，踏进清华大学第一脚，“兴奋得简直快要休克了”——终于到了多年魂牵梦萦的大学。然而这种兴奋并未维持多久，现实很快将他打回原形，在清华同样是 14 个人住一个宿舍。“每天早上，我骑着自行车，和清华大学的学生擦肩而过，同样的年龄，他们去教室上课，我去食堂工作。”这让张立勇颇感失落，甚至有些自卑。但坚强的性格让张立勇又一次战胜了失落和自卑，他暗下决心，既然来到了清华大学，就要做一点对得起“清华”两个字的事情，那些与自己同龄的清华学生能做到的事情，我也一定能做到。于是他给自己定的目标是：在做好本职工作的基础之上，要按照一个清华学生的标准来要求自己，清华的学生们学什么，他也要学什么，清华的学生们考什么，自己也考什么。

虽然在清华的本职工作是厨师，自身所处环境艰苦，但张立勇还是被清华大学浓厚的学习氛围打动，他仍不断督促自己学习。起先，他在学校东操场边找了块空地，一有空便来这里看书、读英语，“因为找遍整个校园，就这里的路灯最亮，晚上也可以看书。”直到有个清华大学的学生告诉他，即使是厨师，也可以到学校的教室里自习，他才转战清华大学第四教学楼。“第一次到教室上自习时，我穿上了自己最好的衣服，将胡子刮了又刮，还特意买了个书包。”即便已经如此隆重，张立勇还是在教学楼前足足徘徊了 20 分钟，在他看来，在清华大学的教室里学习，是一件无比神圣的事。从那天起，在清华大学第四教学楼里，张立勇这个食堂小厨师，成了那个走得最晚的“学生”。

张立勇并不满足于只是在教室里学习，他恨不得抓住不用工作的每一分每一秒。每天中午，食堂员工的吃饭时间为 15 分钟，张立勇将其分为两份：前 7 分钟快速吃饭，后 8 分钟，他便会躲到食堂碗架后的小

小空地，大声朗读英语。每天 8 分钟，张立勇整整坚持了四年半，在这个过程中，他自学完了清华大学本科四年的所有英语教材。1600 多个 8 分钟的坚持与努力，使张立勇很轻松地以高分通过了大学英语四、六级考试。

据后来我对张立勇的了解，到了清华，在熟悉和稳定工作后，张立勇并没有仅仅陶醉于清华大学优美的环境中。当时他决定把自己感兴趣的、作为当代大学生们必须学的一门课程英语作为学习的突破口，并为此制定了“残酷”的时间表：早上 6 点必须起床；6 点 15 分至 6 点半跑步；6 点半至 7 点背英语；7 点至 7 点 15 分刷牙、洗脸；7 点 15 分至 7 点半上班；午饭时间控制在 7 分钟之内，剩下的 8 分钟背英语；中午 1 点钟听英语广播；晚上 8 点下班，学习英语到 12 点；深夜 12 点 30 分到 1 点收听英语广播。为了避免早上起不来，张立勇甚至买上两三个小闹钟一到点轮番叫他，想不起来都不行。对他而言，这是“一张永不动摇的时间表”。

学校里的英语角，也是张立勇常常出现的地方。一次，在与清华学生聊天的过程中，他听到了一个新名词：托福考试。在得知这是一个要到美国读大学必须通过的英语考试后，张立勇萌生了要参加这个考试的想法，“我当然没有条件去美国留学，但我想看看自己的英语到底具不具备到美国去读书的水平，能不能考到清华学生们这么高的分数。”为了练习最令他头疼的听力，他坚持将完全听不懂的磁带听了四个多月，“到最后，每当看到英语托福考试的资料、磁带都想呕吐，甚至想放弃托福考试，但还是逼我自己把耳机塞到耳朵里面去听”。直到有一天，“奇迹般地都听懂了”。2001 年，张立勇走进北京林业大学托福考场，最终取得了 630 分的高分，这一分数超越了许多与他同时参加考试的清华学生。要知道，托福考试的满分是 677 分。

张立勇同志时常与我分享他在清华大学英语角的诸多故事，每一个故事其实都十分感人和难忘。1996 年 10 月的一个晚上，这位在清华大学学生食堂切了一天菜的厨师张立勇，没有像往常那样回到宿舍，他走向了清华园第三教学楼的露天平台上，踏上了那片对他来说非常神圣的土地——因为那里有一个英语角。在那里，他显得有些沉默与紧张，只是缩在一个角落里，听别人交谈。听着听着，有了一种要张口说说的冲动。一个男生走过来，跟他用英语打招呼，因为害怕、含羞，他差点想逃跑，最后只好哼哼哈哈应付着，根本就不是用英语会话，而是一个一个地往外蹦单词。虽然张立勇的英语会话当时没有一点水准，但正是这一次失败的打击更加坚定了张立勇练好英语口语的决心。所以在清华，他抓住一切学习的机会，在食堂的卖饭窗口开创了“英语窗口”，卖饭的时候用英语接待清华的学生，既锻炼了英语口语，也克服了自卑胆怯的性格。所以熟悉张立勇的人都知道，他的英语不仅分数考得高，口语也非常地道。

随着张立勇在清华园里的视野不断得到拓展，他不再满足仅仅对英语的学习，利用业余时间，他还到北京大学成人教育学院学习了对外经济和国际贸易专业的课程，取得了本科文凭，自学学会了计算机，旁听了许多法律、新闻学的课程。

**合格的建筑工人、优秀的清华厨师**

张立勇作为一位农民的儿子，虽然离开家乡十几年了，住在首都北京，但他的朴实品格并没变，“向首长汇报，田将军，在清华十几年，我最怀念的是在清华食堂的八年，我最自豪的事情不是说我英语分数考得高，获得了大学文凭，如果说能让自己感到一点自豪的，那就是我自己是一名合格的清华厨师，优秀的清华厨师，优秀食堂服务员，我热爱劳动，我热爱厨师这么一份职业，劳动是光荣的，同样在广州的建筑工地，我也是优秀的建筑工人”，每当想起张立勇跟我说过的这段话，总是让我觉得这小伙子不简单，他在清华园不仅学习好，本职工作做得更好，据说在清华做一名厨师很不容易，每年都要进行岗位考核，考核不及格还要降工资甚至辞退，但张立勇每年的岗位考核无论是切菜岗位还是炒菜岗位，甚至刷碗岗位考核的分数都没有低于 90 分以下的。正是因为这样，清华大学党委书记、校长多次亲自接见这位“小张师傅”。“不管什么职业，自己选择了就要把它做好，做好了，一定会得到别人的认可和尊重。”张立勇说。

## 祖国需要就是他的工作

张立勇的事迹一经媒体报道，便引起了全社会的关注，也给他带来了许多令人艳羡的机会，有外企向他伸出了橄榄枝，2006 年美国犹他大学甚至愿意提供全额奖学金，录取他为研究生。而也在这一年，北京奥组委也同时向他发出邀请，希望他能参与北京奥运会的志愿者英语培训工作和运动员接待工作。张立勇又一次放弃了他人难以舍弃的大好机会，他毫不犹豫地放弃了到美国读书的机会，选择留在北京奥组委工作。“当祖国需要我的时候，当我有这么一份能力的时候，我一定会勇敢地站出来”，张立勇向我说。他先后参与了北京奥运会、汶川大地震抗震救灾、国庆 60 周年庆典等的筹备工作。他说：“这些年来，祖国的需要就是他的工作。”

一份耕耘，一份收获，鉴于张立勇同志的杰出表现，荣获“中国青年学习成才奖”、被共青团中央评为“中国十大杰出学习青年”，被《人民日报》评为“2004 年中国十大年度新闻人物”，被评为“感动江西十大年度人物”、“中国榜样人物”、“清华大学先进工作者”，还被国务院授予“2008 年北京奥运会、残奥会先进工作者”等称号。难能可贵的是，张立勇面对这些荣誉总是能够做到淡然低调，谦虚谨慎。为此，中央电视台《东方之子》、《面对面》、《新闻会客厅》、《小崔说事》、《名师名校》等栏目，凤凰卫视《鲁豫有约》等栏目，《人民日报》、《中国青年报》、美国《世界日报》、英国《金融时报》等国内外 300 多家媒体报道了张立勇同志的事迹，诸如白岩松、崔永元、陈鲁豫、王小丫、董倩、沈冰等著名主持人在采访张立勇同志时，都不得不佩服这位来自老区赣南的青年农民、这位清华食堂的临时工炊事员所展现的坚韧和执著。

## 能够帮助别人改变，是最好的人生

人生当中有很多难忘的时刻，张立勇也一样，2008 年 5 月，张立勇奔赴四川地震灾区参加抗震救灾工作。这段经历让他第一次开始思考，人如果仅仅为自己活着，可能是一件容易的事情，但作为一个有责任的人，更应该为国家、为社会做点事情，在允许的情况下应该带领更多的人一起奋斗。为此，他开办了“北京立勇阳光工作室”，义务为青少年提供心理咨询、学习辅导，尤其是英语等学科学习方法的咨询辅导等，帮助众多的青少年朋友克服了学习上、工作上、感情上的困惑，走出沼泽，走向阳光人生，受到广大青少年的尊敬和赞扬。据他说北大就有一名学生因为失恋想放弃学习，甚至想放弃生命，这名学生从报纸上看到张立勇的报道，求助张立勇，张立勇通过多次与他的谈心，让这位北大的学生重新找回了学习和生活的信心，顺利读完了本科，上了研究生，目前在读博士。此外他还在全国范围内发起了一项大型的公益活动——中国青少年责任与成长大讲堂，张立勇作为创办人、组委会主席兼首席讲师，这些年来，已在全国各地大中小学举行了400多场专场讲座。他现身说法，将学习的方法，更将持之以恒的信念，带到更广阔的地方。张立勇坚信，能够帮助别人改变，是最好的人生。

作为有着53年党龄、参军52年、现已72岁的我来说，在与年轻人接触时，都怀着一种期待的心情去与他们交流，那就是期待年轻人更好、更优秀。为此，在与张立勇同志交流时我也一样，赞扬鼓励的同时总是不忘大胆地说出年轻人身上的一些不足，我经常提醒张立勇同志要注意休息，锻炼身体，要不断创新，不断扩大知识面，等等。我觉得这是我的一份责任，我非常高兴地看到张立勇同志非常诚肯接受了我的很多要求和建议，而且付诸行动，所以我相信张立勇同志一定会做得更好、更精彩，一定能为社会、为国家做出更多的贡献。

为了说明认真看书学习的重要性、必要性和迫切性，请大家看看这三组数字：

第一组数字是：据英国一位科学家考证，人类的科学知识在18世纪是每五十年增加一倍，20世纪中期是每十年增加一倍，目前则是每三年增加一倍。

第二组数字是：据有关方面统计，2011 年，中国人均读书 4.3 本，比韩国的 11 本、法国的 20 本、日本的 40 本、犹太人的 64 本少得多。一段时间以来，这个论断被各种媒体反复引用，说它令我们感到振聋发聩甚至痛心疾首，并不为过。

犹太民族是值得我们关注和研究的民族。看看这些伟大的名字——马克思、爱因斯坦、弗洛伊德、海涅、卓别林、毕加索、门德尔松、基辛格、斯皮尔伯格、玻尔、费米、罗斯柴尔德家族、摩根、洛克菲勒、巴菲特……在全美 200 名最有影响的名人中和 100 多名诺贝尔奖得主中，占美国总人口 2%～3%的犹太人占了一半；在全美名牌大学教授中，犹太人占 1/3；全美律师中，犹太人占 1/4；美国的百万富翁中，犹太人占 1/3；全美文学、戏剧、音乐的一流作家中，犹太人占 60%……

一个民族获得这些杰出成就，靠的是什么？是智慧。而智慧的背后，是犹太人精神成长历程中对于书籍宗教般的情怀。犹太人嗜书如命，将阅读置于很高的地位：每 4500 个犹太人就拥有一个图书馆；在以色列，平均每 6 个人就订一份英文报纸；犹太人会在书上涂一层蜂蜜，让孩子一生下来就知道书是甜的，他们还喜欢将书放在枕边。犹太人勤奋好学的精神，应了这样一句名言："阅读是消灭无知、贫穷与绝望的终极武器，我们要在它们消灭我们之前歼灭它们。"

第三组数字是：统计自 1901 至 2012 年的诺贝尔自然科学奖、经济学奖和文学奖，以国籍来衡量，美国共有 308 人获奖，每千万人可摊到 9.84 个奖；日本共有 16 人获奖，每千万人可摊到 1.28 个奖。杨振宁和李政道获诺贝尔物理学奖时还是中国国籍，加上莫言，共有 3 人获奖，每千万人仅摊到 0.02 个奖，与中国的广袤国土、庞大人口、悠久历史和深厚文化极不相称。我们还没有任何自高自大、故步自封的资本。

2009 年，中国 GDP 首次超越日本，成为世界第二。龙永图看到外媒的发问，其中一问为：什么时候才能使全球精英都愿意把孩子送到中国留学，而不是送到欧美？当中国获诺贝尔奖人数及比例超过日本、中国的教育与学术系统有全球竞争力之时，我们就可以自信地回答这个问题了。

我这里要讲讲，学习是个非常个人化的事情。

《浦东时报》1 月 13 日刊登《求是》杂志副总编辑朱铁志的文章说：其实，学习是一件非常个人化的事情。“讲学习”也罢，“建设学习型党组织”也罢，最后总要落在具体实在的个体学习上，离开这一点，再热闹的学习也是形式大于内容，动机大于效果。向书本学习，书要一本一本地老实读，谁也不能代替别人作独立思考；向实践学习，要走出家门、走出自我，老老实实到实践中去，拜普通群众为师，于无字句处读书，坐而论道、纸上谈兵终觉肤浅。

学习又是一件非常复杂的事情，要根据不同对象的不同需求区别对待。对于一个工作多年的人来说，自己缺什么应该补什么，想要学什么，自己最清楚。对于刚刚毕业的硕士、博士而言，不断增加书本知识当然重要，但相对而言，他们更缺乏实践锻炼，缺乏理论联系实际的本领。在这种情况下，把他们放到实践一线压担子、给任务，可能是最好的学习。指望用一把钥匙开所有的锁，用一味药治疗所有人的病，那是天真而不负责任的。

这里再讲讲要注意学习的高度与深度的问题。

著名作家、曾任文化部部长的王蒙同志，专门发表文章，论述了这个问题：

先是广播电视的发展，然后是电脑、网络、手机的发展，使人们获取信息变得越来越便捷与舒适了，工具的性能与科学技术含量日新月异地膨胀着。同时，对于使用这些工具的主体的要求却越来越降低了。工具越先进操作就越简单，你只消敲几个键，要什么就有什么了。它比以往不知简便了多少。

在我国，网络的发展还带来了群众的民主参与及监督的便捷，一些坏人坏事就是网民们首先发现并群起而攻之的。国家领导人也开始应用

网络与网民直接对话。

网络的发展还带来巨大的经济效益，一个点击率高的微博写手，他的效益远远高于一个专门家的专门学术著述。

同时，纸质的媒体开始受到挤压，读书的风气一再被上网浏览所削弱。有人预言网络时代的到来。有人预言文学与书籍的式微。有人嘲笑学术与艺术大家的冷落。市场更加欢迎的是能便捷与舒适地获取信息的手段及相关产品。

便捷与舒适使受众获得的信息百倍千倍地增长，于是以秒计算浏览时间的微博与博客代替了花费数小时才能读完的论文，成为受众的宠儿。有时，粗野与狰狞成为吸引眼球的“风格”。碎片化的“思想”，耍笑化的“段子”，俏皮话的“自得”，八卦式的“渊博”，不文明的“争论”，歪曲变形的“流行新词”，千奇百怪的化名与潮起潮落式的以与人为恶为特色的声讨与人肉搜索，已经相当程度地代替了传统传媒与言论文明，成为所谓“P民”与“屌丝”（指草民）们饕餮的精神食粮。同时它们与传统传媒特别是主流传媒分割成了两重天地，而对真正高端的文化精品，越来越少人问津了。

全世界已经有越来越多的有识之士提出来，网络化的结果，除了各种方便与推进以外，也可能带来精神生活浅薄化、快餐化、碎片化与单一化的危机；有可能培养出一大批什么都知道一点点，什么都是人云亦云，半真半假，而没有自己的感悟、没有自己的查证、没有自己的任何创见的“聪明的白痴”式的网络信息小贩；有可能让手段先进的媒介，操控我们的头脑与灵魂。说得严重一点，就是便捷化与舒适化有可能制造浅薄化与白痴化。

当然不是说先进的智能工具不好。而是说，作为一个伟大的古老的文明国家的儿女，至少其中的一部分比较优秀的人士，完全可以做到在任何情况下不放弃苦读与苦学的传统，不放弃“书山有路勤为径、学海无涯苦作舟”的理念，不满足于聪明的白痴随时卖弄白痴的聪明，以真正的经典的学者、发明家、思想家、科学家、文学家为榜样，不仅是开拓市场与凑热闹，不仅仅是混个点击率，而是做出无愧于祖先与后人的对于精神瑰宝的贡献。

我们一定知道，学习、实践或实验、研究、思考、创造，是不可能便捷化与舒适化的。便捷与舒适的浏览所得，至多是浅浅的一层表皮，它不能代替长久的专注，精益求精的刻苦，永不停息的探索，反复地查证与纠错，系统地阅读与钻研，既能登高望远，又能见微知著的独特发现。

取法乎上，仅得其中，我们不能忘记高端的文化追求与文化献身，我们要善待科学技术与各种时尚产品，我们更要善待自身的头脑与古往今来的治学传统与经验。

## （四）学习雷锋同志“一块砖”的敬业精神

在湖南湘潭一带，至今广为流传着这样一则民间谚语，实际上是一个人名字谜：

似手不是手，胳膊往外扭；
甘露滴三滴，四季幸福有；
太阳正出山，霞光万年久。

谜底就是一代伟人毛泽东。

有人说，毛主席一生可以概括为三个“28”。

毛泽东三个字的繁体书写笔画为28画，所以他在1918年公开发表的第一篇文章《体育之研究》见诸于《新青年》时，署名即是“二十八画生”。

1921年，毛主席28岁，他出席了中国共产党第一次全国代表大会。他一生从事共产主义事业，汉字的“共”字，是由“廿八”组成的。

从1921年到1949年，中国共产党领导的新民主主义革命经历了28年。在1949年10月1日新中国的开国大典上，毛主席指示鸣礼炮28响。

1976年，毛主席逝世，享年84岁（虚岁），这是他的人生第三个28年。

这就是毛主席的简历，就是毛主席的人生“三部曲”。

第一个28年，是他的青年期，是他成长学习、寻找救国救民真理的时期；第二个28年，是他的壮年期，他领导中国人民推翻了三座大山，建立了新中国；第三个28年，是他的老年期，他率领中国人民进行了社会主义革命和社会主义建设。

三部曲是文学创作的一种形式，其实，人生的过程也是一种“创作”，古今中外许多文人曾将人生的体验精辟地概括为三部曲。

最早，春秋时代的师旷就说过：“少而好学，如日出之阳；壮而好学，如日中之光；老而好学，如秉烛之明。”好学，是贯穿人生的一根线索，证明“活到老、学到老”的真理。

用诗词的形式来抒写人生三部曲，古人当属宋代的蒋捷，他有一首《虞美人·听雨》：

少年听雨歌楼上，红烛昏罗帐。
壮年听雨客舟中，江阔云低，断雁叫西风。
而今听雨僧庐下，鬓已星星也，悲欢离合总无情。
一任阶前，点滴到天明。

德国文学巨匠歌德写过一首小诗：“少年，我爱你的美貌；壮年，我爱你的言谈；老年，我爱你的德行。”诗人精辟地概括出人生成长的经历，这就是由外表到内心的成熟与完美。

现代诗人刘大白也有一首诗赞美人生：“少年是艺术的，一件一件地创作；壮年是工程的，一座一座地建筑；老年是历史的，一页一页地翻阅。”

文如其人，不同职业的人对人生的感慨，亦是异彩纷呈、妙语连篇。

摄影师说：“少年是感光，壮年则定影，到了晚年来放大。”

社会学者说："少年想成家，壮年想离家，老年盼回家。"

美学研究者说："少年审女美在其态，壮年审女美在其情，老年审女美在其心。"

人生三部曲描绘出生活的五光十色，品尝着生活的酸甜苦辣，显现了生活的无限情趣。

我们看雷锋短暂而光辉的一生，也可以概括为三部曲。

请看他 1956 年 7 月 15 日在小学毕业典礼上的发言：

亲爱的老师、同学们：

我们小学毕业了。毕业以后，很多同学准备升入中学学习。我呢，我决定留在农村广阔的天地里，当一个新式农民。我决心做个好农民，争取驾起拖拉机，耕耘祖国大地，建设社会主义新农村。将来，如果祖国需要，我就去做个好工人，为我国的社会主义工业化建设出把力。将来，如果祖国需要，我就参军做个好战士，用自己的鲜血和生命去保卫我们伟大的祖国。

同学们，让我们在不同的岗位上竞赛吧！

老师们，请你们看我的实际行动吧！

看到这里，有的人可能会说，雷锋的发言是后人整理或编造出来的吧？毕竟已经过去 56 年了，谁还能记得如此一清二楚、一字不差呢？

你如果这样说，可就大错特错了！雷锋的这段发言，记录在望城县荷叶坝小学夏柳老师的"教师笔记本"上。雷锋当时的名字叫雷正兴。

如果你还不相信，就请看看夏柳老师当年记录的复印件吧（见《雷锋全集》第 4 页）

夏柳老师，你的身体还好吧？您真是一位好老师、有心人！作为老师，你这样认真记录一位小学毕业生的即席发言，为后人留下了雷锋关于人生设计的珍贵记录。谢谢您了，敬爱的夏柳老师！

美国黑人领袖马丁·路德·金说："我有一个梦！"

雷锋有三个梦：当个好农民、好工人、好战士！

今天，在一些人看来，雷锋的这“三个梦”算不上什么远大理想。用现在的话来说，就是“草根”，就是“弱势群体”，就是“普通劳动者”。准确地说，我们把雷锋的这“三个梦”，称为合理的、务实的理想吧！

问题可不能这样看。平凡可能铸就伟大，一些所谓高贵者其实也可能非常平庸。

我国有一句老话：“人的命，天注定。”我们剔出其中包含的迷信成分，这句话还是有一定道理的。

说来也巧，雷锋短暂而光辉的一生，就是按着他自我设计的三部曲依次实现的——做个好农民、好工人、好战士。

美国卡耐基教育机构曾对不同种族、年龄和性别的人进行过一次有关生涯规划的调查。结果表明只有3%的人进行了生涯规划，确定了人生目标并知道怎样把目标落实。而另外97%的人，要么没有人生目标，要么人生目标不确定，要么不知道如何去实现自己的人生目标。10年之后，对上述对象再一次进行调查，那97%的人，除了年龄增长了10岁以外，在个人成就、工作和生活方面上都非常平庸；而那3%的人，却在各自的领域里都取得了成功。

写到这里，我看到了、听到了在党的十八大新当选的中共中央总书记、中央军委主席习近平同志，最近在和中央政治局其他常委一起参观了《复兴之路》大型展览后，发出的关于实现“中国梦”的时代最强音，令我异常兴奋、激动不已。让我们一起看看习近平同志是怎么讲的吧！

每个人都有理想和追求，都有自己的梦想。现在，大家都在讨论中国梦，我以为，实现中华民族伟大复兴，就是中华民族近代以来最伟大的梦想。这个梦想，凝聚了几代中国人的夙愿，体现了中华民族和中国人民的整体利益，是每一个中华儿女的共同期盼。历史告诉我们，每个人的前途命运都与国家和民族的前途命运紧密相连。国家好，民族好，大家才会好。实现中华民族伟大复兴是一项光荣而艰巨的事业，需要一代又一代中国人共同为之努力。空谈误国，实干兴邦。我们这一代共产党人一定要承前启后、继往开来，把我们的党建设好，团结全体中华儿女把我们国家建设好，把我们民族发展好，继续朝着中华民族伟大复兴的目标奋勇前进。

我坚信，到中国共产党成立100年时全面建成小康社会的目标一定能实现，到新中国成立100年时建成富强民主文明和谐的社会主义现代化国家的目标一定能实现，中华民族伟大复兴的梦想一定能实现。

下面，我们回过头来，继续看看雷锋是怎样实现自己“三个梦”的吧！

一个人的一生是否能够取得成功，不在于他做什么，而在于他怎么做。

雷锋于1960年11月5日，在部队做过一场忆苦思甜的报告。当时，很多人听了他的报告都掉了眼泪。感谢雷锋当时所在部队的领导干部和有关同志，把这场催人泪下的报告录音整理了出来，给后人留下了弥足珍贵的历史资料。

现在我认真阅读这份报告录音整理稿，还是禁不住掉下了眼泪。

你想了解新旧社会的对比吗？你想了解雷锋的苦难家史吗？你想了解雷锋的人生轨迹和心路历程吗？你想了解雷锋成为平凡而伟大的共产主义战士的深层次原因吗？你想向雷锋同志学习吗？那就请你认真阅读雷锋的这篇报告吧！

雷锋的这篇报告稿，收录在《雷锋全集》186页至192页上，我反复斟酌，不忍删节，那就原文照录吧！

我叫雷锋，生于1940年12月18日，家住在湖南省湘潭专区望城县，家有五口人，爸爸、妈妈、哥哥、弟弟和我。

我在旧社会遭受的痛苦和广大劳动人民一样是深重的。解放后，党和英明的毛主席拯救了我，给我带来了无比的幸福，我所要讲的也就是我在两个不同的社会里，过着两种不同生活的对比。

黑暗的旧社会是一个吃人的社会，穷人只能给富人当牛当马，过着非人的苦日子。我家祖辈三代都是给地主做长工，维持一家半饱的生活。我爸爸给唐地主做长工时，连一家半饱的生活也维持不住。到了荒年腊月，好久还看不到一粒米下锅。我哥哥常常带着我出去要饭，看到富人就央求给点吃的，要是碰上有钱人家做喜事，就讨点剩饭剩菜吃，看到桌上的饭菜也用手扫了起来，装在一个要饭的破布兜里，留着下顿吃，要是离家近一点，就送回家去，给小弟弟吃。

我妈妈怕养活不了我那幼小的弟弟，想把他卖给有钱的人家，我爸爸心如刀割，坚决不让。他泪汪汪地说："我们全家死也要死在一起，决不能把他卖了。"我爸爸被逼得没法，只好把睡的床铺抬出去卖了，在地上砌几块土砖，取下房门板，搭着睡觉。

我们住着一间破草房子，屋顶露着天，后墙倒塌。要是天下雨，外面下大的，屋里就下小的，我妈怕雨淋湿了我的脑袋，拿着一个破脸盆罩在我的头上，又怕冻着我，拿破烂麻袋披在我的背上。冬天冻得没法，只好拿几捆稻草，堵住风雪，冷得实在不行了，全家人紧紧地挤在一起，又拿上几捆稻草盖上。终年辛勤劳动，全家五口有米不够半年吃。

抗日战争时期，日本鬼子侵略我国，残酷地屠杀人民，地主、资本家血腥地统治、压迫和剥削人民，劳苦人民无法生活。我爸爸参加过共产党所领导的抗日斗争，1945 年被日本鬼子抓住，惨遭毒打，吐血屙血而死。全家无法生活，我 12 岁的哥哥到离家几百里的津市一个机械厂当徒工，经受资本家一年左右的折磨，得了童子痨（肺病）。一天，昏倒在机器旁，轧伤了胳膊，轧断了手指，资本家看他再无油水可榨，便把他赶出了工厂。回家之后因无钱医治，死于 1946 年春。

我和妈弟 3 人，只好上街讨吃，我那幼小的弟弟受不住那种生活的折磨，活活饿死在母亲怀里。可恨的唐地主，逼迫我妈到他家做女工，我也跟着去了，我妈给他家喂奶带小孩子，给小孩洗屎洗尿，给少奶奶倒马桶。我给他家扫地，抹桌凳。后来妈妈被唐地主强奸，我妈被逼得上天无路，入地无门，在 1947 年 8 月中旬的一天晚上自杀。那天晚上，

她泪汪汪地对我说："苦命的孩子，妈妈不能和你在一起了，靠天保佑，你要自长成人。"她脱下自己的一件衣服披在我的身上，叫我到六叔祖母家去睡，我走后，她就上吊了，和我永别了！（哭声……）

我母亲死时我还只有 7 岁，旧社会使我无法活下去。在那吃人的社会里，三大敌人压得我简直没法活命，那些仇恨我一定不能忘记，我要报仇。

一个农民介绍我到地主家看猪，每天看 10 头猪，要给猪洗澡，晚上没有地方睡，有时还要同猪睡。有一天扫猪栏扫得不干净，地主卡着我的脖子打。过年地主吃鱼吃肉，把肉喂狗，我也想吃点，我捡了喂狗的肉吃，被狗腿子揪着耳朵，揪出了血，我哭了，地主把我往外面拖，不给我饭吃。我一个同伴很同情我，但也没有办法，就装了点猪食给我吃。

有一天是 8 月 15 日，天已经黑了，地主要我到 6 里外去打酒。到酒店，店主已经睡觉了，喊门叫不开，我就哭起来，他们才开门。我一天没吃饭，在回来的路上走不动了，跌了跤，把酒也洒了些。回来时地主还坐在床上等酒吃呢，一进门就说我回来晚了，打了我几个耳光。又说酒不够，问哪里去了，我说洒了点，他怪我把钱买糖吃了，一拳就打在我的鼻子上，出血了，一脚又把我踢在地上。当晚不给我饭吃，我没有办法，就到屋后挖了两个地瓜吃，又被地主婆打了一顿耳光。1947 年在地主家看猪，一天我用小罐子煮了点野菜，煮好了正准备吃，被地主家的一只猫刮倒了，狗又跑来吃了我的菜。我就打了狗，狗也咬了我，被地主婆看到了，她说打狗欺主，要打死我，还骂道："这样的穷鬼打死十个少五双，死一个少一个！"多亏毛奶奶说情，才没有打死我。第二天地主把我赶出来，我没有办法，在破庙里住了几天，只得吃野果山枣。解放后，我看了《白毛女》电影以后，心里非常痛，在吃人的旧社会里像我这样的人很多，都被搞得妻离子散、家破人亡。我一定革命到底，不消灭反动派决不甘心。

旧社会的苦是我们的阶级苦，我时时记住这血泪深仇。我想到全世界人民没有得到解放，我国台湾也还没有解放。想起他们心里就难过，

一定要解放台湾，打倒帝国主义，把我的一切献给人民，献给党！

1949年我的家乡解放了，地下党员彭德茂乡长找到了我，我那时真不像样子了，头发长得很长，身上披了一个旧麻袋。他给我洗了澡，给我换衣服，过年还把我接到他家里做好了菜给我吃。我好像做梦一样，心里非常感激彭乡长，就跪在他面前。他说，孩子，不要感谢我，是伟大的党和毛主席救了你，要感谢党和毛主席。后来党又送我到学校念书，老师给我和同学发了新书，看到同学都交了费，我就去找老师说，我还没有交费呢，老师就说这是党送你去读书，并翻出毛主席像说，就是他老人家送你读书的，你永远也不要忘记他老人家。所以我第一次在笔记本上写了“毛主席万岁”五个大字。我非常感谢党和毛主席，连睡觉做梦都想见到毛主席。后来有一个同志带我到了毛主席家乡去参观，有一个老爷爷给我讲了毛主席的故事。毛主席热爱学习，热爱劳动，处处从人民的利益出发。我非常感动，一定要好好学习，做毛主席的好学生。每天功课每天都做完，星期天也不休息，晚上9点多钟才睡，我想将来很好地为人民服务。所以一年级时我考了第一名，二年级也是第一名。二年级时土改斗地主，我们乡里成立了儿童团，我参加了，后来大家选我当团长。大人搞生产很忙，我们儿童团就去看管地主，斗争那个姓唐的地主时，我非常气愤，恨不得一口气要吃掉他，旧仇都一齐涌到我的心头，母亲是在他家做女工时被害死的，我在他家放猪遭到了非人的折磨，斗争后就把他枪毙了，为我们的阶级兄弟报了仇。

只有好好学习，才能将来更好地为人民服务，报答党的恩情。我在三年级时，参加了少先队，我是第一批入队的，大家选我当了队长。我们队的工作搞得很好，被评为全县的一个先进少先队，这是队员们的努力。

我于1956年高小毕业，正是党号召大办农业、发展农业生产的时候。老师要我们学生填志愿，很多人都填志愿要入技校、高中，我就在志愿书上写着“党的需要就是我的志愿”。当时这样填的，班上只有两个人，一个是贫农的女儿愿意回农村养猪。老师让我升学，我向学校写了决心，要求到农村参加农业生产，去建设新农村。农业是国民经济的基础，到农村可帮助农民扫盲，去锻炼和改造自己。农村是广阔的天地。毛主席说有两门知识：实践知识、书本知识。我再三保证，老师才批准我的要求。到农村几个月收获很大，学了犁耙和许多生产知识。

同我去的那个女同学成了养猪模范，上北京见了毛主席。她经常对我进行帮助。在农村是艰苦一些，但是想到建设新农村，我就很乐意干了。

1956 年 12 月调我到望城县委会工作。县委张兴玉书记经常教育我，给我讲革命故事，买书给我看，对我帮助很大。

1957 年 2 月，我入了团。

1958 年，望城县委在团山湖创办了农场，我要求到农场去，张书记批准了我的要求。到农场以后，场长对我很好。有一次，我同场长去开会，路上碰上雨，一个同志借了一件雨衣给场长，他要给我穿，我不肯，推来推去，最后俩人都有了才算作罢。

我生了一身疖子（疮），场长把我送到医院，场长、书记天天来看我，送东西给我，对我非常关心，我很感动。医生叫我住一个星期医院，我住了三天，就从窗户偷跑回来，到工地参加劳动去了。不久又调回县委工作，县委会要建立拖拉机站，团县委号召捐钱买拖拉机。我那月发薪 29 元，除了 9 元伙食费，捐了 20 元。县委要我学开拖拉机，我又当了望城县第一名拖拉机手，学了五个月，就毕业了。回来时，张书记还给我戴了一朵大红花。

每天白天、黑夜，我就驾着拖拉机耕地，一天工作 10 多个小时，我也不觉得累，后来粮食丰收了，我非常高兴，原来是荒湖，现在开垦成了良田。

1958 年，党发出大炼钢铁的号召。毛主席说，没有工业，就没有国防，没有人民的幸福。要有钢铁，就只有听毛主席的话，自力更生。那时鞍钢到望城县招工，我再三要求，还是不同意，我又找到张书记，才批准我。1958 年 11 月 15 日离开县委机关，不久来到鞍钢，看到大机器，我非常高兴。到鞍钢后，人事科长找我谈话，说：“你以前当过公务员，你还给领导当公务员，生活会好些。”我不同意，说我不是来享受的，是来工作的。后来，才送我到技校学习，学了两个月回来，当了推土机手，人小机器高，我就垫了一些被子等东西才勉强开得动。

1959 年 8 月，鞍钢扩大焦化厂，在辽阳建厂条件很艰苦，我要去，副厂长不让我去，在我坚决要求下，才让我去的。那里条件很差，有些同志不安心工作，不愿意挑大筐，不愿意盖房子，有的说怪话。这时我想起自己是共青团员，坚决不动摇，想起最艰苦的地方也是党最需要我的地方，是党考验我的时候。我就向李书记表决心，愿意干一辈子。李书记对我教育说：“干革命不但要埋头苦干，还得懂得革命道理。”他买了一本毛主席著作给我。从那时起，我就开始学习毛主席著作。前一段我只知道感谢党的恩情，埋头苦干，自己干好了就行了，从这时起，我开始懂得了一点道理。但开始学习碰到很多困难，有些字不懂，看小说一样。李书记又告诉我，学习毛主席著作要有的放矢，从实际出发，带着问题学习毛主席著作。那时盖房子是冬天，和稀泥是关键，是最艰苦的工作。稀泥供不上，这个困难怎么办，我就带着这个问题学习毛主席著作。毛主席说：“艰苦的工作就像担子，摆在我们的面前，看我们敢不敢承担。担子有轻有重。有的人拈轻怕重，把重担子推给人家，自己拣轻的挑，这就不是好的态度。”毛主席的教导使我得到深刻的启发，听毛主席的话，把重担子挑起来，一定选艰苦的工作干。我就争着去和泥，水结了冰，和不动，我就脱掉鞋袜、赤着脚，冷得很厉害，手脚都冻麻木了，但想到为祖国建立化工厂，心里挺暖和的，又有两个青年和我一起干起来，这是我学习毛主席著作第一次收到了效果。后来又搞技术革新，怎么搞？我又学习毛主席著作，主席说：“你要有知识，你就得参加变革现实的实践。你要知道梨子的滋味，你就得变革梨子，亲口吃一吃。”我就和同志们一起参加劳动，我又和同志们一起学习毛主席著作。有一天晚上，我正在学《关心群众生活，注意工作方法》，到半夜，突然下起雨来，我跑到调度室听说还有 7200 袋水泥没盖，被雨打湿就完了，心里很着急，怎么办？我想到了向秀丽，想到了毛主席的教导：“无数革命先烈为了人民的利益牺牲了他们的生命，使我们每个活

着的人想起他们就心里难过，难道我们还有什么个人利益不能牺牲，还有什么错误不能抛弃吗?”这时我马上叫起20多个青年，把自己的棉衣、被子拿去盖了。被子被打湿了，但看到国家财产没有受损失心里很高兴。

党的八届八中全会以后，我学习了全会文件，自己想，我为人民公社做了什么？我每天就捡大粪积肥，一个月捡了800多斤，送到了公社，公社要算钱，我说我没有什么礼物送公社，这些大粪就作为我的礼物吧！

一次碰到了一个老人在冬天早晨没有穿棉衣，我就脱了自己的棉衣，送给了他。毛主席说关心他人比关心自己为重。我后来又送了几件衣服给他家，我常到他家，他还要我当干崽，我很爱他家。这是毛主席教导我所产生的阶级感情。

厂里开展社教以后，一次工会副主席对我说：“工厂是集体的，你不要那么认真，要注意身体。”那天我睡不着想不通，他是工会副主席，为什么还这样。又过了几天，他又找我谈：“小雷，工厂大鸣大放，叫大家提意见，你要放就放几条，过去旧社会什么东西都有卖的，有鱼肉，现在什么也买不到。”我想在旧社会吃鱼肉的是地主，穷人哪吃得起呢！心里对他有意见，但是不敢对他提意见，他是工会副主席。李书记说大鸣大放要站稳立场，听党听毛主席的话，我看了《中国社会各阶级的分析》一文，我就用阶级分析的方法，对工会副主席进行了分析，看到他不是我们的人，我就将情况向李书记反映了，李书记要我以后注意他的言行。有一次在厕所，他又对一个新工人说过类似的话。我听了很气愤，又马上报告了党委。经过调查才知道，他是一个混进党内的异己分子，当过土匪，后来被开除了党籍，进行劳动改造。这件事对我教育很深。

1959年12月8日，李书记在青年会上作了应征入伍的报告，我听了很激动，一晚也睡不着，半夜跑到了李书记那里，把他叫起来去报名，连棉衣也忘记穿，他把自己的棉衣给我穿上说：“你先睡觉吧！明天再来。”当晚我又写了一篇稿子“决心应征”，4点就去了，但只报了第二名。我想体检我一定要搞第一名，第二天半夜，我就起来去体检，传达室不让我去，我说是起来去解手，出了大门后，正碰上一辆军车，我就坐上了车，到了辽阳兵站。碰上了一位少校首长，一进门就问："小雷你怎么这么早?"我很奇怪，说你怎么认识我，他拿了一张登了我的报纸给我看，说："你那次搞劳动，就认识了你。"他把我带到办公室谈了一会，问："你为什么要入伍?"我说："为了消灭帝国主义，解放台湾同胞，一定要当解放军，保卫国家，捍卫边疆不被侵犯。"

后来搞体检，量我血压高了，不合格。我说："我休息一会儿，再检查好吗？我昨天晚上没睡好，今天早晨没有吃饭。"后来李书记来了，对武装部政委说："他昨晚没睡，很激动。"那位少校也跟医生讲了，检查才合格。第二次检查身高，我就伸长脚尖，被医生发现，后来正好及格。检查体重我才 48 公斤，我又向医生说我还没吃早饭哩！吃了饭就会合标准！

1960 年 1 月 8 日我入伍了。我到了部队，首长把衣服、帽子给我一穿，对镜子一照，特别高兴，不知怎么说才好。一夜没睡，感冒了，营长半夜来查铺看我咳了几声，马上叫医生来给我看病，并把自己的被子给我盖上，使我非常感动。

首长经常对我说，我们的军队是人民的子弟兵，有明确的政治方向。他鼓励我做毛主席的好战士。懂得革命道理才能当好毛主席的好战士。我也积极学习毛主席的著作，挤时间学，有时晚上学习太晚，头昏，我就洗一洗脸。我想到自己的觉悟低，一定要好好学习，利用开饭前后，有时连到厕所我也不放过学习，部队规定 9 点钟熄灯，我就买个手电，在被子里学。我学完了《毛泽东选集》一至四卷，其他政治书籍 60 多本。重点学习了《反对自由主义》、《将革命进行到底》、"老三篇"、《矛盾论》、《实践论》。学了毛主席著作以后，使我眼亮心宽，懂得了一个人应该怎样活着、树立什么样的人生观，对我帮助很大。在学习中，我曾碰到很多困难，但我没有向困难低头。开展军事训练，投手榴弹，我体力差，投不远，这时又学习了毛主席著作，毛主席说要向困难做斗争。投手榴弹是练战斗本领，为了消灭敌人，不练好本领怎么消灭敌人，因此我经常天没亮就起来练手榴弹，手臂练肿了，但我从未终止，练了一个多月，搞实弹练习时，我合格了。

读了雷锋的这篇报告稿，我们可以看出，他的人生三部曲——做一个好农民、好工人、好战士，都是根据党、国家和军队的需要，而做出的认真选择；而且，雷锋确实做到了干一行、爱一行、专一行、精一行。

我认为，很多学习雷锋、研究雷锋的人们，过去往往强调了他“做好事”的一面，而忽略了他做好本职工作的一面。而干一行、爱一行、专一行、精一行，才是雷锋所做的最大的好事。

为什么雷锋能做到干一行、爱一行、专一行、精一行呢？

这来源于他深沉、浓厚、真挚的报恩思想。

抚顺雷锋纪念馆馆长陈茁接受记者采访时说：“雷锋非常突出的一点，就是报恩思想。他当农民干到极致，当工人干到极致，当军人干到极致。他一直有个大愿望：立功、去见毛主席！1962 年 6 月，沈阳军区政治部批准雷锋代表军区出席国庆观礼，到时他可以见到毛主席了。他还没有来得及获知这一消息就牺牲了，只差两个月。雷锋灵魂里透着的是感恩。报恩思想给了他无穷的力量。”

这里讲讲这个“恩”字。什么是“恩”？始终放在心上、含在口里最大的事，就是“恩”字。一个人有了报恩的思想，他的身上就会有无穷的力量。

这来源于他对劳动和对劳动者的正确认识。

请看他 1961 年 3 月 16 日的日记：

世界上最光荣的事——劳动。

世界上最体面的人——劳动者。

再看他 1961 年 10 月 16 日的日记：

高楼大厦是一砖一石砌起来的，我们何不做这一砖一石呢！我所以天天都要做这些零碎事，就是为此。

这里特别说明一下，我把这部分称为“一块砖”的敬业精神，也是来源于此。甚至可以说是来源于雷锋当年一位重要的恩人、贵人——县委书记张兴玉的一个举动。

雷锋在中共望城县委当公务员（勤务员）的时候，县委书记张兴玉很同情他、喜欢他、关心他。张书记是从战争年代走过来的人，经常给雷锋讲革命故事。有一次，雷锋跟张书记下乡，在路上踢到了一个螺丝钉，张书记弯身捡了起来。一个县委书记捡螺丝钉干什么？后来张书记让雷锋把这颗螺丝钉送到工厂，并告诉他现在国家不富裕，工厂建设需要它。螺丝钉虽小，但机器设备缺了它却不行。张书记的举动和教导，给雷锋留下了终生难忘的记忆，给了他深刻的启示。

我们常说，一个人、一本书、一件事、一首诗、一句话、往往改变甚至决定一个人的命运。事实的确如此。

请看雷锋 1962 年 4 月 17 日的日记：

一个人的作用，对于革命事业来说，就如一架机器上的一颗螺丝钉。机器由于有许许多多的螺丝钉的联接和固定，才成了一个坚实的整体，才能够运转自如，发挥它巨大的工作能力。螺丝钉虽小，其作用是不可估计的。我愿永远做一个螺丝钉。

螺丝钉要经常保养和清洗，才不会生锈。人的思想也是这样，要经常检查，才不会出毛病。

我要不断地加强学习，提高自己的思想觉悟，坚决听党和毛主席的话，经常开展批评与自我批评，随时清除思想上的毛病，在伟大的革命事业中做一个永不生锈的螺丝钉。

我们部队官兵经常讲，军人以服从命令为天职；经常讲“革命战士一块砖，哪里需要哪里搬”；经常讲“要做一个永不生锈的螺丝钉”。现在却有人讲，这种说法过时了，不适用了。

我认为，螺丝钉精神，实际上表达的是一种责任心，就是每一个人在不同的岗位、不同的部门，都要工作到位、责任到位。不挑挑拣拣，不斤斤计较，默默无闻、默默奉献，敬业守纪，是螺丝钉精神的实质。默默无闻是一种选择，轰轰烈烈也是一种选择。

螺丝钉有大有小，作用有大有小，责任有大有小，不同的螺丝钉在不同的地方作用也不一样。比如一颗自行车的螺丝钉，它是自行车上的作用，汽车上的螺丝钉是汽车上的作用。那如果是飞船上的螺丝钉是什么样的作用呢？神七、神八、神九，“嫦娥奔月”，那上面的螺丝钉的作用就非同寻常了。

现在有人说，螺丝钉精神把人的个性扼杀了，个性不能张扬了。螺丝钉和张扬个性在某种意义上来说是问题的两个方面。螺丝钉严格来说是岗位责任，把工作落实到位。一所学校、一个企业、一个部门、一个人，所起的作用在整个社会当中，在某种意义上来说，都是一颗螺丝钉。如果我们片面地认为把螺丝钉拧在一个地方就不能动了，就不能发挥个人作用了，个性不能张扬了，那是一种非常狭隘低级的认识，也是形而上学的思维方式。

千万别小看一颗螺丝钉的作用和影响。英国历史上有一个典故：

缺了一颗铁钉，掉了一个马掌；掉了一个马掌，失去一匹战马；失去一匹战马，俘虏一位将军；俘虏一位将军，输了一场战争；输了一场战争，亡了一个帝国。

一个帝国的灭亡，居然是因为一位能征善战的将军的战马的马蹄铁上的一颗小小的铁钉松掉了。

企业管理中还有一个“回形针理论”，如果地面上有一根回形针，以下面哪一种方法来处理呢？

第一种方式，把它捡起来，擦干净，再放到原来放置的地方。第二种方式，当做没有看到走过去。第三种方式，踢它一脚出出气。

某调查公司曾抽样问过一些企业内的员工，所得到的结果以第二种方式居多。原因可以归纳成以下几个方面：

第一个原因，由于回形针非常便宜，所以一般人对它们掉落并不会觉得很可惜，因而懒得弯下腰去捡起来。

第二个原因，因为在大多数企业里，取得回形针并不是一件困难的事情，只需简单申请就可以拿到，根本不必自己掏腰包。既然来得容易，花的也不是自己的钱，不仅不会珍惜回形针，丢掉了也就不会觉得可惜。

第三个原因，错误的机会成本观念作祟。有些人认为一根回形针根本不值多少钱，而弯下身把它捡起来再擦干净的动作，所花费时间的价值可能会比一根回形针要大上好几倍，认为根本不值得做这件事。当员工们有这种行为出现时，不仅只是回形针的浪费而已，更需要注意员工的错误心态对企业可能造成的负面影响。

因为这种“细小的浪费无所谓”的观念注入员工思想之后，将会使他们养成一种不重视成本的习惯。

当这种错误的行为变成员工工作行为中的一部分之后，公司整体利益将会受到相当大的影响；更甚者，可能会导致企业经营的困境。当然，当企业受到不利的影响时，企业成员也会受到影响，因为员工的“钱途”与“前途”都是和企业的运作息息相关的。试想，万一企业不赚钱，那么，年终奖金或调薪的幅度是否还能增加很多呢？答案必然是否定的。另外，如果企业的经营受到挫折，那么，公司决策层再投资的信心可能也会受到影响；如果企业一直停滞不前，员工们自然也前途暗淡了。

雷锋干一行、爱一行、专一行、精一行。敬业必然乐业。他不是把工作看成是谋生的手段、沉重的负担，而是把工作看做是应尽的义务、重要的岗位和无限的荣光。

1958 年 3 月，他学会了开拖拉机，成为望城第一位拖拉机手。他怀着激动的心情于 3 月 16 日写了一篇文章《我学会开拖拉机了》，发表在《望城报》上。并在《南来的燕子啊》这首诗中专门写了几句：

南来的燕子啊！

你可不用惊呆。
不是晴天里响起了春雷，
而是拖拉机在隆隆地开。

1959 年 2 月，他在鞍钢学会开推土机之后，又怀着激动的心情，写了一篇文章《我学会开推土机了》，并写诗表达他兴奋的心情：

马达在轰鸣，
翻车机好像个大蛟龙，上下不停地翻腾搅动。
你的力量无尽无穷，
你的任务是多么重大而光荣。
你有时有点小毛病，
我们工人的心啊，
比失掉自己的双手、眼睛还痛。

1960 年 1 月，雷锋光荣参军，分配他当汽车兵，他更是兴奋异常，专门写了一首诗《穿上军装的时候》：

小青年实现了美丽的理想，
第一次穿上了庄严的军装，
急着对照镜子，
心窝里飞出了金凤凰。
党分配他驾驶汽车，
每日就聚精会神坚守在车旁，
将机器擦得像闪光的明镜，
爱护它像爱护自己的眼睛一样。

雷锋从事每项工作，都力求精益求精，做到极致。这里仅以他驾驶汽车为例，来说明雷锋的工作态度和敬业精神。

他在 1962 年 2 月 1 日所写的《精通业务　熟练技术》这篇文章中，专门总结了驾驶汽车要做到四勤、三先、五不超、六不走、九慢的经验。

四勤：1. 勤检查，2. 勤保养，3. 勤督促，4. 勤清洗。

三先：1. 会车先慢，2. 先让，3. 先停。

五不超：1. 不超速，2. 不超载，3. 不超高，4. 不超长，5. 不超宽。

六不走：1. 行车文件不齐不走，2. 车辆检查不好不走，3. 油料不足不走，4. 人员没坐好不走，5. 操纵机械有故障不走，6. 没有上级首长的指示不走。

九慢：1. 转弯慢，2. 交叉路口慢，3. 坡道慢，4. 人员多的地方慢，5. 复杂气候慢，6. 过铁道慢，7. 道路不熟慢，8. 桥梁渡口慢，9. 错车慢。

请看雷锋总结的驾驶经验，是多么具体、多么细致、多么管用啊！不是干一行、爱一行、专一行、精一行的人，是绝对总结不出这样的经验的。

雷锋是这样写的，也是这样做的。有一位叫南君的同志，就“雷锋是怎样开车的”这个问题，专门采访了雷锋的战友薛三元和乔安山。通过他俩的点滴回忆，雷锋的“车德素描”展现在人们面前。

“雷锋的驾驶作风、道德真是一流的。在行车当中，如果经过农村，雷锋会开得很慢很小心，生怕碰到老乡养的猪、牛、羊、鸡。当时农村都烧秸秆，下雨之后老乡会把这些秸秆铺在路面上晾干。一般来说很多车会直接轧过去，雷锋从来不这样，他总是停下车，先把老乡的秸秆搬到边上再通过。”乔安山回忆道，“如果是下雨天出车，雷锋总是特别注意行人，即使地上没有坑，他也会提前减速，他说不能溅别人一身。”

乔安山说：“雷锋总是对班里的同志强调：‘咱们开车不要遇到人就乱按喇叭，尤其是岁数大的、抱孩子的，到人跟前一按喇叭吓人一跳，哪怕咱们再开慢一些’。雷锋总是说：‘作为一个驾驶员，一定要处处注意，尤其要换位思考，你要是行人你会怎么想。’”

“雷锋在学车时，不管是理论学习，还是安全教育、操作驾驶，都非常扎实。”薛三元是雷锋当年学车时的师傅。谈到雷锋的学车经历，他向笔者介绍说，“当时非常讲究安全礼让、不抢信号。会车时，下坡的车辆要提前停车，给上坡的车辆让道，等等。”

谈到中国爆发式进入汽车社会，但新手开车事故多、车德差的现象，乔安山有些激动地说，现在驾校基本是交了钱就能拿照，新手就是杀手，应当不仅教学员怎么开车，还要教他们怎么做人，怎么做个好驾驶员，这是关键。

不知我们国家有多少人当专职司机，也不知我们国家现在有多少人有自驾车，但是我想，如果这些人都有雷锋这样的车德、车技，那么这些人就会把车驾驶好，出事故的频率就会大大减少。

我这里提供一个材料，供大家参考。

最近，中国疾控中心慢病中心伤害预防室主任段蕾蕾在“世界道路交通事故受害者纪念日”活动上介绍，近年来，国人伤亡的原因已发生明显变化，交通伤亡取代自杀成为首因。2011 年，我国共发生道路交通事故 21 万余起，致死 62387 人，另有逾 23 万人受伤，直接经济损失超过 10 亿元。据悉，疲劳驾驶、超速、超载、违法占用对方车道，安全监督漏洞是造成事故的主要原因。

我在前面说过，一个人是否有发展前途，不在于他干什么，而在于他怎么干。雷锋先后当过普通农民、普通工人、普通战士，但他成长为了平凡而伟大的共产主义战士，成了家喻户晓、举世皆知的著名人物。他的人生经历和工作态度，特别是甘当“一块砖”、“一颗螺丝钉”的精神，对新时期的士兵有着重要的启示作用。

### （五）学习雷锋同志“一滴水”的合作精神

你读过《雷锋日记》吗？如果没有，让我们一起读一读《雷锋日记》中收录的第一篇（写于 1958 年 8 月 7 日）日记吧！

如果你是一滴水，你是否滋润了一寸土地？如果你是一线阳光，你是否照亮了一分黑暗？如果你是一颗粮食，你是否哺育了有用的生命？如果你是一颗最小的螺丝钉，你是否永远坚守在你生活的岗位上？如果你要告诉我们什么思想，你是否在日夜宣扬那最美丽的理想？你既然活着，你又是否为了未来的人类生活付出你的劳动，使世界一天天变得更美丽？我想问你，为未来带来了什么？在生活的仓库里，我们不应该只是个无穷尽的支付者。

老实说，我第一次看到雷锋这篇日记时，又感动、又惊讶。雷锋当时还是一个刚从小学毕业且不满 18 周岁的年轻人，竟能写出这样既文字优美又含义深刻的日记，真不简单呀！

或许有人会问，雷锋的这篇日记，可能是抄写的什么人的名言警句吧？

如果你这样认为，说句不客气的也带开玩笑的话，你可真有点“以小人之心度君子之腹”了。

这段文字，的确是雷锋写的，但算不算日记，倒值得斟酌。

据雷锋的老乡杨必华回忆，雷锋的这段精美的文字，是写在团山湖农场的两页专用信纸上，被雷锋夹在《不朽的战士》一书里。在雷锋及老乡们从湖南奔赴鞍钢的火车上，杨必华从雷锋那里借阅《不朽的战士》时发现的。当时，杨必华发现身边这个伙伴是个蛮有思想的人，便想抄在自己的笔记本上。雷锋有些不好意思地解释说，不久前有家报社约他为“青年论坛”写篇稿子，只写了这么一段话，觉得没头没尾的，不像一篇稿子，没给报社寄去，就夹在这本书里了。

了解了这段文字的来龙去脉，你该服气了吧？雷锋的确是有思想的人啊！

这段文字的开头是：如果你是一滴水，你是否滋润了一寸土地？

在雷锋的日记、讲话和文章中，谈到“水”、“一滴水”的地方，还有多处。让我们一起来看看吧！

一滴水只有放进大海里才能永远不干，一个人只有当他把自己和集体融合一起的时候才能有力量。

力量从团结来，智慧从劳动来。

行动从思想来，荣誉从集体来。

我要永远戒骄戒躁，不断前进。

……我真正懂得了群众的力量能移山填海，只有群众的力量是无穷无尽的，一个人的力量总是沧海一粟。我决心永远和群众牢牢地站在一起，为人类最美好幸福的生活而斗争。

骄傲的人，其实是无知的人。他不知道自己能吃几碗干饭，他不懂得自己只是沧海一粟……

这些人好比是一个瓶子装的水，一瓶子不满，半瓶子晃荡，可是还晃荡不出来。这有什么值得骄傲的呢?

一天两天，一点一滴，真是积少成多、滴水成河。

我懂得了一滴水，只有放进大海里才会永远不干，一个人只有和阶级结合在一起，才能有力量。……因此，使我产生了献身本阶级最高利益的愿望。当我看到人们有困难的时候，我就想到，穷苦大众是一家，阶级兄弟要帮助，哪怕牺牲个人的利益或付出什么代价也心甘情愿。

积少可以成多，滴水可以成河。

个人的力量毕竟是有限的，走不远、飞不高，好比一条小溪，如果不汇入河流，永远也不能汹涌澎湃，一泻千里。

雷锋的日记中，多次写到“水”、“一滴水”，这体现了一种什么精神?

我反复揣摩，雷锋钟情于水，体现了他的集体主义的精神，体现了他勇于担当的精神，体现了他善于学习的精神，体现了他谦虚谨慎的精神，体现了团结友爱的精神。我在这一部分里，姑且称之为合作精神吧！

据雷锋的战友们回忆，雷锋很讨人喜欢，他爱笑，活泼，和什么人都能相处，和谁都能团结得很好。

大凡一些成功人士，往往借助于某种植物、动物或什物的形象，或以物自喻，或以物喻人，用以鞭策自己、启迪他人，从而树立了各具特色而又无限美好的道德形象。

孔子曰："三人行，必有我师焉。"其实，何至于此，与万物同行，皆有我师焉。

雷锋也是这样。比如，他用"一砖一石"、"一颗永不生锈的螺丝钉"比喻一个人在整个革命和建设中的地位和作用，用钉子的挤劲和钻劲比喻勤奋好学的精神。

雷锋还有一些类似的比喻，例如：

我要像松树那样，不怕风吹雨打，严寒冰雪，四季常青；我要像柳树一样，插到哪里都能活，紧紧与人民连在一起，在人民中生根、长大、结果，做人民最忠实的勤务员。

雷锋参军十天后，还这样叮嘱自己：

雷锋同志：

愿你做暴风雨中的松柏，

不愿你做温室中的幼苗。

火车头的力量很大，如果脱离了车厢，就起不到什么作用。一个人做工作，如果脱离了群众，就会一事无成。

在雷锋写的诗中，还把啄木鸟和鹦鹉作了对比，他称赞啄木鸟"用辛勤而艰苦的劳动，为万木除病灭害，使树长得挺拔参天，绿化原野，造福人类"。而鹦鹉"成天只会学舌，对广大的劳苦大众，不给一丁点什么，不做些微贡献”。

不经风雨，长不成大树；不受百炼，难以成钢。

我懂得一朵花打扮不出春天来，百花齐放才能春满园的道理。

一花独放不是春，百花齐放春满园。

雷锋还用“愚公移山的气魄”、“武松打虎的劲头”、“排山倒海之势”来形容当年鞍钢工人的劳动热情。

在给同志的赠语中，他还分别写道：

船，能够乘风破浪，才能前进；人，能够克服困难，才能生存。

愿你的青春像鲜花一样，永远在祖国的土地上发散着芬芳。

不多讲了，还是让我们回头来谈谈水吧！

我们的老子真是了不起呀！连狂妄自大的哲学家尼采都赞叹：“老子就像一口永不枯竭的井水，满载宝物，放下汲桶，唾手可得。”

老子在《道德经》中说过一句很著名的话：“上善若水，水善利万物而不争。”意思是说，至高境界的善行，好像水的品德，泽被万物而不争名利。

有一位叫张保振的同志，写了一篇《人应学水》的文章，文字不长，写得很好。现照录如下。

天下万物，水最重要。无水，万物不生；缺水，万物不灵。

水可贵，水的性格更可贵：障之，就停一停；启之，就行一行；静之，就清一清。人在社会中，就应学学水的性格。

人之学水，就应学水那种被障时停一停的做派。停一停，不是无所作为，而是积蓄能量。君不见，无论是黄河小浪底，或是长江三峡，虽大坝障水流，但黄河之水却越积越厚，长江之流却越流越深。这种停一停，是为了进一进。一旦大坝开启，所积之水便会急湍如箭，一泻千里；便能猛浪若奔，呼啸向前。奔向前，是发电送光明；泻千里，是灌田送丰产。可以说，这种停一停，并非是事业的终结，而是事业的新生。

人之学水，还应学水那种被障时静一静的风度。静一静，清一清。清一清，能使激动的心情平静下来，焦躁的情绪舒缓下来。平静，可使脑清；舒缓，可使气顺。脑清，可客观总结得失；气顺，可科学认识环境。“客观”了，就不至于只会怨天尤人；“科学”了，就不至于一条胡同走到黑。毕竟，人与环境，人是矛盾的主导方面。这就不能只怨环境不怨人。再者，人与人，皆有想法。想法与想法不一致，很正常；相撞碰出点火星，很自然。这，就不能只去怨人，不怨己。

人之学水，更应学水那种灵气。水的灵气在神不在形，在行不在言。水的这种灵气，表现在：要走远，就要有所停。停一停则后劲大；要成大，就要有所忍。小不忍则乱大谋。水的这种灵气，还表现在：若人有德于己，决不可忘；若己有德于人，决不可记。水正是这样：虽然“河润九里”，却从不与人语；虽然“泽及三族”，却从不对人言。

人之学水，最应学水那种灵性。水的灵性在于具有理性之智：从不强而为之，从不一意孤行，而是顺其自然，看云卷云舒；应其自然，让花开花落，决不会如韩愈所写的《芍药歌》那样：“娇痴婢子无灵性，竞挽春衫来比并。”水的这种灵性在人身上，就是：无事时，多“充电”，决不让心空；有事时，细理之，决不让心乱。

孙中山先生在《建国方略》中言：“物种以竞争为原则，人类以互助为原则。”互助，离不开学水：胸襟大一点，敢纳众流，不辞泥水；方向坚一点，不怕山高，不惧壑深。如是，就能互助汇成河、变成江，就可互助成其大、变为强。

还有的人把水的品行归纳为“五德”：

一是以自己的活动而去推动他人；

二是遭遇阻碍更激起水势；

三是经常不断找自己的出路；

四是洁身自爱且能洗净他人和物，清污可以相溶；

五是填满汪洋大海，遇热蒸发为云，遇冷即变为雨，及遇剧冷便硬化成玲珑冰雪，如是仍不失其本性。

讲了水的“五德”，我顺便讲讲燕子的“五德”。雷锋写过一首诗《南来的燕子啊》。看来雷锋很喜欢燕子。这是为什么呢？因为燕子也有“五德”。

燕子的“五德”是《经济日报》驻济南记者站站长管斌博士总结归纳的：

永远与人为善，是待人最好的鸟，仁也；远飞千万里，眼界已大开，可总不忘归自己的家园，哪怕燕巢筑在牛棚猪圈，哪怕窝垒在主人最破旧的茅舍，总不嫌弃，总义无反顾，千辛万苦飞回来，义也；待人总那么温良、恭敬、谦让，久处而不舍人嫌，礼也；北方要寒冷——南下，北方要温暖——北上，从不为这这那那羁绊，总是生活在命运的春天里，智也；不管外面的风景多好，不论此处有多少牵挂，从不流连忘返，总是在春社日飞来，到秋社日飞走，信也。

你看，在小小的燕子身上，体现了中华民族的传统美德——仁、义、礼、智、信。这五个大字，古代称之为“五常”，是传统中为人处世的道德准则。雷锋既是现代的，又是传统的。他对国家忠，对同志义，在利益面前有智，待人彬彬有礼，做事让人信任。总之，他身上流淌着中国传统美德的血液，他真正还原了人的本质。

下面，听我讲几个与“水”有关的故事吧！

第一个是和尚“挑水与挖井”的故事。

有两个和尚分别住在相邻两座山上的庙里，这两座山之间有一条小溪，因此这两个和尚总会在清晨下山去溪边挑水的时候相遇，每次相遇，他们都会相互问好。久而久之，他们便成为好朋友了。

日复一日，年复一年。就这样，他们在每天山上山下的相遇中不知不觉地就过了五年，突然有一天，左边这座山的和尚没有下山挑水，右边那座山的和尚心想：“他大概睡过头了。”便不以为然。哪知第二天，左边这座山的和尚还是没有下山挑水，连续好几天都是这样，一个星期过去了还是一样，就这样过了一个月。一个月以后，右边那座山的和尚终于忍不住了，他心想：“我的朋友可能生病了，那个庙里就他一个人，生了病也没人照顾，怪可怜的。我要过去看看他，看看能帮上什么忙。”于是他便去探望他的老朋友。

到了山上的庙里，看到他的老友，不禁为之大吃一惊，他不但没有生病，而且还在庙前打太极拳，生龙活虎的，一点也不像很久没喝水的人。他觉得非常好奇，便问道：“我已经有一个多月没有见你下山挑水了，为什么你看起来好像精神很好的样子？难道你练的太极拳可以不用喝水吗？”左边这座山的和尚笑着对他说：“来来来，我带你去看。”右边山上的和尚跟着他走到庙后的院子，左边山上的和尚指着一口井说：“这五年来，我每天做完功课后，都会抽空挖这口井，即使有时很忙，也是能挖多少算多少。如今我终于可以喝到自己挖的泉水了，以后我也不必再下山挑水，可以有更多时间练我喜欢的太极拳了。”

我们在工作领域中，即使薪水、股票拿得再多，那也仅仅相当于是在“挑水”；而却容易忘记把握下班后的时间，挖一口属于自己的“井”！千万不要忘记培养自己专业之外的某一方面的实力；这样，将来你年纪大了，体力拼不过年轻人了，您还是有“水”喝，而且还可以喝得很悠闲！

第二个是朱元璋训导官员“守住自己一口井”的故事。

明代开国皇帝朱元璋曾对他的手下说过这样一段话：老老实实地当官，守着自己的俸禄过日子，就好像守着一口井，井水虽不满，但可天天汲取，用之不尽。

其实，每个人都有自己的一口井，这口井既是财富，更是镜子。

贪欲乃万恶之源。贪心不足，不仅让人烦恼忧愁，还会被贪欲一步一步地引向灾难的深渊。古往今来，人最大的悲哀，就是嫌自己的水井不满，总是喜欢拿自己的荣辱得失与别人相比，结果越比越不平衡，越比越不安分。于是就守不住自己的那口井。唐朝卒徒出身的宿州太守陈蟠，因贪赃被处死时，索笔题词：“积金堆金官又崇，祸来倏忽变成空。五年荣贵今何在？不异南柯一梦中。”四句小诗，道尽了人生悲惨的结局。

面对自己的一口井，要学会以一颗平常心平静地生活。不论是富裕还是贫穷，是身处顺境还是身处逆境，都能做到不怨天尤人，不悲观失望，不自暴自弃。这就是生活，这就是生活给予我们的一切。清朝倪元坦曾言：“别人骑马我骑驴，自觉无颜叹不如。君试回头一察看，道旁还有赤脚夫。”以这样的心态看待生活，就会知足常乐，就不会嫌自己的水井不满，就会守住自己的那口井。

守住自己的一口井，既是一种境界，更是一种智慧。

三是美国总统罗斯福小时候的故事。

一个小男孩几乎认为自己是世界上最不幸的孩子，因为患脊髓灰质炎给他留下了瘸腿和参差不齐的牙齿。他很少与同学们游戏或玩耍，老师叫他回答问题时，他也总是低着头一言不发。

在一个冬天，男孩的父亲买来了一些树苗，想栽在房前。他叫孩子们每人载一棵。父亲对孩子说，谁栽的树苗长得好，就给谁买礼物。小男孩也想得到父亲的礼物。但看到兄妹们蹦蹦跳跳提水浇树的身影，便萌生出阴冷的想法：希望自己栽的树早点死去。他浇过一两次后，再也没去搭理它。

几天后，小男孩再去看他种的那棵树时，惊奇地发现它并没有枯萎，与兄妹们种的树相比，显得更嫩绿、更有生气。父亲兑现了诺言，买了一件他喜欢的礼物，并对他说，从他栽的树来看，长大后一定能成为一名植物学家。

从那以后，小男孩变得乐观向上起来。

一天晚上，小男孩躺在床上睡不着，忽然想起来去看看自己种的小树。当他轻手轻脚来到院子里时，却看见父亲用勺子向那棵小树泼洒着什么。

顿时，他明白了一切，原来父亲一直在偷偷地为自己栽种的那棵小树施肥、浇水。他返回房间，任凭泪水肆意地奔流。

几十年过去了，那瘸腿的小男孩虽然没有成为一名植物学家，但却成了美国总统。他的名字叫富兰克林·罗斯福。

爱是生命中的养料，哪怕只是一勺清水，也能使生命之树茁壮成长。也许那树是如此平凡、不起眼，也许那树是如此瘦小，甚至还有些枯萎，但只要有养料和水分的浇灌，它就能长得枝繁叶茂，甚至长成参天大树。

四是讲讲苏东坡在杭州修“苏堤”的故事。

我在写这部分时，正在解放军杭州疗养院疗养，实际上是躲起来写漫谈学雷锋的小册子。有一天，我漫步在西湖苏堤上，想起了苏东坡修堤的故事。

苏轼，字子瞻，号东坡居士。公元 1037 年，苏东坡出生于四川峨眉山，他是一个全能型的文坛领袖，也是锐意改革的政治家。他曾经青云直上、指点江山，也曾经几起几落、屡遭磨难。他 45 岁被贬黄州，59 岁被贬惠州，62 岁被贬儋州。然而，也是正是这样的苦难经历，造就了他独特而鲜明的魅力。回望苏东坡 66 年的人生，青年的意气风发、中年的愈挫愈勇、老年的达观淡泊，如此完美地结合在他的身上，至今依然余音绕梁。苏东坡得到了最多人发自内心的喜爱，那么人们为什么如此喜爱苏东坡、欣赏苏东坡？这样一个人见人爱的苏东坡，究竟是如何炼成的呢？

苏东坡36岁就当过杭州通判（是在知府下掌管粮运、家田、水利和诉讼等事项的官员），54岁又任杭州知州（相当于现在的市长）。他在第二次任职杭州时，为杭州人实实在在地做了一件“民心工程”。当时，西湖正面临很大的生态危机：湖里的淤泥太多，水面的水草太多，这两件事差点就把西湖给毁了。苏东坡在给朝廷的奏章里分析西湖形势，其中有一条提到，西湖是杭州的眼睛，西湖毁了，杭州就成了盲人。因此拯救了西湖，本身就有着浪漫色彩。

拯救西湖首先得清淤，但是挖出来的淤泥要往哪儿放呢？苏东坡跟大家商量之后，决定在西湖的西侧从南到北建一座长堤。既解决了淤泥的去处，又把西湖分成了内湖和外湖，节省了从湖南岸到湖北岸的时间，还可以在长堤上修桥，种上垂柳和花草。苏东坡还和老百姓一起在湖中种起了菱角，既开辟了一条致富新路，又清了淤泥，清了水草，一举数得。但是水域这么大，都种上也不行，为了保持水质的澄清，就要定下个区域。因此，苏东坡又带人在西湖中修了三座小石塔，构成了一个三角形，后来就演变成了西湖一景——“三潭映月”。

苏东坡这个实干家的浪漫事不少，这个浪漫文学家干的实事也很多。有一次饥荒过后发生了大瘟疫，危机之时，苏东坡拿出一个独门秘方，叫圣散子，是治瘟疫的良方，要说这秘方来得还真不容易。苏东坡在黄州时有一个好朋友叫巢谷，有一天，巢谷在聊天时说起他有这么一个秘方，苏东坡一听就来了兴趣，非缠着巢谷要这个秘方。巢谷架不住苏东坡的软磨硬泡，最后只好把他拉到长江边上，让他指着江水发誓说，只可自己享用，绝不传给他人。但是这次碰上瘟疫，苏东坡也顾不上什么发誓不发誓了，把这秘方拿出来，让人到山上去采药，然后准备几口大锅，天天熬药，凡是路过的人，每人可以免费领取一碗，因此救了不少人的性命。

但是在苏东坡看来，施药并不能解决根本问题，他想到了办医院。苏东坡自己掏了50两黄金，又从公款里拨了2000贯钱，建了一所病坊，起名叫安乐坊。据说，这是中国历史上第一所公办的、具有公益性质的医院。

有一次，有人到衙门来打官司，原告是一个绸缎商，被告则是一个做扇子的。原告说他把绸缎卖给了被告做扇子，但是一个钱都没收回来。被告诉苦说，他的父亲刚刚去世了，看病丧葬花了一大笔钱，哪儿来的钱还账呢？苏东坡听完后，想了想对被告说，把你们家上好的扇子拿20把来。扇子拿来了，苏东坡就拿起桌上判公文的笔，这儿画两根竹子，那画几块怪石，再题上两句诗，不一会儿功夫，20把精美的扇子就画好了。苏东坡说，你赶紧把这些扇子拿到门口去卖了，很快就能还上账了。苏东坡的字画在当时是非常值钱的，扇子很快就被抢购一空，既解决了实际问题，又不乏博爱浪漫情怀，这就是苏东坡和别的官员最大的不同。

有位领导干部曾说："做人要低调，做事要高调；做人讲过程，做事讲结果；做人一辈子，做官一阵子。"

此话言之有理！

你要给别人"一滴水"，你就必须有水，做教育工作的同志经常说这样一句话："你要给别人一碗水，你自己至少须有一桶水。""水"从何来？你必须不断地学习、不断地积累。只有不断地"充电"、"蓄电"，到必要的时候，你才能够"放电"。

让我们从南宋大学问家朱熹的七言绝句《观书有感》中得到一些有益的启示吧！

半亩方塘一鉴开，
天光云影共徘徊。
问渠那得清如许，
为有源头活水来。

半亩大的方形池塘像一面镜子一样展现在眼前，天空的光彩和浮云的影子都在镜子中一起移动。要问那方塘的水为何会这样清澈呢？是因为有那永不枯竭的源头为它源源不断地输送活水。

这首七绝告诉人们，只有不断读书学习，充实自己，才会让自己的思想永远活泼、才思不断。

希望这首七言绝句对无心向学、不读书看报、只知道玩玩乐乐的青年朋友，有所启迪和勉励。

你要给别人“一滴水”，还要看人家需要不需要，还要选择适当的时机，这可怎么办呢？让我们从唐朝大诗人杜甫的七言律诗《春夜喜雨》得到一些启示吧！

杜甫这首七律的前四句是：

好雨知时节，
当春乃发生。
随风潜入夜，
润物细无声。

这是杜甫描绘春夜雨景，表现喜悦心情的一首名作。

一开头就用一个“好”字赞美“雨”。接下去就把雨拟人化，说它“知时节”，懂得满足客观需要。当春天的万物萌芽生长的季节，正需要下雨，雨就下起来了。可见它多么“好”。

第二联，进一步表现雨的“好”。雨之所以“好”，就好在适时，好在“润物”。春天的雨，是伴随着和风细细地滋润万物的。“随风潜入夜，润物细无声。”用的仍然是拟人化手法。“潜入夜”和“细无声”相配合，不仅表明那雨是伴随和风而来的细雨，而且表明那雨有意“润物”，无意讨“好”。如果有意讨“好”，它就会在白天来，就会造一点声势，让人们看得见、听得清。

有人这样说：“眉毛上的汗水，眉毛下的泪水，你总得选一样。”

最后，让我们用民族英雄林则徐的一副对联，作为这一部分的结语。

海纳百川，有容乃大；
壁立千仞，无欲则刚。

希望大家像大海一样开阔，像高山一样坚定。

### （六）学习雷锋同志“一线阳光”的磊落精神

1972 年，新加坡旅游局曾给当时的总理李光耀打了一份报告，说新加坡不像埃及有金字塔，不像中国有长城，不像日本有富士山，除了一年四季直射的阳光，什么名胜古迹都没有，要发展旅游事业，实在是巧妇难为无米之炊。

李光耀看过报告之后非常生气，就在报告上批示：你想让上帝给我们多少东西？有阳光就够了。

后来，新加坡利用那一年四季直射的阳光，在很短的时间里打造出了世界上著名的“花园城市”，发展成著名的旅游胜地，连续多年，旅游收入在亚洲都名列前茅。

也许你曾经抱怨上帝的不公平。在同龄人中间，它送给别人美貌，送给别人金钱，送给别人地位。而你呢？既不是“官二代”，也不是“富二代”，更不是什么“天才”。不用自卑，不用丧气。我相信，你看了李光耀的这两句话，你也许会振奋起来，经过若干年的不懈奋斗，说不定你还可能成为什么人物呢！

论出身，还有雷锋这么苦的吗？论背景，还有比雷锋这么差的吗？但是雷锋却长成为了平凡而伟大的共产主义战士。天上有个月亮，心中有个太阳。雷锋的心中就有阳光，这阳光，既能照亮自己，又可给予别人。这阳光，明快、温馨，循环着力量，传递着信念，持续着热望。

翻开《雷锋日记》，第一篇就有这样的发问：如果你是一线阳光，你是否照亮了一分黑暗？

他在 1959 年 10 月的一篇日记中，又有这样的话：要“一红到底，有一分热，发一分光”。

早在 1958 年，在他写的《党救了我》的一首诗中，就发出了这样的誓言：我要好好工作，听党的话，为祖国发出热和光。

雷锋就像春天的阳光一样，总是大方地照着，给人以温暖，给人以激励，给人以鼓舞。

谈到“一线阳光”，让我们再看看一些中外名人有关的名言警句吧！

人的一生可能燃烧也可能腐朽，我不能腐朽，我愿意燃烧起来！

——奥斯特洛夫斯基

人生应该如蜡烛一样，从顶燃到底，一直都是光明的。

——萧楚女

人生不是支短短的蜡烛，而是一支由我们暂时拿着的火炬，我们一定要把它烧得十分光明灿烂。

——萧伯纳

最杰出的军人，是能在暗夜里发现微光，并敢于跟随着微光前进的人。

——克劳塞维茨

要使别人心里充满阳光，自己首先得做播撒阳光的种子。

——罗曼·罗兰

如果你是一颗流星，也要让它闪亮夜空。

——张海迪

即使我们是一支蜡烛，也应该蜡炬成灰泪始干；即使我们只是一根火柴，也要在关键时刻有一次闪耀；即使我们死后尸骨都腐烂了，也要变成磷火在荒野中燃烧。

——艾青

雷锋心中的阳光，既温暖他人，又照耀自己。我觉得雷锋是一个磊落的人，一个透明的人，一个光明正大的人，一个严于律己的人，一个勇于开展批评与自我批评的人。

“神化”雷锋的人，把雷锋说得完美无缺、高不可攀。贬低雷锋的人，专门在“鸡蛋里面挑骨头”，有的说“雷锋做什么好事都写在日记

里”，是为了出名，为了显示自己。这两种看法，都是片面的、错误的、不符合实际的。

雷锋写日记，把自己的所思所想、所作所为、所见所闻、所感所悟，都忠实、细致、生动、深刻地记录了下来。雷锋日记是雷锋人生轨迹的活字典、证明书。

但一般说来，日记属于个人私密性的东西，不会公开发表。难道雷锋会想到自己不满 22 岁就牺牲了吗？难道雷锋会想到自己的日记会公开发表并产生那么大的影响吗？我想，这些都是不言而喻的。

任何人都有一个不断成长的过程，任何人都需要组织的帮助、提醒乃至批评。实际上，在雷锋所写的日记中，既记录了他所做的一些好事，也记录了连、排干部乃至炊事员对他的提醒和批评。

为了说明这个问题，我们不妨全文引用雷锋 1961 年 9 月 10 日、1962 年 3 月 24 日和 1962 年 7 月 29 日（这时离雷锋牺牲只有半个多月的时间了）的日记，尽管这 3 篇日记比其他日记在篇幅上明显长了一些。

1961 年 9 月 10 日

今天陈排长找我谈了一番话，对我的启发和教育很大。从多次的谈话中，使我深知，陈排长是一个直爽、诚实，对同志关心、对革命负责的好干部，这种精神和优良作风，我要永远学习。

排长谈到，据同志们反映说，我工作主观，其事实是：到浑河农场拉菜，我看农场里的同志都已吃晚饭了，心想战友艾起福、何国良出了一天车，比较累，再说午饭吃的早，也可能饿了。我和农场的管理员联系了一下，准备好了饭，叫他们两位司机吃，可是他们硬不吃，说天快黑了，车没有灯，要赶紧回队。我想回去也要吃饭，现在这里饭已准备好了，在哪吃还不一样吗？再三劝他俩吃，最后他俩还是没有吃，我也就和他俩一块拉菜归队了。事后他俩说我办事主观。

今天排长给我指出，要我今后办事多和群众商量，注意工作方法。我觉得很好，一定改进。至于其他方面的小缺点，我也要特别注意，加以纠正。有些反映虽然有出入，但我也很欢迎，今后提高警惕，随时注意。我深记了斯大林的教导：“我们不能要求批评百分之百的正确。如果批评是来自下面的，那么即使这种批评只有百分之五到百分之十是正确的，我们也不应当忽视。”今天我是一个班长，对于战士的反映和意见，丝毫不能轻视，一定要坚决克服缺点，做好工作。

排长要我抓紧时间努力学习，提高政治觉悟和技术水平。这些好话，牢记心间，照着去做，定能进步。

1962 年 3 月 24 日

今天吃早饭，我看到炊事班的饭盆里有很多锅巴，便随手拿了一块吃。炊事员×××同志说：“自觉点啊!”我听了这句话，心里很难受，觉得吃一块锅巴有什么？赌气把那块锅巴放到饭盆里，走了出来。这时，通信员送来了一张报纸，我接过来就看，首先看到报纸上毛主席的语录说：“因为我们是为人民服务的，所以，我们如果有缺点，就不怕别人批评指出。不管是什么人，谁向我们指出都行。只要你说得对，我们就改正。”我一口气把这段话念了 10 多遍，越念越感到自己不对，越念越感到毛主席的这些话好像是专门对我说的，越念越后悔不该和炊事员赌气。我自己问自己：“你多不虚心呀！人家批评重一点，你就受不了啦!”想来想去，我还是硬着头皮跑到炊事班，承认了自己拿锅巴吃不对，并检查了自己的缺点。炊事员感动地说：“你对自己要求这么严，真是好同志……”

1962 年 7 月 29 日

今天，指导员找我谈话。他说：“雷锋同志，你从 3 月份离开连队到下石碑山单独执行运输任务，工作很积极，政治责任心强，任务完成得很出色，安全行车四千多公里没发生事故，同时还给人民群众做了很多好事。这很好，要继续发扬……不过，现在有人反映，说你和一位女同志谈情说爱，是否有这么回事呢？你好好谈谈。”

从内心往外说，我没有和哪个女同志谈情说爱。指导员提出这个问题，我感到莫名其妙，不知风从何起。首长经常教育我们，无论到什么地方，都要严格要求自己，不要违法乱纪。这些话，我永远也不能忘记，坚决不会明知故犯。

我想：自己年轻，正是增长知识的好时候，应该好好学习，好好工作，更好地为人民服务。我还这样想过：我是在党哺育下长大成人的，我的婚姻问题用不着自己着忙……

现在，有同志说我谈情说爱，没有任何根据，完全是误解。我是个共产党员，对别人的反映和意见不能拒绝，哪怕只有百分之零点五的正确，也要虚心接受。现在有的同志还不了解我，冤枉了我，使我受点委屈。这也没什么，干革命就不怕受委屈。“没做亏心事，不怕鬼敲门”，我没有这回事，就不怕人家说。

“有则改之，无则加勉。”事情总会清楚的，让组织考验我吧。

我们再来看雷锋于1961年9月19日写的《入党转正申请书》的缺点部分（见《雷锋全集》第163页）

缺点：

因工作的需要，经常外出汇报，在生活上形成了一种自由散漫的作风。比如，有时候不请假外出，礼节不够周到，军容有时不够整齐。因今年我大部分时间在外地作汇报，很少参加党的组织生活，也没有经常向组织汇报自己的思想、工作和学习情况。

对同志的帮助不够，没能经常进行谈心活动。工作缺少方法，有时抓住了这头却丢了那头，遇到具体问题，仅仅从大道理上作一些解释，究竟怎样解决，要达到什么为合适，自己心中没底。个性急躁，办事总想一口气得成。以上缺点坚决克服。

我之所以整篇整篇地全文引用雷锋的3篇日记和自我检查的缺点，一方面是为了说明雷锋是个实事求是、光明磊落、严于律己的人，同时对那些贬低乃至丑化雷锋的人，也是一个具体的辨析。

为了学习雷锋有一线阳光就照亮一片黑暗的思想，我下面讲几个故事，顺便发一些议论。

第一个故事。

有一个人，在长沙岳麓书院读书的时候，屡遭同学欺负。

当时，他的书桌面窗而置，且紧挨着窗户；而同学的书桌，放在离窗户稍远的地方。于是，这个同学便不干了，愤怒地对他说，我案头的光，都是从这孔窗户射进来，你挡在这里，不就挡了我的光了吗？可是，他却不愠不怒，问，我的桌子该放哪里？放在那边去！同学一指床头的位置。他居然二话没说，真的把桌子搬到了床边。

夜里，他读书，同学又不干了，嘲讽他说，白天不好好读书，到夜里就磨磨叽叽，你还让人睡觉不？他又未做任何辩解，退居一隅，悄悄默诵。

他的同学后来怎么样了，没有人知道。但这个人的名字，我若是说出来，可能吓你一跳，他就是大清一代名臣曾国藩。

真正的大器皿，不在器形有多大，而在于能容得多。正所谓，大器能容。一个人，若是斤斤计较，必然使自己拘于得失，困于得失，眼光流于琐碎和浅近；一个人，若睚眦必报，必然会让自己止于小肚鸡肠，滞于浅仇深怨，心性也会陷入局促和褊狭。

有时候，容人就是纳己。你容得下形形色色的人，就是在内心深处，悦纳一个又一个自己。最后，看起来像是容下了别人，实际上，是自己给自己松了绑。

第二个故事。

一个人生意失败了，年轻美貌的妻子也离他而去。他受不了这样打击，自暴自弃，万念俱灰。这时，他在附近一座庙宇里遇到一位很有名的禅师。禅师认真听完他的倾诉，把他带到室外，让他伸出手来，问他：“你现在手上有什么？”他沮丧地说：“一无所有”。禅师说：“不对，你现在握住的是满手的阳光。”

三毛说过："快乐是国王的新衣，只有聪明人才看得见。"人生总是寻找快乐的时间多过享受快乐的时间，而我们总是在路上追求所谓更好的生活。让我们心平气和，放松自己，原谅自己的过失，留点时间和空间来爱自己，这也是生存的目的。

从你出生的一刻，拳头就紧紧握住了命运，人生该怎么去开始、进行和结束，都掌握在你手中。失意中的人请相信，你绝不会一无所有，因为只要你勇敢地伸出手来，就会收获满手的阳光。

第三个故事。

有一位单身女子刚搬了家，她发现隔壁住了一户穷人家，一个寡妇与两个小孩子。

有天晚上，那一带忽然停了电，那位女子还没来得及点蜡烛，忽然听到有人敲门，原来是隔壁邻居的小孩子，只见他紧张地问："阿姨，请问你家有蜡烛吗?"女子心想：他们家竟穷到连蜡烛都没有吗？千万别借给他们，免得被他们依赖了！于是，对孩子吼了一声说："没有!"

正当她准备关上门时，那穷小孩绽开关爱的笑容说："我就知道你家一定没有!"说完，竟从怀里拿出两根蜡烛，说："妈妈和我怕你一个人住又没有蜡烛，所以我带两根来送你。"这一刻，女子自责、感动得热泪盈眶，将那小孩子紧紧地拥在怀里。

还有一位作者，讲了这样一个故事，也很有意思。

朋友对我讲过，他的一位老师很有意思，常常能就一个话题说出两个不同的答案。

比如，他对学习棒的学生说："这一学期你考了第一，没什么了不起，下个学期你不一定还是第一；即使你下学期仍然考了第一，也没什么了不起，高考你不一定是第一；即使高考你得了第一，那还是没什么了不起，走入社会，参加工作后你不一定就是第一。"而他对学习差的同学说的是另一番话："这一学期你没考好，没有什么，还有下学期呢；即使你下一学期还没考好，也没关系，还有高考呢；即使高考落榜，也没什么，还有社会这所大学呢。"

朋友说：老师还给他们讲过：秋天到了，蚂蚁忙着一天到晚运送粮食，储备起来准备过冬，而蟋蟀却大声地在草丛里歌唱。当冬天来临，蚂蚁可以美美地藏在洞穴里，享受自己的劳动果实，而蟋蟀却会渐渐冻死在野外。老师说："同学们，你们应该学习蚂蚁呢，还是蟋蟀？"同学们异口同声地说："蚂蚁"。老师满意地点点头："对，我们要学习蚂蚁，辛勤劳作，用自己的手创造自己的幸福。千万不要学蟋蟀，只知道欢乐一时。"

不久，一位同学病了，是绝症，在这位同学去世前的一段时间，老师赶到医院去看望她。这一次，老师又讲起这则寓言。寓言讲完的时候，这位同学说："老师，我也想做一只蚂蚁。"谁知道老师说："不，孩子，你应该做一只蟋蟀，尽管它的生命短暂，但是它把美丽的歌声留在了世间。蚂蚁一天到晚虽然忙碌，但它只是为了填饱自己的肚皮。"据医生介绍，这位同学一直微笑着走到生命的终点。

谁说老师仅仅是在传授知识给学生？更重要的，他们是在修剪孩子们的心灵。在这个世界上，也许掌握一门技术、一种技巧并不难，难的是能在心田里栽种下美好的种子。因此，面对为心灵播种的老师，我常常感动，感动于他们的认真，他们的智慧，他们的热情。他们让我懂得，老师不仅仅是一个美丽的称呼，更是一个神圣的职业，而在心灵里播种，更会影响一个人一生的收成。

人们来到世界时，都是热热闹闹挥舞着拳头，准备大干一场；但是，我们离开这个世界时，却安安静静，摊开一双手。这世界上"物"的东西，我们一样都带不走。当我们的灵魂通过那窄长漆黑的生命通道向另一个未知之处飞去时，人世折磨得我们痛苦不堪的一切恩怨是非，都悉然超脱了。

我想起有这么一句歌词：昨天的太阳，照不到今天的树叶。每一个属于我们生命的太阳多么好呀！珍惜生命，不在乎得到多少钱财和权势，而是生命有没有充分燃烧。

爱我们的人总有一日要离去，为了令这份爱在人世永不消失，我们要爱他人。

要使一线阳光照亮别人，首先要塑造自己的阳光心态。

台湾著名作家林清玄，书法写得很好。一次朋友向他讨墨宝，再三考虑后他写下了“常想一二”四个大字。朋友问这几个字是什么意思？他说：“人生不如意事十常八九，但扣除八、九成不如意，至少还有一、二成是如意的、快乐的事情，我们如果要过快乐人生，就要常想那一、二成好事，这样就会感到庆幸，懂得珍惜，就不致被八九成的不如意所打倒了。”

的确，我们在日常生活中会经常遇到各种各样的麻烦和困扰，比如工作环境不称心、经济条件不宽裕、评优评先没有份、受冤枉挨批评等等。如果总是想不开，就会导致情绪失控。一些同志为了芝麻大点儿事，出言不逊，更有甚者，干脆连工作也不干了，破罐子破摔。这样的行为使自己的人品大打折扣，同时人际关系也严重受损。而他们却往往以诸如“怀才不遇”、“生不逢时”为托词，来为自己开脱。一个宽容豁达的人，面对同样的困境就能持积极心态，妥善对待和处理好这些事情，他们的人生就可谓顺风顺水。这种豁达、乐观、开朗的心态，就是我们所说的“阳光心态”。

塑造“阳光心态”，个人的内在修养至关重要。电视剧《士兵突击》中的许三多，新兵下连就被分到荒无人烟的大草原上。残酷的现实，对于向往火热军营生活的人来说无疑是当头棒喝。在这样的环境下，许多人选择在无所事事中虚度青春。而许三多心中却有一个念头：“不抛弃，不放弃”，始终保持积极向上的“阳光心态”，坚持每日作息时间，坚持每天的军事训练。同时，他还凭着坚忍不拔的毅力，独自修了一条当年一个加强排都没有修下来的路，给偏远的哨所增添了亮色，给周围的战友带来了激励。有个哲人说过，生活中并不缺少美，而是缺少发现美的眼睛。所以，我们应该养成一种习惯，用心灵的摄像机经常去发现生活的美好。

英国著名的威斯敏斯特教堂里，有块墓碑上刻着一段话：

当我年轻的时候，我的想象力没有任何局限，我的梦想是改变整个世界。成熟之后，我发现自己不能够改变这个世界，我将目光缩短了一些，决定只改变我的国家。进入迟暮之年，我发现我改变不了我的国家，抱着最后一丝希望，我想改变一下我的家庭。但是，这也不可能。当我垂垂老矣、行将就木时，我突然意识到：如果一开始我仅仅去改变我自己，然后作为一个榜样，我可能会改变我的家庭，在他们的帮助和鼓励下，我也许可以为国家做一些事情，然后，我甚至可能改变整个世界，谁知道呢？

这段对人生真实感悟总结的碑文，曾引起不少共鸣。很多人年少时志向高远，意气风发，梦想着成为一代伟人，变成下一个盖茨、乔布斯。但他们却好高骛远，眼高手低，不屑于做小事，面对现实整天怨天尤人，慨叹怀才不遇，最终白了少年头，到老一事无成。列夫·托尔斯泰曾说："大多数人想改变这个世界，但却极少有人想改变自己。"历史经验证明，坐而论道，不如早起而行；要求别人做到的，不如自己先做到；要想改变世界，不如先改变自己。奇迹，往往是从改变自己开始的。

现在有一个常见的怪现象：围坐餐桌，数人侃侃而谈最近的热点事件后，都会感叹这个社会真的太让人忧虑了。孩子捣蛋，家长埋怨是孩子受了社会上的不良影响；贪官入狱，忏悔是受了社会上的不良影响；甚至女生拜金，商家以次充好，只要是"坏"的事情都可以归结为"受到社会上的不良影响"。那么，这所谓的"社会不良影响"，到底是谁的影响？

某些官员，对着麦克风夸夸其谈地教育群众遵守公德，自己却胡吃海喝、腐化堕落；某些媒体，为追求"卖点"，大肆挖掘抢劫、强奸等新闻，以求最大限度地刺激读者感官；一些人在网上大骂围观者见死不救的同时，一旦遇到类似事情，自己照样袖手旁观。试问，这到底是社会上的不良因素影响到了你们，还是你们的行为已经影响了一大批人？

社会属于大家，在一味抱怨受到了社会不良影响的同时，最该反省的是我们每一个个体。

有人说，从某种意义上讲，过去是饥饿的时代，现在是过剩的时代；过去是迷信的时代，现在是怀疑的时代。经过 30 多年的改革开放，物质的东西相当丰富了，生活水平极大地提高了。但是有些人却什么都不信了，他们怀疑主义，怀疑真理，怀疑历史，怀疑未来，甚至怀疑友谊，怀疑爱情……没有什么比这种怀疑更可怕的了。

我们每个人都要懂得这样一个道理，国家的未来，不属于看客和骂客。

俄罗斯大选落幕后，赢得了大选的普京说："我们需要共同找到某个能团结整个多民族的俄罗斯的因素。我认为，除了爱国主义之外，没有任何东西能够做到。"事实上，普京的再次当选也证明了这一点——尽管有看似强大的反对力量，但俄罗斯民族基于强烈爱国主义的社会共识，还是选择了具有国家强势象征意义的普京。

对于今天日益多元化发展的中国而言，爱国主义何尝不是我们必须找到的团结各民族群众及社会各阶层的关键因素呢？

诚然，无论取得了多大进步，我们依然会遇到种种的不完善。但这不仅不是我们埋怨或怨恨国家的理由，相反正是每一个人应该承担起的建设责任。国家的未来，不属于设身局外的看客，更不属于失去爱国立场的骂客。

即使在崇尚个人主义的美国，肯尼迪也曾向国民大声地喊出这样的名句：不要问这个国家能为你做些什么，而应该问一问你能为这个国家做些什么。

前苏联解体多年后，包括著名"持不同政见者"索尔仁尼琴在内的许多学者在痛苦反思后醒悟：无论这个国家有多少缺陷，永远都不能成为你羞辱她、背叛她的理由。

中国在发展进步中存在的一些问题，非常需要深入研究，甚至需要理性反思，但前提是以爱国的立场和感情。著名军事战略专家李际均将军说过：爱国主义，是最重要的战略思维。

人生何处不阳光？我们活着的一生，除了头顶上的阳光，给我们带来生命、光明、绿色、希望之外，其实，人与人之间，也是充满着灿烂阳光的。因为每个人的心中，都有一轮能够发出热量和光明的太阳。正是这光和热，我们才活得有声有色，有滋有味。所以，在这个世界上，你和你周围的人，你周围的人和更多的人所构成的社会，彼此之间，都存在着这种阳光的亲密联系。别人的阳光，温暖了你，同样，你自己的阳光，也照亮了别人。只有这样，世界才有生气，人类才有精彩。

让我们还是以雷锋的那句提问，作为这一部分的结语吧！

如果你是一线阳光，你是否照亮了一分黑暗？

### （七）学习雷锋同志“一团火”的助人精神

我几次到雷锋生前所在的连队去，每次总要在雷锋住过的床上坐一坐，轻轻地摸一摸他用过的被褥。

雷锋走了，但在雷锋班里，雷锋的床铺还一直保留着。铺面整齐干净，每天晚上就寝时，战士们都要把被子打开，第二天早上再叠上。连队每天点名时，呼点的第一个名字仍然是雷锋。

据雷锋生前的战友介绍，雷锋个子不高，是个很精神的小伙子，军装、鞋子洗得发白，整洁得很，娃娃脸，圆圆的，很健谈，嗓音洪亮，笑时有一对酒窝，讲话带着浓浓的湖南口音。

雷锋就像一团火燃烧着，周围的人都能感受到他的温暖。雷锋牺牲后，有一次连队开支委会，听到外面的脚步声，有人惊异而兴奋地喊：“哎，雷锋回来了！”他在战友们的心中，是那样鲜活、那样亲切、那样难忘！

一位长期研究雷锋的学者，对于雷锋精神有着深刻而独特的见解，他用自己的认识来概括雷锋精神，就是3个大字：热心肠。雷锋是一个热心肠的大好人，雷锋的热心肠，植根于他赤贫的出身。童年所经受的人生灾难和共产党来了之后的冰雪消融，培养了他对共产党、对新中国的无限热爱。这种热爱转化为一种力量，就是他无论走在哪里，都要做一些好事，来回报这个给予他新生的党和社会。

雷锋的热心肠更来源于他的世界观、人生观和价值观，其中最重要的是他真正懂得了“怎样做人，为谁活着”这个人生的大道理。

今年“十一”期间，中央电视台推出了一个节目，就是随机采访一些人，问这些人感觉“幸福”吗？据说70%以上的人回答自己是幸福的，当然也有些其他各种各样的回答，有的答非所问，有的回答令人忍俊不禁。

受中央电视台的启发，我又一次翻阅了《雷锋全集》，发现雷锋谈到“幸福”的地方竟然有十多处。让我们看一看雷锋是怎样理解和看待“幸福”的吧！

能使人民群众更加热爱党，热爱毛主席，热爱解放军，这就是我感到最幸福的。

我觉得一个革命者就应该把革命利益放在第一位，为党的事业贡献出自己的一切，这样才是最幸福的。

一个共产党员是人民的勤务员，应当把别人的困难当成自己的困难，把同志的愉快当成是自己的幸福。

我是人民的勤务员，自己辛苦点，多帮人民办点好事，这就是我最大的快乐和幸福。

有人说，人生在世，吃好、穿好、玩好是最幸福的。我觉得人生在世，只有勤劳，发奋图强，用自己的双手创造财富，为人类的解放事业——共产主义贡献自己的一切，这才是最幸福的。

我认为个人和集体的关系，正像细胞和人的整个身体的关系一样。

当人的身体受到损害的时候，身上的细胞就不可避免也要受到损害。同样的，我们每个人的幸福也依赖于祖国的繁荣，如果损害了祖国的利益，我们每个人就得不到幸福！

随着太阳不会挨冻，跟着党走不会迷路。随着太阳就有温暖，跟着党走就有幸福。

每当我为人民做了一点好事的时候，也就是我最幸福最快乐的时候，反之，做不到这一点，我就觉得心中有愧……我时时刻刻都这样想：党给我的恩情太深了，我为党做的工作太少了……我决心向大家学习，永远忠于党，忠于人民，做一个有益于人民的人。

我是一个孤儿，在旧社会受尽了折磨和痛苦。解放后，在党和毛主席的哺育下，一天天地成长起来。我深深懂得了社会主义的今天，是由无数的革命先烈和战友的艰苦奋斗、英勇牺牲得来的。今天我连脚上穿着一双普通的鞋子也感到是一种莫大的幸福。现在我们还有皮鞋哩。比起我在旧社会光着脚到地里放猪、上山砍柴，真是好上天了。这样，不能不使我更加热爱党，热爱社会主义，热爱新社会。每当我看到我们祖国的新变化，看到祖国的新成就，都使我从心眼里感到高兴，从而更加认识到党的英明、伟大和正确。

生活在毛泽东时代，生活是多么幸福，前途是何等广阔，望你努力去追求她。

我觉得一个革命者就应该把革命利益放在第一位，为党的事业贡献出自己的一切，这才是最幸福的。

从以上引语可以看出，雷锋把翻身得解放看做幸福，把祖国的繁荣昌盛看做幸福，把为党多做工作看做幸福，把帮助同志克服困难看做幸福，把为人民群众做好事看做幸福。总之，他的幸福观是高尚的，是值得我们深思和效仿的。

马克思说："人只有为同时代人的完美、为他们的幸福而工作，自己才能达到完善。"接着，马克思又从另一个侧面进一步强调："如果一个人只为自己劳动，他也许能够成为著名的学者、伟大的哲人、卓越的诗人，然而他永远不能成为完善的、真正伟大的人物。"

马克思还说："那些为大多数带来幸福的人，是最幸福的人。"

的确，助人使人快乐，奉献使人幸福。把自己的生命同党的事业和人民的利益紧密地联系在一起，就找到了通向快乐和幸福的道路。快乐和幸福属于为党忘我工作的人，属于为人民忘我奉献的人。一个人被党信任、被群众信赖、被社会需要，他就会感到很快乐、很充实、很幸福。

雷锋在 1961 年 4 月 16 日的日记中，有一段很重要的话：

热情，像熊熊的火焰，是一切的原动力！

有了伟大的热情，才有伟大的行动！

雷锋还说："对同志要像春天般的温暖，对工作要像夏天般的火热……"

柏拉图曾经说过："我要在世上点一把火，而我更希望它早燃着了。"

托尔斯泰也曾说过："一个人若是没有热情，他将一事无成。"

读着雷锋和其他名人的这些话，我们感受到热情，感受到温暖，感受到力量。

正因为雷锋是热心肠，正因为雷锋有"伟大的热情"，所以他才有"伟大的行动"。

过去人们常说："雷锋出差一千里，好事做了一火车。"而雷锋少年时的挚友、湖南望城雷锋纪念馆荣誉馆长雷孟宣同志说得更深刻、更全面，他说雷锋是"走出去，爱一线；住下来，爱一片。"雷锋是一片热心在玉壶、洒向人间都是爱啊！

的确如此，雷锋不但外出时做好事，而且更多的是在军营里做好事；不只是一阵子做好事，而且是一贯地做好事；不只是和别人在一起的时候做好事，而且更多的是在别人不知道的情况下做好事。

雷锋看到战友们军事训练很紧张，工作、学习忙得不可开交，连上街理发的时间也抽不出来。他就拿着连里配发的理发推子，利用业余时间，到理发店向理发师傅学习理发技术，回来给战友们理发。开始他的技术不过硬，有的还没有理到一半就不让他理了。一次、两次、三次，他跑到理发店继续学习，终于熟练掌握了理发技术，战友们都愿意让他理发了。

1961 年 10 月 15 日，是个星期天，雷锋没有外出，给班里的同志洗了五床褥单，补了一床被子，协助炊事班洗了 600 多斤白菜，打扫了室内外卫生，还做了一些零碎事。雷锋觉得“虽然累了点，但感到很快活。”“做一名无名英雄是最光荣的。今后还应该多做一些日常的、细小的、平凡的工作，少说漂亮话。”

有一天，一位战友搬电瓶发动车时，洒了一些电瓶水，衣服上沾了不少。因电瓶水是硫酸和蒸馏水混合而成的，腐蚀性大，结果他那条新棉裤烧了几个大口子。那位战友很不高兴，着急找不到黄布补裤子。雷锋立即拆掉自己的棉帽衬洗干净（棉帽衬是黄布做的）。当天夜里，那位战友睡着了，雷锋就用自己棉帽衬的那块黄布，偷偷地给他把新棉裤补好了。那位战友知道这件事后，激动地对雷锋说：“班长！你对我太关心了！”

写到这里，我想起了那首唐诗：

慈母手中线，游子身上衣。
临行密密缝，意恐迟迟归。
谁言寸草心，报得三春晖。

这首唐诗，在香港被评为港人最喜欢的 10 首唐诗中的第一首。这首唐诗，显然是写一位慈祥的母亲为远行的儿子缝制衣服的情景和心情的，而雷锋为战友洗被褥、缝衣服的时候，才是一个 20 岁出头的小伙子呀！你说雷锋容易吗？

一位战友的母亲病了，他请假回家探望，想买点东西给母亲吃，但是钱又不够。雷锋看到这种情况，立即拿出 10 元津贴费，还买了 1 斤饼干，一起交给他带回家里孝敬母亲。

有一次，连队组织战士到十多里外的山上去打猪草，每人带上一盒饭，准备中午吃。到中午 12 点吃饭的时候，雷锋看大家都在吃饭，唯有全连有名的大个子、大肚皮王延堂，一个人坐在那里看大家吃饭。雷锋关心地问他："小王同志，你的饭呢？"王延堂说："我的饭早上就吃到肚子里了，早晨我就吃了两顿饭。"雷锋想，王延堂如果中午不吃饭，会影响情绪，干活也不会起劲，于是就把自己的饭送给王延堂吃。小王再三推辞说："我吃了，你怎么办啊？"雷锋说："我不会饿呀！"小王不相信，这时雷锋就善意地撒了一个谎，说自己肚子痛，要去解手，放下碗就跑了。雷锋看王延堂吃了饭，干活很起劲，心里感到非常愉快。

早在 1958 年，与雷锋一起从湖南来到鞍钢的易秀珍姑娘，一时适应不了东北的气候，也吃不惯高粱米饭、玉米面窝窝头，不知流了多少次泪。那时每月只有 4 斤细粮，每当食堂吃大米饭的时候，雷锋总舍不得吃，给易秀珍送去。易秀珍不让他这么做，雷锋说："我吃什么都行，等你慢慢习惯了，我就不送你了。"

雷锋从思想上、工作上、生活上都给了易秀珍不少帮助。1959 年 8 月 26 日，雷锋在去鞍钢弓长岭矿前，送给易秀珍一个笔记本，并在上面写了这样的赠言："船，能够乘风破浪才能前进；人，能够克服困难才能生存。"这是雷锋的人生体验，得此鼓励，易秀珍克服了一个又一个困难。如今，易秀珍已是 71 岁的老太太了，但每当谈起雷锋，她总是泣不成声、感动不已。

雷锋不仅让饭、让细粮，还让苹果、让月饼。过春节的时候，连里发了一斤苹果，雷锋舍不得吃，到医院里送给伤病员吃了。雷锋作为全团官兵唯一的代表，出席抚顺市第四届人民代表大会，会议结束时，发给每人 1 斤苹果，雷锋还是舍不得吃，又送到医院给伤病员吃了。过中秋节的时候（这个日子是雷锋母亲含冤忍辱自杀身亡的忌日），连里给每人发了一斤月饼，雷锋还是舍不得吃，又送到医院给伤病员吃了。

看到这里，有的年轻人可能说，那点苹果、月饼又算得了什么呢？

我们还吃不了呢！有时还扔了呢！话可不能这样说，雷锋做的这些好事，可是在50年前啊！

我还清楚地记得，60多年前，我们村里一位老先生，到东北去看儿子，回来给我们家一个苹果。这是我第一次看到苹果，觉得这种水果既大又好，馋得很呢！父母舍不得吃，把它切成五瓣，给我们五个兄弟姐妹吃了。至于月饼，每年中秋节的时候，父母才给我们每人买一块，月饼的质量，当然与现在根本无法相比了。

1959年至1961年，是我国3年经济困难时期，由于国内外主客观原因，造成了全国性饥荒。不用讳言，由于营养不良，城市里有不少人得了浮肿病，一些农村也确实饿死了一些人。部队的情况虽然好些，可粮食也是实行定量，油腥更是少得可怜。在这种情况下，雷锋让饭、让苹果、让月饼，的确不容易啊！

为了说明当时的经济困难情况，我在这里想插一段话。

1960年冬季，北京出现了历年来少有的严寒。连年的人祸天灾、内忧外患，使全国陷入了空前的粮荒。这是三年困难时期的第二个年头。当时，毛主席、周总理等党和国家领导人和全国人民一样，节衣缩食，共渡难关，经常听到他们已经几个月不吃肉的消息，令人十分感动。

也是在此期间，时任国防部副部长、装甲兵司令员的许光达大将，听说机关门诊部一位医生的小孩没有奶吃，又订不上牛奶。他马上派警卫员到牛奶站说明情况，把自己吃的那磅牛奶，转让给了那位医生的孩子。

但是，实在挨不过饥饿的装甲兵机关的好多干部亲属，还是从四面八方涌进北京，在装甲兵大院里长吃长住起来。于是，平时严肃静谧的机关大院变得热闹起来，到处是不穿军装的男男女女、老老少少的陌生面孔。

为了不使这种现象持续下去，以至造成不好的政治影响，在许光达的主持下，装甲兵党委作出决定：困难时期，机关干部应尽力做好工作，不要让亲属来京长吃长住。已经来了的，要动员其尽快回去。以后，凡来队探亲的干部亲属，只允许在大院住三天。

不久，许光达的四哥许德富和六弟许德强也来到了北京。面对皮包骨头的同胞兄弟，特别是当年不远千里、冒着生命危险通风报信、使自己得以脱离国民党追捕的四哥，许光达感到既难过又为难。夫人邹靖华对他说：“四哥和六弟这次来，不但不能留他们长住，还得撵他们走，这心里真有说不出的滋味儿。”许光达当然也有同感，可眼下就是这样一个特殊的困难时期，而且来队亲属只允许住三天的决定，又是自己主持做出的，因此也只能这样做。

当天，这件事由邹靖华向兄弟俩委婉地提了出来。许德富一听就火了，冲着许光达说：“这个地方，顶数你官大，你不发话，谁敢撵我们走?”说完，他赌气地走了出去。

随后，兄弟俩悄悄地进入厨房，把橱柜一一打开，仔细查看了一番，看到大将家里确实也没有什么可吃的东西。

许光达夫妇倾其所有，让炊事员把作为特殊营养品配给他的 4 斤黄豆也全部拿出来，总算让兄弟俩吃了几顿饱饭。留住了 3 天，便让他俩带上家里仅存的 50 斤全国通用粮票，买了两张到长沙的硬座火车票，登上了南下的火车。

两天后，保卫部向许光达报告：接河南省安阳市公安局报告，许德强在安阳火车站病倒了，而且病情危重。许德强被接回北京，一下火车就直接被送到解放军总医院抢救。许光达夫妇迅即赶到医院探望，在亲情呼唤下，许德强艰难地睁开了双眼，但已不能说话，在当晚就去世了！

医院征得许光达同意，对许德强的尸体进行了解剖，结果发现他并没有什么严重的疾病，只是胃已完全萎缩，医生说这是因为长期挨饿造成的。

结论是：许德强是饿死的！

一个开国大将的同胞弟弟，在经济困难时期，竟然生生饿死，离开人世！一些未曾经历过那场灾难的年轻人，可能觉得难以置信。而经历过那场灾难的人们，至今说起这件事来，还是唏嘘不已！

孔融让梨的故事，从三国到现在，已经流传了近两千年，而且几乎达到了家喻户晓、人人皆知的程度。和孔融相比，我觉得雷锋伟大多了！不容易多了！孔融让梨，只是把大梨让给哥哥，自己拣小的吃。而雷锋让饭、让苹果、让月饼，是宁可自己挨饿或不吃，也要让给别人。我认为，应该把雷锋的这些故事，写入中小学课本，让人人都知道，而且应该世世代代流传下去。

雷锋不仅在生活上无微不至地关心战友，更在思想上耐心细致地帮助战友。

雷锋当班长的时候，调到他们班里一位新战友。这位战友过去受过苦，现在革命热情高，工作能吃苦。他来自农村，学习少、政治觉悟比较低，对各种问题的看法比较片面。班里有的同志对他看法不好，说他是个落后分子。就因为他调到班里，有的同志还不大满意。

针对这种情况，雷锋组织班里的同志，学习毛主席的教导："共产党员对于落后的人们的态度，不是轻视他们，看不起他们，而是亲近他们，团结他们，说服他们，鼓励他们前进。"大家统一了认识，改变了态度。

这位战友调到班里第三天就病了。这天一清早，雷锋就让卫生员给他看病，给他打开水吃药，打洗脸水给他洗脸，做病号饭给他吃，并把自己的棉大衣盖在他的身上，安慰他好好休息。后来到澡堂洗澡的时候，雷锋又给他搓澡。总之，在生活上给予他多方面的照顾。那位战友激动地对雷锋说："班长，你对我太关心了。人心都是肉长的，我再不好好干，也说不过去了。"第四天一早，他就主动去打豆子了。战友们吃早饭的时候，他已打了一麻袋豆子背了回来。

雷锋的一位战友叫范世坤，1960 年 11 月 20 日在沈阳军区《前进报》上发表了一篇文章。这篇文章的主要内容，是讲述雷锋为了帮助他认识改正错误，和他谈心时所说的一些话。这篇文章收录在《雷锋全集》第 148 页上。

52 年过去了，现在看了雷锋当时所说的这些话，仍觉语重心长、感人至深。让我们一起看看雷锋是怎么说的吧！

领导和同志们帮助你，是对你的关心和爱护，你应该很好地承认错

误。你想，我们来到部队是干什么的呢？咱们过去都是穷人家出身，吃不饱、穿不暖，解放以后，在党和毛主席的领导下，才过上了幸福生活，再不为吃穿犯愁了。我们今天来当兵，就是要保卫幸福的生活，保卫祖国的社会主义建设，我们应该好好地为人民服务，要是不听党的话，犯了错误，这能对得起谁呢？再说，我们入伍的时候，父母亲又是怎样嘱咐的呢？他们是叫我们在部队里，加强锻炼，使自己成为一个有政治觉悟的人，叫我们学习一些本领，难道我们能忘记这些话吗？

人不怕犯错误，就怕犯了错误不改。能够坚决改正错误，那就是好同志，同志们是不会看不起你的。

听了雷锋的这些话，纵然是铁石心肠，也不会无动于衷的。

### （八）学习雷锋同志“加一把油”的奋进精神

雷锋的一生，是好学上进的一生，是与时俱进的一生，是不断奋进的一生。

在雷锋的日记和报告中，他经常讲到要自己给自己鼓劲，自己给自己“加一把油”，要“继续努力”，不断前进，争取更大的成绩，争取更大的光荣。

雷锋还有一个生动的比喻：工作和学习的关系，就像点灯加油一样，点灯如果不加油，就会变得黯然无光，只有不断地加油，灯才会明亮。人只有不断地努力学习，才不会迷失方向，才会做好工作，否则就会落后，甚至犯错误。

谈到雷锋“加一把油”的奋进精神，我们不妨从他更名立志谈起。

雷锋原名叫雷正兴。1957 年 2 月，他光荣地加入了中国新民主主义青年团。入团不久，他找到县委书记张兴玉，提出想把自己的名字“正兴”改为单字。张兴玉沉思了一下说，叫“雷峰”行吗？“峰”是山峰，是高峰，这一定会永远激励你奋发努力，攀登高峰的。从这以后，雷锋就开始使用“雷峰”这个名字。后来，报名去鞍钢时，雷锋又把“峰”字改为“锋”字，以表明自己为国家建设冲锋在前的志向和决心。

雷锋参军以后，部队有的首长问他叫什么名字，他响亮地回答："我叫雷锋，打雷的'雷'，冲锋的'锋'！"更名立志，表明年轻的雷锋和新中国许多年轻人一样，对人生和祖国的未来，充满了向往。

雷锋在县委当公务员的时候，张兴玉书记还曾对他说过："人生有三件光荣的事：入队、入团、入党。"并一再鼓励他以后一定要争取加入中国共产党。

雷锋小学毕业以后，曾经当过一段时间农民，主要是在生产队担任秋征助理员，负责征收公粮工作。他还在乡里当过一段时间的通信员。

他在县委当过两年公务员（勤务员），由于工作勤奋努力，三次被评为"机关模范工作者"。

雷锋在鞍钢工作了一年零两个月时间，共计413天，三次被评为先进工作者，五次被评为红旗手，十八次被评为标兵，荣获"青年社会主义建设积极分子"称号。

雷锋1960年1月8日参军，到1962年8月15日牺牲，合计两年八个月零七天。雷锋入伍仅十个月，就入了党，这在新兵当中是极为罕见的。他当兵一年多，就先后被提升为运输连副班长、班长。他先后荣立二等功一次、三等功两次，受团、营嘉奖多次。被评为"节约标兵"、"模范共青团员"、"抚顺市优秀校外辅导员"。他被选为全团官兵的唯一代表，出席了抚顺市第四届人民代表大会，《解放军报》还致函雷锋，聘请他为"本报通讯员"。

雷锋在短暂的时间里，取得如此大的成绩，获得如此多的荣誉，是和他永不满足、力争上游、不断给自己"加一把油"的精神分不开的。

雷锋在日记中写道：

青春啊！永远是美好的。可是真正的青春，只属于那些永远力争上游的人，永远忘我劳动的人，永远谦虚的人。

如果不积累许多个半步，就不能走完千里。

雷锋参军以后，听到的也不都是赞扬声，有人还这样讽刺过他："你积极有什么用？那么点小个子，给你150斤的担子，你能担起来？"听了这话，开始雷锋还埋怨自己为啥长这么点小个子呢！

难能可贵的是，雷锋从不认输、从不灰心、从不泄气，而是扬长避短、不懈努力，从而在人生的道路上，攀登上了一个又一个高峰。

新兵训练中，有一个科目是手榴弹投掷。按照规定，投35米及格，40米良好，50米优秀。身高只有1.54米、体重只有48公斤的雷锋，体质弱、力气小，使足了劲投出手榴弹，竟连及格线都够不着。

在困难面前退缩，不是雷锋的性格。有一天，他在报纸上看到一篇文章，里面的一段话激励了自己。于是，他便把那段话记在日记中："斗争最艰苦的时候，也就是胜利即将到来的时候，但也是最容易动摇的时候。因此，对每个人来说，这是个考验的关口。经得起考验，那就成了光荣的革命战士；经不起考验，那就要成为可耻的逃兵。是光荣的战士，还是可耻的逃兵，那就要看你在苦难面前有没有坚定不移的信念了。"

要想练好投弹，光抓住要领还不够，关键是臂力，要有劲儿。于是，雷锋有针对性地苦练了起来。练投弹、练单杠、双杠，训练时练，大家都休息了，他还跑到操场上练。

时值隆冬，天气特别冷，别说训练，就是在外面待一会儿，也被冻得直打哆嗦。在操场上，雷锋手握铁杠，冰凉刺骨。直到练到双手再也抓不住杠子了，才抄起手来暖一暖。那阵子，他的胳膊都练肿了，吃饭连筷子都拿不住，但他从来不说一声累，不叫一声苦。

真是功夫不负有心人！经过一个多月的刻苦锻炼，雷锋这个不服输的小个子，实弹投掷成绩达到了优秀。雷锋在日记中兴奋地写道：我终于把手榴弹投到"敌人的碉堡"里去了。

雷锋在故乡时当过拖拉机手，在鞍钢时当过推土机手，到部队分到运输连当汽车驾驶员。虽然在技术上有相通之处，但开汽车毕竟与开拖拉机、推土机还是有所不同。

雷锋在1960年9月22日的日记中写道：

拿自己的技术学习来说，还不是那么刻苦钻研的，学得也不够深透。但是我相信，只要再加一把油，勤学苦练，虚心学习，是一定能把汽车开好的。

雷锋驾驶的13号车，是苏联制造的“嘎斯—51”型汽车。这辆车当年曾参加过抗美援朝，到连里时，已有十多年的历史，各个部件磨损得很严重，是全连耗油最多的一辆车，大伙管那辆车叫“耗油大王”。

分配汽车时，别的班都不愿意要这辆车，偏偏雷锋专拣差的要，主动申请开这辆车。雷锋决心找出毛病，亲手制服这个“耗油大王”。

为了根治这辆车的毛病，雷锋费了不少休息时间，一个细节一个细节地排查。他不仅翻阅专业书籍，还向行家里手请教。后来，他终于发现，原来是化油器的油针太粗所致。于是，他想方设法加以调整，终于使这辆车的油耗降低到正常状态了。

然而雷锋还不满足，他还摸索出一套节油的窍门。例如在汽车行驶中充分利用滑行的惯性，汽车起步前不轰大油门，保养汽车时不用汽油清洗零件等。经过雷锋这样精益求精地收拾和保养，这辆“耗油大王”后来竟成了全连的节油标兵车。

学习雷锋“加一把油”的奋进精神，使我联想到一些人和事。给大家讲讲，或许对你们有些启示。

中央电视台著名主持人白岩松，根据自己的人生体验，总结出了人生的“跳高论”。

人生就像一场跳高，当你成功地跳跃了一个高度，肯定还会继续增加自己的目标，而最终结果可能会以失败而告终。但你会发现，在失败的那一刻，你却赢得全场的庆祝和欢呼，因为你已经成功，而只有不怕输的人才能成功。

下面讲讲实现一二七个愿望的人的故事。

六七十年前，美国洛杉矶的一位十五岁的年轻人约翰·科达尔，制定了一个实现总数达一百二十七个愿望的计划，他称为“我一生的计划”。其中有勘察尼罗河、刚果河、登上珠峰、重游马可·波罗和亚历山大大帝到过的地方，创作两部音乐作品，写一本书，结婚、生孩子……甚至还有登上月球。

科达尔把这些愿望都编上号，写在一张纸上，以便逐一实现。二十一岁那年，他已到过十多个国家旅行。刚满二十二岁，他在危地马拉的原始森林中发现了一座玛雅神庙。二十六岁，他历经艰险，完成了对尼罗河溯源的探险。以后，他曾在南美洲落后部落生活过，登上过土耳其的阿拉拉特山和非洲的第一高峰乞力马扎罗峰。他曾开过两倍于音速的飞机，写了一本关于尼罗河探险的书。

科达尔年近六十岁时，已实现了一百零六个愿望。当有人向他谈起那个著名计划时，他微笑说："我制定这个计划，是为总有奋斗目标。我见过周围有些人从不敢试试自己的能力，结果一事无成。我下定决心，绝不走这条路。"

有一个资产过亿的成功企业家，在一次演讲后接受了一位记者的采访。当这名记者问及他成功的秘诀时，这位企业家笑了笑，并没有给出正面的回答，而是讲述了自己一次登山的经历。

原来这位企业家是一个攀登爱好者，在一次团队活动中，他勇敢站出来并且表示自己愿意挑战海拔 8848 米的世界最高峰——珠穆朗玛峰。因为此前他并没有多少登山经历，经验少得可怜，加上他高原反应强烈，呼吸控制不好，在登山的过程中，很快他身上背的氧气便消耗得差不多了。当他爬到 8300 米左右的高度时，发现氧气已经完全不足以支撑了。面对如此困境，他原本可以选择撤离或者向半山腰的营地求救，这样他就不会有生命危险。可是，他不肯轻易认输，他决定先登顶再说。

终于，在他坚持不懈克服重重困境的情况下，终于爬到了 8400 米的高度。在空旷的山地上，他发现了很多废弃的氧气瓶，他逐个捡起来掂量，结果他幸运地找到了一个有半瓶以上氧气的瓶子。靠着这半瓶氧气，他登上了顶峰，并且最终安全撤回了营地。

据一项研究调查发现，面对同样程度的打击，逆商高的人产生的挫折感低，逆商低的人则会产生强烈的挫折感。而在一个人对待事业成功的态度上看，逆商高的人抗击打能力强，在逆境中更容易摆平心态，轻松上阵，从而走向成功。逆商低的人则容易陷入困难的泥潭，在困境面前一筹莫展，甚至一蹶不振。

放眼人类所有失败的案例可以得出同样一个结论：90％的失败者通常都不是被别人打败的，而是被自己所打败。也就是说，低逆商者通常都是因为自己首先选择了退缩和放弃，才导致最后通向失败。

人与人之间之所以会产生失败和成功，通常都是由一个人的耐力和勇气所决定的。这一点在逆商上的反映，也正是为什么高逆商者容易通向成功的原因。

“杂交水稻之父”袁隆平人老不服老，不断给自己“加一把油”，使水稻产量逐步提高的事迹，令人感动，深受鼓舞。今年 9 月 19 日，我国超级杂交稻第三期亩产 900 公斤目标攻关取得重大突破，湖南省隆回县羊古坳乡 108 亩超级稻实验田平均亩产 926.6 公斤。

“这标志着我国杂交水稻研究遥遥领先世界水平。”在 9 月 19 日举行的媒体见面会上，袁隆平院士难掩心中喜悦。这不仅为我国粮食增产提供了技术支撑，更增强了中国人能养活自己的信心。同时，他指出，高产超级稻培育需要较高的技术规范，因此要推广到普通农户尚待时日。“如果推广的话，产量要打个八折。”

农业部委派的验收专家程式华也表示，该品种水稻目前只能在得到验收的湖南境内推广，由于全国水土、气候差异较大，大面积推广尚有相当难度。

水稻超高产也是全世界共同关注的一个重大科学问题。全世界一半以上人口以稻米为主食，现在每公顷生产的稻米可养活 27 人。据估算，到 2050 年，每公顷必须养活 43 人。据介绍，澳大利亚是世界上水稻单产最高的地区，其亩产平均约 660 公斤，日本水稻的亩产为 445 公斤。目前，我国已经大面积推广的第一、二期超级稻的亩产已经分别达到 550 公斤和 600 公斤。

袁隆平告诉记者，中国杂交水稻在世界许多国家都适合种植，如果世界上杂交稻种植面积增加 7500 万公顷，每公顷按增产 2 吨计算，可增产粮食 1.5 亿吨，能多养活四五亿人口，将有效保障世界粮食安全。

2012 年 8 月 31 日，面对蜂拥面向他的多家媒体，袁隆平第“N+1”次说起他的禾下乘凉梦：“我梦见我种的水稻长得像高粱那么高，穗子像扫把那么长，颗粒像花生米那么大，我和我的朋友，就坐在稻穗下乘凉。”

这个梦境，2011 年被福建省作为高考作文题了。

有些动物给自己“加一把油”，经过刻苦磨炼，从而获得新生的奇迹，能给人们带来深刻的启示。

老鹰是世界上最长寿的鸟类，它的一生年龄可达 70 岁。

当老鹰活到 40 岁时，它尖利的双爪开始老化，无法伸展自如地抓捕到猎物；喙变得又长又弯，几乎可以碰到胸膛，严重影响进食；双翅上羽毛长得又浓又厚，堆积在一起，使它不能轻盈地飞翔。

此时，老鹰面临两种选择：或等死，或经过一个非常痛苦的过程，让生命获得新生。

要想让生命获得新生，老鹰必须努力飞到任何鸟兽都无法上去的陡峭悬崖，筑巢停留。它开始用喙击打岩石，把老化的喙连皮带肉完全磕掉，然后忍着剧痛等待新的喙长出来。新喙长出来后，用新喙把双爪的老趾甲一个一个拔掉。等新的趾甲长出来，再用趾甲把旧羽毛一根一根扯掉。五个月后，新的羽毛长出来，老鹰又开始飞翔，重新得以再过 30 年的岁月。

尽管抉择的过程非常残酷，老鹰还是经过痛苦的蜕变获得了新生。

如果我们能像老鹰一样，有自我革命的勇气与再生的决心，就能发挥出更大的潜能，创造出更宽广的天地。

有人说：“生活就像骑自行车，只有不断前进，才能保持平衡。”

有人说：“所谓大人物，就是一直不断努力的小人物。”

著名作家贾平凹说：“人活着要有一个梦想，有了梦想就去践行，这就是一个人变成人物的真正原因。”

下面，我根据一些材料，讲讲人生“五个一”，供大家参考。

1. 人生只有一辈子

我们每个人只能活一次，仅仅一次，你不觉得太少了吗？

只能活一次，绝没有第二次，这本身就是遗憾和残酷，但其实又是公正和无私。生命对谁都没有回程车，谁也无法让历史重演，就这一次，要你去编排，要你去主演，迟到了可以报告，说错了可以改口，搭错车了可以转车，唯独生命你没有第二次选择。

读过《钢铁是怎样炼成》小说的人，一定会记得主人公保尔·柯察金的那段内心独白：“人最宝贵的东西就是生命，生命属于我们只有一次。人的一生应该这样度过：当他回首往事时，不因虚度年华而悔恨，也不因碌碌无为而羞耻，这样，他在临死的时候就能够说：‘我的整个生命和全部精力，都献给了世界上最壮丽的事业——为人类解放而斗争。”这是我们耳熟能详的“保尔名言”。其实，保尔的内心独白到此还没有结束，接下去保尔还有两句重要的补充：“因此，要赶紧生活，因为意外的疾病或悲惨的事故，随时都可以突然结束他的生命。”

“赶紧生活”，我们要懂得这四个字的分量。这是年轻的奥斯特洛夫斯基给一切正在年轻、曾经年轻和永葆青春心灵的人的四字箴言。

近年，我的同龄人中，也开始有人匆匆而逝。人只有到了老年，才会强烈地感到人生的短暂与无常。于是自然地也会自己对自己叩问人生的意义。事实上，有许多的人都这样叩问过自己。

仔细想想，伴你一生，甚至影响你一生的书，只能是那么一本或几本。

在我们每个人的成长道路上，在某个关键时期，总会出现一个关键性的人物。这个人或是你的父母，或是你的老师或朋友。他所说的看似普通的一句话，却会让你牢记心中，永世不忘。普通人是这样，那些成功人士也不例外。

2. 找准适合自己的一条路

几个大学生结伴登山都迷了路，幸好营救的当地驻军及时赶到。“其实，我们都是知道方向的啊！”一个大学生对营救员说。“只知道方向有什么用?”营救员不客气地讲,“方向固然可以帮助你找到道路,但是,方向等于路吗?”

简简单单的一句对白,却蕴含着深刻的人生哲理,这不正是许多“不得志”的人常常发出的感叹么:我是知道方向的啊!

现在许多在校大学生,积极参加各种活动,到头来,尽管花花绿绿的获奖证书没有少拿,但什么都知道点皮毛,什么都不精,什么都不会!所谓的爱好广泛,不过是浪费了大好时光,认识了一些和自己一样没有找到路的人而已。

有一个大学生,一开始,她也是很积极地参加活动。但大二的时候,她却发现自己过得很空虚,经过比较,她舍弃了其他爱好,选择了写作。后来,她大学毕业顺利进了一家国家级报刊做记者。应该说,这位同学是在方向的指引下,找到了一条适合自己走的路。

这里,再讲个“一年和一天”的故事。

有一天,一位青年画家碰到了法国著名画家门采尔,当即向他请教:“尊敬的先生,有一个问题一直困扰着我,你能给我解决的答案吗?”

门采尔说:“什么问题?”

青年人说:“我常常能一天作一幅画,可卖出它却总要一年的时间。”

门采尔微微一笑说:“年轻人,你可以换着试一下。你把一天画出的画用一年时间去画,看能不能把一年的卖画时间缩短为一天。”说完,门采尔就走了。

年轻人回去之后,开始的一段时间,还总是不能把画画的速度放慢下来。后来,他迫使自己耐心构思、揣摩,而且闲暇之余苦练基本功,力求每一笔下去都能传神,如果有一笔是败笔,就毁掉重画。

之后,他发现他的画风和画技有了明显提高,他试着把几年以来画出的几幅满意的作品拿出去卖,意想不到的结果出现了,人们纷纷称赞他的画,并且有人愿意花很高的价钱把它买下来。

这之后不久,这个青年人成了当地很有名的画家。

在这个世界上,没有一蹴而就的成功,只有火候不到的夹生饭。有的人抱怨成功离他们很远,那是他们太急于求成。而有的人自我感觉良好，一帆风顺地走过一程后，觉得距成功已经很近了，结果却离得更远。

实际上，我们完全没有必要非得花一年的时间去干一天的事情，只是我们要在内心深处，能有用一年的工夫去做一天的事情的踏实和耐心，那一定是离成功最近的人。

还有一则井蛙归井的寓言故事是这样讲的。

井里的青蛙向往大海，请求大鳖带它去看海。大鳖平生第一回当向导，非常高兴，便欣然同意。一鳖一蛙离开了井，慢慢前行，来到海边。青蛙见到一望无际的大海，惊叹不已。它“呱呱”大叫，急不可待地扎进大海的怀抱，却被一个浪头打回沙滩，措手不及喝了几口咸水，还被摔得晕头转向。

大鳖见状，就叫青蛙趴在自己的背上，带着它游海。一蛙一鳖漂浮在海面上，乐趣无穷，青蛙也逐渐适应了海水，能自己游一会儿了。就这样，它俩玩得很开心。过了一阵子，青蛙有些渴了，但喝不了又苦又咸的海水。它也有些饿了，却怎么也找不到一只它可以吃的虫子。青蛙想了想，对大鳖说：“大海的确很好，但以我的身体条件，不能适应海里的生活。最要命的是，这里没有我能吃的食物。看来，我还是要回到我的井里去，那里才是我的乐土。”

于是，青蛙向大鳖告别，回到了自己的井中，过着平安快乐的生活。

这则寓言告诉我们，在现实生活中，千万不要盲从。别人的生活再好，也许并不适合你。同时，无论干什么事，认识自己的优劣是非常重要的，也就是说，适合自己的才是最好的。人生如此，事业、爱情亦然。

3. 人生总要有一样拿得出手

电影《小英雄雨来》名震天下，剧中雨来的扮演者孟旭也因该片获得广泛赞誉，被称为“天才小影星”，成了许多人眼中未来的“电影大明星”。

遗憾的是，孟旭后来不但没有继续发扬表演天赋，反而书也没读好，落得非常尴尬的境地。进入社会，他父亲送他到日本学厨艺，并告诉他：“人活在世上，总要有一样东西拿得出手。”

在日本留学的几年里，孟旭尽管非常努力，厨艺硬是拿不出手。

20 岁那年，孟旭回国学杂技，用舌头穿针。他终于找到了人生突破口，总算有一样东西拿得出手。他在短短两分钟内，不用手摸，也无须用眼看，只用舌头就在一根线上穿成了 17 根缝衣针，创造了奇迹。

这样的“偏门”杂技和热门的影视表演相比，当然是不可同日而语的，但是只要有一样东西拿得出手，人生就充盈如歌。孟旭不演电影，照样活出了真我风采。

人活于世，可以有无数个追求，但你总要有一样东西能拿得出手，哪怕这东西是不起眼的，否则，人生路上难免不留下一片空白。

法国作家莫泊桑，很小便表现出了出众的聪明才智。只要是他读过的书，总能很快地记住。而且他爱好广泛，不但热爱读书、写作，还喜欢踢足球、弹钢琴、修理汽车、去烧烤店学习制作烧鹅，甚至是去乡下种菜。

一天，莫泊桑跟舅父去拜访他的好友——著名作家福楼拜。舅父想推荐福楼拜做莫泊桑的文学导师。可是，莫泊桑却骄傲地问福楼拜究竟会些什么？福楼拜反问莫泊桑会些什么？莫泊桑得意地说：“我什么都会，只要你知道的，我就会。”

福楼拜不慌不忙地说：“那好，你就先跟我说说你每天的学习情况吧。”莫泊桑自信地说：“我上午用两个小时来读书写作，用另两个小时来弹钢琴，下午则用一个小时向邻居学习修理汽车，用三个小时来练习踢足球，晚上我会去烧烤店学习怎样制作烧鹅，星期天则去乡下种菜。”说完后，莫泊桑得意地反问道：“福楼拜先生，您每天的工作情况又是怎样的呢？”

福楼拜笑了笑说：“我每天上午用四个小时来读书写作，下午用四个小时来读书写作，晚上，我还会用四个小时来读书写作。”莫泊桑不解地问：“难道您就不会别的了吗？”福楼拜没有回答，而是接着问：“你究竟有什么特长，比如有哪样事情你做得特别好的？”这下，莫泊桑答不上来了。于是他便问福楼拜：“那么，您的特长又是什么呢？”福楼拜说："写作。"

原来特长便是专心地做一件事情。莫泊桑下决心拜福楼拜为文学导师，一心一意地读书写作。莫泊桑一生共创作出了中短篇小说约300篇，长篇小说6部，游记3部，以及许多关于文学和时政的评论文章。他的《羊脂球》更是得到了世人的好评，最终取得了跟他的文学导师福楼拜同样的成就。

4. 人生总要干好一件事

看到一则新闻，心里很是感动。

法国马赛有一名叫多梅尔的警官，为了缉捕一名强奸杀害女童埃梅的罪犯，查了十几米高的文件和档案，足迹踏遍四大洲，打了30多万次电话，行程多达80多万公里。多年来，由于他把全部心思都放在追捕上，结果两任妻子都弃他而去。他仍然矢志不渝，经过52年漫长的追捕，终于将罪犯捉拿归案。当他拿手铐铐住凶手时，已经是73岁高龄。他兴奋地说："小埃梅可以瞑目了，我可以退休了。"有的记者问他这样值吗？他回答说："一个人一生只要干好一件事，这辈子就没有白过。"

在荷兰的一个小镇上，有一位年轻的看门人，也许是因为工作太清闲，为了打发时间，他选择了打磨镜片这个细致的活儿作为自己的业余爱好。就这样，他看门60年，也把那神秘的镜片打磨了60多年。

功夫不负苦心人，凭着自己研磨的镜片，这位看门人看到了当时人们尚未知晓的另一个广阔的世界——微生物世界。此后，他声名远扬，只有初中文化的他，被巴黎科学院授予院士头衔，连英国女王都到小镇来拜会他。这位一生磨一镜的看门人就是荷兰科学家万·列文虎克。

一生干好一件事。目标确定之后，就必须凝聚起自己的全部的心血、体力，焚膏继晷，心无旁骛，坚守初衷，直到成功。哥伦布出生入死年复一年地在汪洋上漂泊探险，发现了摆在那儿无人问津的美洲大陆；袁隆平沿着田埂从满头青丝一直走到白发苍苍，他孜孜以求的除了杂交水稻还是杂交水稻。其实，这世上能够一生干好一件事的普通人万万千千，他们凭着自己的执著为这个世界添砖加瓦，这个世界才会变得越来越美好。

科学实验证明，人脑不少于140亿个细胞，即使是如牛顿、爱因斯坦这样伟大的科学家，他们大脑潜力的开发都还不足10%。可见，一个人一生干好一件事并不难，关键是能否有坚持到底的毅力。有的人只图眼前，不计长远，风来随风，雨来随雨，今天干这，明天做那，见到什么都被吸引过去凑一番热闹。结果，常常到头来只落得两手空空，一事无成。

“一生磨一镜”，是做人的一种方式，一种风格，或者说，是一种活法。贝多芬之于音乐，毕加索之于绘画，柏拉图之于哲学，司马迁之于史学，曹雪芹之于文学等等，都与列文虎克的“一生磨一镜”的精神是一致的。让我们找准自己的人生坐标，坚持不懈地干好自己该干也能干的一件事，这辈子也就没有白活了。

5. 用好人生每一天

要使自己的一生过得既有意义又有意思，要使自己的一生有一样拿得出手，要使自己的一生干成一件事，关键是要用好人生每一天。

对于任何人来说，岁月和时间不是越来越多，而是在“增中减”，应该如何对待？有的说，要过好每一天；有的说，要享受每一天；有的说，要用好每一天……可以说各有各的道理，但我更倾向于“用好每一天”。因为，白白浪费每一天，无所事事，就会无事生非、无事生病，就更谈不上“过好”、“享受”、“幸福”每一天了。

国画大师齐白石老人说：“不叫一日闲过”。意思就是要“用好每一天”。而要用好每一天，就要认识“时间宝贵，浪费不对”；“时间就是生命，时间就是金钱”。

人人都有个八小时以外，八小时以外各有各的安排。爱因斯坦说过：“人的差异产生于业余时间。”我国著名学者林语堂也说，要真正了解一个人，只要看他怎样利用余暇时光就可以了。正是这点滴的八小时以外，对每个人生命价值的实现起着至关重要的作用。纵观中外历史，凡是有作为的政治家、科学家、艺术家，都十分珍视八小时以外。毛泽东、周恩来等老一辈无产阶级革命家，为了中国的革命和建设事业，日理万机，惜时如金，工作起来几乎没有上班下班的区分；鲁迅先生一生就像挤海绵中的水一样挤时间，把别人喝咖啡的时间都用在写作上；英国著名数学家科尔用3年的全部星期天，攻克了世界数学史上的一道难题……可见，八小时以外如何利用，怎样安排，大有讲究。

前几年，有个时髦的口号，叫“八小时以内拼命干，八小时以外拼命玩”，拼命干，应该。拼命玩，就值得商榷。试想，一个人如果把八小时以外的宝贵时间，全部用于吃喝玩乐，甚至“玩起来就不要命”，通宵达旦，精疲力竭，以至影响正常的学习和工作，就更不可取了。

古人说：圣人不贵尺之璧，而重寸之阴，时难得而易失也。时间就是生命。从这个意义上说，业余时间并非是多余时间。邓拓同志生前曾把八小时以外称作“生命的三分之一”。由此可见，八小时以外运用得当，就等于延长了个人的生命，增大了事业成功的保障。我们要想成就一点事业，使生命更有意义，就应该十分珍视这“生命的三分之一”，自觉养成一种合理利用闲暇时光的习惯，一遇空闲，无论长短，都用来做一点有益于身心的事，积小成多，终必有成。

要用好生命每一天，成就一番事业，就要对时间有个明确的了解和认识。什么是时间？法国著名的思想家和作家伏尔泰，在其中篇小说《查第格》中讲了这样一则既有趣又颇发人深省的故事：凡参加竞选当国王的人必须回答一个问题，即：“世界上哪样东西是最长的又是最短的；最快的又是最慢的；最能分割的又是最广大的；最不受重视的又是最令人惋惜的；没有它，什么事都做不成；它使一切渺小的东西归于消灭，使一切伟大的东西生命不绝？”

聪明的查第格做了圆满的回答：“最长的莫过于时间，因为它永远无穷无尽；最短的也莫过于时间，因为我们所有的计划都来不及完成；对于在寻欢作乐的人，时间是最快的；而对于在等待的人，时间则是最慢的；时间可以分割成无穷小，又可以扩展到无穷大；时间在当时谁也不知道重视它，过后却谁都表示惋惜；没有时间，世界上什么事都不可能做成；对于一切不值得后世纪念的，时间的推移都会令人忘怀；而对于一切堪称伟大的，时间都能使其永垂不朽。”

我国明朝有位文人叫文嘉，曾写过一首脍炙人口的《明日歌》：“明日复明日，明日何其多！我生待明日，万事成蹉跎。世人若被明日累，春去秋来老将至。朝看水东流，暮看日西坠。百年明日能几何，请君听我明日歌。”这首歌同样使人对有限的生命有一种紧迫感。

其实，时间对任何人来说都是绝对公平的，每年给每人都是365天，但谁对它分秒必争，它对谁就慷慨赠予；谁对它挥霍浪费，它对谁就吝啬小气。时间，像波浪的曲线，终会不知不觉地爬上每个人的额头，但珍惜时间的人得到的将是珍珠，挥霍光阴的人得到的只是沙砾。时间，日复一日，年复一年，在它的史册上，珍惜时间的人用鲜红的颜色书写绚丽的人生篇章；挥霍光阴的人却只能留下几丝无益的白发，几声后悔莫及的叹息。

亲爱的朋友，时间就是生命，珍惜时间就是珍惜生命。人生短暂，让我们把握现在，活出生命的光彩！

### （九）学习雷锋同志“一分钱”的节约精神

雷锋牢记毛主席的教导：“要使我国富强起来，需要几十年艰苦奋斗的时间，其中包括执行厉行节约、反对浪费这样一个勤俭建国的方针。”他处处注意勤俭节约，从不浪费一分钱、一滴水、一粒粮、一度电、一寸布。

纵观雷锋的日记，我们可以发现他在思想上、工作上、生活上，有这样三项守则：

第一项守则：“在工作上，要向积极性最高的同志看齐；在生活上，要向水平最低的同志看齐。”（1960年6月5日日记）

第二项守则是：“关心党和群众比关心个人为重，关心他人比关心自己为重。”（1961年2月16日记）

第三项守则是：“永远愉快地多给别人，少从别人那里拿取。”（1961年10月12日日记）

在上述三项守则的指导下，厉行节约与非常慷慨、“小气”与大方这两种看似矛盾的品质，竟然奇妙而完美地体现在雷锋一个人的身上。

我们先看看雷锋是怎样节约的。雷锋的节约，用现在的眼光看来，真是到了颇为苛刻、难以想象、令人动容的程度。

前面我们已经谈到，有的人说雷锋是“傻子”，还有人说他是“小气鬼”的呢！他的这个绰号又是怎么来的呢？

雷锋入伍的时候，工厂送给他一套牙具、一块肥皂。到部队以后，那把牙刷他用了七八个月，毛都掉了一半了，还舍不得丢掉。有一天，他看到一位战友买回一把新牙刷，把旧牙刷扔到地上。雷锋看到那把旧牙刷比自己的还好，就从地上捡起来，经过消毒，自己使用。当时那位战友就对雷锋说：“你连买牙刷的钱都没有了？真是小气鬼！”雷锋回答说：“这个牙刷还很好呢，还可以继续使用，为了节约嘛！”

雷锋还到处捡牙膏皮子，因为里面还有剩下的牙膏，挤出来装在一个牙膏皮子里继续使用。就这样，雷锋从来没有买过牙膏。他一共捡了80多个牙膏皮子，卖了两块多钱，交给了指导员。雷锋还把别人扔掉的破皮鞋洗干净卖掉，把钱也交给指导员。

部队每个月发给雷锋的6块钱津贴费，他除了理发以外，剩下的钱主要用于买毛主席著作、买有关党史方面和提高青年修养一类的书籍。除了上述开支以外，其他钱他都存起来。

雷锋小时候受的苦，他永远不会忘记。他牢记革命导师列宁的教导：“忘记过去，就意味着背叛。”他每花一分钱，都会自然地联想起过去的苦难生活，告诫自己不能忘本。

1961年春节，连队卖苹果，很便宜，同志们都买了，雷锋没有买。这个春节，他只花了两毛五分钱理发，别的钱分文未花。同志们说他穿的袜子不像袜子，应该换双新的了，但他补了又补，还照样穿着。

1961年7月，雷锋参加沈阳军区工程兵体育运动大会，天气热得很，不少同志都跑到场外去买汽水喝。雷锋也想买一瓶，掏出钱往外走，发现那里有自来水管，就又把钱收起来，上前拧开自来水龙头喝了个够。雷锋这样做，有人说他是小气鬼，太熬苦自己了。雷锋却认为，“我们不能好了伤疤忘了疼，国家有困难，大家来分忧，就要一点一滴

地做，这不是小气不小气的问题。”

1961年、1962年，部队发放夏服，本来应该给雷锋发两套单军衣、两套衬衣、两双胶鞋，但他却各只领了一套，剩下的都交了回去，以减少国家的开支，支援国家的建设。

在谈雷锋慷慨大方一面时，我们不妨先帮他算一笔收入账。

雷锋参加工作开始拿薪金或津贴之后，主要经历了三段时间。

第一段时间是在县委当公务员（包括在团山湖农场当拖拉机手），大致两年时间，他每月工资是29元，减去每月生活费9元，两年大概剩下480元。

第二段时间是他在鞍钢（包括在弓长岭）当工人，大致一年两个月时间，这时他每月工资是34.5元，就算每月减去14.5元生活费吧，这段时间他大概剩下280元。

第三段时间是雷锋从1960年1月参军，到1962年8月牺牲，共计两年八个月，这时每月津贴6元（我与雷锋同年入伍，是军校学员，每月津贴7元，比战士多1元，当时我们很满足，还有一种自豪感呢！）在此期间，雷锋的津贴总数大概是192元。

把这三段时间的总收入（主要算剩下的钱），总计952元，还不到1000元。

这就是雷锋一辈子的收入呀！

下面，我们该帮助雷锋算一算支出账了！

雷锋用于个人消费的最大一笔支出是在鞍钢当工人时，在别人的再三劝说下买了“三大件”：皮夹克，大概40多元；料子裤，20多元；小英格手表，100多元。总计不到200元。

雷锋的第二笔支出是经常不断地帮助有困难的同志。比如他分两次给乔安山家里寄过20元，给另一位同志家里也寄过钱。还有一位同志回家时钱不够，雷锋马上掏给他10块钱，并买了一盒饼干，让他带回家孝敬老人。还有一次，雷锋因公出差，在沈阳东站看见了一位老太太。只见老人家在汽车旁焦急地徘徊着，像是有什么困难。雷锋上前询问，一看证明，原来这位老太太是从山东来部队找儿子，路费用光了。

雷锋了解清楚后，立即请老人家吃了饭，并给她买了到她儿子驻地的车票。

雷锋最大的支出，是先后给地方捐献了整整300元。

一次是驻地附近成立人民公社时，他为了支援农业生产，主动捐献了100元。

一次是1961年辽阳市遭受了特大洪涝灾害，雷锋寄去100元，帮助灾区人民克服生活困难。

这两笔捐献很多人可能听说过，他捐献的另100元，则鲜为人知。也是在1961年，雷锋接到河南省一所民办小学的来信。信中说，因连续几年遭受自然灾害，造成了一些暂时困难，希望雷锋给予他们经济上的帮助。雷锋看到这封信后，就向首长请示，准备卖掉自己的皮夹克、料子裤和皮鞋，以支援他们办学。但首长没有同意他这样做。雷锋感到很不安，连觉也睡不着。经过左思右想，他拿出自己在部队一年零九个月积存下来的全部津贴，共计100元，支援了位于河南省巩义县的干沟民办小学。雷锋把钱寄出后，心里才感到快活了。

捐献了300元呀，这在当时可不是一笔小钱啊！

1959年，雷锋在鞍钢当工人的时候，全国各地很多青年到鞍钢学习，工厂让他带几个学徒，厂里给他36元师傅费（这可比他当时一个月的工资还高哇!），被他谢绝了。有个师傅说给钱你不要，是“傻子”。雷锋却认为，“我这个人要是没有党和毛主席，连命都没有，能开推土机、学技术，是党和毛主席给的，还收什么师傅费呢”!

谈到雷锋捐献，还可以追溯到更早。抗美援朝时，雷锋上小学，他捐献出亲戚给他的两块压岁钱，支援志愿军买飞机。1958年，雷锋的故乡湖南省望城县购买第一台拖拉机，县团委号召青年捐款支援，当时雷锋在县委当公务员，他捐献了20元，是全县青年捐献最多的。为此，县委张书记还给他戴了一朵大红花。

综上所述，我们可以从某种意义上说，雷锋是我们新中国最早的捐献者、最早的慈善家之一！我这样说，大概不为过吧！

1961年9月9日，雷锋还将自己从工厂到部队积蓄的100元钱，以整存整取定期半年的方式，存入工商银行抚顺市望花区和平储蓄所，存折号码是“6751”。雷锋牺牲后，和平储蓄所更名为“雷锋储蓄所”。1990 年 2 月 13 日，这笔存款成为抚顺市“学雷锋基金”的第一笔基金。

与其说这是雷锋留下的一笔储蓄，不如说这是他留给后人的一笔难以估量的宝贵精神财富！

也许有人会说，现在是搞市场经济了，很多人都“一切向钱看”，雷锋的做法过时了。

还许有人会说，现在物质的东西丰富了，生活水平明显提高了，已经不是“新三年、旧三年，缝缝补补又三年”的时代了，况且国家还扩大内需，鼓励消费，再像雷锋那样勤俭节约，熬苦自己，不仅没有必要，而且还不利于社会发展。

时代的确不同了，雷锋的一些具体做法我们也不必机械地模仿，但雷锋对己严对人宽，对自己厉行节约对别人慷慨相助的精神，却永远不会过时。

从雷锋的捐献，我想到大文豪鲁迅的捐献。内山完造是日本人，在上海开内山书店时，与鲁迅先生结为挚友，晚年从事中日友好工作。他在其著作《我的朋友鲁迅——鲁迅挚友内山完造回忆录》一书中，回忆了和鲁迅在一起的点点滴滴。这里仅摘录他记述的鲁迅捐献 100 元大洋的故事。

有人给鲁迅先生寄来了一百块稿费。正好赶上先生来我店里，我就把稿费的事情对他说了。先生听后对我说道：“那今天就把那一百块给我吧，正好我有点儿用。”我听后马上把钱给他了。

我俩刚闲聊了一会儿，有个女人过来找先生。先生转过去听了会儿那个女人说话，就把我刚给他的一百块钱给了那个女人。那女人只说了一声谢谢，拿着一百块钱就匆匆回家去了。

要知道，在鲁迅先生的生活里，一百块钱绝不是一笔小数目。我忍不住问先生：“怎么了？发生什么事情了？”先生说道：“那个女人的丈夫，因为一个朋友的谗言，前段时间被关进苏州监狱了。这个女人正好从事解放运动。几天前从监狱方面传来消息，说是只要带三百块钱过去就把人给放了。她自己和朋友只拿得出两百块，另外一百块怎么也拿不出来，所以让我借一百块钱给她，于是我就把钱给她了。”

那个女人可能被骗了，我想要不要提醒先生一下呢？最后我还是忍不住问了先生那人到底和他是什么关系。先生对我说道：“那个女人和她丈夫都是我在北平时候的学生。我也知道她是被人骗了，中国监狱的那些狱警很多都不是好东西，编编谎话欺骗这些可怜人的不在少数。这个女人应该也是被这些流氓给骗了，但是这会儿我不能告诉她这些。她拿钱走的时候应该心里充满了希望吧，算啦。”

我一时还真的体会不到先生说的这些，不过要是换了我站在先生的立场上的话，我是绝对不会拿钱出来的。而且我会明明白白告诉那个女人她被骗了，劝她别去。

听了我的想法，先生说道：“老板，你可以把立场再换一换呢。如果你是那个女人，而我像你刚才说的那样劝你不要去，你肯定会迫于无奈答应下来，但是心里边一定很绝望吧？”

先生的话让我脸红起来。紧接着他又说：“按照中国人的习惯，是不应该拒绝的。这种时候，如果你手上有，不论出于什么原因都要借给她。这是一种习惯。”

我问先生这种只要有就不会拒绝，是不是为了“面子”？先生笑道：“不不，不是为了面子什么的。这样做并没有什么条件，对于有的人来说，只要一无所有、生活困难的人有需求，能帮忙的话帮一把不是理所当然的事吗？哈哈哈。”我听后，再一次感觉惭愧起来。

人生面临很多诱惑，经受很多考验，其中很重要的是要经受金钱的诱惑和考验，要正确看钱、正道挣钱、正常花钱。这不仅是一个经济问题，而且是一个政治问题。人不能把金钱带进坟墓，金钱却可能把人送进坟墓。

有的人为了钱而当官，当了官就捞钱，捞了钱就变成贪官，这就是

贪官的“三部曲”。当官为了钱，升官为发财，其实就是“一切向钱看”的翻版。一个拜倒在金钱脚下的官，被金钱迷了心窍的官，哪里还会有心思为人民服务？

在物欲横流的时代，现在有人提出要过一种简单的生活。欲望简单，食求饱，衣求暖；广厦千间，夜眠五尺；存粮万担，日食三升；不向往不劳而获，不觊觎不义之财；君子爱财，取之有道；命里有时终须有，命里无时不强求；物质之外、心灵之中，还有花卉草木、清风明月。

莫言得了诺贝尔文学奖，刘光标提出要在北京赠给他一套别墅，被莫言本人和他的父亲、哥哥坚决谢绝了。他们表示，不劳而获的意外之财决不接受，这充分体现了作家和家人的高风亮节。

有一本书把世上的人分为这样几类：我的是我的，你的是你的——这是普通的人；我的是你的，你的是我的——这是相爱的人；我的是我的，你的也是我的——这是坏人；你的是你的，我的也是你的——这是圣贤。

凡是你自己做出来的，哪怕再少也是你的；凡是你贪占的，哪怕再多也不一定就是你的。得到的太多却享用不完，早晚也不是你的，还不如拿出一些与别人分享，反而就成了你的。

下面讲几个故事，内容都是关于正确对待金钱方面的。

第一个故事，讲讲亚历山大的三个遗愿。

亚历山大是一位伟大的国王，被誉为西方第一大帝。在征服了许多王国胜利返回的途中，他病倒了。此刻，占领的土地，强大的军队，锋利的宝剑和所有的财富对他来说都毫无意义了，他明白死神很快就会降临，他已无法回到家园。他对将士们说道，“我不久将离开这个世界，我有三个遗愿，你们要完全按我说的去执行。”将士们含着泪答应了。

“第一个遗愿是，我的棺材必须由我的医师独自运回去。”亚历山大喘了口气，继续说道：“第二，当我的棺材运向坟墓时，通往墓园的道路要撒满我宝库里的金子、银子和宝石。”亚历山大裹了裹毛毡，休息了片刻，“最后一个遗愿，是把我的双手放在棺材外面。”聚集在他身边的人都很好奇，但没人敢问为什么。亚历山大最喜爱的将军吻了吻他的手说，“陛下，我们一定会按您的吩咐去做，但您能告诉我们为什么要这么做吗?

亚历山大深深吸了一口气，说道：“我想要世人明白我刚刚学到的三个教训。我让医师运载我的棺材，是要人们意识到医生不可能真正地治疗人们的任何疾病。面对死亡，他们也无能为力，希望人们能够懂得珍爱自己的生命。第二个遗愿是告诉人们，不要像我一样追求金钱。我花费了一生去追求财富，但很多时候是在浪费时间。第三个遗愿，是希望人们明白，我是空着手来到这个世界的，而且我空着手离开了这个世界。”说完他闭上了眼睛，停止了呼吸。

第二个讲讲半床棉被的故事。

那是三年经济困难时期，有一个年刚 18 岁的小伙子，家里穷得揭不开锅。母亲用最后一点玉米面给他做好干粮后，就死去了。他除了一床被子和几个窝头之外，别无其它任何物品。

拿着村里开的介绍信，他踏上了讨饭的道路。可惜那时全国几乎没有能吃饱饭的地方，他身上最值钱的东西就是那床被子，那是父母结婚时的被子，八成新，就是再饿，他也没有舍得卖。

路过一个小村子时，他去了一户人家。让他吃惊的是，那家比他还穷，一个跟他年龄相仿的年轻人，还有倒在床上饿得不能动的老奶奶。年轻人的父母都饿死了，家里一点食物也没有，他把手里仅有的一个窝头给了老奶奶。晚上睡觉时，他发现这个家里居然没有一床被子，有的只是一堆破棉絮!

第二天早上，他走的时候问那个年轻人，有剪子吗?年轻人点点头，把剪子递了过来，他拿起剪子毫不犹豫地把自己那床被子剪成两半。他对年轻人说，咱们都凑合着把这个冬天熬过去就好了。

年轻人和老奶奶都哭了。年轻人说，如果今生有缘，我们还会相见。

那是1961年的冬天，中国最冷也最无奈的一个冬天。

30年后，一切都发生了翻天覆地的变化。当年那位送给别人半床被子的人，已年近半百，儿女成群，住着几间平房，过着很平常的日子。

偶然的一天，从远方来了一个陌生人找他，这人打扮得像个港商。他和香港人没联系啊，要联系也是领导的事啊，和他这个老百姓有什么关系？

车上下来的人问他，记不记得30年前给过一家人半床棉被，他点了点头。那人握住他的手说，我就是当年那个年轻人。是那半床棉被让我有勇气度过了那个冬天，并慢慢成功。我一直在找您，因为只有一床被子还剪给别人一半的人，一定是有情有义的人。中国人一向讲究滴水之恩，当涌泉相报，自己有钱了，应该还了今生的夙愿！

隔了30年，两个年近半百的人把手紧紧握在一起，那人留下50万元钱，说是对那半床棉被的回报。他拒绝了。他说，雪中送炭，自古有之；锦上添花，就不必了。几句朴素的话更说明了他的为人。后来，他们用那50万元建了一所希望小学。

半床棉被，30年情缘，点滴之恩，涌泉相报。那半床棉被，价值连城啊！

第三个讲讲“人生至宝”的故事。

古时候有一位农夫耕田时，发现一块无价的玉石，便把他拿去献给宰相。宰相看到玉石后，对农夫说：“这块玉石的确很有价值，但是我不能收。”农夫说：“我平时一无所有，无意中得到这块宝，可以说是我一生中仅有的宝，想要呈现给您，请务必收下，这是我的诚意。”说完他还不断拱手请求。

宰相说：“这块玉石是你仅有的宝，你应该留着，我也有我的宝，‘不取非分之物’就是我仅有的宝，也请您让我好好保有。”

这个故事的确有很深的含义，人生在世，有人以有形之物为宝，有人则以无形的本分和品德为宝。

人假如不能守本分，便失去人生的原则，遇事就会慌乱无措。急功近利者难守本分，把世间的事情想得太复杂，又追求得太多，总是挣扎在得与失之间。得，就容易得意忘形；失，就会失魂落魄，变成真正迷惘的人。

待人处事，最重要的就是要有平常心。不论得失，秉持做人本分，心存感恩，能保持清静无欲的心念以及无所求的付出，这才是人生至宝。

讲了以上三个故事之后，我想进一步谈谈正确对待金钱的问题，因为这个问题太重要了！我还觉得，远古时代的仓颉实在伟大，他所创造的汉字，不仅能够记载思想和语言，还能告诉人们如何对待金钱。有些汉字，实在很有讲究，很有意思。

古时候，做生意用的钱是贝壳，其价值按贝壳大小优劣而定。《说文》中讲："至秦废贝行钱"。贝壳虽已废止，但汉字中的"贝"字，做偏旁时仍然与钱有关。

商品就是"货"，最怕"销售不畅"。"货"由"化"与"贝"组成。化者，变也；货就是变钱的。商谚云："货不停留钱自来"，薄利多销照样发财。

再拿"财"字来说，此字最妙，金钱加上人才就能创造出财富。"资"由"次"加"贝"组成，是指仅次于钱的东西，如资产（生产资料）、资历（人才水平）、资望（牌子、信用）、资格（产品质量等）之类，但又是必不可少的制胜法宝。

"赚"是"贝""兼"，辞典讲"兼"可作"加位"、"合并"解，"赚"就是使钱加倍、翻番。不过，赚字亦有贬义，可作"诓骗"解，同样是做生意，途径和手段大不相同，制劣造假诓骗消费者，虽然也是赚钱，却是道德败坏，图不义之财，罪大恶极。

"贪"由"今"和"贝"组成，"今"指现在、眼前，急功近利者只求眼前，不顾将来；只管捞钱，不问后果，这是由于自私所致，今日有

钱今日花，“贪”是万恶之源，“人为财死”就是由贪而来。我给领导干部作报告，提出干部要清廉，不要贪污。这个“贪”字，就是今天一下子想得到好多宝贝。这个“污”字，是三点水加个“亏”字，你老想捞油水，总有一天要吃大亏。那时，也就悔之晚矣了。

“贫”字由“分”、“贝”组成，有钱乱花，把钱分散，就会造成“贫”。

再说这个“钱”字。钱之为物，人所共爱。玩味一下钱的结构，给人的启发实在不小。钱，用明人郑暄的话说：“金旁着戈，真杀人之物，而人不自悟也。”君子爱财，要取之有道。取之无道而贪，迟早会有被“杀”的一天。“从来有名士，不用无名钱”，古人说得很有道理。

有人信奉金钱至上、金钱万能。说什么“金钱主宰一切”，“有钱能使鬼推磨”，“有钱办事事事通”，“除了天堂的门，金子可以叩开任何门”，“语言无法做到的事情，金子可以做到”，等等。

有人则认为金钱是毒蛇，金钱是陷阱，金钱是一切罪恶的渊薮。说什么“贪财是万恶之源”，“我们靠金子活命，有的人却为金子送命”，“花过多的精力去赚钱，会使许多人窒息”，等等。

还有人说，金钱不是万能的，但没有金钱是万万不能的，说什么“金钱是个好仆人，但是个坏主人”，“有钱是可怕的，没钱是可悲的”，“没有钱苦恼，有了钱烦恼”，等等。

我们不禁要问：对于钱，为什么会有这么多不同甚至完全相反的看法？面对各种看法，正确的答案又是什么呢？

社会学家答曰：钱，决不是越多越好，当然也不是越少越好。这里，钱的多和少不是问题的实质，关键是要“取之有道，用之有度”。还有一个问题：在纷繁复杂的人类社会生活中，有没有比金钱更重要的东西？结论显而易见，那当然有！比如，用什么手段赚钱比赚多少钱更重要；比如，凡是用钱买不到的东西都比钱更重要，如健康、友谊、爱情、青春等等。“能用钱买来的都不贵”。

哲学家答曰：对于钱到底怎么看，有的是站在人生的源头，有的是站在人生的中流，有的则是站在人生的入海口，其阅历不同，经验不同，当然会各有所持，各有所识。但从哲学的角度审视，人们的认识完全可以更深入一步。比如，“富人很少是伟人，而伟人一般都曾经是穷人”，“贫穷而知足，不失为一种富有；富有而不知足，最后则可能一无所有”，“有数的钱，多数人都会花用；太多的钱，只有少数人会享用”，“钱多而有头脑，带来的可能是幸福，钱多而糊涂，带来的可能是不幸”，“钱袋轻的人有时心事可能很重，但钱袋重的人只会有短暂的轻松”，等等。其实，一个最后“穷”得只剩下了钱的人，一定活得很累，很乏味，并无真正的幸福可言。

教育家答曰：中国的传统观念是重义轻利，对“见利忘义”是嗤之以鼻的。然而，在一段时间里，却有人为“唯利是图”正名，甚至把全心全意为人民服务扭曲为全心全意为人民币服务，岂非咄咄怪事！殊不知，钱多了有人便奢侈，有人便腐化，甚至有人便堕落，即使是一般的吃喝玩乐，吃得过分会脑满肠肥，喝得过分会病入肝肾，玩得过分会玩物丧志，乐得失度也会乐极生悲。

相反，不贪图享乐，不贪得无厌，而是淡泊明志、宁静致远，这难道不也是一种充实和富有吗?

钱本身是单纯的，复杂的是社会和人本身。因此，对钱，我们要有清醒的认识和恰当的把握；当我们有钱之后，应该想想我们还缺少什么。这样的人生，便可能是智慧的人生。

### （十）学习雷锋同志“一家人”的鱼水精神

记得是在58年前，我刚上初中的时候，读过一本小册子，书名是《毛主席青少年时代的故事》。书中的很多内容已经淡忘了，但书中讲述的毛主席少年时的两件小事，却一直铭刻在我的心中。

一件事是，那是收打稻谷的时候，眼看天要下大雨了。毛主席没有抢收自己家堆放着的稻谷，而是首先帮邻居家抢收了，自己家的稻谷当然就“泡汤”了。为了这件事，毛主席还挨了父亲的一顿骂。

另一件事是，大概在一个冬季，毛主席路遇一个和他岁数差不多的少年，穿得很单薄，冻得浑身瑟瑟发抖。毛主席毅然脱下自己的上衣，给那位少年披上了。

雷锋离开湖南到鞍钢之前，特意去了一趟韶山冲，瞻仰了毛主席故居和毛主席纪念馆。我想，雷锋大概也听说了毛主席少年时的这两个故事。

雷锋参军以后，认真学习毛主席著作，学习革命先烈和战斗英雄的光辉事迹，懂得了“怎样做人，为谁活着”的道理，树立了全心全意为人民服务的思想。雷锋最难能可贵的，就是言行一致，理论联系实际。他不是把“为人民服务”当做口号去空喊，而是落实到日常的实际行动中，为人民群众做了一件又一件好事、实事。

过去人们常说：“雷锋出差一千里，好事做了一火车。”而雷锋少年时的挚友、湖南望城雷锋纪念馆荣誉馆长雷孟宣说得更全面：雷锋是“走出去，爱一线；住下来，爱一片。”这两句话是雷锋时时处处不忘为人民群众做好事的生动写照。

雷锋在鞍钢当工人时，有一次，他碰到一个老人，在冬天早晨没穿棉衣，雷锋就脱下了自己的棉衣，送给了他。老人激动得说不出话来，请雷锋到他家去。这位老人在旧社会给地主放过 20 多年羊，新中国成立后当了工人。他有个 70 岁的老母亲，爱人也 50 岁了，还有 3 个孩子。雷锋后来又送了几件衣服给他家，并常到他家探望。那位老人很感动，还要认雷锋当干儿子。

雷锋到了部队以后，在这所大学校里，他的思想得到了升华，工作上做出了突出成绩，加之他苦大仇深，对新旧社会对比有深刻的感受，所以在他成为先进典型之后，经常应邀到各地去作报告。他走到哪里，就把好事做到哪里，这就是“雷锋出差一千里，好事做了一火车”这两句话的来历。

1961 年 8 月，雷锋作为全团官兵的唯一代表，参加了抚顺市第四届人民代表大会。雷锋看到有六位六七十岁的老太太也是人大代表，从内心里对她们十分羡慕和崇敬。见到她们，雷锋就好像见到了自己的祖母一样。雷锋拉着她们的手，微笑着向她们问好，并把她们一个个送到宿舍，和她们拉家常，给她们倒茶、打水。

1962年4月的一天，雷锋去原长春机要学校作报告。火车上人很多，雷锋给一位老太太让座，并给她倒水。老太太没吃午饭，雷锋又拿出自己没舍得吃的面包给她吃。这位老太太很受感动，紧紧地握着雷锋的手说："好心呀！好心人！"

除了照顾这位老太太，雷锋还扫车厢、擦玻璃，给旅客们倒开水，帮炊事员卖饭。很多人劝他休息一会儿，雷锋想：为人民服务嘛，少休息点又算得了什么呢！很多旅客议论说："这位解放军同志真勤快，什么都干，累得满头大汗也不休息。"而雷锋却觉得，"自己累一点不算什么，只要大家多得些方便，这就是我最大的快乐。"

1962年5月2日，雷锋正在保养汽车，突然下起大雨。雷锋盖车的时候，看到路上有一位妇女，抱着一个小孩，右手还拉着一个五六岁的孩子，左肩上还背着两个行李包，走起路来很吃力。雷锋急忙跑上前，问她从哪里来，到哪里去。她说从哈尔滨来，到樟子沟去。她还对雷锋说："兄弟呀，我今天遭老罪了，带两个孩子，还背一些东西，天又下雨，现在天快黑了，还要走十多里路才能到家。现在我都累迷糊了，就是哭也哭不到家呀！"雷锋听她这么一说，心里很过意不去。便立即跑回驻地，拿着自己的雨衣给那位妇女，又抱着她的孩子，冒着风雨送她们回家。在路上，雷锋看到小孩冷得发抖，又立即脱下自己的衣服给孩子穿上。走了1小时40分钟，终于把她们送到了家。那位妇女激动地对雷锋说："兄弟呀，你帮了我，我一辈子也忘不了啊！"

雷锋对她说："军民一家嘛，何必说这个呢！"雷锋离开她家的时候，风雨还没有停，她劝雷锋住下。雷锋没有留下，心里想着，"刮风、下雨、天黑算得了什么！一定要赶回部队，明天照样出车。我是人民的勤务员，自己辛苦点，多帮人们做点好事，这就是我最大的快乐和幸福。"

雷锋当时给这位中年妇女披过的雨衣，作为雷锋的10件遗物之一收藏在雷锋纪念馆里，成了见证雷锋关心帮助人民群众克服困难的一件宝贵文物。

1962年6月上旬，雷锋因公外出，在沈阳火车站乘车回抚顺。早

晨5点钟，到了上车的时间，雷锋背着背包刚走近天桥，看见一位白发苍苍的老太太背着一个大包袱，走几步歇一歇，很吃力。雷锋急忙赶上前去，帮助老人背起包袱，搀扶她上火车。老太太累得满头大汗，喘了半天气，才对雷锋说了一句话："好孩子，大娘忘不了你呀!"

上了车，人很挤，雷锋给老人找了个座位，自己就站在老人的身旁。火车开动了，雷锋还没吃饭，肚子饿了，就拿出在车站买的两个面包，送给老太太一个。她接过面包，忙说："你这个当兵的，真好!"老人说她从山东来，到抚顺去找儿子，但又不知道儿子的住处。她掏出一封信让雷锋看，上面写的是"抚顺市××信箱第四宿舍"。这个地方雷锋也不知道，但为了使老人安心，就说："大娘，您莫急，有地址就好办，下了车我帮您去找。"6点多钟到了抚顺，雷锋把自己的背包存放在车站，背上老人的背包四处打听，走走停停地快到9点钟了，终于找到了，这个"××信箱"原来是个保密工厂。老人见到儿子，高兴得满眼是泪，说："儿呀，要不是这位军人同志帮我找，今天很难见到你!"临走时，他们母子千感谢万感谢的，送出雷锋很远。

1962年8月8日，雷锋他们给一营二连拉粮食。这趟车是副司机开的，因他缺乏驾驶经验，遇到紧急情况，就手忙脚乱起来。因此，轧死了老乡一只鸭子。雷锋立即叫他停车，向老乡道歉，并给老乡赔偿了两元钱。老乡不仅没有意见，反而很受感动。

雷锋有时还帮助农民耕地、翻地。特别令人感动的是，1961年大年初一这一天，全连同志都高高兴兴地到俱乐部去看戏了。而雷锋却背着粪筐，拿着铁锹到野外去捡粪。这一天，他大约捡了300多斤粪，送给了抚顺望花区工农人民公社，用以表达自己的心意，以实际行动支援农业生产。

雷锋还担任抚顺市建设街小学和本溪路小学的校外辅导员，他帮助少先队开展了一些有益的活动，给小学生们讲毛主席小时候的故事、战斗英雄的故事，讲新旧社会的对比，还教他们唱歌、跳舞、赛跑、做操。雷锋还给少先队送了"三件宝"：储蓄箱、节约箱、针线包。雷锋和孩子们交上了知心朋友，建立了深厚的感情。有时雷锋要去别的地方开会或学习，少先队员们知道后，总是把他围成一团，手拉手地把他送到车站，分别时总是恋恋不舍，有的孩子还掉眼泪呢！

雷锋时时想着人民群众，处处为人民群众做好事，有着牢固的思想基础，他真正树立了全心全意为人民服务的思想，继承了我军拥政爱民的优良传统。雷锋是唱着“我是一个兵，来自老百姓”的歌曲参军的。他还专门写过一首诗，题目就是《一家人》：

松柏树，根连根，
石榴结籽心连心。
解放军和老百姓，
本来就是一家人。

毛主席曾经有过一个生动的比喻：“我们共产党人好比种子，人民好比土地，我们到了一个地方，就要同那里的人民结合起来，在人民中间生根、开花。”

毛主席还有两句很有名的诗：“军民团结如一人，试看天下谁能敌!”

胡锦涛同志也曾经说过：“只有我们把群众放在心上，群众才会把我们放到心上；只有我们把群众当亲人，群众才把我们当亲人。”这话讲得很朴实，也很深刻。

雷锋牺牲后，抚顺市成千上万的人民群众参加他的公祭大会。雷锋移葬到新墓地时，竟有 20 万人民群众为他送行，可以说是万人空巷、倾城出动，古今中外没有一个普通战士享受过如此哀荣。

这是为什么？就是因为雷锋时时不忘人民群众、处处为人民群众做好事。

在革命战争年代，我军根本没有固定的营房，行军到哪里，打仗到哪里，都是住到老百姓家里。老百姓也总是把最好的房子让给我们住。一住到老百姓家里，就帮助做好事，扫院子、担水，什么活都干。离开老百姓家里时，总是把睡过的门板安好，把铺过的稻草捆好。有时为了掩护老百姓不受敌人伤害，宁可牺牲自己。

那个时候，真是军民鱼水情深呀！

我看过一篇文章，讲述战争年代，贺老总怎么给部队官兵讲党课。贺龙拿着一双布鞋、一袋小米，还端着一碗水，里面放着一条小鱼，摆放到桌子上，接着就讲开了。

贺老总首先指着布鞋和小米说，我们穿的是老百姓为我们做的衣服、鞋子，吃的是老百姓供给我们的小米，我们千万不能忘记老百姓。

接着贺老总用手把小鱼从碗里捞出来，放到桌子上，小鱼蹦跶了几下子，就死了。贺老总说，我们军队就像鱼，老百姓就像水，我们一时一刻也离不开老百姓；离开了老百姓，我们就不能生存，就会灭亡。

听过贺老总讲过这堂党课的老红军、老八路，过了几十年之后，还念念不忘，记忆犹新。

在《聂荣臻回忆录》中，也这样记载着在抗日战争最艰苦时期军民鱼水情深的感人情形：

> 一九四二年春天，青黄不接，群众和部队都发生了粮荒。入春后，杨树、榆树长出了嫩叶，老百姓就把树叶当成了主要的食粮。我们部队有的伙食单位请示能不能采集树叶，我曾要求军区政治部为此发了训令，部队所有伙食单位都不能在村庄附近采摘杨树叶、榆树叶，要把它留给群众吃。全边区部队严格执行这个训令，宁可饿着肚子，也不与民争食。
>
> 广大群众得知这个训令后，很激动。他们找到军区，找到边区政府，找到我，要求收回训令，说得十分恳切。群众说，抗战以前，我们穷人没有吃树叶的权利，因为，山上的树，都是属于地主的，地主不准穷人捋树叶。八路军来了，实行了减租减息，穷人才能上山捋树叶了。可是，眼下闹饥荒，为我们争得民主权利的八路军，自己却不能上山捋树叶，这怎么行呢！我向群众解释我军的纪律，同时告诉他们，我们正在想办法解决部队的粮食问题。
>
> 在解放战争中，全面内战爆发时，我军和国民党军总人数分别约为

127 万和 430 万，在广大人民群众的支援下，我军最终战胜敌人，赢得民族解放。

陈列在中国民兵武器装备陈列馆中的一根小竹竿上，密密麻麻地刻着山东、江苏、安徽等地的 88 个地名。这是淮海战役期间，山东特等支前模范唐和恩在支前途中每走一地就在竹竿上刻一个地名而形成的，见证了人民群众支前的壮举。

“军队打胜仗，人民是靠山”，这是一条颠扑不破的真理。我军的历史使命与人民群众的根本利益高度一致，因而得到了最广大人民的全力支援。

解放战争是中国历史上规模空前的一次战争。大军所至，维持作战的物资消耗极其巨大。一场大战下来，担架的需求量往往在几万副，粮食、马料动辄需要以几百万公斤计算，弹药更是不计其数。人民群众为解放战争提供了取之不尽的人力、物力支援。淮海战役中，各解放区人民为此掀起一场轰轰烈烈的支前运动。在冰天雪地里，几百万推着小车运送粮食的民工大军奔流在千里运输线上，构成一幅恢宏、动人的人民战争画卷。

无怪乎，时任华东野战军司令员的陈毅深情地说：“淮海战役的胜利，是人民群众用小车推出来的。”广大人民群众的支援，有力地保证了解放战争的节节胜利，充分显示了人民战争的巨大威力。

我军同广大人民群众的血肉联系是我军战无不胜、攻无不克的一大法宝，也是我们这支人民军队不竭的力量源泉。无论战争形态怎样变化，这个道理永远不会过时。

新中国成立以后，特别是到了现在，我们住进了条件较好的营房，离老百姓远了。首先应该承认，我军绝大多数官兵，牢记拥政爱民的优良传统，每当人民群众遇到困难时，比如遇到地震、洪涝等自然灾害时，我军官兵总是在第一时间冲到第一线，宁可牺牲自己，也要抢救人民群众的生命财产，得到了人民群众的爱戴和拥护，称我军官兵是新时期“最可爱的人”。

我军也不断涌现出舍己救人、壮烈牺牲的英雄人物。比如青年军官沈星不顾个人安危勇救落水儿童，最终壮烈牺牲，就是突出的一例。

他被打捞上来时，穿的是半截袖体能训练服上衣，手往上托，还保持向上推人的姿势。看到这种情景，参与搜救的许多人当场就哭了。

沈星走了。在他宿舍的台灯上，挂着一张小小的蓝色卡片，这是他生前写给自己的座右铭：什么是共产党？共产党是一种精神，一种感召，是把优秀的人、高尚的人凝聚在一起的力量！

但也不必讳言，现在的党群关系、干群关系、军民关系不如战争年代那么密切了，少数党员、干部甚至违法乱纪、腐化堕落、贪污受贿，在人民群众中造成了极为恶劣的影响。

我在这里，给大家讲个“耿飚之问”，值得引起我们的深思和警惕。

1991 年，耿飚从领导岗位上退下来，同夫人去了甘肃陇东某县，看望父老乡亲。

晚饭后，耿飚住的县招待所外人声鼎沸，黑压压来了一群告状的老百姓，诉说他们对县乡干部的不满，怎么劝说也不肯离开。

这件事对耿飚震动很大，干群关系恶化到如此程度，令他痛心。

耿飚离开的那天，会见了包括省委负责人在内的各级干部，他的心情十分沉重，讲述了一件往事。

50 年前，他所在的旅在这里驻防，一个战士犯了严重损害当地群众利益的错误，旅部决定按纪律将他枪毙，当地老百姓知道这件事后，一下子来了一大群人，替那个违反纪律的战士求情。

耿飚说服群众，要坚持执行纪律。这时，群众都齐刷刷地跪下了，哭着说：共产党人都是好人，请饶了这个战士，让他戴罪立功吧！

耿飚反复向群众说明八路军的纪律，可是，群众就是不起来。最后，他们流着眼泪接受了群众的要求。

说到这里，耿飚激动地大声说：“现在，我要问问今天在座的你们这些人，不管哪一个如果犯了事，老百姓还会替你们求情吗？”

他语出惊人，全场鸦雀无声。

下面，我再讲讲党群关系、干群关系、军民关系问题。

中国封建士大夫阶级处在上升阶段时，同样明白人民群众不可战胜这一道理。他们把自己与群众看作是舟与水的关系，常常以“水可载舟，又可覆舟”的道理自励，从而把人民当作实现他们私利的工具。

我们共产党人有着比封建士大夫更深刻的认识和更广博的胸怀。明白人民群众与我们是血肉相连、生死相依的亲人。我们共产党人来自人民，为着人民，相信人民，依靠人民。除了人民的利益之外，我们党没有自己的特殊利益。我们之所以这么宣誓，这是由我们党的性质和宗旨所决定的。能否把群众当亲人，不仅关系到党的一般的工作作风与领导干部的生活作风，更关系到唯物史观这一马克思主义的理论基石，关系到中国工人阶级的先锋队同时也是中国人民和中华民族先锋队的阶级性质及群众基础，关系到全心全意为人民服务这一党的根本宗旨。我们的党与人民群众应该是须臾不可分离的鱼水关系；不是被人利用的舟水关系；不是互不相干甚至互不相溶的油水关系；也不应是实用主义的蛙水关系，需要时跳到水里游会儿，不需要时就跳到岸上享受着自己的“安乐窝”；更不应是水火不容的对立关系，如果是水火关系，那么我们这个党就离寿终正寝不远了。

最后，让我们以雷锋写的最后一篇日记（写于1962年8月10日，离他牺牲只有5天时间了），作为这一部分的结语：

> 今天，我认真学习了一段毛主席著作，其中有两句话对我教育最深。毛主席教导我们说：“虚心使人进步，骄傲使人落后。”这是千真万确的真理。过去，我在一切言论或行动中，按主席的教导做了，因此我进步了；现在，我仍要牢记主席的这一教导，坚决努力，要求自己更好地做到这一点。
>
> 今后，我要更加热爱人民和尊敬人民，永远做群众的小学生，做人民的勤务员。

四

# 我们今天怎样学雷锋

在谈这个问题之前，我想讲讲今年 4 月份我去长春两所大学演讲时遇到的事情。那次和我一起去演讲的，有全国著名劳模李素丽和“北京活雷锋”孙茂芳。

作第一场报告时，孙茂芳突然问了一个问题：知道刘英俊同志的请举手！下面坐着黑压压的一片人，竟无一人举手。孙茂芳接着问：知道香港歌手刘德华的请举手！下面坐着的人齐刷刷地都举起了手。

你们还知道刘英俊吗？你们可能不知道了，但是现在长春读大学的学生们应该知道。人民的好儿子刘英俊，1962 年 7 月入伍，1966 年 3 月 15 日在佳木斯为了保护六名儿童的生命英勇献身，当时即被誉为“人民的好儿子”，全国、全军开展了向刘英俊学习的活动。2009 年国庆 60 周年时，被全国人民投票评为 100 名“感动中国人物”之一。刘英俊生前在日记中曾写到：“雷锋啊，我的战友，你的生命在我身上延续，你的热血在我身上沸腾！”刘英俊的故乡是长春，长春建有“刘英俊纪念馆”，他的故乡更名为“英俊乡”。现在，如果外地的大学生不知道刘英俊这个名字，还情有可原，但是，在长春的大学生无论如何对刘英俊不应该陌生。面对此情此景，我向现场采访的报社、电视台、广播电台的记者们建议：你们可就今天这样的对比，在媒体上展开一场讨论，看看得出怎样的结论，我想这样对长春人乃至整个吉林人，可能有所启迪。但是，记者们对我的这个建议却未置可否。

第二天，我们到另一所大学演讲，我提出了同样的问题，结果遇到的情况和第一天完全一样。这件事情，对我刺激太大了，真是匪夷所思。

回到北京之后，我把这两次“遭遇”对一些朋友讲了，他们称之为“退休将军的两声叹息”，都感叹不已。

这两次“遭遇”，使我想起了一位名人所说的话：“一个民族是否伟大，不仅看它能产生什么样的人物，更看它拥戴什么样的人物。”我还想起了著名作家郁达夫悼念鲁迅先生逝世时说的一段话：“一个没有英雄的民族，是一个毫无希望的生物之群；有了英雄而不去珍惜、爱护的民族，则是可怜的奴隶之邦。”

但愿平凡而伟大的共产主义战士雷锋，不会受到刘英俊这样的冷遇！

下面，我就讲讲我们今天应该怎样学雷锋的问题。

### （一）学雷锋，要提高认识

学雷锋，首先要解决学不学的问题。

对于这个问题的回答是肯定的：我们过去学雷锋，现在学雷锋，将来还要学雷锋。从小就要学雷锋，到老还要学雷锋。雷锋和我军其他的英雄人物一样，有着共同的英勇奋斗的高尚精神，但这种精神不是像董存瑞舍身炸碉堡、黄继光舍身堵枪眼那样集中地体现在一刹那壮丽的行动上，雷锋是把崇高的理想和坚定的信念，熔铸于一点一滴的日常生活和平凡事情之中，并长期坚持不懈，这在和平年代尤为难能可贵。正如《雷锋，我们的战友》这首歌，把雷锋定位在“雷锋，我们的战友，我们亲爱的弟兄；雷锋，我们的榜样，我们青年的标兵”。意思是说，既然是战友，那就是普通一兵，是我们同一行列的人，但他又是我们的榜样，我们的标兵，是走在我们队伍前面的人，我们应该向他学习。我们可以这样说，在人民的心目中，雷锋已经成为“为人民服务”的代名词了。雷锋精神是中华民族传统美德和新中国社会主义时代精神的完美结合。雷锋精神是一种民族精神，是一个时代的象征，是一种美德的坐标，是一面光辉的旗帜，是一种精神的支柱。雷锋精神中包含的无私奉献、助人为乐、忠于职守、勤勉工作等品格因素，也是人类的一笔宝贵的精神财富。正因为这样，不但我们中国人学雷锋，有些“老外”也学雷锋。有的国家甚至把雷锋评为“20 世纪的伟人”之一。这说明人类的有些精神财富，是可以跨越民族、国家、阶级和时空界限的，是永远不会过时的。

有一位长期从事青年思想教育工作研究的同志，在给“雷锋班”全体同志的信中这样写道：

实践证明最适合广大青少年学习的英雄是雷锋，最能启发人培养人教育人的是雷锋精神。用雷锋精神育人，是我国共产主义教育的一条重要规律。

然而，现在有人竟说“今天思想解放了，还学雷锋精神干啥？学雷锋是思想僵化，搞‘左’的一套。”我认为这是一种误解。雷锋不是“左”的典型，它是中华民族传统美德的的代表……没有精神文明相伴的物质文明，是黑暗的文明……因此，一定要大力弘扬雷锋精神，希望寄托在你们身上了！

同志们听听，这位地方上的同志说得多么好啊！我是完全同意他的看法的。社会主义市场经济，决不是不讲道德，不讲精神的经济，相反，它是法治经济、诚信经济。当年，市场经济理论的重要奠基人亚当·斯密在撰写《富国论》的时候，还同时倾心写过一部《道德情操论》。他认为：“没有诚信、同情心这些最基本的道德观念，市场经济就会引发灾难。”因此，发展社会主义市场经济，更需要弘扬雷锋精神。当前，我们在党内和社会上，的确存在一些不正之风，甚至严重的腐败现象。这也说明，我们要从事关党的兴衰成败的高度来认识弘扬雷锋精神的重要性、艰巨性和长期性。要使人民的生活过得更加美好，除了物质生活水平不断提高之外，更应在精神上崇尚富有。在社会主义市场经济飞速发展的今天，精神文明建设显得更加重要，雷锋精神仍然深得人心，仍然能够发挥作用。弘扬雷锋精神，是大家的共同呼声。时代呼唤雷锋，人民呼唤雷锋，人们希望有更多的人学雷锋，希望涌现出更多的雷锋式的英雄模范人物。

雷锋用他年仅 22 岁的生命，演奏了一曲壮美人生的乐章。他的生命虽然短暂，但它对人类贡献的伟大精神却是永恒的。雷锋永远活在生生不息的中华儿女心中。随着时代的发展，雷锋精神必将在一代又一代中华儿女身上发扬光大。

### （二）学雷锋，要抓住实质

早在 1990 年 10 月 29 日，江泽民同志在接见“雷锋团”官兵讲话时，就明确指出：“雷锋精神的实质，是全心全意为人民服务，为了人民的事业无私奉献。学习雷锋，要有一定的活动方式，但更重要的是抓住实质……社会主义物质文明和精神文明要共同发展，相互促进。因此，一定要继续在全国开展学雷锋的活动，学习雷锋全心全意为人民服务的精神。”由此可见，雷锋精神，就是全心全意为人民服务的精神，就是为了人民的事业无私奉献的精神。只有抓住这个实质，才能深入持久、卓有成效地开展向雷锋同志学习的活动。

### （三）学雷锋，要持之以恒

记得在“文化大革命”时，老百姓有一种说法，叫做“雷锋同志出国了!”在青少年中，也有一种说话，叫做“雷锋叔叔不在了”！这表明人们对不良社会风气的不满，也表明人们对雷锋同志的怀念和呼唤。

后来，虽然重新开展了向雷锋同志学习的活动，但又出现了热一阵冷一阵、紧一阵松一阵的现象。这时，人们又这样说了：“雷锋同志没户口，三月里来四月走。”每逢 3 月 5 日纪念毛主席关于“向雷锋同志学习”的题词时，有组织地集中地开展一些活动，无疑是必要的，也是受欢迎的。问题是不能过了纪念活动之后，就悄无声息了。我们应当给雷锋同志落上“常住户口”，把雷锋精神的实质牢牢记在心中，把学雷锋的活动落实在日常的学习、工作和生活之中，这样才能持之以恒，收到成效。我们要以实际行动，让人民群众感受到：“雷锋没有走”，“雷锋还活着”，“雷锋就在我们身边!”“谁说雷锋没户口？我们身边处处有!”

有人提出，学雷锋要做到持之以恒，实现常态化，需要实现三个转变：一是在学习对象上，要以青少年和部队官兵为主，向全民参与转变。这样全社会的学雷锋活动就能历久弥新，蓬勃开展。从而使学雷锋活动成为全民传承崇高精神、提升价值追求的有效载体。二是在学习时间上，由季节性学习向全天候学习转变。学雷锋活动是持久性的常态化行为，不再搞“三月里来一阵风，三月过后一场空”。三是在学习内容上，由单方面学习向全方位、多层次学习转变。所谓全方位，即不只是记住雷锋的名字，仅单纯模仿他做好事，更要学习雷锋的理想信念、进取意识、敬业精神，学习他助人品质、朴实作风和无私情怀。所说多层次，即让雷锋精神融入到我们工作、学习和生活的方方面面。

**（四）学雷锋，要立足本职**

要给雷锋同志落上“常住户口”，关键是要立足本职学雷锋。雷锋同志本身就是干一行、爱一行、专一行、精一行的榜样。他无论在地方上当公务员、当工人，还是参军以后当司机、当班长，对本职工作都是尽心尽力，干得最好。雷锋精神不仅仅表现在做好事上，更主要的是体现在如何立身、如何做人、怎样对待本职工作上。只有立足本职岗位实践雷锋精神，才算有了坚实的立足点，才能学得持久、学出成效。

学雷锋，要有一定的活动形式，但也不能一直沿用传统的老模式。学雷锋重在学精神，学雷锋首先要把本职工作做好。“各人自扫门前雪，不管他人瓦上霜”，固然不对；如果“不扫自己门前雪，专管他人瓦上霜”，那也是舍本求末。这样学雷锋，也难免流于形式，也难以长期坚持下去。

**（五）学雷锋，要与时俱进**

每一个时代都有着自己时代的英雄，每一个时代都有着自己时代的英雄观念，不同时代的英雄体现着不同的时代特色。英雄的崇高品质、奋斗精神与感召力量，是一个时代宝贵的精神财富。在新的历史时期向雷锋同志学习，要形成新起点，树立新形象，不仅要继承老传统，更要赋予新内容。

志愿服务是学雷锋的好形式。志愿服务所奉行的奉献、友爱、互助、进步的理念，与雷锋精神是高度一致的。当前，志愿服务拥有十分广泛的群众基础，甚至成为很多青年人的一种生活方式。应运用好这一有效载体，动员更多社会成员和社会组织投身到志愿服务中来，广泛开展扶老助残、帮困解难、便民利民等志愿服务活动，为社会奉献自己的爱心和力量。

中国有句古话：“勿以善小而不为，勿以恶小而为之。”现在社会上广泛开展的“微公益”活动，体现在人民群众日常生活的点滴之中，值得大力提倡和效仿。

“微公益”，使普通人成为公益主体，激发了普通公民的公益热情，展现了积少成多的巨大力量。

近期中国社会科学院发布的《民间组织蓝皮书》披露，由于接连发生的网络事件，使得官办慈善机构遭遇空前信任危机，而这却为汇聚普通民众微小善意的“微公益”提速提供了可能。

时下，一种全新的，自下而上的“微公益”慈善模式，正受到公众，尤其是网民的追捧。越来越多的人加入这支队伍，集点滴之爱，捐绵薄之力，在新媒体技术搭建的现代化平台上，汇成温情脉脉的爱心洪流。

什么是微公益？或许，此前一群自愿者在广州岗顶进行“出行有序”的号召活动，做出了很好的诠释。不需要投入很多的精力和时间，仅仅从自己身边着眼，从为对方着想做起，如在人流高峰时，选择爬楼梯来减轻电梯的人流重负，即是其中的一种。不计较地一遍遍做就可以凝聚很大的力量，这或许正是微公益的真实形态以及人与人相处的一种真诚方式。

此前，一名香港艺人庆生之日发出微博，号召大家转发一则捐赠倡议。3 天内，她的捐赠倡议被“拥趸”们转发了 7.5 万次，最终这名艺人践行承诺，向慈善机构捐出了 8 万元。明星的号召力自然不同凡响，普通人的真情微博同样打动人心。身患白血病的河南女孩“闪闪”，就

是由一名素不相识的网友发出义卖微博，凡有网民在其店铺购买指定货物，所付全款将全额作为“闪闪”后续治疗费用，最终 20 万元善款得以筹集完毕。在郑州大学，有 290 多名“筑梦基金”的志愿者。他们利用课余时间，在校园内搜集废品，把换来的钱放入“筑梦基金”。这个“拾荒行动”，他们已经坚持了两年多，已经举办多次，发动了近 1500 名大学生志愿者进行校园拾荒、校园义卖、爱心支教等微公益活动，募集到 21625 元“筑梦基金”。利用“筑梦基金”，志愿者们帮助了许多人，其中包括 5 名家境贫困的学生和身患重病的学生，并为玉树地震灾区筹集了善款。

这一切，看似天方夜谭，却实实在在发生在我们身边，不得不让我们对“微公益”刮目相看：1 角钱、1 元钱的“微公益”，并不是想象中那样“微不足道”。有时，“微公益”的慈善主体既不是行政机关，也不是大企业、大财团。他们甚至没有过去大慈善者那种“行侠仗义”、“扶贫济困”的远大抱负，取而代之的是举手之劳的、轻松的甚至是寓慈善于娱乐的参与方式。正如常说的那样，“世界的改变不是少数人做了很多，而是每个人都做了一点点。”

不言而喻，“微公益”之“微”，主要是指参与主体之“微”和力量之“微”。在人们的印象里，慈善无疑是政府、大机构和少数“成功者”的专利，乐施好善者往往有着“达则兼济天下”的心态，慈善成了道德竞赛，谁捐的钱越多，境界也就越高。但“微公益”改变了这种局面，它的参与者多数是社会普通民众，对于善举，它强调有无，而不追求多少。可以说，在人们的日常生活中，每个人都可以从身边做起，做改变世界的“一点点”事。正如一家“微公益”网络社区创建者所言：“其实公益很简单，当你走在马路上，看到一个路面上飘动的塑料袋，捡起来，然后放到正确的分类垃圾箱中，你就做了两件公益的事。”

“微公益”是源自草根的星星之火，网络则将这爱心之火引燃燎原。正是这种点滴之善，推动着慈善事业的进步。“微公益”所倡导的重在参与、自我管理的理念，也为现实社会管理提供了有益的借鉴。面对公民慈善的参与热情，政府所能做的，就是为“微公益”建立规范机制和游戏规则，引导其走上正规发展的道路。作为一种富有生命力的公益形态，诸多“微公益”组织，也应当主动从传统的公益机构中寻找规范的经验，走专业化道路，方可有所作为。

老一代革命家谢觉哉同志当年读了介绍雷锋事迹的文章和雷锋日记后，曾经写过这样富有哲理的诗句：“雷锋同志是平凡的，任何人都可以学到；雷锋同志是伟大的，任何人都要努力才能学到。”雷锋精神人人可学、处处可为。雷锋精神并非高不可攀，关键时刻挺身而出、见义勇为是学雷锋，献一次血、扶一把老人也是学雷锋，而且更多时候是举手之劳的平凡善举。我们每个人都应将雷锋精神根植心间、落实到行动中，从自己做起、从身边做起、从点滴小事做起。只要每个人伸出一双温暖的手，就能汇聚成爱的森林。我相信，雷锋精神必将生生不息，雷锋式的人物必将层出不穷。因为这既是时代的需要，也是人们的追求和向往。

第二部分

# 四位英雄人物的故事

雷锋

根据解放军总政治部的通知，全军和武警基层连队的荣誉室里，都统一张贴着 8 位英雄人物的画像和事迹简介，供官兵学习。他们分别是张思德、董存瑞、黄继光、邱少云、雷锋、苏宁、李向群、杨业功。前 4 位英雄都是雷锋当年认真学习的光辉榜样，而雷锋后面的 3 位，则是在他的影响下涌现出来的英模人物。

任何民族、任何国家、任何时代，都需要英雄。英雄崇拜是一个民族生生不息的能源，是许多人内心不变的情结。一位哲人有言：“一个民族是否伟大，不仅看它能产生什么样的人物，更看它拥戴什么样的人物。”西方一位哲人曾经说过：“当我们喂饱了肚子以后，不要忘记我们的灵魂、精神更需要丰富的营养。”1936 年，著名作家郁达夫因惊闻鲁迅先生逝世的噩耗而写下了一段话，尤其值得我们深思：“一个没有英雄的民族，是一个毫无希望的生物之群；有了英雄而不去珍惜、爱护的民族，则是可怜的奴隶之邦。”回顾我国千百年的历史，任何一个有学识有良知的人都会懂得，如果没有英雄，我们的祖国就不会有这么辽阔的土地；如果没有英雄，我们至今还可能在侵略者的铁蹄之下呻吟；如果没有英雄，我们仍然会过着贫穷落后的生活；如果没有英雄，我们也不可能享受到改革开放之后的幸福生活。这是千真万确的事实，我们任何时候都不能忘记英雄、背叛英雄。有些东西随着时光的流逝而流逝，但有一种东西是永远不会过时的，那就是精神，特别是英雄的精神，具有永恒的魅力。确实，一个民族只要拥有伟大的灵魂和精神，这个民族就是不可摧毁的。纵观世事，大到国家危难，小到救死扶伤，无不需要英雄。从某种意义上讲，多一个英雄，我们的国家就多一分希望，我们的民族就多一分希望。一个没有英雄的民族，是没有希望的民族。我们的民族需要英雄，我们的时代呼唤英雄。

正因为英雄具有这样重要的地位和作用，所以，我们党和军队历来重视培养英雄、宣传英雄、学习英雄。崇尚英雄，是社会进步的标志。继承前人的精神财富，是中华民族的优良传统。军队是英雄成长的摇篮。年轻军人处于世界观、人生观、价值观逐步完善的关键时期。年轻人崇尚英雄、乐于效仿，不甘落后，不愿示弱，并把英雄观建立在为祖国安全服务、为人民服务的基础上，这是成为英雄的重要条件和思想基础。我们的军队是执行革命政治任务的武装集团，是人民民主专政的柱石。军队的性质和使命，决定了崇尚英雄、敬仰烈士、张扬豪气、追求阳刚，应当成为我们革命军人的主旋律。现在，社会上有些“追星族”特别崇尚影视明星，有的甚至达到了如醉如痴的地步。对于这些人，我们不必过多批评，因为他们的思想还不够成熟，还没有找到那种坚定不移的榜样。而我们的年轻军人，应该崇尚和仿效的明星，无疑应该是英雄。英雄中有见义勇为、壮烈牺牲的英雄，也有久经磨难、为了一个坚定信念而百折不挠、在平凡中见伟大的英雄。这两种英雄都应该成为我们学习的榜样。在中国共产党和人民军队英勇奋斗的历史长河中，或金戈铁马，或慷慨悲歌，或仰天长啸，或壮怀激烈，叱咤风云的英雄人物不可胜数，平凡中寓伟大的英雄人物层出不穷。他们是我们中华民族的骄傲，是我党我军和我国人民的骄傲，他们的英雄事迹已经写进我党我军的光荣史册。

除了学习革命理论之外，雷锋特别注重向革命先烈和战斗英雄学习。在雷锋日记中，提到的英模人物就有二十多位。我们可以这样说，向革命先烈和战斗英雄学习，是雷锋成长为平凡而伟大的共产主义战士的重要原因，也是雷锋精神的重要思想来源。为了说明这个问题，我重点讲一下张思德、董存瑞、黄继光、邱少云这 4 位英雄人物的故事。

这 4 位英雄，是千千万万英雄的杰出代表，他们每个人既有作为英雄的共性，也有他们不同的个性。爱国主义和英雄主义是我们军队的重要精神支柱。英雄人物所具有的高尚品质和道德力量，凝聚着我们这支伟大军队的气质和灵魂。在他们身上，集中体现了人民军队的优良传统。他们的精神和品格，具有极大的鼓舞和示范作用。

根据我过去了解的情况和最近收集的材料，下面我准备比较详细而又力求准确地向大家逐一介绍一下他们的主要事迹，试图使他们的光辉形象在大家的心目中生动起来、鲜活起来、高大起来、挺拔起来，使大家有一群可信、可爱、可敬、可学的榜样。

# 一 张思德的故事

张思德（1915—1944），实践我党我军全心全意为人民服务宗旨的光辉典范。四川省仪陇县六合场（今思德乡）人。1933 年参加中国工农红军，曾担任过警卫班长和毛主席的内卫班战士。参加过长征，作战勇敢，多次负伤。1944 年 9 月 5 日，在陕北安塞县山中执行烧炭任务时，因炭窑坍塌不幸牺牲。9 月 8 日，毛主席在中央直属机关为张思德同志举行的追悼会上，作了《为人民服务》的著名讲演，号召全党全军向张思德同志学习。

张思德同志是 1915 年“谷雨”时出生的，所以小名叫“谷娃子”。他 1933 年就加入了中国工农红军，经历了两万五千里长征。他爬过雪山，走过草地。在一次战斗中，他冲锋在前，不怕牺牲，消灭了敌人，夺得了两挺机枪，自己却受了伤。红军长征到达陕北之后，张思德进了荣誉军人学校，治好伤后被分配到中央军委警卫营通信班当战士。当时的张思德，是一位十分朴实的战士。他 1.7 米左右的个头，瘦长面庞，大眼睛，说话带着浓重的四川口音，与人见面总是笑眯眯的。

1940 年，已当了 8 个年头战士的张思德，被任命为通信班班长。营教导员宣布命令后，张思德站起来说了这样几句话：“我们这个班哪里的人都有，来自五湖四海，我们要搞好团结。”当时延安四面被国民党军队包围着，生活很艰苦。通信班 12 个人住在一孔窑洞里，铺盖非常简单。到南泥湾搞大生产时，部队就砍树枝搭成三角棚，大家挤在一起睡。有战士开玩笑说，夜里翻身要喊一、二、三才行。开荒的活异常地累，吃的饭菜又很简单。平常就是小米干饭，青菜极少，一个月才改善一次伙食，见到一点肉。小米饭里沙子不少，吃饭时都不敢嚼，得赶紧咽下去。尽管这样，张思德还要求大家把掉在地上的饭粒捡起来。开荒种地时，张思德光着脚板，穿着短裤，特别能吃苦。作为班长，他处处以身作则，干在前头。可待到改善伙食时，他却总是往后溜，好让战士们多吃一点，这样他才感到高兴。那时部队的鞋袜都是农民支援的，发棉衣或鞋袜时他就不要，说我的还能继续穿，少领一点，就减少人民一点负担。张思德会打草鞋，不管是稻草还是野草，在他手里都能变成既好看又耐穿的草鞋。

后来，为了解决取暖问题，张思德所在的通信班就担负起在延安周边地区烧炭的任务。烧炭要打炭窑，洞口很小，里边很大，每次要出500公斤木炭。烧炭用的木材也很讲究，杨树不行，榆树、杏树可以，最好是橡树，烧出的炭不仅硬实，敲击当当有声，还如同刷过釉子一样，在阳光下呈现出闪烁的蓝色，可谓炭中上品。木材在窑中要立起来码放，还要会看火候。开窑出炭时非常辛苦，里边活像一座焚化炉。那时没有任何防护用品，连起码的手套都没有。人要爬进去，将木炭一根一根地传出来，外边的人接应晾上。进去一次，人就闷热得好似脱了一层皮。出来时，除了眼白和牙齿，浑身都是黑的。有的战士开玩笑说，谁要是感冒了，进去出一窑炭准好。干这种最脏最累的活，张思德总是抢在最前面。木炭晾好后，山沟里牛车进不去，张思德就和全班战士一起往山外背。在陡峭的羊肠小道上行进，一般同志只能背一捆，他却背两捆。遇到老乡，他还让老乡先过。

1942年11月，中央警卫团成立了。有一天，教导员找张思德谈话说，李鼎铭先生建议“精兵简政”，警卫团不需要那么多人当班长了，你就下去当战士吧！张思德表态说：“党叫我当班长，我就要当模范班长；党叫我还去当战士，我就要当好一名战士。”就这样，参军已近10年的张思德，高高兴兴地到了警卫团一连四班，重新当了一名战士。后来，张思德又从四班调到毛主席的内卫班当战士。

1944年夏季，张思德又奉命去安塞县石峡峪烧炭。9月5日，一个噩耗传来：因炭窑坍塌，张思德不幸牺牲了！事情是这样的：那天，张思德和一个叫白苍的战友在打炭窑时，突然发现洞内情况异常。张思德大声说："白苍，你赶快出去!"话音刚落，洞内就发生坍塌了。白苍被压住了腰部，张思德则被吞没了。外面的四五个战友急了，抄起镢头就挖土抢救，没有工具的就用手刨，把指甲都刨掉了。结果救出了白苍，张思德已经闭上了那双总是笑眯眯的眼睛。

遭遇如此不测，战士们跑回枣园向上级报告。警卫参谋马上报告给毛主席的秘书叶子龙，叶子龙又马上报告了毛主席。毛主席很难过，他熟悉张思德，很喜欢这个从雪山草地走过来的警卫战士。

战友们把张思德的遗体抬到村子里，毛主席指示派一辆汽车把遗体送到枣园。战友们把张思德安放在一座庙里，停灵 3 天，又买了口杨木棺材，把亲爱的战友埋葬在枣园对面的山坡上。

9 月 8 日这天，中央警卫团为张思德召开了隆重的追悼大会，除站岗的以外，全部参加了。枣园下边的沟底，有一片比较开阔的平地，战友们搭起了一座棚子，贴上会标和标语，并采来野花布置了会场。当有关同志向毛主席汇报时，毛主席难过地掉过头去，慢慢地踱着步。良久，他才低沉地说道："知道了，我也参加。"

下午 3 时，会场上已经站了 1000 多人。毛主席从窑洞里走出来，几位工作人员在后面跟着。警卫团政治处主任张廷增同志致悼词后，毛主席开始讲话，他足足讲了 40 多分钟，全场鸦雀无声。大家清楚地看到，毛主席的眼窝闪烁着泪水。他那浓重的湘音，字字句句都说到了人们心里："人总是要死的，但死的意义有所不同。""或重于泰山，或轻于鸿毛。""张思德同志是为人民利益而死的，他的死是比泰山还要重的。"说到这里，只见毛主席宽厚的手掌由上往下一压，仿佛有千钧之重。"替法西斯卖力，替剥削人民和压迫人民的人去死，就比鸿毛还轻。"说到这里，毛主席又把手心翻转朝上，仿佛鸿毛就在掌心，随之还轻轻吹了一下。毛主席最后说："我们为人民而死，就是死得其所。张思德是一个共产主义战士，大家要向张思德同志学习。"这篇重要讲话，后来经过整理，概括成仅有数百字的一篇文章，这就是那篇光照千秋的红色传世经典文章——《为人民服务》。毛主席在这篇文章中论述的“为人民服务”的光辉思想，成为我党我军的唯一宗旨。这篇文章教育和影响了一代又一代的共产党人和人民群众。每当人们想起“为人民服务”这5个大字时，不仅知道这是毛主席的教导，而且总是和张思德这个光辉的名字紧密地联系在一起。

二

# 董存瑞的故事

董存瑞（1929—1948），他是中国人民解放军著名战斗英雄。河北省怀来县人。1945 年参加八路军，共产党员。曾多次立功受奖。1948 年 5 月 25 日，在解放河北隆化的战斗中，当主力部队受到桥头敌暗堡火力威胁的紧要关头，担任爆破组长的董存瑞冲到桥下，毅然用手托起炸药包，拉燃导火索，炸毁暗堡，壮烈牺牲。所在纵队追认他为“战斗英雄”、“模范共产党员”，命名他所在班为“董存瑞班”。

《解放军报》1997 年 7 月 24 日《人物与回忆》专栏，刊登了宋四根同志写的文章《董存瑞舍身炸碉堡的前前后后》。文中写道，“舍身炸碉堡的英雄董存瑞”当时所在部队的师长兼政委李光辉，已 89 岁高龄。老将军谈起董存瑞牺牲前夕的故事，仿佛就在昨天。

5 月初

为配合即将开始的辽沈战役和华北战场杨罗耿兵团东进，十一纵队从朝阳出发，去攻打热河（今河北省一部分）省省会承德的大门——隆化。

沿途，各村庄被国民党十三军和土匪还乡团烧杀抢掠，糟蹋得不像样子。途经二沟村时，发生了一次战斗，董存瑞所在的六连连长身负重伤。董存瑞胸中怒火燃烧，时任班长的他带领尖刀班，快步如飞，在山谷中急行。突然发现前方村中起火，董存瑞把战士分成两个小组，向村里飞奔而去。那是房身沟村，国民党军发现我军开来，慌忙放火点着村

里的房屋就逃跑了。这时熊熊烈火已笼罩着整个村庄，一间又一间的房屋在烈火中倒塌。战士们立即帮助群众救火，一座茅屋烧成一团火，可一位老大娘还哭喊着往火里跑。董存瑞马上想到屋里一定有她的亲人，便一步蹿上去，拽住老大娘，自己猛地冲进烈火中，顿时浓烟吞没了他。他在浓烟烈火中摸索，喘不过气来，头有些晕，但还没发现人，只好退出来换口气，又第二次冲进火海。无情的火舌猛舔着他，脸被火烧得火辣辣地疼，身上的衣服也烧着了，这些他全然不顾，只是急切地摸索，终于在水缸边摸到一个孩子。他赶紧把小孩抱在怀里，这时门框已被烈火烧毁，挡住了出路，他急中生智，一脚踹碎窗框，纵身跳了出来。“轰”的一声，就在董存瑞出来之后，房顶坍塌下来。董存瑞笑着把孩子递给大娘，自己就地一滚，跑了。老大娘看着远去的救命恩人身上还冒着烟，两行热泪扑簌簌地滚了下来。

5月18日

部队开到了距隆化县城五里地的小山村——土窖子洞村。紧张的战前准备工作在进行着。从驻地往敌人前沿挖交通壕，每一锹都好像铲在敌人身上。他们不分昼夜地轮班挖，董存瑞鼓励大家：“咱们加油干呀！早挖成一天，隆化就早解放一天！”在他的带动下，全班战士争先恐后地挖，提前一天完成了任务，然后又去支援兄弟班。第五天，部队全部完成了任务。接着，他们又捆炸药包，钉梯子，做火药支架。

5月24日

几位首长来到董存瑞他们驻地检查战前准备工作。董存瑞边吃饭边兴奋地和战友们议论着：“嘿，这回又要干了！”上午，他几次去连部请战，要求当“爆破元帅”。11时，全营召开了“挂帅点将”战前动员大会。会上，董存瑞第一个站起来，要求首长批准由他挂帅。同志们都深知他机智勇敢，多次立功受奖，又是爆破能手，谁也不和他争，一致表示同意。董存瑞当上了“爆破元帅”，他点了战友郅顺义为“突击大将”，机枪班长为掩护组长，一班长为支援组长。然后，董存瑞代表大家表决心，他激动地说："我们练兵诉苦为什么？去年打隆化我们一些同志牺牲了又是为什么？这回把最光荣的任务交给咱们了，没二话，天塌了也得完成任务！坚决响应党的号召，打倒蒋介石，解放全中国！在这次战斗中，我负伤不下火线，牺牲了当个掩体，死也要把隆化拿下来！"

隆化是承德的屏障，敌人在这里驻有一个团的兵力。在两年多的时间里，他们在县城周围修筑了40多个半永久性的碉堡，形成了相当坚固的防御体系。因此，敌人认为隆化固若金汤、万无一失。尤其是去年5月，我军曾连攻半月未克，敌人就更加嚣张。当我军包围隆化之后，敌十三军军长石觉在承德趾高气扬地吹嘘："共军如能打下隆化，我就把承德白送给他们！"

激战前夜，董存瑞和战友们激动得睡不着觉，他们一会儿回忆过去的战斗，一会儿又谈起全国胜利后的理想。他们望着夜空，数星星，催月亮，早早就起了床。

5月25日

凌晨4时20分，根据上级的指示，下达了战斗命令。三颗绿色信号弹升入寂静的天空，接着便是震耳欲聋的炮声。战斗打响了！这时六连正在吃早饭，董存瑞和战友们蹲在地上，边吃边看着我军炮火轰击的苔山。苔山主峰上有座砖塔，在头一炮的硝烟中，就搬家了，敌人傻了眼。接着，敌人修筑的碉堡接二连三地不见了。不一会儿，胜利的红旗就插上了苔山上的顶峰。董存瑞高兴得直拍大腿，嘴里不住地喝彩："嘿！打得真带劲、真痛快！"他们饭也吃不下去了，个个摩拳擦掌，等待着战斗命令。

5时25分，命令终于下来了！董存瑞所在的六连担任主攻，从城东北向隆化中学外围运动。敌人的机枪疯狂扫射，严密封锁着他们前进的道路。六连火力组、突击组、爆破组、支援组互相配合，敌人的碉堡一个个被占领，很快攻破了旧衙门碉堡群。董存瑞带领爆破组连续爆破敌人4个炮楼、5个碉堡，顺利完成了扫清隆化中学外围工事的任务。

下午 3 时 30 分，我军发起第二次总攻，六连向隆化中学发起冲锋。突然，敌人一阵机枪像暴雨般横扫过来。这突如其来的猛烈火力，把战士们压在一条土坎下面抬不起头来。原来，狡猾的敌人在桥上修了一个伪装得十分巧妙的暗堡，挡住了我军冲锋的道路。这时，董存瑞和战友们纷纷向连里请战，要求把这座桥形暗堡炸掉。连里派出李振德等 3 名战士去爆破，都没有完成任务。董存瑞看到战友伤亡，怒火满腔，他再次请战："我是共产党员，我的任务不只是炸几个碉堡，现在隆化还没拿下来，怎么算完成了任务呢？别看我们人少，就是剩下我一个人，我也要完成任务！"这时，团部下达了紧急命令，要求六连火速从隆化中学东北角插进去，配合兄弟单位，迅速解决战斗。连队干部商量了一下，亲切地对董存瑞说："好！你去吧，千万要注意隐蔽！"董存瑞握紧拳头说："放心吧！不完成任务，我就不回来！"说着他从衣兜里掏出一个小纸包，递给指导员说："如果我牺牲了，这就是我交的最后一次党费。"指导员接过小纸包，紧紧地握着董存瑞的手，深情地说："你一定要回来，我们都等着你胜利归来！"

董存瑞夹起炸药包，弯着腰冲了上去。途中他的腿受了伤，鲜血洒在他前进的路上。他全然顾不上这些，抱着炸药包迅速冲到桥下。这座桥离地面有一人多高，两旁是砖石的，没沟、没棱，哪儿也没有安放炸药的地方。这时。嘹亮的冲锋号声响起，部队像潮水般地向隆化中学涌来。敌人还在进行垂死挣扎，暗堡上的砖头一块块被捅开了，十几个枪眼一齐喷出火花，罪恶的子弹像暴雨般地射向我冲上来的队伍。董存瑞看了看桥顶，又看了看冲上来又倒下去的战友，他焦急万分，"为了消灭敌人，就是粉身碎骨，也要把敌人的碉堡炸掉！"只见他用左手托起炸药包，紧紧地贴住桥底，从容镇定地用右手拉开导火索。导火索嗞嗞地冒着白烟，急速地燃烧着，敌人从侧方炮楼射出的子弹穿过桥底，擦着董存瑞的衣服，他全然不顾，强忍着左腿的剧痛，像一个钢铁巨人，昂然挺立着。他用尽气力，铿锵有力地喊道："为了新中国、冲啊！"随着一声天崩地裂的巨响，团团浓烟冲上了天空，一股热浪翻卷而起，敌人的暗堡被炸毁了！隆化解放了！董存瑞用他的鲜血和生命，为部队开辟了前进的道路！

在河北省隆化县北郊，有一片松柏常青的园林，杰出的战斗英雄董存瑞就长眠在这里。走进烈士陵园，可以看到，在董存瑞左手擎起炸药包、右手拉燃导火索的高大塑像后面，在葱郁的松柏中，矗立着一座雄伟的英雄纪念碑。碑上铭记着朱德总司令的亲笔题词：

舍身为国，永垂不朽！

三

# 黄继光的故事

黄继光（1931—1952），中国人民志愿军特级战斗英雄。四川省中江县人。中国人民志愿军第十五军四十五师一三五团二营通信员，1951年参军。在上甘岭战役中，当部队被敌人火力压制前进受阻时，他挺身而出，连续摧毁敌人多个火力点，身负重伤，继续顽强爬向最后一个火力点。用胸膛堵住向我军疯狂扫射的敌人机枪眼，用生命为战友开辟了前进道路。所在部队追认他为中国共产党党员，志愿军领导机关给他追记特等功，追授“特级战斗英雄”称号，并获朝鲜民主主义人民共和国英雄称号和金星奖章、一级国旗勋章。

黄继光是四川省一个普通农民的儿子，在上甘岭英勇献身时才21岁，入伍刚刚一年。他是在减租反霸的高潮中入伍的。入朝作战时，黄继光在中国人民志愿军第十五军第四十五师第一三五团二营六连担任通信员。因这位四川籍战士军事技术好，脑子反应快，尤其在执行任务时善于“以智取胜”，所以深受连长万福来的喜爱。1951年10月6日，二营营长秦长贵特意找到万福来笑着说：“跟您商量个事，把黄继光给我行不行？”见上级要“挖”最得力的通信员，万连长摆手说：“不行！不行！”秦营长说：“那就一个换一个吧！”万连长只好准备忍痛割爱。

8天之后，上甘岭战役打响了。6号阵地、5号阵地和4号阵地都相继拿了下来，然而六连的伤亡也很大。战斗打到10月19日凌晨，六连开始攻打0号阵地。0号阵地是通向597.9高地主峰的最后一个台阶。此时，六连只剩下5个人。万连长和指导员商量，决定他俩各带一个通信员，分两路上去爆破敌人的地堡。万连长当场向营参谋长张广生汇报，要他向上级报告他们上去了。可是，万连长的话还没说完，站在一旁的黄继光却猛地扑到他身上，抱住他说："只要我黄继光在，你们就不能上，一个连不能没有连长、指导员！你们相信我吧，我一定能完成任务！"接着，他又跑到营参谋长面前说："我肯定能完成任务，您相信我吧！"在这种情况下，万连长说："那好，现在我任命你为六班班长，通信员吴三羊、肖登良为六班战士。"万连长为什么要任命黄继光为六班班长呢？因为六班是个先进班、功臣班、英雄班。在前面的战斗中，六班的班长和战士已经全都牺牲了。

就要出发了，黄继光把藏在身上的心爱的物品都掏出来了。第一件东西是妈妈9月份的来信。这封信是万连长和他一起去营部开会时收到的。从营部回来后，他就请文化教员牛金新给他念信去了。到了吃饭时，万连长问小牛："小黄哪去了？"小牛说："他妈来信了，他还在那儿哭鼻子呢！""你把他妈妈的信念给我听听！"万连长说。"继光，你在朝鲜前线立功了没有？立的是大功还是小功？"小牛说出了信中这两句最重要的话。于是，万连长把黄继光叫到跟前说："小黄，就为这事不吃饭？还哭鼻子？告诉你，你现在是军人不是小孩，快吃饭去！想立功容易，我马上叫你上去参加战斗！"其实，在这之前，黄继光已经立了一次三等功。等他吃完饭，万连长嘱咐小牛："小黄已经立过一次三等功，你快替他写封信，告诉他妈妈。"黄继光听了却摇头说："不写，不写，三等功算什么！"

黄继光掏出来的第二件东西是入党申请书。这份入党申请书是文化教员小牛帮他写的，很短，只有几句话："连长、指导员：请相信我，为保卫祖国，消灭更多敌人，我申请在战斗中加入中国共产党。申请人：黄继光。"

黄继光掏出来的第三件东西是祖国赴朝慰问团给每个志愿军战士赠送的小红布袋和一条小手绢。

接着，他把妈妈的信、入党申请书和小手绢都装进小红布袋里，然后双手捧着，郑重地交给了指导员冯玉庆，说："营、连首长都在这里，如果我在这次战斗中牺牲了，就请首先写封信告诉我妈，告诉她老人家，她的儿子是在什么地方牺牲的，让她知道她的儿子没有辜负祖国的希望和她的希望。”

话音一落，他们三人就冲上了阵地。黄继光在左，肖登良在右，吴三羊在正面掩护，把敌人的注意力立刻吸引了过去。当时，万连长离敌人的地堡只有四五十米远，借着敌人的照明弹，黄继光三人的一举一动他在坑道里看得清清楚楚。只见他们一会儿冲上去，一会儿扑下来。在敌人的疯狂扫射下，时间不长吴三羊就不动了。又过了一会儿，肖登良也不动了。在离地堡只有 10 米左右的时候，黄继光也不动了。万连长见他们三个都不动了，急得不得了，连喊几声：“小黄！小黄！”可没有任何反应。不一会儿，万连长惊喜地发现，黄继光又艰难地爬动起来了。可能是伤得很重，他爬得很慢很慢。当他爬到离敌人地堡只有四五米远的时候，猛地投出一个手雷，由于地堡坚固，从地堡里伸出来的机枪仍然恶狠狠地吐着火舌。黄继光又艰难地爬着、爬着，爬到敌人的地堡前，他用手抓住麻袋（敌人的地堡是用麻袋装着阵地上炸出的石屑垒起来的），艰难地撑起身子，然后松开右手，侧过头来，朝万连长这边望了一下，随即便义无反顾地用胸膛堵住了敌人的枪眼。黄继光最后一刻英勇而高大的形象，清晰而永久地留在了万连长的脑海里。

战斗结束后，指导员亲手把黄继光抱了回来。万连长用手电筒照着，仔细地检查了他的身体：身上的棉衣被火烧焦了，头部中了弹，胸部正中间堵枪眼的地方被打成了一个黑洞，脊椎骨被打断了，腿也被打断了。黄继光为夺取主峰打开前进道路，流尽了最后一滴血！

## 四

# 邱少云的故事

邱少云（1931—1952），他是中国人民志愿军的著名战斗英雄。四川省铜梁县人。1949 年参加中国人民解放军。1951 年参加中国人民志愿军。次年 10 月 11 日，部队奉命攻占敌军某高地，邱少云所在排潜伏在距敌前沿 60 米的蒿草丛中。12 日 12 时敌军发射侦察燃烧弹，落在邱少云潜伏点附近草丛，烈火蔓延，燃着了他的棉衣、头发和皮肉。为不暴露潜伏部队，他双手插进泥中强忍剧痛，始终未动，直至壮烈牺牲。所在部队追认他为中国共产党党员，追授“模范青年团员”称号。志愿军总部给他追记特等功，并授予“一级英雄”称号。朝鲜民主主义人民共和国授予他英雄称号和金星奖章、一级国旗勋章。

邱少云是大家十分熟悉和崇敬的战斗英雄。60 余年来，他在烈火中永生的高大形象，始终屹立在人们心中。从许多史料和他当年的战友们回忆，邱少云成名前后有许多鲜为人知的故事。

邱少云年幼时就父母双亡，孤苦无依，为了生活 13 岁就开始给人当雇工。先后干过泥工、饭馆跑堂等十几个职业。1949 年 12 月，我人民解放军挥戈西南。邱少云参加了中国人民解放军，分配到当时的第十军二十九师一六八团九连当战士。

1952 年 10 月，上甘岭战役打响。已经参加中国人民志愿军的邱少云，随所在的三营 500 多人，奉命于 10 月 11 日晚潜伏进上甘岭右翼阵地“三九一”高地前开阔地里的草丛中。12 日 12 时，邱少云被美军发射的燃烧侦察弹击中，烈火迅速烧没了他，时年 21 岁。打完仗后，连里给邱少云报了三等功。

半个月后作战场总结，邱少云的指导员王明时被师里评为模范指导员。在报告材料中，王指导员就如何做好战士思想工作，促进后进战士转变为先进战士的经验作了汇报。王指导员讲：在到“三九一”高地潜伏前夜，我们连进行了动员。开誓师大会时，大家情绪都很激昂，纷纷表了决心，惟独邱少云不吭声。那天晚上，我和邱少云一直拉呱到一点半钟，我给他讲了许多道理，他终于打消了恐惧的念头，当场向我表示：“严守战场纪律。”第二天中午时，一发燃烧弹落到邱少云身边，他忍着剧痛一动不动，牺牲了自己，换来了整个战斗的胜利。

有一位干事听后十分激动，他连忙说：“这样的英雄怎么是后进战士呢？三等功不行，应报特等功！”之后，他又追问邱少云牺牲时的一些细节，王指导员只知道是烧死的，其他详情也说不清楚。二十九师政治部上报了一个简单经过，报请志愿军领导机关审批。

11 月 6 日，中国人民志愿军领导机关追授邱少云特等功。但这件事也同时给人们留下一个悬念，即邱少云当时究竟是如何牺牲的？

给邱少云两次报功和他奇异的牺牲经过，引起了《人民日报》一位记者的注意。他叫郑大藩，是当时的随军记者。他看了邱少云的简要事迹后，产生了两个疑问：其一是燃烧弹落在了什么地方？是打中头部死亡之后燃烧起来的，还是从远处一点点烧死的？其二是他的身边有无水沟，谁看见了邱少云被烧死的经过？

1952 年底，王明时指导员到志愿军总部作报告。郑大藩即把这两个问题提出，请王指导员解答。

王指导员答应对这件事继续进行调查。当时连队经过半年征战，减员很多，调入的新兵又没有参加潜伏战斗，知情的只有三班副班长李元新和战士李世夫。

王指导员即把他俩叫去询问。李元新回忆说：“燃烧弹打在邱少云前面 6 米左右，是一米一米烧过来的，从头烧到脚，燃烧液溅到他的身上。当时我潜伏在他身后 5 米左右，亲眼看到他被烧死的经过。”

李元新和李世夫一起证明，邱少云右边 3 米处就有一条小水沟，如果邱少云愿意，只要一滚就可以活命。

李元新描述了当时的情景：燃烧弹开始烧了起来，我的心中为他捏了把汗。这时，他要站起来完全可以扑灭身上的火苗。但邱少云却一动不动。我猜测邱少云可能是这样想，他如果一动，潜伏在这里的几百名战友就有被全部消灭的危险。火焰已经从棉军装烧到他的头部，我甚至听到了邱少云的头发被烈火烧得“吱吱”发响，他的脸因剧烈疼痛而扭曲，嘴唇已经咬破了，两只手深深地插入泥土，似乎要打碎什么。烈火在他身上烧了大约 30 分钟。与我在一起的李士虎、柯大才都亲眼看到了事情的经过。我们几次本能地想站起来去扑灭他身上的火焰，但都克制住了。

到那天下午 5 点 30 分，太阳落下了西山，复仇的时刻终于来到了！猛然间，愤怒的炮弹，呼啸着飞向敌人阵地，“三九一”高地刹那间山崩地裂，腾起了冲天的硝烟。双眼滴血、满腔怒火的战士们高呼着“为邱少云同志报仇”的口号，勇猛地冲上高地，打得敌人乱作一团，只 20 分钟左右，就全歼守敌。胜利的旗帜，带着自豪的欢呼，带着为胜利献身的英雄的颂歌，迎风飘扬！

这些证明材料和见证人的描述，被迅速反馈到郑大藩手里。读着这一份份言辞确切、撼人心魄的材料，他非常激动了。他连夜奋笔疾书，10 天后，1953 年 5 月 18 日，《人民日报》发表了那篇举世震惊的新闻名篇《伟大的战士邱少云》。这篇文章首次向全国乃至全世界披露了这位为了集体、为了胜利，而严守战场纪律、最后光荣牺牲的伟大英雄的壮举。祖国，永远不会忘记自己的忠诚战士；人民，永远不会忘记自己的优秀儿女。邱少云的名字，已成为严守纪律、自我牺牲精神的象征，永远铭刻在人民的心中。

# 第三部分

# 践行当代革命军人核心价值观

雷锋

同志们：

大家上午好！

我们总参军训和兵种部组织的当代革命军人核心价值观巡回报告团一行四人，于今天凌晨两点半才飞到广州，只休息了几个小时，上午就在大礼堂和大家见面、作报告。我们四人，杨永革同志是领队。其他三位同志进行分工：炮兵指挥学院的陈教授负责讲当代革命军人核心价值观的重大意义，工程兵指挥学院的季教授负责讲当代革命军人核心价值观的科学内涵，我负责讲如何践行当代革命军人核心价值观。刚才两位教授已经讲过了，他们讲得很全面、很准确、很深刻，值得我和大家很好学习。

下面我讲如何践行当代革命军人核心价值观。既然是讲践行，我就不准备从理论上多讲了，而是从我所经所历、所见所闻、所思所想、所感所悟讲一讲如何践行当代革命军人核心价值观。如果大家觉得我讲的还可以，就请同志们作个参考；如果我哪些地方讲的不对，也请同志们批评指正。

2008 年 12 月，中共中央总书记、国家主席、中央军委主席胡锦涛同志站在时代发展和军队建设全局的高度，郑重提出并系统阐述了“忠诚于党，热爱人民，报效国家，献身使命，崇尚荣誉”的当代革命军人核心价值观。胡主席提出大力培育当代革命军人核心价值观，赋予了新形势下我军思想政治建设的一项重大战略任务，为强化官兵精神支柱提供了基本遵循。我坚信，只要我们大家积极响应胡主席的号召，坚持不懈地用当代革命军人核心价值观引领我们的思想和行动，我军就一定能够做到打得赢、不变质。

下面，我就一个问题一个问题地来讲。

---

* 本部分是作者于 2009 年 6 月 12 日在广州军事体育学院的报告

# 一

# 忠诚于党

忠诚于党，阐明了当代革命军人与党的关系，回答的是“听谁指挥”的问题。忠诚于党，是当代革命军人核心价值观的集中体现，用一个字概括就是“魂”，用两个字概括就是“军魂”。

我军是中国共产党亲自缔造、绝对领导下的人民军队。革命军人忠诚于党，在平时就要表现为爱党、信党、敬党，时时“跟党走”，处处“听党话”；在事关大是大非的关键时刻，就一定要与党中央、中央军委在政治上、思想上、行动上保持高度一致，做到一切行动听指挥。

记得1989年发生政治风波时，有一位在“文革”时期曾经受到过处理的同志，有人鼓动他趁此机会赶快起来闹事。这位同志说，我的经验是：“动乱”之中切勿“乱动”，如果乱动，就必然犯错误。所以，我们不但在平时，特别是在大风大浪、大是大非面前，一定要与党中央、中央军委在思想上、政治上、行动上保持高度一致，做到一切行动听党指挥。

当前，我们要特别注意学好党的创新理论。只有这样，才能做到热爱党、坚信党、忠于党、听党话、跟党走。

我于1940年出生在河北省无极县的一个普通农民家庭。我的祖辈家境很贫寒，五个爷爷其中有四个爷爷包括我的亲爷爷，去了东北闯关东，结果冻饿而死，不知葬身何处。我的五爷给地主当长工，是地下党员，坚决抗日，由于一个地主告密，我五爷被日本鬼子残酷地用东洋大刀砍了头，是我伯父、父亲冒险收了尸。我从小就特别痛恨日本鬼子，对共产党、八路军有很深厚的感情。日本鬼子投降的时候，我快五岁了，已经记事了。我家是抗日的“堡垒户”。什么叫“堡垒户”？在座的年轻一点的同志可能不知道，站在共产党、八路军一边，坚决抗日的家庭，就叫做“堡垒户”。大家可能看过《地道战》、《地雷战》这两部电影，反映的就是我们冀中一带抗日战争的情况。我家住的房子是个土坯房子，有两层墙，外面一层，里面一层。地道口就在我家的两个夹皮墙中间，一直通到野外的井口。八路军的武工队员就住在我家里头，他们白天帮助老百姓做好事，比如打水、扫院子、干农活，晚上就去袭击日本鬼子的岗哨，惩罚伪军。

由于汉奸告密，日本鬼子和伪军得知在我家里住着八路军的武工队员。有一天，他们就来“扫荡”，抓住我家的一个邻居，这个人叫阎合子，还不到 20 岁。一个伪军问他：共产党在哪里？八路军在哪里？武工队在哪里？他就领着日本鬼子和伪军到存放红薯的地窖下面去看，日本鬼子和伪军一看没有，知道上当受骗了，就把他打得半死。他还是一个字也不说。日本鬼子和伪军又把他拉到鬼子住的岗楼，继续打他、问他，他明明知道八路军的武工队员就藏在我家里，但他死也不说。我记得抬回他尸体的时候，面目全非，遍体鳞伤，惨不忍睹呀！在我幼小的心目当中，阎合子就是一位英雄，我非常敬佩他，非常痛恨日本鬼子和伪军。在我们县的县志上、烈士碑上都镌刻着他的光辉名字。这个人并没有文化，一个字也不识，但是在日本鬼子面前却表现了中华儿女的铮铮铁骨！我一辈子都忘不了他！

我小时候分不清共产党和八路军，总以为是一回事。土地改革以后，还出过这么一个笑话：一个翻身农民在县里的新华书店，就“请”（不说买）了一张毛主席像。那时在翻身农民家里堂屋中间都挂着毛主席像，两边都贴一副对联：翻身全靠毛主席，幸福不忘共产党。这个翻身农民呢，“请”了一张毛主席像，觉得很珍贵，很高兴地捧在手里。他又跟新华书店的工作人员说：“我再请一张共产党的像！”这时候，新华书店的工作人员对他说：“共产党没有像啊！”他说：“怎么没有像啊？我们村的小学老师给我家写的对联就是‘翻身全靠毛主席，幸福不忘共产党’。有毛主席的像，怎么没有共产党的像呢？”那个时候共产党刚刚

公开，原来都在“地下”，不公开。正在谈论当中，县委书记来了，对翻身农民说：“老大爷，共产党不是一个人，共产党是一群人，都是好人，是帮助老百姓闹翻身的一群好人！”这个时候，翻身农民才知道共产党是怎么回事了。那时，毛主席、共产党在老百姓心目中，形象是非常崇高的。

我七八岁的时候，正是我们解放军大军南下的时候，那时我才第一次看到汽车，一看到骑马的就说大官来了，那时营长就能骑马了。我母亲给我带上炒好的花生、煮熟的鸡蛋，追着往解放军口袋里塞。如果塞进去了，我就觉得完成任务了，就兴高采烈；如果解放军不接受，我就继续追，一直追三五里路，哭着往他们口袋里塞，很多孩子都像我这样。那时，我们对共产党、对解放军的感情就是这样的。

今年是我入党 50 周年。我是在石家庄第六中学读的高中，高中二年级时，刚到 18 岁的我就光荣地加入了中国共产党。今年 3 月 30 日是我入党 50 周年。母校的校长和书记给我打电话，希望我入党 50 周年时，能回去讲一讲我当年学习、生活、入党的情况。我说决不要宣扬我个人，我是一个很普通的军人，很普通的党员。后来和校长、书记达成共识，就说是“校友田永清与师生共话成长”。那一天，我和母校的 4000 多名师生一起升了国旗，我向大家讲述了我当年学习、生活、入党的情况，把我上高中时的一位老师、一位入党介绍人都请来了，我向他们深深地三鞠躬，感谢他们当年培养了我、关心了我、推荐了我，介绍我加入了中国共产党。

风风雨雨 50 年，我对党的认识逐步从感性上升到了理性。大家知道，解放以后，我们党领导中国人民进行社会主义建设。社会主义建设是前无古人的伟大事业，要建设就要探索。在探索当中，既取得了历史性的伟大胜利，但在一些时候也犯了严重错误，甚至像发动“文革”这样的全局性错误。不必讳言，现在我们党也存在着不正之风和贪污腐败现象。对于这些，作为一个入党 50 年的老党员，我感到痛心疾首。但是，我对党的认识，已经从感性上升到了理性。我认为，一个党、一个人不可能完全正确、一贯正确，我们党的伟大领袖毛泽东同志也犯过严重错误，问题不在于一个党、一个人犯不犯错误，重要的在于能不能认识错误、承认错误、改正错误，能不能与时俱进，开拓创新，领导全国人民继续前进。就像邓小平同志说的，毛主席是犯过错误，但他的功绩是第一位的，他的错误是第二位的。如果没有毛主席，我们不知道还要在黑暗当中摸索多久。

贪污腐败现象，是个历史性、社会性、世界性的问题，绝不是共产党的领导、社会主义制度和改革开放造成的。我国的台湾省实行资本主义制度，搞多党轮流执政，那个臭不可闻、十恶不赦的所谓“总统”阿扁，不也是个大大的贪官吗？我们党始终高举反腐败的大旗，并且不断加大反腐败的力度，完善反腐败的措施，就像人们所说的：“只要反腐不放松，早晚抓出王怀忠（因贪污腐败被判处死刑的安徽省原副省长）”。我坚信，随着我国经济和社会的不断发展，随着我党反腐制度的不断加强，我们党一定会建设得更加纯洁、更加坚强、更加伟大。基于这样的认识，我对党的感情始终如一，我的信念、我的信心、我的信仰始终没有动摇过。

我们党已经领导全中国人民建立了两大历史性功绩：一个是推翻了“三座大山”，建立了新中国，今年是我们新中国成立 60 周年，我们的国家现在蒸蒸日上，日新月异，在世界上“站起来”了；第二个是我们纠正了“文化大革命”的错误，找到了建设中国特色社会主义道路，经过 30 多年的改革开放，我们中国发生了翻天覆地的变化，中国人民逐步地“富起来”了。中国共产党的这两大历史性功劳，是有目共睹、举世公认的。

我对党的认识不断地从感性上升到理性，风风雨雨 50 年，使我坚定了这样的认识和想法：只要坚持党的领导，加强党的领导，改善党的领导，我们党就能打败一切敌人！就能创造一切奇迹！就能克服一切困难！就能纠正一切错误！就能永远领导全国人民不断前进！这样伟大的党，我们难道还不应该永远忠于她吗？

# 二

# 热爱人民

热爱人民，阐明了革命军人与人民的关系，回答的是“为谁当兵”的问题。热爱人民，是当代革命军人核心价值观的“根”，就像一棵大树那样，必须有“根”。全心全意为人民服务，是我们党也是我们军队的唯一宗旨。

关于军队和人民的关系，我用三个比喻来形容：第一个是父母与儿女的关系，就像大家经常唱的“我是一个兵，来自老百姓”，人民是我们的父母，我们是人民的儿女；第二个是水与鱼的关系，人民是水，我们是鱼，我们离开人民就没法生活；第三个是船与水的关系，唐太宗李世民讲过一句名言：“水能载舟，亦能覆舟”。毛主席诗词当中也有一句名言：“军民团结如一人，试看天下谁能敌。”淮海战役胜利以后，陈毅元帅讲了一句很生动、很深刻的话，他说：“淮海战役的胜利，是人民群众用小推车推出来的!”斯大林在得知淮海战役我军用 60 万兵力消灭了国民党的 80 万兵力后，称“这是世界战争史上的奇迹!”在淮海战役中，我军 60 万官兵在前线冲锋陷阵，后面有 500 万老百姓全力支援。那么一场战争，需要修工事，老百姓就把自己家的门板拆下来修工事。那时就是这样一种党与群、军与民的关系。老百姓为什么支持共产党？因为共产党给了老百姓土地。所以，毛主席当时就说，解放战争能不能胜利，就看我们的土地革命能不能成功。你给老百姓带来了实惠，你主张公平，风气又好，老百姓能不支持你？老百姓心里有杆秤啊!

我在这里给大家讲一个故事，这个故事是一个结论，但是有两个版本。

1960年5月和1961年9月，二战名将、英军元帅蒙哥马利两次来我国访问，他受到了高规格的接待，毛主席和周总理亲切接见了他，他还去了不少地方参观游览。

这个故事的一个版本是说，有一次蒙哥马利到北京军区某部参观射击表演，当时由我们解放军的名将、时任北京军区司令员的杨勇上将陪同。表演结束后，蒙哥马利取半自动步枪，卧姿射击，连发连中。这个时候他将枪交给杨勇，想要考验考验杨勇上将的枪法如何。杨勇微笑着接过枪，蒙哥马利是卧姿射击，杨勇是立姿射击，也是连发连中，蒙哥马利看得目瞪口呆。在回国途中经过香港时，他在记者招待会上警告西方国家：千万不要和中国军队在地面交手，和中国军队地面交手必败无疑！

关于这个故事还有另一个版本，这种说法可能更为深刻。蒙哥马利到延安时，参观了延安革命纪念馆和毛主席在杨家岭的故居，使他对中国共产党和中国人民解放军有了更深刻的了解，特别是延安的革命斗争故事让他发现了一个战争的新规律。这个故事说：解放战争初期，毛主席率领中央机关和部队在陕北与国民党部队周旋，当时的兵力，国民党是20多万人，我军才2.8万人，处于绝对劣势。蒙哥马利感到特别奇怪，如此弱小的兵力怎么会战胜国民党的军队，况且我军的装备也大大落后于国民党军队。有关人员向他介绍了毛主席的人民战争思想和延安的军民关系，其中就讲到这样一件事：胡宗南的一个军长叫刘戡，他想消灭毛主席领导的在陕北的解放军。毛泽东、周恩来那时候住在王家湾农民薛老汉家中，直到敌人到了山那边，距离很近了，毛泽东、周恩来这时才走。毛泽东前脚走，刘戡后脚就到，他也看中了薛老汉的家，更十分巧合的是，他也睡在了毛泽东睡过的那个坑上。刘戡就问薛老汉毛泽东的去向，薛老汉装作不知，刘戡就把他吊起来打得死去活来，但是薛老汉始终不吐一字。相反，刘戡临走的时候，参谋丢了一份电报，当地群众捡到后，马上冒险送给了解放军。王家湾一带当时也有国民党的组织，其中一个小学的教员就是国民党员。刘戡来到以后，他马上跑去

邀功，但是问到毛泽东的去向时，他却一问三不知。这是为什么呢？因为群众将消息向他封锁了，毛泽东在村里住了好长时间，他根本就不知道。

听了这个感人的故事，当时 74 岁的蒙哥马利就陷入了沉思。身为二战的一代名将，他打过许多胜仗，但从来没有像毛泽东这样的奇遇，从未打过这样以少胜多、以弱胜强的仗，人民战争、军民关系对他来说，简直就是天方夜谭。所以，这个故事的另一个版本是，蒙哥马利从这里得出了一个结论：外国军队千万不要和中国军队在地面交手，和中国军队在地面交手必败无疑！

我在这里再给大家讲两个故事。可以说世界上没有哪一支军队能像我军这样与人民群众血肉相连，生死与共。

1934 年 11 月，三位在长征中的女红军，在湖南省一个老大娘家借宿。这三位女红军看到老大娘家里一床被子也没有，她们三个人就把这床被子剪成了两半，一半留给了老大娘，带上另一半继续走上了长征路。后来这位老大娘一直珍藏着那半床被子，临终前她告诉后人：什么叫共产党？什么叫红军？就是有一床被子也要剪下一半来留给老百姓，这就叫共产党，这就叫红军。

另一个是在《聂荣臻回忆录》中，记载着在抗日战争最艰苦时期军民鱼水情深的感人情形：

一九四二年春天，青黄不接，群众和部队都发生了粮荒。入春后，杨树、榆树长出了嫩叶，老百姓就把树叶当成了主要的食粮。我们部队有的伙食单位请示能不能采集树叶，我曾要求军区政治部为此发了训令，部队所有伙食单位都不能在村庄附近采摘杨树叶、榆树叶，要把它留给群众吃。全边区部队严格执行这个训令，宁可饿着肚子，也不与民争食。

广大群众得知这个训令后，很激动。他们找到军区，找到边区政府，找到我，要求收回训令，说得十分恳切。群众说，抗战以前，我们穷人没有吃树叶的权利，因为，山上的树，都是属于地主的，地主不准穷人捋树叶。八路军来了，实行了减租减息，穷人才能上山捋树叶了。可是，眼下闹饥荒，为我们争得民主权利的八路军，自己却不能上山捋树叶，这怎么行呢！我向群众解释我军的纪律，同时告诉他们，我们正在想办法解决部队的粮食问题。

因为我军是热爱人民、全心全意为人民服务的革命军队，所以我军对个别欺压人民群众、违反群众纪律的问题，处理得也格外坚决、毫不留情。这里我也给大家讲一个故事。

1947 年 8 月，刘邓大军渡过淮河进入大别山以后，所遇到的情况与淮河以北完全不同，其中一个情况是北方的骡马不吃稻草，得用饲料喂养，这给部队行动带来了很大的困难。夜间行军走的是稻田小路，人马经常落水。有的战士发牢骚，把毛主席《沁园春·雪》中的一句话："江山如此多娇，引无数英雄竞折腰"，改为"江山如此多娇，引无数官兵尽摔跤"。饱受敌人蹂躏的群众，看到我们部队轻装进入大别山，开始怀疑我军能否站得住脚，怕地主、特务进行反扑，多数群众躲入了深山。在这种情况下，部队吃的、用的都发生了极大的困难，违反群众纪律的情况也日渐增多。

针对这种情况，刘、邓首长于这年 9 月组织部队干部召开了紧急会议。刘伯承司令员首先讲话，他深刻阐明了纪律的重要性。接着，邓小平政委严肃指出，部队纪律这样坏，这是我军政治危机的开始。随即张际春副政委宣布，严重欺压老百姓者枪毙，抢劫老百姓财产者枪毙，强奸妇女者枪毙。

有一天，刘邓大军路过一个镇，老百姓又逃得光光的。邓小平在该镇四处巡视，检查部队的群众纪律。当他发现一个军人刺刀上挂着一捆花布、一捆粉条时，当即就命令随行人员查清这是什么人。当邓小平得知这个人是警卫团四连的副连长，他刺刀上的那捆花布和粉条，是趁老百姓家里没人时拿来的。邓小平立即同刘伯承商量，要枪毙这位副连长。消息传出，有人认为这位副连长屡建战功，是不是可以考虑不杀。有些慢慢回来的群众知道了这个情况，也纷纷给他说情。刘伯承听到这些反映后，还是坚决支持邓小平的意见，决定要杀这个人。当天下午，由李达参谋长召开部队军人大会，并请当地群众参加，宣布将这个副连长判处死刑，立即执行。群众纷纷议论说：真正的红军又回来了！这件事的处理，解除了群众对刘邓大军的疑虑，很快就恢复了军民间的鱼水感情。

在讲了热爱人民的重要意义后，同志们可能会问，怎样做才叫热爱人民？我谈一些看法，不知大家同意不同意。

热爱人民，就要热爱自己。有的同志可能说，你怎么这样讲呢？我说要热爱自己，绝不是要大家自私自利，也不是要大家一事当前，先替自己打算。热爱自己，因为你自己就是人民的一分子，你要自尊、自立、自爱、自强，你要承认自己、认识自己、充实自己、提高自己、完善自己，你只有具备了高尚的品德、过硬的本领、综合的素质，你才能更好地热爱人民，更好地为人民服务。如果你不珍惜自己的生命，不提高自己的本领，又何谈热爱人民呢？

热爱人民，就要热爱自己的父母。我在这里也给大家讲一个故事。有一个班级的大学生毕业时，班主任提问了三个问题：第一个问题是，知道自己父母生日的请举手，结果只有一半人举了手。第二个问题是，知道多年来给我们宿舍打扫卫生的农民工姓名的请举手，结果没有一个人举手。第三个问题是，自己打过自己耳光的请举手，结果不但没有一个人举手，反而引来了一阵笑声：自己怎么会打自己耳光呢？这时，班主任老师讲了六个字：孝敬、关心、反省。意思是要孝敬自己的父母，要关心周围的人，如果做不到这两条，就应该很好地反省自己，当然不必真的自己打自己耳光。

现在的一些年轻人从小就庆祝自己的生日了，但对自己父母的生日却不知道。如果一个人不热爱自己的父母，他就绝对不会热爱人民，这可以说是一条规律。现在我们选拔干部的一条标准，就是看你孝敬不孝敬自己的父母。我们中国的汉字很有讲究，就说这个“孝”字吧！甲骨文时的“孝”字，上面是个“老”字，下面是个“子”字。到秦文时，才改成了现在的这个“孝”字，上面是个“老”字头“耂”，下面是个

“子”字尾。意思就是，你的父母生育了你、养育了你、抚育了你，你长大成人之后，就要尊敬老人、孝顺老人、赡养老人，老人走不动了，你还要背着老人。我国古人经常说这样两句话：“树欲静而风不止，子欲养而老不待。”现在也有一种说法，世界上有两件事情不能等：一件是“行善”不能等，一件事“行孝”不能等。这两种说法都很有道理，值得我们深思，应该努力践行。

热爱人民，就要热爱我们营区周围的人民群众。我们部队的这个口号提得很好：“视人民如父母，把驻地当故乡。”在战争年代，我们部队没有营房，行军到哪里，打仗到哪里，都是住在老百姓家里。那时军民关系很密切，军人一到老百姓家里，就帮着做好事，挑水，扫院子。走的时候，一定把门板上好，把稻草捆好。老百姓对军人依依不舍，难分难离呀！现在，我们部队都住营房了，条件比过去也都大大改善了，但是，我们不应该忘记驻地周围的人民群众。作为部队，要和地方有关单位、学校搞好军民共建，尽量给他们一些帮助。作为军人，尤其应该和驻地的人民群众搞好关系，尽量为他们做好事，绝不能违反群众纪律。

我年轻的时候，两个人对我的影响最大，一位是后来成为百岁将军的孙毅老首长，一位是平凡而伟大的共产主义战士雷锋同志。他们的共同特点是品德高尚、淡泊名利、助人为乐。我很注意向他们学习。

记得 1963 年全国全军掀起了向雷锋同志学习的高潮，那时我所在的部队驻在北京市延庆县。我们营区附近有一家农户失了火，财产损失很大。我和一位叫王树林的战友，就把自己的衣物和平时节省下来的津贴（那时我还没有提干）捐献给了那家农民。

1965 年，我在驻地附近的中羊坊村辅导民兵学习毛主席著作时，民兵排长徐山同志得了胃穿孔，被送到县医院救治，急需有人给他献血。当时情况很危急，我就和民兵们一气儿跑了十几里路，赶到县医院，争着为他献血。经过化验，得知我是 B 型血，和徐山同志血型一样。我二话没说，挽起袖子就为他献了 300CC 血。到了上个世纪 80 年代，我在总参某部一个局当政委，已经是正师职领导干部了，年龄也 40 多岁了，当时北京组织义务献血，我也带头献了 200CC 血。献血之

后，我感到体力、精力没受什么影响，上楼梯时我还是一步迈两个台阶。我说说这些陈年往事，可能有点“王婆卖瓜，自卖自夸”。我相信，现在的年轻官兵如果遇到我当年遇到的类似情况时，一定会做得比我更好。

热爱人民，要从热爱身边人做起。前面讲了，我们中国的汉字很有讲究。一个人就是一个人，两个人就是一个“仁”字，就有人与人之间的关系了。孔夫子说：“仁者爱人”。我们现在讲究“以人为本”。我们国家是世界上人口最多的国家，有 13 亿多人，56 个民族。我在一本书上看到这样几句话，大意是说，无论你职位多高、交际多广，但你经常接触的、经常相处的就是那么有限的一些人，这些人是需要你经常关心、帮助的人，也是经常关心、帮助你的人，这些人也可能是与你发生矛盾、形成纠葛的人。因此，热爱身边的人，与他们很好相处，就显得格外重要。

这就是说，我们每天遇到的是一个一个的人，如果你不热爱具体的人，你何谈热爱 13 亿多人民？热爱人民是具体的，不是抽象的，只有热爱一个一个具体的人，才能谈得上热爱人民。“以人为本”要以一个人一个人为本，如果你是个普通干部、普通士官、普通战士，你就要热爱你周围的人，和你的上级、和你的同级、和你的下级搞好关系，关心他们，热爱他们，帮助他们。

如果你是领导干部，就要热爱你的搭档，热爱你的部属。有些领导干部总是和搭档搞不好关系，这不是方式方法问题，而是根本态度问题。主官之间要搞“将相和”，不要搞“龙虎斗”。过去经常这么说，两个主官之间，“互相补台，好戏连台；互相拆台，一起垮台。珠联璧合，相得益彰；明争暗斗，两败俱伤。”这是正反两方面的经验之谈。领导干部之间、战友之间怎样搞好关系呢？我送大家八句话。前四句是：“对上以敬，对下以慈，对人以和，对事以真”。后四句是：“有事没事常来往，大事小事多商量，急事难事抢着上，好事喜事要谦让”。我相信，主官之间、战友之间，如果能够按照这八句话去做，各方面的关系就可能搞好了。

如果你是一位领导干部，热爱人民，就要关心爱护你的部属，因为这是你的职责所在。领导干部要处理好做人、做事、做官这三者之间的关系：做人是基础，是最重要的，首先要做个好人；做事是目的，要多做好事，少做错事，不做坏事；做官是责任，做官是为了做事，做事不是为了做官，做官要做清官，不要做贪官。要解决当官为什么、在位做什么、身后留什么这几个根本问题。

你是领导干部，就要尽力为你的部属创造良好的工作条件、学习条件、生活条件，使大家工作上有用武之地，生活上无后顾之忧。你说你热爱全中国人民，你热爱 13 亿多人民，你也没那么大本事，也没那个资格啊！你热爱你的部属，这也是热爱人民，因此，要尽量在自己的职责范围之内，创造一个良好的、和谐的小环境。

领导干部要给部属穿“跑鞋”，不给部属穿“小鞋”，让部属进步更快，提高更快，成绩更大。胸怀要开阔一些，度量要大一些，不要小肚鸡肠，斤斤计较，搞打击报复，更不能给部属穿“小鞋”。对部属要公道正派、一视同仁，不要分远近亲属，不要搞“小圈子”。搞“小圈子”必然脱离大多数人，是最不得人心的。领导干部要多串“冷门”，不串“热门”。串“冷门”，就是谁得病了，谁思想不痛快了，谁遇到问题了，谁家属来队了，甚至谁受到处分了，一定要去看看，安慰安慰，帮助他解决思想问题和实际问题，使他痛快起来，振奋起来。不串“热门”，就是谁升官了，谁发财了，这时有人会去凑热闹，你不要去凑那个热闹。

讲到这里，我要说一说我在位期间遇到的一件刻骨铭心的事情。1994 年到 1998 年，我在石家庄装甲兵指挥学院当政委。1996 年，河北省发生了百年不遇的特大洪涝灾害。我的一个好部下、正团职军务处副处长张金垠同志，为了抢救 9 名处在危难中的群众壮烈牺牲了。张金垠同志的家乡在辽宁省桓仁满族自治县，他也是满族人。他牺牲的时候，正值暑期放假期间，他的爱人和儿子都回老家去了。当我们派人把他们接回来以后，告诉他们张金垠同志已经牺牲了，他的妻子一下子就晕了过去，休克了 40 多分钟，醒来后悲痛欲绝、痛苦不已。

当时中央电视台著名主持人敬一丹同志来到我们学院采访张金垠同

志的事迹，因为他的事迹实在太感人了，敬一丹采访了两天，几次哭得采访不下去。后来她专门制作了一期《焦点访谈》，播放后在全国全军引起了强烈的反响。

敬一丹制作的这期《焦点访谈》，一开始不是从张金垠怎么壮烈牺牲开始，而是说部队有这样一位军官，回家探亲时给母亲买桃子，买了一袋软的，一袋半硬不软的，一袋硬的。那位卖了几十年桃子的老汉，从来没有遇到过这种情况，就问这位军官是怎么回事。军官说，我是一位军人，回来探家，明天就要回部队了。我母亲爱吃桃子，但她已上了年纪，牙齿不好了。我买三袋桃，是让母亲先吃软的，这一袋软的吃完了，然后半软不硬的也就变软了，就吃这一袋；吃完这一袋，那一袋硬的也就变软了，最后再吃这一袋。卖桃的老汉听了张金垠说的情况，非常感动，连声夸他是个大好人、大孝子！敬一丹制作的《焦点访谈》这样开头，可谓独出心裁、感人至深。

我们对张金垠的评价中有八个字：德才兼备、忠孝两全。对他的全面评价，概括成了三句话：“平常时候看得出来，关键时刻站得出来，生死关头豁得出来”。江泽民主席当时给他追记了一等功。中央宣传部、国家民政部、总参谋部、总政治部、河北省委、辽宁省委联合举行报告会，先后在北京人民大会堂和沈阳、石家庄等地巡回报告，广泛宣传他的光辉事迹。

记得我当年读初中时的一位刘老师，在学习了张金垠的事迹之后，很严肃地问我：“英雄流了血，牺牲了性命，你能不能让他的亲人不流泪?”我当时很郑重地回答：“我在位期间保证做到，我退休以后尽力做到。”我们除了隆重地办好张金垠的后事，高规格地宣传他的英雄事迹，尽最大努力做好抚恤工作，还破格让他的儿子光荣参军、子继父业。

退休前后，我和有关同志曾两次到张金垠的故乡，探望他年迈的老母亲。为他老母亲办理了“农转非”，在县城争取到了一套55平方米的住房。我第二次去的时候，县委书记、县长都来了。我们带着慰问品，吃的、穿的、用的、花的，一应俱全。县委书记、县长也很感动，他们说：“部队对烈士的亲属这样关心，我们地方上也责无旁贷!”县委书记和县长当即叫人在张金垠母亲住的房子里，张贴了一张告示：县里任何部门不得收取烈士母亲的水电暖费。地方领导这样重视，也使我十分感动、深受教育。

我离开石家庄已经11年了，我每年回去，一定去看望烈士的妻子、儿子，关心他们的工作和生活。1998年，我奉命调到总参谋部原兵种部当政委。我离开石家庄时做的最后一件事，就是在烈士牺牲的地方堆了好多石头，为我以后再凭吊他时能找到明显的标志。我还用一盆清水，用雪白的毛巾，含着眼泪，擦拭了张金垠的半身雕像，从头到脚，干干净净，一尘不染。这些事情都是我和张金垠的战友们应该做的。

在张金垠牺牲10周年的时候，我给敬一丹同志打电话，说您当年宣传了烈士的事迹，至今他的战友和亲人都感谢你，对您都念念不忘。敬一丹同志很快给烈士的妻子、儿子写了慰问信，送了慰问品。我还让著名作家、我的挚友二月河同志给烈士的亲人送了字画。

大家知道，我们中国人经常说，人生有三大不幸：幼年丧母，中年丧偶，老年丧子。我们只是做了一些应该做的事情，但是，在烈士牺牲10周年的时候，烈士的妻子还一针一线地亲手为我绣了一幅百福图。我把这件珍品收藏在家，作为永久的纪念，我感到承受不起、受之有愧呀！

热爱人民，就要努力做到：在人民群众遇到灾难、生命财产受到严重损失时，革命军人要挺身而出、义无反顾、全力救助。

我在这里给大家说一说，前不久我应成都军区政委张海阳上将邀请，到成都军区一些机关、部队、军校作报告。解放军报高级编辑、大校卜金宝同志和你们学院的余平同志与我一同前往。在此期间，我们特地去了“5·12”大地震受灾最严重的汶川县映秀镇看了看。同志们，到现场的感觉和看电视的感觉可大不一样啊！当我们了解到我们的胡锦涛总书记、温家宝总理亲临现场，日夜不停地指挥千军万马抗震抢险的时候；当我们了解到十几万人民子弟兵和武警官兵，只要有一分的希望就用百分之百的努力，抢救遇险人民群众的时候；当我们了解到像林浩那样的少年英雄，临危不惧，奋力抢救几位小伙伴的时候；当我们了解

到一位女警官，在抗震抢险中，顾不上自己的孩子，却用自己的奶水喂别的九个孩子的时候；当我们了解到一位中学的政治老师，正在为学生们讲着人生价值课，突然发生地震，他当机立断趴在课桌上，让四个学生躲到课桌下面，他牺牲了自己，保住了四名学生生命的时候；当我们到一所幼儿园，看到那些在地震中失去父母的孩子们，还不断用幼稚的声音喊叫我“将军爷爷”的时候……同志们，这时我的心灵受到了巨大的震撼，我泪流满面啊！

人民群众遭受了这么大的灾难，我们解放军、武警官兵用实际行动热爱人民。同志们，热爱人民不是一句空话，平时爱你自己、爱你父母、爱你同志、爱你搭档、爱你部下，当人民群众遭受灾难、生命财产受到严重损失的时候，我们就应该像抗震救灾的官兵那样挺身而出、义无反顾、全力救助。这就叫热爱人民！

我国发生四川大地震以后，外电对我国的抗震救灾工作，也普遍给予了高度的评价。俄罗斯新闻网发了一篇专稿，题为《中国挺住！》，篇幅虽短，但很感人。我在这里给大家读一下：

中国经历的磨难太多，但从没在磨难中倒下！面临灾难，中国展现出坚韧与顽强，赢得了全世界的敬意与赞扬。一个总理能在两个小时就飞赴灾区的国家，一个能出动十几万救援人员的国家，一个企业和私人捐款达到数百亿元的国家，一个人民群众为抢救伤员自愿献血而造成交通堵塞的国家，永远不会被打垮！希望必将与中国同在！四川雄起！中国挺住！

我在地震现场，还看到这样三条标语，非常感人，我在这里给大家读一下：

第一条标语：任何困难都难不倒英雄的中国人民！

第二条标语：共产党最好！党中央最亲！

第三条标语：今天我为祖国而感到自豪，明天祖国为我而感到骄傲！

# 三

# 报效国家

报效国家，阐明了军人与国家的关系，回答的是“为谁打仗”的问题。报效国家，在当代革命军人核心价值观中的地位，用一个字概括，我觉得就是“本”。热爱人民是“固根”的“根”，报效国家就是木本的“本”。我们经常说水有源、木有本，就是这个意思。

报效国家，首先就要热爱国家。人们总是在一定的国家里诞生和生活，因而产生和发展了对自己祖国的深厚感情，人们热爱祖国的江山、祖国的文化、祖国的优良传统，关心祖国的前途和命运，这就是爱国主义精神。爱国主义集中表现为民族自尊心、自信心和自豪感，表现为人民争取自己祖国的独立和富强而英勇献身的奋斗精神。

邓小平同志说过一段名言：“中国人民有自己的民族自尊心和自豪感，以热爱祖国、贡献全部力量建设社会主义祖国为最大光荣，以损害社会主义祖国利益、尊严和荣誉为最大耻辱。”爱国主义是我们永远要高高举起的一面伟大旗帜，是实现中华民族伟大复兴的强大精神动力。

同志们！我这里要说一说，原来说我们国家的地图像一片美丽的桑叶，帝国主义蚕食我们了，外蒙古也划出去了，以后人们说我们国家的地图像一只引颈高鸣的雄鸡。现在需要作些说明，我们国家的地图，不仅包括 960 多万平方公里的土地，还有 300 多万平方公里的海洋，把土地和海洋加在一起，我们国家的地图更像一个高高举起的火炬。发扬爱国主义精神，就要维护我们国家的领土、主权、统一和完整，反对帝国主义和霸权主义，反对西方国家对我国进行“分化”和“西化”的政治图谋。

我在一些大学作报告时，讲过这么五句话：

第一句话是“中国不能站”，就是不能站着不动，一定要改革开放，不断向前进；

第二句话是“中国不能慢”，邓小平同志说“发展才是硬道理”，发展得慢了也不行；

第三句话是“中国不能散”，就是中国不能分散，一定要反对“台独”、“藏独、”“疆独”等分裂势力；

第四句话是“中国不能乱”，稳定压倒一切，一定要保持社会稳定，一乱就什么事情也办不成了；

第五句话是“中国不能变”，一定坚持走中国特色的社会主义道路，绝不能改变颜色。

人们经常讲：儿不嫌母丑，狗不嫌家贫。好像我们的母亲很丑，我们的国家很穷。如果说过去用这两句话来形容还有一些道理的话，我看现在应该进行一些改变。其实，我们伟大的祖国是很伟大的、很可爱的。下面请大家听一听方志敏烈士于 1935 年 5 月 2 日在狱中写的《可爱的中国》的几段话：

中国是生育我们的母亲，你们觉得这位母亲可爱吗？我想你们是和我一样的感觉，都觉得这位母亲是蛮可爱的。不错，目前的中国固然是山河破碎，国病民穷，但谁敢断言中国没有一个光明的前途呢？中华民族在很早以前就造就了一座万里长城和开凿了几千里的运河，这就证明了中华民族伟大无比的创造力。中国在战斗之中一旦战胜了帝国主义的封锁，肃清了自己战线内的汉奸、卖国贼，得到的不仅是解放，这种创造力将会无限地发挥出来。到那时，中国的面貌将会被我们改造一新，所有的贫困和灾荒，混乱和仇杀，饥饿和寒冷，疾病和瘟疫，迷信和愚昧以及那些杀灭中国的鸦片和毒物，等等，这些都是帝国主义带给我们的赠品，将来也会随着帝国主义的赶走离开我们中国了。朋友，我相信，那时到处都是活跃的创造，到处都是日新月异的进步，欢歌将代替悲叹，笑脸将代替苦脸，富裕将代替贫穷，健康将代替疾苦，智慧将代替愚昧，友爱将代替仇杀，生之快乐将代替死之悲哀，明媚的花园将代替凄凉的荒地，这时我们的人民就能昂首站立在世人面前，而生育我们的母亲也会最美丽地装饰起来，与世界上的各位母亲平等地携手了。这么光荣的一天，绝不在遥远的未来，而在很近的将来，我们可以这样相信的——朋友！

同志们！大家听一听方志敏烈士这一段话讲得多么好啊！方志敏不但是老一辈的革命家、政治家、军事家，而且我们也可以称他是一位伟大的预言家。他所说的我们国家的光明前景，他所说的“八个代替”，现在不是基本上都实现了吗？

我在第一问题中曾经讲到，中国共产党建立了两大历史性功绩：一个是使中国“站起来”了，一个是使中国人民逐步“富起来”了。中国共产党正在领导中国人民继续奋勇前进，我们的国家肯定会“强起来”，实现民族复兴大业。“站起来”、“富起来”、“强起来”这三者之间是紧密联系的。只有“站起来”了，才能“富起来”；只有“富起来”了，才能“强起来”；只有“强起来”了，才能更加牢固、更加长久地“站起来”。

到 2021 年，也就是中国共产党成立 100 周年的时候，我国将建设成为惠及十几亿人口的更高水平的小康社会；到 2049 年，也就是新中国成立 100 周年的时候，我国将建设成为富强、民主、文明、和谐的社会主义现代化强国。同志们想一想，我们的国家，到那时一定会变得更加伟大、更加可爱！

我们国家曾经出现过许多可歌可泣、感人至深的民族英雄，同志们知道的很多，我在这里就不多讲了。我想讲一个外国的故事，大家从这个故事里可能会受到一些有益的启示。

凡是到过比利时布鲁塞尔的人可能都看到过，没有去过那里的同志或许听说过，布鲁塞尔市的标志性雕塑，是一个“撒尿小男孩”的铜像。这个小男孩的铜像栩栩如生，活泼可爱，至今已有 300 多年的历史了。关于他的传说有很多，最主要的是说，一次敌人袭击布鲁塞尔，想用炸弹引爆城市。正巧一个叫于连的小男孩发现了燃烧的导火索，情急之下用尿浇灭了它，挽救了全城。从此，这座“撒尿小男孩”的铜像，就成为比利时英雄的象征，并且被称作是布鲁塞尔的“第一市民”。

在很多人的印象当中，“撒尿小男孩”一直是赤裸着身子，其实不然，出于对这位“撒尿小男孩”的崇敬之情，世界上很多国家、城市和人士，都曾给过他衣服。现存的最早送给“撒尿小男孩”的衣服，是1747年法国皇帝路易十五的一件王宫近卫军礼服。据说，当初一位法国士兵曾将“撒尿小男孩”偷走，为了求得宽恕，路易十五将一件王宫近卫军礼服送给了“撒尿小男孩”。其中还有一套中国赠送的中式服装，那是1979年，布鲁塞尔庆祝建成1000周年时，前来参加庆典活动的当时北京市副市长白介夫赠送的。300多年过去了，“撒尿小男孩”已经成为世界上衣服最多的儿童，现在他已有700多件衣服了。这些衣服都被完好地保存在布鲁塞尔市博物馆的一个展厅里，那里五颜六色，好不热闹。

更为感人的是，布鲁塞尔有一位普通的市民，他叫雅克·斯图班特斯，这位普通人所从事的职业却是如此特殊，以至于这个世界上再也找不到第二个人是干他这一行的。那么，他究竟是干什么的呢？他的工作就是给“撒尿小男孩”穿衣服。到目前为止，他已经义务为“撒尿小男孩”穿了30多年的衣服了。每当需要给“撒尿小男孩”穿衣服的时候，总是在天不亮的时候，斯图班特斯就起床了。他趁早晨游客稀少时，将“撒尿小男孩”精心打扮一番，以便使来自世界各地的游客，不仅可以看到于连那永远不变的热诚微笑和姿势，而且还可以看到这位布鲁塞尔“第一市民”300多年来得到的礼物——各式各样的衣服。

通过这个“撒尿小男孩”的故事，可以给予我们很多启示。实际上，世界上任何国家都是非常重视提倡和培养爱国主义精神的，只不过不同的爱国主义具有不同的阶级属性和时代特色而已。一个人无论其地位高低、年龄大小，只要他为自己的祖国做了一点好事，人们就永远不会忘记他。

前面我用较多的时间讲了发扬爱国主义精神的问题，下面就讲一讲怎样报效国家。

第一，要有报国之志。大家都知道两个成语，一个叫“投笔从戎”，一个叫“精忠报国”。现在不叫“投笔从戎”了，改为“携笔从戎”了。我们“携笔从戎”的目的，就是为了报效国家。

第二，要有报国之责。古人说：“天下兴亡，匹夫有责。”军人这个职业，最能彰显一个人的爱国心，也最能体现血性男儿的英雄本色。人们过去常说“好男执戈卫社稷”，说的就是这个意思。

第三，要有报国之才。军人要具备政治思想素质、科学文化素质、军事技术素质、领导管理素质、身体心理素质。没有真才实学，没有过硬本领，不爱岗敬业，不在本职岗位上为军队做出成绩和贡献，报效国家就会成为一句空话。

第四，要有报国之行。我们不但要以心爱国，更要以身报国。民族英雄岳飞说：“以身许国，何事不可为？”要报效国家，就必须付出实际行动。革命军人只有为了军队的发展壮大而贡献自己的全部力量，才能体现出自己的人生价值。

报效国家的人生最美丽！

四

# 献身使命

献身使命，阐明了革命军人与军队的关系，回答的是革命军人实现自身价值的途径和形式问题。也就是平时怎样工作、战时怎样打仗的问题。献身使命，是当代革命军人核心价值观的主题。

什么叫使命？辞海上说，使命就是派人办事的命令，多比喻重大的责任，比如历史使命、神圣使命。我认为，献身使命，在平时就应该在自己的工作岗位上尽心、尽力、尽职、尽责，干一行、爱一行、专一行、精一行，努力做好本职工作，完成组织上交给的任务。在战时就要做到“一不怕苦，二不怕死”，敢打胜仗，消灭敌人。领有特殊使命，就要牢记使命重于生命，即使牺牲自己的生命，也要不辱使命，完成使命。

革命军人要出色地献身使命，平时就要经受住公与私的考验，战时就要经受住生与死的考验。军队和军人因战争而存在，和平从来就是人类的奢侈品。军人就是准备打仗、从事战争的。试想，如果世界上彻底消灭了战争，实现了永久和平，那还要军队干什么？还要军人干什么？军人的职业，是最艰苦、最危险的职业，也是最光荣、最壮丽的职业。军人最本质的职责，就是每时每刻保卫国家和人民的安全，一心一意谋“打赢”，舍生忘死保“打赢”。我们军人的眼睛，要一只注视战争，一只注视和平。在和平岁月，我们要时刻瞪着眼睛，高度警惕着潜伏在阴暗角落里的战争怪兽的一举一动。一旦战争爆发，我们就要义无反顾，以自己的血肉之躯去赢得战争、创造和平。我们一定要看到，世界并不太平，祖国统一大业尚未完成。如何打赢信息化条件下的局部战争？怎样不辱使命捍卫祖国的领土和主权？这是现代战争对每个革命军人的热切呼唤。当兵为什么光荣？光荣因为责任重！我们从入伍那天起，就分享着这种光荣，同时也承担着争取更大光荣的职责与使命。

根据国内外形势的发展变化，胡锦涛主席提出了我军新世纪、新阶段的历史使命，概括起来就是“三个提供、一个发挥”：中国人民解放军要为党巩固执政地位提供重要的力量保证，为维护国家发展的重要战略机遇期提供坚强的安全保障，为维护国家利益提供有力的战略支撑，为维护世界和平与促进共同发展发挥重要作用。很显然，在新世纪、新阶段我军的历史使命比过去更光荣、更重要了，也更扩大、更广泛了。我们革命军人要全面领会、坚决贯彻胡锦涛主席的重要指示，党、国家、人民、军队需要我们做什么，我们就一定要做好什么，坚决完成我军在新世纪、新阶段的历史使命。

它山之石，可以攻玉。我军很多英雄模范的故事大家都耳熟能详，我们要很好地学习、继承和发扬他们的革命精神和优良传统。为了说明革命军人献身使命这个问题，这里我给大家讲一个发生在外国的故事。

大家都知道，在长跑竞赛项目中有个“马拉松赛跑”，但要问起它的由来，可能很多同志又说不大清楚了。“马拉松赛跑”是田径运动中超常距离赛跑项目，全程 42.195 公里。它的由来是这样的：马拉松是希腊首都雅典东面一个小镇的名称。公元前 490 年，波斯人入侵希腊，并一直推进到雅典附近。希腊军队在统帅米勒狄的指挥下，利用马拉松的有利地形，与侵略者进行了一场激战，最后波斯军队被迫从马拉松镇溃退。一个名叫菲迪皮茨的传令兵被派回去报捷，这位士兵从马拉松一口气跑到雅典，高呼“我们胜利了”！接着便因疲劳过度倒地身亡。事过 2386 年，为纪念这一历史事件，在 1896 年举行的第一届奥运会上，举行了从马拉松到雅典的赛跑，并定名为“马拉松赛跑”，正式列为奥运会的比赛项目。我们很多人都知道“马拉松赛跑”，但这位古希腊的英雄战士菲迪皮茨却鲜为人知。我认为，我们中国革命军人不但应该知道“马拉松赛跑”，还应该永远记住这位伟大战士的英名。

我参军以后，深感革命军人责任重大、使命光荣。所以，我从1960年参军直到1970年10年间没有回过一次家，就是一心想着搞好学习，搞好工作，多出成绩，多作贡献。年轻时有两句话支撑着我：一句是“离不开爹娘，成不了栋梁”。人们过去经常讲“自古忠孝难两全”。但我认为，“忠”与“孝”是可以统一起来、结合起来的。孔夫子讲：“父母在，不远游。”在家里孝敬父母是一种“孝”，但这是“小孝”。光荣参军，献身使命，把为国家尽忠与为父母尽孝统一起来、结合起来，是“大孝”。另一句是“舍不得娇妻，成不了好汉。”过早地恋爱结婚，有了家室之累，就可能影响事业的发展。所以，我坚持做到了晚恋晚婚，结婚以后也是聚少离多，以事业为重。我在部队多数时候是从事政治工作，我的军龄是42年。我爱人是从事军队医务工作，她的军龄是45年。我们两人水平有限，能力不强，但我们在各自的工作岗位上尽了心、尽了力，没有懈怠，做了我们应该做的工作，较好地完成了组织上在不同时期交给我们的任务。我们两人加在一起共为部队奉献了87年时间，所以，我们“安全着陆”、光荣退休以后，也感到问心无愧。

我们所做的一点工作，是微不足道的。在这里我向大家郑重推荐老一辈革命家、军事家、开国上将张爱萍同志的一个座右铭，这个座右铭称之为“三忘”：“出家忘妻，出门忘乡，出阵忘死。”我相信，只要我们大家都能做到这“三忘”，就一定能够做到出色地献身使命。

# 五

# 崇尚荣誉

崇尚荣誉，阐明了军人与部队官兵的关系，回答的是革命军人的理想和追求问题。崇尚荣誉，是革命军人核心价值观的道德基础和精神动力。

每个人都应崇尚荣誉，军人更应该崇尚荣誉，这是由军队的性质和特点决定的。军队以年轻人为主，年轻人一个显著的特点，就是好学上进，好胜心强，不甘落后。更重要的是，军队是执行特殊使命的武装集团，军人要经受各种艰难困苦的考验。所以，崇尚荣誉对革命军人来说，显得比其他社会成员更为重要。

我国古人说：荣誉是人的第二生命、荣誉是人的第二遗产。外国有个“人生三大难”的说法：第一是获取荣誉难，第二是保持荣誉更难，第三是死后享受荣誉最难。

毛主席在悼念张思德时，曾经引用司马迁的话说，人固有一死，但死的意义有所不同。有的人死得重于泰山，有的人死得轻如鸿毛。为国家利益而死就是重于泰山，为帝国主义和反动势力而死就是轻如鸿毛。

陈毅元帅曾说，人生要开好三个会：一个是庆功会，一个是组织生活会，一个是追悼会。追悼会当然是别人为你开，你自己是不能参加了。但是，要想别人为你开好追悼会，你就必须开好前面两个会。

毛主席的秘书田家英同志也曾经说过，有的人“死在脚上”，有的人“死在手上”。“死在脚上”的意思是说，你生前是个好人，做了好事，享有荣誉，你死了人们悲痛不已、捶胸顿足。“死在手上”的意思是说，你是个坏人，做了坏事，大家痛恨你，你死了人们拍手称快、兴奋不已。

任何民族、任何国家、任何时代都需要英雄，崇拜英雄。崇尚荣誉，是一个民族生生不息的动力，是许多人内心不变的情结。一位哲人说："一个民族是否伟大，不仅看它产生过什么样的人物，更要看它拥戴什么样的人物。"还有一位哲人说："一个没有英雄的民族，是没有希望的民族，有了英雄而不去珍惜的民族，是一个可怜的民族、悲哀的民族。"从某种意义上说，多一个英雄，我们的民族就多一份希望，我们的国家就多一份希望。我们的民族需要英雄，我们的时代呼唤英雄。我们的民族、我们的国家历来崇拜英雄、崇拜清官、崇拜孝子、崇尚荣誉，鄙视和唾弃叛徒、汉奸、贪官、卖国贼。

我曾几次到位于河南开封的包公祠瞻仰，那里有一座大碑，碑上镌刻着北宋历任开封府尹（相当于现在的市长）的名字，其中就有包拯的大名。大家知道，黑脸包公是历史上的著名清官。他当时任开封府尹，开封是北宋的首都，他的官职相当于现在的北京市市长。他在这个职位上时间并不长，历史上记载只有一年多的时间。但因为他清正廉洁、大公无私、执法如山，所以关于他的故事世代相传、经久不衰。从那时到现在已过去了 1000 余年，历朝历代去瞻仰包公祠的人们，出于崇敬的心情，都用手指轻轻地摸一摸镌刻在碑上的包拯的大名，以至他的名字留下了深深的、发光的印痕。包公用自己的政绩、政声，擦亮了自己的名字。

我也曾去过坐落在岳飞原籍河南汤阴和曾是南宋都城的杭州两处岳飞庙瞻仰，亲眼看到在他威风凛凛的巨型雕像对面，跪着秦桧和他老婆王氏及其帮凶卑鄙委琐的雕像，任世人指斥和唾骂。据说从前有个叫秦涧泉的杭州抚台，是秦桧的子孙。他从秦桧跪像前经过，作了一副对联："人从宋后少名桧，我到坟前愧姓秦"，用以自嘲并对他的这个前辈表示无比愤恨。"秦桧"这两个字本身并没有错，问题是曾经有一个奸臣用这两个字做过姓名，所以自宋代以后，几乎就没人用"桧"做名了。但从这件事上，也可以看出秦桧的确是遗臭万年，被永远地钉在了历史的耻辱柱上。而世世代代的人们对他嗤之以鼻，那也是他咎由自取、势所必然。

还有一件事足以说明人们对秦桧的痛恨。很多人喜欢吃一种油炸面食，在北方是呈长方形的“油饼”，在南方是呈棒槌形的“油条”，又称“炸油桧”。这个名字是怎样得来的呢？相传南宋高宗十一年（1142 年）12 月，秦桧一伙以“莫须有”的罪名杀害了岳飞父子，人民群众义愤填膺。当时在临安（今杭州）风波亭附近有两个卖早点的摊贩，他俩各自抓起一块面团，分别捏成形如秦桧和王氏的两个面人，搅在一起放在油锅里一起炸，嘴里还不停地念叨：“炸死他们！炸死他们！”以后就把这种食品称之为“油炸桧。”从此，各地竞相仿效，遂有棒槌形的油条从南方到北方四处流传。很多人多喜欢吃油条，但知道这个爱憎分明的传说的人，恐怕不是很多。

由此看来，一个人的名字并不是一个简单的符号。赋予不同的名字以不同的内涵，就会在人们的心目中乃至历史上呈现不同的色彩和味道。所以，千万不要抹黑自己的名字，千万不要玷污自己的名字。让我们每个人都珍惜自己的名字，擦亮自己的名字吧！

说到崇尚荣誉，我就想起了我们敬爱的周总理。周总理的一生，是波澜壮阔的一生、光辉灿烂的一生。周总理是 1976 年 1 月 8 日去世的，当时“四人帮”还在台上，他们竭力压低悼念周总理的规格，不准设灵堂，不准佩黑纱，不准戴白花。即使这样，在周总理遗体火化那天，北京市和来自全国各地的上百万人民群众，还是冒着凛冽的寒风，走到长安街两侧为周总理的灵车送行，灵车经过哪里，哪里就是一片哭声。我也排着长长的队伍，到劳动人民文化宫吊唁了周总理，面对周总理的遗像和骨灰盒，深深地三鞠躬。我深深地感受到了“人民总理爱人民，人民总理人民爱”的生动场景。

最感人的是，周总理逝世的时候，当时的联合国秘书长瓦尔德海姆也决定在联合国总部为周总理降半旗致哀。但一些国家的外交官认为，周总理不是国家元首，对降半旗提出质疑。这时，瓦尔德海姆站出来说了一段话：

我之所以决定为周恩来总理降半旗，主要有三个依据：一是中国是个大国，是个文明古国，中国的金银财宝、中国使用的人民币，多得数都数不过来，但是周恩来贵为总理，在国内外却没有一分钱存款；二是大家都知道，周总理是个美男子，但是他终生只有一个妻子，这就是邓颖超女士，他们终生相亲相爱；三是周总理和邓颖超没有自己的一个孩子，但是他们却无限热爱全中国人民，无限热爱全中国青年，把全中国的青年都当作自己的孩子一样关心、爱护、帮助、培养。你们国家的元首，只要做到周总理这三条中的一条，他死了我就为他降半旗！

说完，他扭头就往回走。这时，众多外交官面对联合国旗帜半落，低首为周总理默哀，他们深深地为周总理的伟大人格魅力所折服。周总理的人格魅力，能超越时间、超越空间、超越国界、超越意识形态。周总理永远是我们学习的光辉榜样！

一位哲人说："光荣的人注视着国家的荣誉，虚荣的人注视着自己的名利。"我们既要崇尚荣誉，又要淡泊名利，切不可沽名钓誉。早在我读高中时，社会上就流传着这样四句话："见先进就学，见后进就帮，见荣誉就让，见困难就上。"对这四句话，我一直印象很深，对我影响很大。

在这里我也实事求是地说说自己的情况，我经常说我是一个"三无将军"：一是我一参军就上军校、当学员，提干后长期在总部机关和院校工作，没在战斗部队当过兵；二是因为工作性质决定，我没上前线打过仗，这是我军旅生涯的最大遗憾；三是我没立过功，连个嘉奖也没有。

有的同志可能要问：作为一个将军，你怎么就没有沾过立功、受奖的边呢？这简直不可思议！我也想过这个问题，感到可能有这样两条原因：首先是因为我是个很普通、很平凡的军人，虽然也多少做过一些工作，但从未做出过显著的成绩，因此不够立功或受奖的条件；另一个原因是因为我在同批参军的同志中，开始担任领导职务比较早，又是在政治机关做组织工作，组织部门的一项职责就是负责实施奖励。这样就总得发扬一点风格吧！如果搞"近水楼台先得月"，那不挨骂才怪呢！我一直认为，对于职务、级别、荣誉这些东西，如果你真有本事，最好是能干出来、冒出来，千万不要要出来、跑出来！跑官要官，伸手要荣誉、要名利、要地位，是会被人戳脊梁骨的，即使得到了一些东西，心里的滋味也不会好受。

我可以和大家吹牛的只有这么两件事。一件是我响应党和国家晚婚晚育、优生优育的号召，31 岁才谈恋爱，32 才结婚，38 岁才有一个女孩，当时还没有只要一个孩子的政策，但我和爱人商量，只要一个女儿足矣，我 39 岁就做了男性绝育手术，当时我早已是正团职领导干部，在一个处级单位担任副政委，其中分管的一项工作是计划生育，也被评为先进单位。由于这些原因，我曾被评为中国人民解放军总参谋部的计划先进个人。另一件是我退休之后，努力做到退而不休，继续为党、军队和社会做了一些力所能及的工作，所以被评为了全军的先进退休干部，还到总政治部去领了奖，披红戴花呀！我感到还是很光荣的。

同志们，我在前面一个问题一个问题地讲了践行当代革命军人核心价值观，我在这里还想说一下，其实任何国家的军队都有自己的核心价值观，不过它的性质和内容不同罢了。举世闻名的美国西点军校，其校训是六个大字：责任、荣誉、国家。从某种意义可以说，这也是美国军人的核心价值观。

他们是怎样对待这六个大字的呢？二战名将、美军五星上将麦克阿瑟早年毕业于西点军校，也曾担任过西点军校的校长。他在晚年又回到西点军校，发表了一篇著名的演说，这篇演说的题目就是《责任、荣誉、国家》。在演说中，他屡屡满怀深情地讲到这六个大字：

责任、荣誉、国家，这三个神圣的名词，尊严地命令您应该成为怎样的人，可能成为怎样的人，一定要成为怎样的人。它们是您振奋精神的转折点，当您似乎丧失勇气时鼓起勇气，似乎没有理由相信时重建信念，几乎绝望时产生希望。

你们的路标：责任、荣誉、国家，这抵得上夜里的十倍灯塔。

我的年事渐高，已近黄昏。……可是，在我记忆的黄昏，我总是来到西点，这里总是在我的耳边回响着：责任、荣誉、国家！

我想，这应该给予我们一个启示：美军尚且如此，何况我军！毫无疑问，我们更应该认真学习、深刻理解、努力践行胡主席提出的当代革命军人核心价值观。对于“忠诚于党，热爱人民，报效国家，献身使命，崇尚荣誉”这二十个大字，我们不但要牢固地记忆在脑子里，更要努力地体现在行动上。

我退休已经8年多了。我把自己的退休生活概括为“一、二、三”：“一”就是“一个中心”，以身心健康、老有所为为中心；“二”就是“两个要点”，一支秃笔写文章，一张苦口作演讲；“三”就是“三个梦想”，强国梦、统一梦、百岁梦。我已经为自己的军旅生涯画了一个比较圆满的句号，争取在我告别人世的时候，再画一个更为圆满的句号。

同志们！我要和大家一起继续认真学习、深刻理解胡主席提出的当代革命军人核心价值观，努力做到“忠诚于党，热爱人民，报效国家，献身使命，崇尚荣誉”。

我入党50年了，参军也快50年了，年龄近70岁了。回顾自己的大半生，我为自己是中国人感到自豪！为自己是中国共产党的一名党员感到自豪！为自己是中国人民解放军的一名退休老兵感到自豪！

我从内心里发出这样的呼声：

共产党真好！

新中国真好！

各族人民真好！

解放军真好！

社会主义真好！

改革开放真好！

我们的明天一定会更加美好！

第四部分

# 人生最美是军旅
# 优秀儿女当兵去
# ——和刚入伍的新兵谈心

雷锋

人们常说，绿色象征着生命，象征着希望，象征着春天。而我还要说，绿色象征着和平，象征着国防，象征着军人。军队的基础在士兵，士兵的基础在新兵，新兵的基础在征兵。只有穿上军装，才能真正懂得士兵的含义。军装是军人最好的“名片”和“通行证”。

一个军人，在绿色方阵里不论取得多么值得夸耀的成绩，也不论在军队里度过多么长久的时间，但最令人无法忘却的，最值得回味的，还是刚当新兵、初入军营的那段日子。

战友们，同志们：

在讲这个问题之前，我先讲讲雷锋入伍第一天遇到的“四个一”。

雷锋是 1960 年 1 月 8 日入伍的，这一天他遇到的“四个一”分别是：

一、代表新兵在欢迎大会上讲了一次话

敬爱的首长和全体老大哥同志们：你们好！

首长让我代表新战士讲话。我们这些新战士，能在 60 年代刚刚开始的日子里，穿上军装，扛起枪杆，真有说不出的高兴。我们当中有工人，有社员，也有学生，来自四面八方，可我们只有一个心眼，学好本领，保卫祖国，当个像样的兵，做毛主席的好战士。（听众鼓掌）

刚才团首长讲话，希望我们争当一个模范战士，依我说，有党的领导，有老同志们的帮助，我们大家都要有一百个信心保证当上！（众笑）

你们笑什么呀，我讲的是实话。

二、写了一篇日记

1960 年 1 月 8 日

这天是我永远不能忘记的日子，这天是我最大的荣幸和光荣的日子。我走上了新的战斗岗位，穿上了黄军装，光荣地参加了中国人民解放军。我好几年来的愿望在今天已实现了，真感到万分的高兴和喜悦，这是我一生最大的幸福。

我在党的正确领导下，在革命的大家庭里，我一定要好好地锻炼自己，在入伍的这一天，我并提出如下保证：

（一）听党的话，服从命令听指挥。党指向哪里，我就冲向哪里。

（二）加强政治学习，多看报纸和政治书籍，按时参加部队各种会议和学习，积极宣传党的政策，密切靠近组织，及时向组织反映各种情况，不断提高自己的政治思想觉悟。

（三）尊敬领导，团结同志，互帮互爱互学习。

（四）严格遵守部队一切纪律，做到虚心向老战士学习，刻苦钻研，加强军事学习，随时准备打击敌人。

（五）克服一切困难，发扬长辈优良的革命传统。我要坚决做到头可断，血可流，在敌人面前决不屈服、投降。我一定要向董存瑞、黄继光、安业民等英雄的战士学习。

（六）我要努力学习政治、军事、文化，我要好好地锻炼身体，我一定要在部队争取立功当英雄，我一定要做一个毛泽东时代的好战士，我要把我可爱的青春献给祖国最壮丽的事业。

以上六条是我努力的方向和我的奋斗目标。今天我太高兴我太激动，千言万语一下要写完是办不到的，因此写到这里告一段落。

我渴望已久的参加中国人民解放军的理想实现了，怎么叫我不高兴呢！我恨不得把我的心掏出来献给党才好。晚上我怎么也睡不着，我的心就像大海的浪涛一样，好久不能平静。

我，一个在旧社会受苦受罪的穷苦孤儿，居然成为一个国防军战士，得到党和首长的信任，受到战友们的热爱，我真不知说什么好……在这个革命的大家庭里，首长胜过父母，战友亲过兄弟，这一切，只有在党领导下的人民军队里才能得到。

我一定不辜负党对我的教育和期望，我决心保持和发扬我们弓长岭矿全体职工的光荣，军政学习争优秀，全心全意保卫国防，成为一个优秀的国防军战士。

三、从画报上剪下黄继光的照片，贴在日记本的扉页上，并在照片两侧写上了这样两句话：我永远向你学习，英雄的战士黄继光。

四、遇到了一件让他深受感动的事情

雷锋参军9个月之后，深情地回忆了参军第一天的情况，并写成了书面材料。他深情地写到：

今年1月8日，是我永远不能忘记的日子，我光荣地参加了中国人民解放军，实现了自己最崇高的愿望。

祖国啊！到处都有我慈祥的母亲——中国共产党对我的亲切关怀和照顾。我到达部队的头一天，因为乘火车时车厢里热，我脱掉了衣服，下车受了凉。深夜睡不着觉，止不住地咳嗽，发烧，有时还发冷。下半夜了，营长来到我们宿舍，有的同志被子没有盖好，他轻轻地给盖好。他发现我还没睡，走到我身边见我咳嗽，就轻声问："你感冒了么？"我说："没什么。"当时我想，这点小病还是不告诉首长好，以免麻烦首长。营长连夜查铺两三次，发现我一直没睡，知道我感冒了，就从卫生连叫来一位医生给我诊治，吃了药，叫我好好睡觉。亲如爹娘的营长啊，怕我冻着，脱下自己的棉大衣，还送来一床新被子，都盖在我身上。我激动的泪水流湿了枕头，我真想掏出自己的心来献给党，我下定了决心，入伍了，一定要好好地为人民服务。

雷锋入伍第一天，在代表新兵讲话中，就表示了一定要"当个像样的兵"的坚定决心，立下了"一定要在部队争取立功当英雄"的远大志向，选择黄继光作为自己的学习的光辉榜样，并且感受到了部队首长对新兵的亲切关怀。

你们带着无限憧憬，带着美好理想，带着执著追求，告别亲爹娘，穿上绿军装，光荣参军，来到军营，成为我们共和国新时期的一代新兵。我作为一个经过漫长军旅生涯，并且已经退休的老兵，看到你们很高兴，看到你们格外亲。今天，我站在这里，看到新战友们一张张稚气未脱的娃娃脸，觉得自己依然年轻，觉得自己的心和你们靠得很近。请允许我以一个老兵的身份，向你们光荣参军、志愿入伍，表示热烈的欢迎和衷心的祝贺！

凡是当过兵的人，都有一段难忘的历史。在当兵的历史中，新兵生活又最使人难忘。我是 1960 年 7 月高中毕业后被保送进入军校参加入伍教育的。我们是学员，也是新兵。当时的心情大概和你们现在的心情是一样的。那时条件还比较艰苦，我们住的是小平房，睡的是大通铺。大家来自五湖四海，亲如兄弟，情同手足，情绪高涨，浑身是劲。我还清楚地记得刚穿上军装时的兴奋、刚戴上领章帽徽时的荣耀、刚听到军号声时的激动。第一次站岗放哨、第一次紧急集合、第一次打靶投弹、第一次站队点名时的情景，虽然已经过去52年了，但仍然清晰如昨、历历在目。人越老越爱回首年轻时的事情。今天，我重温自己当年参军入伍时的情景，深深感到，新兵生活是生命中永远新美、令人难忘的一章。这正如歌词中所唱的："人生最美是军旅"，"生命中有了当兵的历史，一辈子也不会懊悔"。我相信，过若干年之后，你们也会有这样的体会。

刚才说到，我当了大半辈子兵，已经于11年前光荣退休、脱掉军装了。说心里话，肖时心里真不是滋味，主要是留恋自己当兵的历史，留恋绿色的军装。今天，看到你们充满朝气的面孔，看到你们身着绿色的军装，我很羡慕你们。人们常说，绿色象征着春天，象征着生命，象征着希望。而我还要说，绿色象征着和平，象征着国防，象征着军人。军装是军人最好的"名片"和"通行证"。只有穿上军装，才能真正懂得战士的含义。只有走进军营，才能真正理解奉献的真谛。

作为一个老兵，过去我经常思索这样的问题：部队是什么？战士是什么？

人们常说，我们军队是人民民主专政的坚强柱石，是保卫祖国的钢铁长城。

人们还说，部队是大学校，是培养人、造就人、出息人的地方。

人们还说，部队是大熔炉，进了军营，是矿石能够炼成好铁，是好铁能够炼成好钢。

人们还说，部队是大家庭，火热的军营温暖的家，这里充满着同志爱、战友情。

人们还说，部队是个"大魔术师"，可以把一条"虫"变成一条"龙"。

人们还说，部队是士兵成长的沃土，是士兵前进的跑道，是士兵成才的阶梯，是士兵展现智慧才能、实现人生价值的舞台。

我想，人们对于我们军队的这些赞誉和形容，决不是溢美之词，而是发自内心的，是深有体会的，是符合实际的。当然，没有当过兵的人，是很难得出这样的结论的。

关于战士是什么样的人，我们可以从巴金的一篇散文中得到某些启示。大家知道，巴金是一位德高望重的文学大师，他的很多作品，影响了几代人。巴金一直非常关注我们部队、支持我们部队。抗美援朝期间，他曾亲赴朝鲜，冒着枪林弹雨，采访过志愿军彭德怀司令员，并和彭老总结下了深厚的战斗友谊。根据巴金小说《团圆》改编的电影《英雄儿女》，很多人都看过。这部电影的主题歌《英雄赞歌》，很多人都会唱。我拜读过巴金的好多作品，对于他的一篇散文，我情有独钟，格外喜爱，印象尤为深刻。这篇散文篇幅很短，言简意赅，我在这里向新战友们全文朗读一下。

## 做一个战士

巴　金

一个年轻的朋友写信问我："应该做一个什么样的人?"

我回答他："做一个战士。"另一个朋友问我："怎样对付生活?"我仍旧答道："做一个战士"

《战士颂》的作者曾经写过这样的话："我激荡在这绵绵不息、滂沱四方的生命洪流中，我就应该追逐这洪流，而且追过它，自己去造更广、更深的洪流。我如果是一盏灯，这灯的用处便是照彻那多量的黑暗。我如果是海潮，便要鼓起波涛去洗涤海边一切陈腐的积物。"

这一段话很恰当地写出了战士的心。在这个时代，战士是最需要的。但是，这样的战士不一定要持枪上战场，他的武器也不一定是枪弹。他的武器还可以是知识、信仰和坚强的意志。他并不一定要流仇敌的血，却能更有把握地致敌人于死命。

战士是永远追求光明的。他并不躺在晴空下享受阳光，却在暗夜里燃起火炬，给人们照亮道路，使他们走向黎明。驱散黑暗，这是战士的任务。他不躲避黑暗，却要面对黑暗，跟躲藏在阴影里的魑魅魍魉搏斗，他要消灭他们而取得光明。战士是不知道妥协的，他得不到光明便不会停止战斗。

战士是永远年轻的。他不犹豫，不休息。他深入人丛中，找寻苍蝇、毒蚊等危害人类的东西。他不断地攻击它们，不肯与它们共同生存在一个天空下面。对于战士，生活就是不停的战斗。他不是取得光明而生存，而是带着满身伤痕而死去。在战斗中力量只有增长，信仰只有加强。在战斗中给战士指路是“未来”，“未来”给人以希望和鼓舞。战士永远不会失去青春的活力。战士是不知道灰心与绝望的。他甚至在失败的废墟上，还要堆起破碎的砖石重建九级宝塔。任何打击都不能击破战士的意志，只有在死的时候，他才闭上眼睛。

战士是不知道畏缩的。他的脚步很坚定，他看定目标，便一直向前走去。他不怕被绊脚石摔倒，没有一种障碍能使他改变心思。假象绝不能迷住战士的眼睛，支配战士行动的是信仰。他能够忍受一切艰难、痛苦，而达到他所选定的目标。除非他死，任何人不能使他放弃工作。

这便是我们现在需要的战士。这样的战士并不一定具有超人的能力，他是一个平凡的人。每个人都可以做战士，只要他有决心，所以我用“做一个战士”的话来激励那些在彷徨、苦闷中的年轻朋友。

大家听听，大作家巴金讲得多么好、多么富有激情啊！

当然，巴金在这里所说的战士，比我们部队中的战士，在外延上可能更宽泛一些，他是从广义上说的。但是，我们仍然可以从这位世纪老人的散文中，受到很多启迪，获得深刻教益。让我们也来这样呼喊吧：做一个战士！

可以这样说，听从祖国召唤，踊跃报名参军，是我们民族和国家的一个优良传统。古代岳母给儿子刺字“精忠报国”、花木兰替父从军、穆桂英挂帅出征的故事，几乎家喻户晓、妇孺皆知。革命战争时期，很多有志青年踊跃参军、英勇杀敌的事迹，更是令人可歌可泣。在新的历史时期，参军热不但没有下降，反而不断升温。“好儿女，当兵去”、“心系国防，志在四方”的豪言壮语，响彻祖国的四面八方。很多地方的党政领导和人武部门，也提出了这样的要求：“未来要打赢，今日送好兵”，“把最优秀的青年送到部队去”。你们都是经过严格挑选的，有些地方甚至是“百里挑一”，才得以参军入伍的。因此，你们都是有志青年、优秀青年。你们把作为一名新时期的革命军人，视为自己的崇高理想。你们来部队时，是一棵茁壮成长的小树。经过严格的军事生活，以后离开部队时，你们就有可能成为祖国的栋梁。当兵是不容易的，当兵光荣，当个好兵更光荣。正如一个新战士在高唱《我是一个兵》这首歌之后，写诗言志所说的：“我是一个兵，来自老百姓。既然来当兵，决不做孬种！”我想，这位新战士的诗句，可能代表了大家的共同心声。

这里，我怀着特别喜悦的心情，谈一谈在校大学生踊跃参军、携笔从戎这样一种新的风气。在战争年代，我军创造了无数辉煌，取得了一个又一个胜利。尽管当时我军兵员的主体是工农子弟，文化程度不高，但他们凭着对党的事业的无限忠诚，凭着勇于牺牲的精神，硬是创造了惊天动地的英雄业绩。进入 20 世纪 80 年代之后，世界各国纷纷将高科技率先应用于军事领域，军队战斗力构成发生了质的变化。提高兵员素质，成为各国加强军队现代化建设的重要一环。然而，直到前些年，我国在校大学生报名参军入伍、到战斗部队当战士的，还属凤毛麟角。部队老一点的官兵或许还记得，20 世纪 90 年代初从山东临沂入伍的大学生公举东，走进上海“南京路上好八连”之后，以不同凡响的成绩获得“中国青年五四奖章”。可以这样说，公举东同志为在校大学生参军当兵带了个好头，开了风气之先。然而，这两年情况却发生了很大变化。在很多地方，大学校园出现了参军热。在校大学生纷纷报名参军，已成为大学校园里的一个最热门话题、最壮美的风景。面对五彩缤纷的世界，有不少大学生对绿色军营情有独钟。这真是令人欣喜的一个好事情。科技强军，人才为本。当人类的步伐跨入知识经济大门之时，一种全新的军事形态——知识军事也随之应运而生。有专家预言，谁拥有了知识和人才，谁就是未来战场的主宰者。当前，我军已按照新时期军事战略方针的要求，实现由数量规模型向质量效能型、人力密集型向科技密集型的转变，军队武器装备日益现代化，这对我军的兵员构成和兵员素质提出了新的更高的要求。可以说，没有高素质的兵员，就无法达成人与武器装备的最佳结合。这几年，我军兵员素质大大提高，兵员成分由过去的以农村青年为主，转变为工农商学皆有，一大批具有较高学历的知识型青年拥入军营，使我军形成了以高中生为基础、大专生逐年递增的兵员知识结构。而大学生争相携笔从戎，标志着我军兵员知识结构正在进行历史性调整，必然给部队建设带来知识、观念和管理方法等方面的一系列变革。总之，吸引地方在校大学生参军，这无疑是开创我军建设新局面的战略之举。

形成在校大学生参军热这种喜人局面，有着多种原因。前些年，海湾战争、科索沃战争、阿富汗战争的滚滚硝烟，军事高科技对人才的孜孜以求，使“国防”两个字一次次地镌刻在莘莘学子的心中，激发了大学生为国防现代化贡献青春的理想和热情。国庆 50 周年、60 周年大阅兵的空前盛况，使众多大学生的眼睛投向军营。大学生参加军训，时间虽然不长，但参加军训的每个人都发生了很大的变化，让他们留下了美好的回忆，使大学生更加向往军营。特别是修改后出台的《中华人民共和国兵役法》和《现役士兵服役条例》规定，从 2001 年开始，我国首次在高等院校在校大学生中征集义务兵，同时缩短义务兵服役时间，提高士兵的职业化程度，改善士兵待遇。这个新规定的实施，更加吸引了有志青年参军入伍，军营将为他们提供良好的成才环境和广阔的发展空间。有些地方政府制定了更加优惠的措施，在校大学生参军可以保留学籍，退役后回校复学，享受减免一半学费的待遇；在服役期间荣立三等功或连续两年被评为“优秀士兵”的，享受学费全免待遇，是大专的还可以升为本科。毫无疑问，入伍的大学生与其他士兵一样甚至有更多考军校、提干等机会。因此，只要大学生士兵勇于接受锻炼，积极争取进步，善于发挥自身优势，在部队就可以大有作为，回地方也会比同龄人更有发展潜力。

我与几位积极请求参军的大学生谈过心，他们思想境界很高，考虑问题也很实际。听了他们说的一番话，对我这个老兵也很有教育。

一位大学生这样说，参军报国是每个公民应尽的义务，我们这些大学生更有义不容辞的责任。我们深知“国无军不强，民无兵不安”的道理。我们很多大学生都积极要求参军入伍，希望为国防建设贡献自己的聪明才智。

一位大学生这样说，这次我报名参军，往大了说，是为了国防事业，是要尽自己的微薄之力；往小了说，也是锻炼自己的好机会，我认为自己是一块好铁，我还要把自己炼成好钢。总之，就是八个字：保卫祖国，锻炼自己。

一位大学生这样说，我参军的打算是：如果在部队表现得好，能够考上军校，将来当一名军官，在部队长期干下去，从事军人这种特殊而光荣的职业，真正圆自己的军人梦。如果表现一般，回来再把自己的学业读完就是了。无论如何，总是对自己的一种磨炼，一种难得的人生经历吧！我相信军旅生涯是一种人生积累，不同的人生积累，可以改变人的一生。如果我能参军，将来就是有过当兵经历的大学生。就凭这一点，我会比其他人更有竞争力。总之，当兵是给自己创造一个好机会。只有给自己机会，才有成功的希望。不给自己机会，虽然无所谓失败，但也绝不会有什么成功。总之，当兵会受益一生，从军的选择永远是无悔的。

还有这样一位大学生，他已经毕业找了工作，做了一家大公司的业务主管，月薪可达 8000 元，他却毅然辞掉工作，积极报名参军。在总裁惋惜的目光里，他把笔挺的西装换成了崭新的国防绿。他这样表达自己的心迹："我不在乎什么高薪厚遇，我只想把灿烂的青春和火热的激情糅进军营。"他还说："挣钱的机会今后还有的是，但当兵的机会就只有这么一次。当兵遇到一些暂时问题，也可能后悔一阵子；而不当兵，那就会后悔一辈子。"

大家听听，这几位大学生讲得多么好、多么感人啊！在校大学生的参军热，使我想起了"投笔从戎"这个成语。说的是东汉时有个年轻人叫班超，他家境贫寒，但学习刻苦，博览群书，既有文化知识，又有口辩之才。按现在的说法，就是个大知识分子了。他平时给人抄抄写写，起草个公文什么的。时间长了，觉得整天在笔砚之间没有什么意思，他认为应该像过去的两个人那样，一个叫张骞，一个叫符介子，他们投奔军旅，立功异域。班超从军后，奉命出使西域 31 国，促使西域 50 余国皆归汉，建立了丰功伟绩，促进了边疆安全和文化交流。后来他被朝廷封为定远侯，任射声校尉。他回内地一年后便去世了，但却留下了千古佳话。后来，根据班超的事迹，人们就把文人参军叫作“投笔从戎”。在古代，好像“笔”与“戎”是一对矛盾，要“从戎”就得“投笔”。现在时代不同了，大学生参军不是“投笔从戎”，而是“携笔从戎”，而且现在的“笔”与传统意义上的“笔”也不一样了。很多新参军的大学生具备了较高的科学文化知识，写东西也换“笔”了，对电脑是玩得很熟练的。我们部队里经常说这样几句话：军队的基础在士兵，士兵的基础在新兵，新兵的基础在征兵。越来越多在校大学生“携笔从戎”是难能可贵的，是为部队所特别需要、特别欢迎的。这对于改善我们部队的兵员结构，提高部队的战斗力，无疑具重大而长远的意义。绿色军营对于大学生来说，大有用武之地，大有可为之时。你们“携笔从戎”，肯定会大显身手、大有作为！

有人问：新兵是什么？

一位将军这样回答：

新兵就是漫长军旅生涯新奇、甜美的初恋；新兵是军营一扇刚刚打开的神圣之门；新兵是万里之行加油备航的小船……

一个军人，在绿色方阵里，不论取得多么值得夸耀的成绩，也不论在军队里度过多么长久的时间，但最令人无法忘却的，最值得回味的，还是刚当新兵、初入军营的那段日子，因为那是他的最初，那是他的首发，那是他的全新。

这位将军讲的这段话，既是肺腑之言，也是经验之谈。

你们从家庭或学校来到部队，将在这里接受三个月的军政训练，即入伍教育。这段时间虽然不长，但对于你们今后的军旅生涯乃至一生，都具有非常重要的意义。通过入伍教育，你们将要实现从普通青年到合格军人的转变。做一个合格的军人、完整的军人，都必须从这里起步。这里是你们人生的一个转折点，也可以说是一个过渡期。你们要完全适应部队严肃紧张的训练和生活，真是谈何容易，绝不像从身着便衣换成军装那么简单。必须付出艰辛的努力，进行刻苦的锻炼，征服自己，超

越自己，乃至经历脱胎换骨的改造，才能真正实现从老百姓到军人的转变。

根据我回忆刚当兵时的情况，以及听取一些老兵谈的体会，我认为，要搞好入伍教育，真正实现转变，做一个合格的军人，就必须过好“五关”，即：动机关、吃苦关、想家关、荣誉关、分配关羽。三国时的蜀军大将关羽，不是有个“过五关斩六将”嘛！新战士要迈好军营第一步，也必须过好“五关”。下面，我就把过好“五关”分别地说一说。

**第一关　过好“动机关”**

所谓过好“动机关”，就是要明确入伍动机，端正服役态度，真正认清“当兵为什么、当兵干什么”这样的根本问题，从而为今后的军旅生涯打牢坚实的思想基础。可以这样说，过好“动机关”，是为了迈好军营第一步而必须上好的第一课，是新兵入伍教育必须解决好的首要课题。

我们经常讲“服兵役”这三个字，首先就应该明确“兵役”是什么。所谓“兵役”，是指公民为国家履行的军事义务，而义务是一种不要报酬的行为。在革命战争年代，军人随时面临生与死的考验。而在和平时期，军人所面临的更多的是公与私的考验。从这个意义上说，选择参军，就意味着选择吃苦、选择危险、选择打仗、选择奉献、选择牺牲。我们说军人是一种特殊的、光荣的同时又是危险的职业，讲的也是这个意思。应该实事求是地承认，绝大多数新战士入伍动机是比较纯洁的、是基本端正的，大家的思想准备也是比较充分的。同时，我们还必须看到，新战士在依法服兵役的基础上，普遍带有很明确的个人目的，功利主义色彩比较浓厚，追求个人利益、价值的愿望比较强烈。看看你们这一批新战士入伍时携带的东西，可以从一些侧面看出大家参军入伍的真实想法：有的带着书本入伍，准备准放飞美好理想，圆自己的大学梦，到部队寻找出路；有的揣着各种证书、身怀一技之长入伍，既想在部队大显身手，又想实现“曲线就业”，退伍后找到更好的工作；有的带着乐器入伍，走出家门开眼界，见世面，追求多彩生活；还有的甚至带着土特产和名烟名酒入伍，想在“关键时刻”拉关系，走后门，寻找进步“捷径”。据一个部队的调查，72%的农村籍新战士毫不掩饰自己参军的目的，是希望从这条路跳出“农门”，想考军校、学技术、转士官、当干部；城镇籍的新战士想入党、立功的人数占68%，有56%的新战士入伍是为了“曲线就业”。这些新战士入伍时就肩负着亲人的嘱托，带着美好的理想，希望在部队求发展，改变自己的命运。

应该怎样看待新战士各种各样的“小九九”呢？作为一个当了大半辈子兵的人，作为一个过来人，我认为，应该采取实事求是的态度，辩证地看待新战士的入伍动机。既要看到其中好的一面，肯定新战士努力向上、要求进步的愿望，保护和鼓励你们的积极性、上进心；又要看到这些“小九九”存在某些问题的一面，帮助你们从思想上转过弯来，进一步端正入伍动机，尽好义务当好兵。我们不能以理想化的要求看待新战士，更不能动辄就说新战士“入伍动机不纯”。要求新战士一入伍，就完全具有全心全意献身国防事业的优良品德，没有一点个人想法，是不现实的，这也否定了进行入伍教育、加强思想工作的必要性。新战士抱着某种个人目的入伍并不奇怪，认识和处理得好，完全可以转化为积极因素。比如，军校需要不断地招收新生，有些地方学生入伍考军校是常见的。有的青年认为当士官收入比较稳定，很想由士兵改为士官，这也没有什么奇怪。对新战士及时进行思想教育，使你们的觉悟不断提高，从个人某些利益的局限中摆脱出来，逐步提高为国防事业而献身的思想，这不正是过去无数战士乃至英雄模范所走过的道路吗？

有的同志可能觉得，在革命战争年代，每个战士的思想境界，似乎都达到了最理想、最神圣的程度，完全从革命利益出发，没有一点个人考虑。其实，这多少也有一些误解。那时投入革命军队的战士，也往往是以实现某种个人利益为起点的。我就听有的老红军说过，他们当时参加红军，开始是为了“打土豪，分田地”。我也听解放时期入伍的老同志讲过，当时很多青年参军的目的，是为了保住自己土改时分得的胜利果实。至于“打倒蒋介石，解放全中国”，为推翻压在人民大众头上的三座大山而奋斗，那是入伍后逐步接受政治教育、提高思想觉悟的结果。还有在战场上，我军俘虏了敌兵，他们愿意留下来参军，除了他们看到了我军与敌军的根本不同之外，还因为他们回家没有饭吃。为吃饭而当兵当然算不上高尚的思想境界，但他们正是从这样的思想起步，在共产党的教育下，逐步懂得了人民军队为人民的道理，从而成为有觉悟的坚强战士。至于抗美援朝时期，那时提出的口号就是："抗美援朝，保家卫国"。正是在这样的旗帜下，很多有为青年包括一些知识分子，"雄赳赳，气昂昂，跨过鸭绿江"，最终打败了"美国野心狼"。我们懂得了这样的道理，辩证地看待新战士的入伍动机，不嫌弃你们起步时的局限性，有针对性地做好思想工作，就会促进新战士健康成长，造就有理想、有道德、有文化、有纪律的新兵。

当然，我这样讲决不是忽视新战士入伍动机中某些消极方面对部队训练和管理带来的不利影响。比如，想考军校的新战士，总是想方设法找时间看书学习，有的熄灯后还打着手电筒在被窝里读书，以至于白天训练精力不集中。一门心思学技术的新战士，热衷于打听当干部的老乡，想通过拉关系、"走后门"，达到个人目的。想到部队后"曲线就业"的新战士，对自己要求不高，工作主动性差，有凑合着过日子的思想，等等。针对这些问题，要加强对新战士进行《中华人民共和国兵役法》的教育，打牢依法服兵役的思想基础，同时转变成才观念，使大家懂得，军人过硬的作风，就是军人最大的财富和"技能"，从而使新战士一门心思投入到教育训练中去，逐步完成由普通青年到合格军人的转变。

端正入伍动机，还有一个确定合理的期望值的问题。期望值是分母，实现值是分子，满意度是得数。期望值越高，实现值越低，满意度越小。相反，确定一个合理的恰如其分的期望值，达到了相当的实现值，满意度就会比较高。祖国需要保卫，就要有人去站岗放哨，作为祖国儿女，不应索求什么回报。当然，新战士想在军营有所收获，这原无可非议。但如果把跳"农门"、学技术、转士官、考军校、当干部作为唯一期望，就会因不切实际而自寻烦恼。新战士应学会面对平凡，在平凡中寻找自己的人生坐标。这样，当你们脱下军装的时候，你们就会惊喜地发现，你们经受住了苦与乐、得与失的考验，培养了经受挫折、战胜困难的勇气，而这些或许才是当兵的最大收获。因此，我真诚地希望，新战士入伍要确定一个恰当的期望值，既不要太低，也不能太高。这样，你们的军旅生涯才会变得轻松，脚步才会迈得踏实。

讲到这里，我想起了曾在《解放军报》上看到过的一首小诗。这首小诗很短，但却道出了军人奉献与收获、付出与成功的辩证关系。我觉得这首小诗很好，对新战士端正入伍动机很有教益，现在给大家朗诵一下：

**军人的收获**

杨正源

当兵不仅有奉献，
也有收获在军营。
硝烟里收获钢枪的赤诚，
边关上收获哨所的坚贞，
国旗下收获母亲的信任，
风雨中收获人民的夸奖。

当兵不仅有艰辛，
也有收获永难忘。
进来是小树，出去成栋梁。
汗水洗去稚嫩，枪膛射出豪壮。
军营数年经风雨，
涅槃一只新凤凰。

**第二关　过好“吃苦关”**

人们经常说，当兵就意味着吃苦、意味着奉献、意味着打仗、意味着牺牲。当兵要吃苦，这是不言而喻的。陈毅元帅曾经这样说过：“要想安逸莫当兵。”此话不假。当兵就得吃苦，谁听说嗑瓜子能打硬仗？

没有前方卫士的千辛万苦，就没有后方父老的平安祥和。这道理，谁都懂得。

当过兵的人都知道，军人的吃苦，主要体现在以下几个方面：

第一种苦是环境之苦。我们的军营，有的在大中城市，条件较好，环境优美，窗明几净。但多数部队，特别是单独执勤的基层分散单位，有的地处戈壁荒原，有的远在边防海岛，有的驻守深山密林，有的护卫崇山峻岭，环境之艰苦是可想而知的。

第二种苦是离别之苦。离开呵护自己的父老乡亲，与亲人天各一方，这份苦的滋味，凡是当过兵的人都有切身体会，对此新战士的感受会更为深刻、更为强烈。

第三种苦是疲劳之苦。当兵必须吃大苦、耐大劳。新战士刚刚离开家庭或学校，一下子投入军营紧张的生活，与艰苦的训练为伴，大家深切感受到的，可能首先就是这种疲劳之苦。以体能训练为例，新兵至少必须练好“三功”：一是“站功”。“站功”是军事训练的基础。站军姿是新兵军训第一课，要让新兵在短时期内把站姿的动作要领“三挺两收”明白个透，决不是轻而易举之事。刚来的时候，每天在训练场上站半小时。在最初的半小时里，就有人呕吐，有人头昏，有人晕倒。在这种情况下，只有顽强坚持、循序渐进，才能提高定力。因为如果过不了“站功”这一关，以后各项军事训练就无法进行了。有些特殊部队，如三军仪仗队、天安门国旗护卫队，在入伍教育以后的训练中，每天要延长到站立 3 至 4 个小时，有时甚至站半天。你想想，不吃苦能够站得住吗？能够做到“脸不变色心不跳”吗？有人曾经这样说，新兵只有学会立正，才能长出军人的第一根汗毛。只有身上所有的汗毛都学会了立正，才能成为一个真正的军人。这虽然是玩笑之语，但也说明了练站功之艰苦和重要。二是“走功”。大家很小的时候就学会了走路，但参军后要真正练好“走功”可不那么容易。“走功”分为齐步走、正步走、跑步走。正步走是三种步法中最难的一种，军事上要求每一步走 75 厘米，摆臂向前摆 25 厘米，向后摆 30 厘米，必须严格按这个标准进行，这种训练既枯燥又单调，要真正把步法练好，不付出艰苦的努力是根本不行的。三是“跑功”，特别是5公里越野，那真叫又苦又累，不咬着牙、拼着命坚持，是很难到达终点的。当然，练好这“三功”苦是苦，但也苦中有乐。部队的一位同志还为此写了一副对联：齐步走正步走跑步走走强军之路，战士豪情注满春夏秋冬；向左看向右看向前看看国富民强，华夏英姿辉映日月星辰。

第四种苦是征战之苦。打仗是军人吃苦的极致，流血牺牲是对军人最大的考验。军人战时生与死的考验，比平时公与私的考验，更直接、更迅速、更严峻。唐代大诗人白居易曾经写过这样一首小诗：“关山征戍远，闺阁别离难。苦战应憔悴，寒衣不要宽。”意思是说，军人出征，离别亲人，上战场后，必然消瘦，御寒衣物不必宽大，写出了军人戍边征战之艰苦。

既然军人必须吃苦，这里就有个如何认识、如何对待的问题。

自觉吃苦是青年成人成才的需要。现在部队的新战士，有许多是独生子女，有些在家时父母不让你们多干活，生怕苦着累着，把让你们吃得好、穿得好、少干活当做是一种爱护。这样做很不利于青年的健康成长。“望子成龙”、“盼女成凤”，差不多是时下每个做家长的共同心愿。然而，怎样才能使子女“成龙”、“成凤”，却大有讲究。在我国的社会和家庭，都更加重视对下一代的教育，为孩子们提供更为舒适的生活和学习条件，舍得智力投资。但是，由此也带来了一个不可忽视的问题，这就是“过度保护”带来的弊端。现在的孩子，特别是大中城市的孩子，生活得太自在、太无忧无虑了。七八岁的孩子春游时不会剥鸡蛋皮，中小学生上学要家长接送，新大学生报到时让父母肩挑手提相送，已经不是个别的现象。与此相反，一些发达国家教育孩子却是另一种方式。他们对子女严格要求，从小就注意培养他们吃苦耐劳、独立生活的能力。比如在德国，6～10岁的孩子要帮父母扫地、洗碗、买东西，10～14岁的孩子要参加修整草坪之类的劳动。在美国，1岁多的孩子基本上是自己吃饭，父母将孩子绑在椅子上，把食物放在他们用的小桌子上，让孩子用小刀叉去动手吃饭，几乎看不到父母端着饭碗追孩子吃饭的情景。在日本的学校中，即使在寒冷的冬季，上体育课时，男女学生也要一律换上单薄的运动衫和短裤。这两种教育方法培养出来的孩子有什么不同呢？前些年有一篇记述日本与中国中小学生联合举行夏令营活动的报道便很能说明问题：中国有些“小皇帝”、“小公主”在途中遇到困难束手无策，有的原路返回、半途而废，有的靠父母用卧车将其送到终点。而日本的小孩子则不同，他们全部靠自己克服困难，靠自己的顽强毅力到达终点。两种教育方法，两种不同结果，孰是孰非，不言而喻。看来，如何把“磨难教育”引入家庭和学校，的确是一个不容忽视的重大问题。我们军队是要准备打仗的，军人决不能娇生惯养，军队一定要比家庭、学校要求更严格。只有这样，才能把新兵培养成为合格的战士。

勇于吃苦是军人职业的特殊要求。在我们部队官兵中，过去流传着这样几句话：“平时多流汗，战时少流血”；“苦不苦想想长征两万五，累不累想想革命老前辈”；“流汗流血不流泪，掉皮掉肉不掉队”。现在部队官兵中又流传这样几句话：“当兵怕吃苦，将来无前途；军事素质硬，就是‘通行证’。”还说：“当兵不吃苦，回家卖红薯；武艺练不精，白当几年兵。”这些话语，都说明了军人必须吃苦的道理。讲到这里，我想说说一位拥军模范庄印芳妈妈寄语新战士时说的一些语重心长的话。庄妈妈是江苏徐州人，全国人大代表。她从 16 岁参加淮海战役支前队伍起，60 多年来拥军足迹遍及全国，先后担任三军仪仗队、天安门国旗护卫队等 10 多个英雄单位的名誉指导员，多次受到党和国家领导人的亲切接见。有一次，她参加欢送新战士的仪式，老人家语重心长地说：“当兵就是要吃苦，怕苦怕累就不要选择当兵！”庄妈妈介绍天安门国旗护卫队、三军仪仗队官兵训练情况时说：“他们一站就是几个小时，丝毫不能动啊！你说他们苦不苦？苦，比谁都苦，可他们没有一个人叫苦，为啥？”庄妈妈循循善诱地向大家说，“就因为军人的职业有着特殊的要求！”庄妈妈语重心长地教导新战士：“当兵的人身系千家万户安危，这种使命本身就很特殊。”她对新战士说：“不管以后当兵的日子有多长，希望你们一定要记住一句话：当兵不怕苦，吃苦不叫苦，吃别人不能吃的苦也是幸福！”

学会吃苦是战士家长对参军子女的殷切期望。《解放军报》曾经刊登过沈阳军区海防某团一位新战士的父亲给该团团长写的一封信，信中就部队带兵中出现的“溺兵”现象提出了中肯的批评。这位家长的信，言语质朴，真切感人，字里行间渗透着一名新兵家长的良苦用心。其中提出的问题，也很值得我们所有带兵人的反思，对新战士也是一次很好的教育。尊干爱兵是我军的优良传统，是我军攻无不克、战无不胜的法宝，是凝聚兵心、增强部队凝聚力和战斗力的途径，也是区别于其他军队的一个显著标志。然而，在和平时期，不少带兵人没能正确理解爱兵的真正含义，无原则地谦让、放松，甚至怕出事，降低工作标准，使“以情带兵”逐渐偏离轨道，走入了“错爱”极端。须知“爱兵”不是“溺兵”。新战士入伍的头几个月，正是部队塑造、培养他们的关键时刻。只有我们带兵的人在平时从难、从严要求，才能使他们在未来战争中冲得上去。“从严治军”和“以情带兵”向来是不矛盾的，但前者是基础，更是新时期谋“打赢”的保证。正是基于这些考虑，这位父亲才在信中这样写道：

我们都清楚，军人不仅需要强壮的体魄，同时还要有坚强的意志、勇于吃苦的精神……有句话说：严是爱，松是害。对于军人来说，平时多流汗，战时才能少流血的道理是人人都懂得的……现在的战争比以前更可怕，对军人的要求更高了，再加上我国现行兵役制度把原来的 3 年改为 2 年，战士在部队锻炼的时间更加珍贵。新兵训练期间能否完成从普通青年向合格军人的转变，可以说尤为重要。我们家长送子参军，图的就是孩子成人成才，图的就是让他们知道什么是艰苦、什么是挫折、什么是真正人生、什么是责任和义务。所以只要部队在生活上真心实意地关心他们，训练上按要求严格锻炼他们，我们家长都是理解的，也是坚决支持的。相反，部队若不“放心”训，我们就会更“不放心”。

同志们听听，这位家长讲得多么好啊！多么语重心长啊！部队严格要求，让他们的孩子学会吃苦，家长才放心，否则，他们倒不放心。这是对孩子的真正爱护，也是从心底里对我们部队提出的要求。法国大作家巴尔扎克曾经说过：吃苦是最好的大学，吃苦是最好的老师。我国俗话也说：自古雄才多磨难，从来纨袴少伟男。古今中外，凡是成就大事业、做出大贡献的人，无不是踏着艰难之路走向成功的。面对军营生活环境的艰苦，体能训练的高强度，新战友要学会吃苦、自觉吃苦、勇于吃苦。有了这种精神，你们就能学到许多有用的东西，得到真正的洗礼，成为合格的战士。希望新战友一定要记着，人没有吃不了的苦，在最艰难的时候，你们的脑子里要这样想：坚持、坚持、再坚持，即使倒下，身体也不要向后躺，而要向前趴！这样，你们就肯定能够战胜困难、勇往直前！凡是当过兵的人都有这样的体会，一个战士，只要他吃得了当新兵时的苦，那么，他以后就没有吃不了的苦。而这样的吃苦精神，对于当兵的人来说，就是他们一辈子受用不尽的精神财富。

**第三关　过好“想家关”**

现在的新战士大多十八九岁，初到军营．不一定完全适应．有时候可能还会想家。其实，这很正常，也并不可怕。感到苦啦、累啦，遇到困难啦，不想家才怪呢！我在位的时候，有的带兵干部曾经向我反映，现在部队的战士，除了喜欢唱雄壮激越的军营歌曲之外，还喜欢唱一些流行歌曲，比如《常回家看看》、《再见吧，妈妈》，有的战士还一边唱一边流眼泪。这位带兵干部问我怎样看待这种现象，这样会不会影响部队斗志？我当时对他说：“同志啊，我们的战士也是普通人呀！军事训练当中，当然应该唱‘雄赳赳，气昂昂’、‘我们的队伍向太阳’。休息的时候，唱唱‘常回家看看’，‘再见吧，妈妈’，也属人之常情。十八九岁的娃娃，能不想爸爸、妈妈吗？流点眼泪有什么可怕的？时间长了就好了！将来你的孩子如果入伍了，你难道不希望他想你吗？”听了我说的话，这位带兵干部笑了，他表示同意我的意见。

我们经常听到这样几句老话：可怜天下父母心，人间温暖是母亲，儿行千里母担忧。我们很多人都会背诵唐朝诗人孟郊那首名诗：“慈母手中线，游子身上衣。临行密密缝，意恐迟迟归。谁言寸草心，报得三春晖。”新战士告别父母，来到军营，父母挂念孩子，孩子想念亲人，这是很自然的事情。说不想，那才是假的、不可能的事情。在人际关系中，亲情是一种非常珍贵的纯洁情感。一个人从呱呱坠地、嗷嗷待哺之时起，就产生了对亲情的依恋，父母子女之间的亲情，仿若那温馨缭绕的美酒，令人深深地陶醉。我们每个人都应该知父母恩，行子女孝。试想，一个人如果不热爱、不孝敬自己的父母，那他又怎能热爱和忠于我们的祖国呢！当然，我们的战士已经不是一般的青年学生和普通的社会青年了。你们参了军，就成为光荣的解放军战士了，成为保卫祖国的钢铁长城的一分子了。所以，这里就有个如何正确对待想家这个问题了，新战士也要努力过好这一关。我们经常讲“忠孝自古难两全”，作为军人尤其是这样。古语说“男儿国是家，仗剑走天涯”。在当兵人的心目中，经常装着的是“家”的延伸，是“战争、和平、祖国”几个大字。今天，我们应该认识这样一个道理：亲情诚可贵，爱国价更高。作为一个革命战士，就应该有报国大志。麻雀恋巢，栖居檐下；雄鹰展翅，翱翔蓝天。不能轻易地讲谁想家就没有志气，但有志气的人一定可以克服恋家、想家的问题。这里，我们不妨回想一下自己离家参军时，亲人对我们的嘱咐和希望。我们心中记着亲人殷切的话语，身上就会感到充满着力量，就会全身心地投入到军政训练中去，就会比较快、比较好地度过想家这一关。一位同志的爷爷，在他参军前就经常给他讲一些历史上的爱国故事。他参军时，已经卧病在床的爷爷拉着他的手说：“孙子，放心去吧，长大了，就应该报效国家。参了军要好好干，不要挂念家里，一定要干出点名堂来，千万不要给我们家丢脸啊！”这位同志参军第二年，他的爷爷因病去世了。他因为部队离不开，未能回家看上爷爷一眼。在爷爷咽气前的一瞬间，奶奶说：“孙子回不来，你对他还有什么话说？”这位可敬的爷爷突然睁大眼睛，用尽最后力气大声说道：“告诉孙子，一定要牢记‘为人者信，为家者孝，为国者忠’这三句话。”这位爷爷并没有读过多少书，但却很明事理。孙子知道了爷爷临终时的嘱咐，心灵受到强烈震撼，他大哭一场，表示一定要安心服役，为国家和人民奉献自己的一生。

有一位战士的父亲是个知识分子。在他决定当兵的那几天，父亲被多家医院诊断为食道癌晚期，全家人都受到致命的打击，他当兵的念头也随之打消。父亲把儿子叫到床边，然后坚定地说："儿子，你还是要去当兵，部队会使你变得专注、变得执著、变得坚强。"父亲还与儿子约定："你到部队后争取当上优秀士兵，我在家里积极治疗，当个抗癌明星。咱们父子比赛比赛，你看咋样？"儿子含泪告别父母，来到部队。军营锻造坚强，拒绝怯弱。儿子对军营产生了爱，他以极大毅力投放入部队超强度的军事训练，各方面都取得优异成绩，后来被评为优秀士兵。父亲也以顽强的毅力与疾病作斗争，竟奇迹般地当上了全省的抗癌明星，电视台记者还多次报道他的故事。亲情能迸发出神奇的力量，这种力量所达到的极限一般人是难以估量的。后来，这位战士说："我当上优秀士兵，就是治疗父亲疾病的最佳处方。"

还有一位同志，高考落榜之后，整天沉浸在失落、彷徨的状态里，情绪坏到了极点。经过激烈的思想斗争，他又重新振作了精神，决心走从军之路。临行的日子，母亲语重心长地对他说："你已经长大了，当兵出门在外，就再不能把自己当小孩子看了。当兵是一条成人成才的道路。以后的路，只有靠你自己走了！"这位同志牢记母亲的嘱托，下决心让母亲高兴地流泪而不是伤心地流泪。在新兵训练中，每当他感到极度疲劳和痛苦时，就想起母亲的亲切话语，想起临行时母亲满含热泪与期望的目光，于是又在怯懦面前挺起脊梁。这位新战士军事训练刻苦，政治考核成绩突出。分到新的单位之后，他一方面积极工作，一方面复习功课，终于如愿以偿考进了解放军南京政治学院。

前面我讲的是一些好的例子，也有个别新战士把亲情扭曲了，过不了想家关，结果闹出这样那样的事情来。一个新战士从小失去父母，靠奶奶拉扯大，入伍后整天思念奶奶，以泪洗面，在请假未获批准的情况下，居然私自离队回家。奶奶得知孙子是当"逃兵"回来的，气愤至极，一病不起，后来竟很快就去世了。因为这个新战士的奶奶只希望看到一个真正有出息的孙子，却不希望孙子为思念她而违反部队纪律的。

还有一个例子。一位年轻丧偶的母亲，含辛茹苦地把儿子抚养大，在孩子高考失利的情况下，忍痛把他送到部队。这位母亲出于对儿子的思念和疼爱，经常给他打电话，还寄去大量食品，结果弄得儿子无心学习和训练，常常违反纪律，结果被除名处理回家。

以上正反事例说明，新战士一定要正确处理亲情关系，努力过好想家关。这样，你们拥有的就不是简单的亲人之爱，而是持久前进的巨大动力。否则，就会逃不出亲情羁绊，最终感情的丝线缚住了奋飞的翅膀，难免出现事与愿违的不良后果。在我们部队，有多少战士的父母，他们或许文化程度不高，或许生活还很贫困，他们讲不出多少大道理，但却有着高山一样的崇高境界，有着大海一样的广阔胸怀。他们深明大义，把自己的孩子送到部队报效国家，而把生活的艰辛和劳苦留给自己。这些父母究竟图个啥？金钱？不是！财富？不是！名利？更不是！他们图的就是孩子到部队有出息，图的就是国家的安宁和幸福。这就说明，亲情只有与爱国情、拥军情结合在一起，使亲情升华，才会使它摆脱狭隘，走向宽广；摆脱俗套，走向崇高；摆脱“小我”，走向“大我”。从而实现由平凡到伟大的飞跃。

最后，我想以全国拥军模范、山东省泰安市食品公司退休职工贾美荣大妈送给新战士的四句话，作为结语：

当兵保国家，吃苦为大家；
想家不恋家，喜报寄回家！

**第四关　过好“荣誉关”**

战士都是带着美好的憧憬和远大的理想来到部队的。一般来说，你们都想立功、受奖、入党、当优秀士兵、转士官、考军校、当干部。还有些新战士，雄心勃勃，信誓旦旦，大有不干出一番事业不罢休、不做出成绩枉来世上走一遭的气概。毫无疑问，这是新战士上进心、荣誉感强的表现。对此，作为带兵的人，对于新战士的这种积极性，应该加以保护和鼓励。同时，我们还要看到，新战士是唱着“十八岁，十八岁，我参军到部队”而入伍的，新战士毕竟还年轻，经历的事情还少，离

“浑身是兵味”还有很大的距离。而且，新战士之中独生子女多，是在父母的呵护下长大的。所以，现在的新兵普遍上进心强，吃苦性差；自尊心强，独立性差；民主性强，服从性差。这些特点，与前些年部队的新战士有很大不同。新战士从家庭或学校来到部队，要一下子适应部队严肃紧张的训练和生活，绝不像换件衣服那样简单。到部队后，由于一直处于高度紧张状态，难免出现一些“不适应”。新战士在高度集中的组织生活中，大家争先创优的意识非常强烈，这无疑是一件好事。但实事求是地说，新战士刚参军，立功、受奖的机会还不多，甚至说还轮不上。但受批评的机会可能倒不少。大家初来军营，在训练、学习和生活中难免会有一些不符合要求的地方，也就难免受到带兵干部的批评指正。在部队，这是一种正常现象，甚至可以说是家常便饭。有的新战士心理承受能力强，能够经得起批评的考验。有的新战士则表现脆弱，一受到批评，就像放了气的气球一样——蔫了。这样就会影响紧张的军事训练，也会影响今后的进步。所以，过好荣誉关，特别是要经得住批评，也是新战士应该正确处理的一个问题。

我们先来看一看这样几个例子：

一名新战士，因叠不好被子，被班长说了两句，情绪就很不稳定，认为自己一切都完了。

一位踌躇满志的新战士，在进行队列训练时，因为动作不规范受到了班长的批评，从此情绪低落。

一位做着“将军梦”入伍的南方士兵，受不了北方冬季的奇寒，在训练场上练了两天队列，就向新兵连长提出：“能不能把队列训练改在宿舍里进行?”他的请求理所当然地受到连长的拒绝，还挨了一顿批评。这位新战士的情绪一落千丈，心想“看来今后是当不成将军了”。

那么，你们怎样才能过好荣誉关，正确对待带兵干部和班长的批评呢?

要积极改正自己确实存在的缺点和错误。带兵干部和班长的批评，指出的是新战士身上存在的不符合部队要求的问题。批评的目的，是为了让新战士尽快适应部队的生活。因此，这与新战士本身的愿望是一致的。受到批评之后，要认真认识自己的问题，积极改正缺点和错误。这样，才能有利于自己的进步，而不能我行我素，甚至不服气而顶撞。

要增强心理承受能力。有的新战士入伍前很少受到批评，现在一旦受到批评，就往往表现得比较脆弱或比较敏感，甚至觉得会影响自己进步，今后一切都完了。其实大可不必。哪里会“一切都完了”呢？你们刚刚入伍，人生之路和军旅生涯刚刚开始，你们风华正茂、来日方长，怎么能说“一切都完了”呢？只要改正了缺点错误，从哪里跌倒再从哪里爬起来，就向成熟又迈出了一步，向部队要求靠近了一步。我们小时候听老人说过这样的话：“小孩不挨骂，永远长不大。”我们今天可以说，人就是在不断的批评中成长进步的。带兵干部和班长的批评，是“恨铁不成钢”，是对自己的关心和爱护，是促使自己成长进步的推进器，而决不会影响自己成长进步。因此，一定要闻过则喜，不能“爱吹不爱批”，更不要背上思想包袱。新战士一定要坚强，决不能脆弱。1959 年，毛主席在中南海与身边的警卫战士谈心，他老人家指着庭院中的花草树木，语重心长地说：“你们看，院中的花草原来长得很好，昨夜遭了几点钟的风吹雨打，就差不多完全凋零了。但同在院中的树木却不怕风雨的侵袭，依然枝强叶壮、苍翠可爱。我们的青少年要像树木一样坚强，不要像花草一样脆弱！”希望我们的新战士，牢记毛主席的教导，把自己培养锻炼成为坚强的革命战士。

调整好自己的心态。对于新战士来讲，必须调整好对待批评的心态，学会自我疏导。批评得对，要虚心接受，尽快改正。批评得不对或不完全对，也要抱着“有则改之，无则加勉”的态度。有一位带新兵的班长，山东人，身高 1.81 米，一身虎气，站起来犹如一尊“铁塔”，眼一瞪好像一双“铃铛”，说起话来大嗓门声如“洪钟”，他批评起新战士来不讲情面，令人心里发毛。同一个班长，他还有张飞绣花——心细的一面，课余时间他又对新战友嘘寒问暖、关心备至。我们部队有不少这样的班长，表面看他们风风火火、粗粗拉拉，但人是好人，心是好心。所以，新战士对这样的班长也要多加理解，即使他们说话生硬一些，也要想到“忠言逆耳利于行，良药苦口利于病”的道理，不要斤斤计较，更不要耿耿于怀。

新战士入伍之后，在部队这所大学校里，要学会怎样做人、怎样当兵、怎样处事，扎扎实实迈好军营生活的第一步。根据我们过去带兵的经验，我认为，新战士要特别注意培养五种基本能力，这就是：对部队环境的适应能力，对是非善恶的辨别能力，对行为方式的选择能力，对偏激情绪的自控能力，对人际关系的处理能力。关于这个问题，我今天只是出个题目，以后再与大家谈心时有可能还要细谈。

说到这里，我还想对带兵干部和班长讲几句话。我听说，你们都是从各单位素质过硬的基层官兵中选拔来的，有的还是“竞争上岗”的。你们都是好样的。你们来带新兵，对自己也是一次难得的学习提高的好机会，有利于提高你们自身的综合素质，全面增强你们的带兵能力。我们过去常说班长是“军中之母”，又说班长是“军中之父”，新兵班长尤其是如此。新战士能否在部队顺利成长，与新兵班长的培养和训练有着直接的密切的关系。新兵班长犹如一名小学教师，新兵就像一名刚入学的小学生。他们走进军营，好似一张白纸，你往上面写什么，就是什么。新兵往往是通过班长来认识我们部队的，你们就是他们的第一任老师，这个第一印象是非常重要的。很多当过兵的人往往这样，过多少年之后，他可能把别的一些人忘记了，但对于自己刚当兵时的班长却是永远不会忘记的。所以，你们一定要认清自己责任重大、岗位光荣，增强带好新兵的责任感和使命感，处处以身作则，喊响“看我的”、“跟我来”，坚持依法带兵、科学带兵、文明带兵，用正确的思想教育新兵，用模范的行动带领新兵，用深厚的感情关心新兵，用过硬的本领训练新兵。俗话说：“打铁先得自身硬。”带兵干部和班长，不仅要本领过硬，还要作风优良，决不能要态度、摆架子、搞特殊，更不能收受礼物和体罚新兵。谁这样做，就要批评谁，甚至给予必要的处分。

我再提一点希望，就是希望带兵干部和班长要注意研究新兵的新特点，注意探索培养他们的新规律。古今中外的事例都证明，大凡出色的军人，都是极富个性的典型。敢想、敢说、敢做、敢闯，是现代新兵的本质特征。我们有些同志把新兵的特点当缺点，我觉得这是看问题的方式方法不对。如果压制个性，时间一长就会使人变得圆滑，不敢说真话，不能做大事。我们不要把新兵培养成前怕狼、后怕虎的“小绵羊”，而要把他们训练成冲得上、打得赢的“小老虎”。

**第五关　过好“分配关”**

如果说三个月的入伍教育，是新战士从地方青年向合格军人转变迈出的第一步，那么，从新兵训练基地分配到用兵单位和建制连队，则是新战士真正融入部队这个集体、成为一名合格军人、开始履行军人使命的新起点。在这个新起点上，新战士往往既兴奋又担忧，既充满憧憬又有些忐忑不安。新战士在从军之初，就立下了“听从召唤，献身国防”的誓言。能否忠实履行誓言，正确对待分配，也是对新战士的一个考验。

如何搞好新兵分配，也是各部队非常重视的一个问题。有这样一个团，过去分配新兵，一看块头大小，二看文化高低，三看表现好差，根据这三条就把一个新兵的“命运”决定了。结果，有的新战士训练几天就冒尖了，可有的怎么也跟不上队。他们为了纠正这样分配新兵的弊病，把每个新兵都分配到最适合发挥潜力的专业岗位上，开始树立新兵分配“新概念”，推行新的分兵方式。他们依据平时了解的情况并采取新的测试方法，把获得的各种参数输入电脑，通过有关软件系统，对每个新兵的素质和能力进行综合分析，把他们区分为力量型、技巧型、灵敏型、耐力型、速度型、协调型六种类型。再根据各专业对兵员的不同要求，在全团范围内统一分配新兵。这种科学考评、量才分兵的方式，既调动了新兵的积极性，又促进了部队的建设。

绝大多数新战士表示坚决服从组织分配，并决心做好本职工作。但也有些新战士心里装着“小九九”，他们既想分到一个好单位，又想分到一个好岗位。他们愿意分到机关、院校，不愿意分配到战斗部队；愿意分到大中城市，不大愿意分到边防海岛；愿意分到从事技术工作的岗位，不大愿意分到从事其他勤务工作的岗位。这些想法，带有一定的普遍性。

那么，新战士应该怎样正确对待岗位分工，过好“分配关”呢？

必须正确对待组织的分工。大家要记住这样两句话：一句是“军人以服从命令为天职”；另一句话是“三百六十行，行行出状元”。谁都希望能分到一个好岗位，学一门有利于自己发展的技术，这是人之常情。不可否认，岗位的好差对一个人的成长进步影响的确很大。但岗位对于个人来说，只是事物的客体，而人才是岗位成才的主体。因此，没能分到理想的岗位，决不等于没有前途。作为一名新兵，必须正确对待组织的分工。有道是：“革命战士一块砖，哪里需要哪里搬。”这不仅反映出战士无私奉献的精神，而且体现出一名战士必须具有坚定的服从意识。既然组织分配你从事某项工作，就说明那里需要你，你就首先应该能动地适应岗位，将自己的理想和追求融入部队建设中去。其实，岗位的好坏并不是成才的关键。过去，我们看到很多这样的事情：有的新兵虽然分到一个“好岗位”，但由于盲目乐观，放任自流，结果与机遇擦肩而过；而有的新兵分到的岗位虽然不尽如人意，但他们却能干一行、爱一行、专一行、精一行，通过不懈努力，在本职岗位上创造了辉煌，在部队里实现了人生的价值。“要到基层去，到艰苦的地方去，到祖国和军队最需要的地方去”这三句话，是向军事院校毕业生提出的要求，我看这也同样适用于新兵。老一辈革命家经过几十年的艰苦奋斗，才有了我们今天舒适美好的生活。穿上这身军装，你们就接过了老一辈革命家的“接力棒”，祖国的万里河山需要你们流血牺牲去保卫，人民的幸福生活需要你们无私奉献去换取。因此，到基层去，到艰苦的地方去，到祖国和军队最需要的地方去，是你们这一代新兵义不容辞的责任。艰苦是块“磨刀石”，越是艰苦越能磨炼人。越是艰苦的地方，越能体现军人本色。越是艰苦的地方，越能干出一番事业。现在许多年轻人都在谈论如何实现自身价值，都想到大中城市去，到舒适的地方去。但是，花盆里养不出万年松，庭院里练不出千里马。只有到艰苦的地方去经风雨，磨炼摔打自己，把个人的愿望与祖国的需要紧紧地联系到一起，才能最大限度地实现自己的人生价值。也许有的同志觉得，自己原来学了一技之长，如果分到基层连队或边防海岛，不就没有用武之地了吗？这种担心其实没有道理。俗话说得好，是金子放在哪里都会发光。大城市、大机关固然需要人，但基层连队、边防海岛更需要人，也更能造就人。当年毛岸英从苏联学成归国后，毛泽东首先考虑的是把他送到农村，去读“农业大学”，目的就是全面培养他、锻炼他。

我想再讲一个感人的例子。前些年，某部有一位叫刘毅的湖南籍战士，在新兵训练即将结束的时候，他很想分到一个好单位，学上一门技术。他的这个心思在给父亲的信中流露了出来。他的父亲叫刘少帆，是一位小学教师，一直在三尺讲台默默奉献。父亲得知儿子的想法后，马上给他写了一封长信，信中说：“儿呀，你参军入伍，只有好好尽义务，而没有挑三拣四的权利。如果都不去艰苦的地方，如果人人只讲享受，那还有谁来保卫国家？我们所做的一切，不足以报答党的恩情的万分之一呀！军人以服从命令为天职，你应时刻牢记头顶八一军徽的分量、脚踏一方热土的职责，服从命令，听从指挥，做一名真正合格的军人。”这位可敬可爱的父亲还给部队首长写了一封长达 10 页感人至深的信，恳请把孩子分到最艰苦的地方去。他在信中写道：“为部队输送人才是我们做父母的义务和责任，我们把孩子交给部队，不是让他去索取什么，而是让他去摔打磨炼。我诚恳请求部队领导在分配新兵时，把他分到最艰苦、最需要的地方去。”这封来信在部队引起了强烈的反响，儿子刘毅在父亲的教育和开导下，也坚定地表示，愿意到最艰苦的地方去，回报党和部队的培养。这位深明大义的父亲做得对、做得好！他请求把自己的孩子分到最艰苦的地方去，既是对部队的支持和帮助，也是对儿子真正的关怀和爱护。

在部队学技术或做其他工作，都可以踏上成才之路。新战士想学技术，情有可原，也是好事。掌握各种专业技术的士兵越多，对部队建设越有利。从个人来说，有了一技之长，可以留队选改士官；退伍找工作，也有了资本。但是，如果都想去学技术，那也是不可能的。一个连队顶多几个指标，可谓杯水车薪。再说，如同考大学不是人生唯一出路那样，成才之路不是单行道，在部队学技术也不是唯一的成才之路，部队毕竟不是“技术培训中心”。努力提高自己的综合素质，是根本意义

上的成才，才是走向社会、成就事业的通行证。在人生的漫长道路上，一技之长有时只能补一时之需，只有具备高水平的综合素质，才是人生取之不尽、用之不竭的宝贵财富。我们部队经常讲这样一句话：“武艺练不精，不算合格兵。”这句话揭示了一个真理，训练场上的摸爬滚打，是人生道路上的难得一课，虽然艰苦，但它却能使人强健体魄和坚强意志，一生受用。明白了这样的道理，新战士就应在工作中学习，在岗位上成才。现在，带技术入伍的新战士比较多，这对部队建设是一件好事。在新兵分配时，作为组织来说，应该尽量考虑给带技术入伍的同志安排相应工作，做到“合理用兵”，人尽其才。这样，对本人有利，对部队建设也有利。现在战士的服役期已经缩短，如不及时发挥新战士的专长，就可能错过了机会。所以，应当把带技术入伍的同志重用起来，让新兵尽快为我军现代化建设贡献聪明才智。但作为新兵个人来说，考虑问题要以服从组织安排为前提，首先要使自己成为一个合格军人，而不应一味强调“专业对口”、“按技分工”。实际生活中存在这样的情况，就是在一些部队中，有些掌握一定专业技术的同志往往表现得不是很好，他们后来的成长进步、发展前途，还不如从事一般工作、立志岗位成才的同志。某部司令部有一位打字员，入伍前学过两年计算机，后来又在一家电脑公司干过，微机操作技术十分熟练。领导发现他是个人才，新兵训练一结束，就把他调进机关当打字员。又进城市，又到机关，又搞技术，有些新兵很羡慕他，他也飘飘然了起来。但由于缺少正规训练和严格要求，这位打字员放松了对于自己的要求，生活自由散漫，最终因目无组织纪律而犯了错误。这就说明，在部队能否成才，主要不在于你做什么，而在于你怎么做。

绝大多数新兵能够服从组织分配，正确对待岗位分工，但也有些新兵，临近分配时，在表态会上信誓旦旦：“愿做革命一块砖，东西南北任党搬。”但在下面又拉关系、又走后门，甚至请客送礼，谋求到大城市、大机关当“一块砖”。须知言行一致、表里一致，是革命军人优良道德品质的重要标志，既然参军时就立下了“精忠报国”的诺言，哪能到了关键时刻就光说空话、不见行动呢？在我们部队，历来强调“要进步，走正路”。做人，要做清清白白的人；当兵，要当堂堂正正的兵。

法国大科学家巴斯德说过：“立志是很重要的事情，工作随着志向走，成功随着工作来，这是一定的规律。立志是事业成功的大门，工作是登堂入室的旅程，在这个旅程的尽头，就有成功在等待着庆祝你的胜利。”大文学家高尔基说得好：“一个人追求的目标越高，他的才能就发展得越快，对社会的贡献就越大。”新战友同志们！你们已经完成了新兵训练的各项任务，现在又明确了各自的工作岗位，那就抓住机遇，奋发进取，加倍努力，大显身手，去争取成功吧！

第五部分

# 战士追求高素质
# 当兵就要当好兵
# ——和现役士兵谈心(一)

“当兵第一天，日子不平凡。进了部队门，就要好好干！”“我是一个兵，来自老百姓。既然来当兵，决不做孬种！”士兵写的这两首打油诗，虽然比较俚俗，但却表达了士兵的决心，士兵的志向。

军队的基础在士兵。士兵强则军队强，士兵有希望，军队的发展就有希望。打赢高科技战争，需要高素质士兵。

战友们、同志们：

作为一个老兵，今天我想和大家谈一谈做新时期高素质的青年军人的问题。前几天，我遇到了一个老兵，他对我说，刚参军的那一天，心情特别激动，决心很大，于是就写了这样两首小诗：

（一）

当兵第一天，
日子不平凡。
进了部队门，
就要好好干！

（二）

我是一个兵，
来自老百姓。
既然来当兵，
决不做孬种！

这两首小诗，谈不上什么艺术性，不过，我们却从中看到了一个战士的决心，看到了一个战士的志向。可以这样说，每一个当兵的人，都想当一个好兵，都想做一个新时期高素质的青年军人

谈到素质问题，我先给大家讲两方面的情况：

一种情况是，现在无论是地方大、中学校，还是我们部队这所大学校，都很强调素质问题。但究竟什么是素质，素质包括哪些方面的内容，却众说纷纭，见解不一。前几年，地方大、中学校，掀起了一场关于教育思想、教育观念的大讨论。这场大讨论，以提高教育质量为目的，以加强素质教育为中心。国内一所名牌大学的学生对学校领导和教师讲，全国许多优秀学生都集中到这里来了，结果学校却把我们培养成一个模式了。这就提出了一个很重要的问题，就是我们的大学培养的人才模式太单一了。一个诺贝尔奖得主在清华和同济两所大学讲演时提出，培养大学生从注重数量到注重质量，标志着一个时代的结束，另一

个时代的兴起。这话讲得非常好。什么叫素质？国家教委原副主任柳斌同志引用了一位老教育家的精彩语言：“当你把在学校里学到的一切东西都忘光以后，剩下的东西就是素质！”这话也讲得很好、很深刻。

刚才我讲了，现在无论是在社会上，还是在部队里，素质这个词使用率都很高。但很多人往往埋怨别人的素质低，很少有人认真考虑一下自已在素质方面存在什么问题。前几年看报纸，有一篇文章，题为《究竟谁的素质差?》，读来令人发笑，又使人深思：

前两天坐公交车，刚上车便听到一老一少两个女性在吵架。原来是两人抢座，老的连连质问：“你家有没有老人？一点教养都没有!”少的毫不脸红，不慌不忙地反唇相讥说：“老了就在家呆着，别到外边碍事!”

听了一老一少两人的争吵，面无表情的售票员评价一句：“中国人的素质就是这么差!”

众人光听“二人转”，没注意到汽车点不上火，趴窝了。前面司机传来一嗓子“赶紧推车”，售票员便招呼大家都下去。有座的怕丢了座自然不动，没座的站不到好位置也不积极。售票员见状便嚷开了：“现在的人怎么素质这么差？不推谁都别想走!”一位知识分子模样的乘客心有不服，于是嘀咕道：“这帮人出车前也不检查一下车况，刚跑几步就挪弹不了，耽误别人的时间，素质也太差了!”

车终于开动了，不料那售票员又开始抱怨了：“这破车，三天两头出毛病，也不知道怎么造的？瞧这工人的素质!”

听了上述一些议论，众人皆乐。人们不禁暗想：素质差的人究竟是谁呢？

可见，素质不是空的，一个人素质的高低，是可以从他的言论和行动中体现出来的。我们今天强调素质，不要总是埋怨别人的素质差，首先要问一问自己的素质如何。

到了部队，谁都想好好干，谁都想当一个好兵。那么，怎样才算一个好兵呢？对于这样一个问题，我和一些带兵的干部、和一些新老战士做过讨论。大家共同认为，如能做到如下六条，就可以算做一个好兵。

一是让家长放心。家长把孩子送到部队，就是为了使你们经受锻炼，增长才干，学到本领，报效国家。过去有这样两句老话："老人的健康是儿女的福气，儿女的出息是老人的福气。"还说"儿行千里母担忧"。孩子在外当兵，如果表现很好，家长就会放心。

二是让故乡高兴。如果你们在部队表现得很好，立了功，受了奖，或被评为优秀战士，部队把喜报寄到你们家中，那就不但是你们家庭的荣誉，故乡的党政领导和父老乡亲也会因为当地出了这样的好兵而感到非常高兴。

三是让部队满意。这一条是最重要的。实际上，部队对各个地方的兵员质量，对每个士兵的表现都是有所比较的。每年征收新兵时，征兵干部对有些地方的新兵就愿意带，对有些地方的新兵就不愿意带；同样，对有的新兵就愿意带，对有的新兵就不愿意带。我说的这些都是大实话，这种情况你们大体上也都知道。当然，更重要的是看一个士兵入伍后的表现。经过部队的培养训练，士兵平时表现好，战时能打得赢，部队就会满意。

四是让战友羡慕。在同一批新兵中，你表现出类拔萃，甚至你这个"新兵蛋子"让老兵也刮目相看、心生佩服。这样，大家都会羡慕你。

五是让社会称赞。你不但在部队表现好，到社会上也表现好，像雷锋那样，走到哪里就把好事做到哪里。这样，你为部队增了光、添了彩，老百姓就会称赞你。

六是让自己成才。经过学习训练，使自己自学成才、岗位成才。在部队能做好工作，报效祖国；回地方能发挥潜力，建功立业。这样，就会如那首歌曲所唱："生命里有了当兵的历史，一辈子也不会感到懊悔！"

以上六条，我是从一般意义上讲如何当一个好兵的。下面我再扯远一点，讲一段"关公语录"。

三国时期的关羽，是我国民间家喻户晓的历史人物。人们都知道，关羽为人仗义，知恩图报，有“国士之风”。人们还知道，关羽武艺超群，勇冠三军，曾经“过五关斩六将”，堪称是“万人之敌”的虎将。但是，可能很少有人知道，关羽还是一位书法家，他曾用篆书写过这样12个大字：

读好书　说好话　行好事　做好人

远在1800年之前，关羽竟然写出了这样通俗易懂的大白话，不用多加解释，人人都可明白这12个大字的意思。当然，在不同的时代，不同的社会，对于什么是好书、好话、好事、好人，会有不同的理解和含义。但我认为，这12个大字从内容上讲是优秀的、高尚的，足以激励当代、教育后世。因此，这12个大字至今仍不失为千古不易的至理名言，不失为为人处世的永远的座右铭，对于新时期的青年军人，也值得广而告之，并且躬身实践。

今年是我军创建85周年。85年来，青年军人始终是我军的主体，无论是战争年代还是和平时期，青年军人一直发挥着生力军和突击队的作用。我们党的和军队的领导同志，一向十分关心青年的成长和进步，对广大青年寄予厚望。毛泽东同志曾把青年比喻为是早晨八九点钟的太阳，认为青年是整个社会中最少保守、最积极、最有生气的力量。邓小平同志把青年的成长看做是党的事业兴旺发达的希望所在，勉励青年做“有理想、有道德、有文化、有纪律”的一代新人。江泽民同志强调，青年兴则国家兴，青年强则国家强，青年有希望，未来的发展就有希望。胡锦涛同志希望广大青年要积极响应党的号召，树立正确的世界观、人生观、价值观，永远热爱我们伟大的祖国，永远热爱我们伟大的人民，永远热爱我们伟大的中华民族，在投身中国特色社会主义伟大事业中，让青春焕发出绚丽的光彩。

那么，作为新时期的青年军人，应该具备哪些基本素质呢？我认为，高素质的青年军人应当具备良好的思想政治素质、较高的科学文化素质、过硬的军事技术素质、健康的身体心理素质和一定的指挥管理素质。下面，我分别从这五个方面谈一谈：

## 一、新时期的青年军人要具备良好的思想政治素质

古希腊大哲学家苏格拉底曾作过一个很有意思的调查。他问道，假如你身上带有信仰、荣誉和金钱三种东西在水中漂游，只有扔掉其中一种才能活下去，你将会扔掉什么？大多数人不加思索地扔掉了信仰。这个调查如果放在今天，有些人也许还会这样选择。对一些“聪明人”来说，只有获得了充分的金钱、荣誉和其他物质享受之后，才会想起给信仰一点立足之地。而一旦为了信仰就有可能失去金钱、荣誉之类时，他们又可能毫不犹豫地抛弃信仰。的确，信仰看不见、摸不着，好像是最不实用的东西。但是，我们千万不要忘记阿基米德的那句名言：“给我一个支点，我就能撬动整个地球。”我认为，一个人的信仰，就是这个人的“一个支点”。只要有了一个正确的合适的“支点”，你就可以看出信仰的力量有多大，你就有可能创造出种种人间奇迹。这就正如老一辈革命家薄一波所说：“如果把人生比作杠杆，信仰则好像是它的支点。具备这个恰当的支点，才可能成为一个强而有力的人！”信仰是一个人的精神支柱，一个人没有这个支柱，也可能浑浑噩噩地活下去，但他绝不可能成为一个品德高尚的人、强而有力的人、大有作为的人。

一个士兵应该具备的素质是多方面的，但思想政治素质是士兵应该首先具备的最根本最重要的素质。所谓思想政治素质，主要包括爱国主义、集体主义和社会主义思想，包括人的信仰信念、进取精神、遵纪守法意识和优良品德，等等。对于一个士兵来说，知识与能力相比，能力更重要；智能与素质相比，素质更基本；就素质而言，思想政治是灵魂。思想政治素质在人的素质中处于核心地位。良好的思想政治素质，既是保证我军“打得赢”、“不变质”的根本所在，又是士兵应该具备的首要素质，这也是我军区别于其他军队的显著标志。所以，要把自己培养成为高素质的青年军人，首先就必须在这个强根固本的问题上狠下工夫。

要详细谈思想政治素质，那可是一篇大文章。今天，我想变换一个角度谈谈这个问题。我工作的时候，曾经两次出国访问，主要去了俄罗

斯和东欧的几个国家。这些国家原来都是社会主义国家。前苏联解体、东欧剧变后的情况到底怎样？有些什么经验教训？他们是如何看待我们党、国家和军队的？现在有些人说，出过国的人更爱国，我想这大概是有比较才有鉴别的缘故吧！听听外国人对于我国的看法，或许能够促使我们思考一些问题，从而得出恰如其分的结论。

在谈我出访见闻之前，我先讲讲胡耀邦同志改对联的故事。

明代东林党人顾宪成，曾为江苏无锡的东林书院撰题一副对联："风声雨声读书声，声声入耳；家事国事天下事，事事关心。"

1981 年，北京有个青年模仿此联，写道："风声雨声不吱声，了此一生；国事家事不问事，平安无事。"

耀邦同志知道此事后，认为这个青年思想太消沉了，便也改写一联："风声雨声悲叹声，枉此一生；险事难事天下事，争当勇士。"这样一改，很自然地批评了这个青年的糊涂思想，又深刻地体现了"天下兴亡，匹夫有责"的崇高精神。

我们每个青年军人，都要关心党、国家和军队的大事，把自己的前途命运与党、国家和军队的前途命运紧密地结合起来。为了说明这个问题，我就简单地讲一讲我两次出访的一些见闻和体会

1997 年 10 月中旬，我在国防大学研究系学习期间，曾参加一个由 17 人组成的代表团，去俄罗斯进行了为期 8 天的参观访问。我们主要去了莫斯科和圣彼得堡（原列宁格勒）两个城市。前后对比，感慨颇多。

大家都知道，前苏联是列宁的故乡，是十月革命的故乡，是世界上第一个社会主义国家。新中国成立之初，我们以前苏联为榜样，称它为"老大哥"。那时，人们经常说的一句话是：苏联的今天，就是我们的明天。然而，真是三十年河东，三十年河西。二十多年前，苏共垮台了、前苏联解体了！这使我们感到极大的震惊和遗憾。在访俄期间，有几件事给我们留下了深刻的印象。

我军派往俄军院校的留学生对我们讲，俄军教官私下对他们说：不知上帝为什么这样不公平！上帝给中国造就了一个邓小平，他领导中国

搞改革开放，使中国富裕了、强大了！上帝给苏联造就了一个戈尔巴乔夫，这家伙把苏共搞垮台了、把苏联搞解体了！原来我们两个国家都是共产党领导，都是社会主义国家，而现在的反差却是如此之大！

我们到圣彼得堡访问时，列宁格勒军区（称呼未变）外事处长萨沙上校在欢迎宴会上祝酒时说：两百多年前，法国的拿破仑就说过：中国是一头沉睡的雄狮，当它一旦醒来，全世界都会为之震颤！我们知道，中国的改革开放已经取得了举世瞩目的成就！我们坚信，21 世纪的中国一定会更加了不起！现在，世界上有不少有识之士都这样说：19 世纪属于英国，20 世纪属于美国，21 世纪属于中国！

在离开俄罗斯的前一天，我们在莫斯科的一个自由市场购物时，遇上了很感人的一幕。一位摆小摊的俄国老者问代表团的一位同志（云南省委原秘书长）："您是中国人吗？您是中共党员吗？"当得到肯定的答复时，这位俄国老者显得很亲切、很激动。他翻开自己的外衣，让这位同志和翻译看他内衣上佩戴的原苏共党徽，还把 1 套共 18 张的列宁画像免费送给张秘书长，并连声说："我原来是苏共的老党员，苏共垮台了，苏联解体了，我们也跟着倒霉了！我们都知道中国搞好了、强大了，祝贺中国共产党取得了成功和胜利！"他边说还边打着"V"字形手势。

2000 年七八月间，我参加中国人民解放军友好参观团，正式访问了罗马尼亚、克罗地亚、匈牙利三个国家，并过境奥地利、意大利两个国家。其中前三个国家都属于原东欧社会主义国家后来又发生了剧变的国家。这次出访，虽然安排很紧，走马观花，但所见所闻，感慨颇多。其中最令人难忘的，是我们与罗马尼亚翻译约·帕列帕退役上校和匈牙利翻译胡萨尔先生的深入交谈。

罗马尼亚翻译约·帕列帕退役上校是个 65 岁的老人。他于上个世纪 50 年代来我国留学，先后在北京、上海、杭州等地学习过，后来曾两次出任罗驻华武官，并且当过罗国防部外事局局长。同时，他还曾是原罗共党员。这样一个人，既十分了解罗原来国内、党内、军内的情况，又是一个"中国通"，对于我国改革开放前后和罗剧变前后的变化，有着鲜明而深刻的体验。在访罗期间的一个晚上，帕列帕向我和代表团的另一位同志，详细介绍了罗发生剧变的情况、原因、前后对比和经验教训。介绍过这些情况之后，他接着说："我于1996年又去了一趟中国，发现中国的新建筑很多，人民生活水平提高很快，特别是信息产业发展很快。据外国观察家分析，西方敌对势力本来是要首先搞中国的，这就是1989年春夏之交在中国发生的政治风波。但因为中国的党、政府和军队很坚强，他们没有搞得动，以后才发生了苏联解体、东欧剧变的事件。相比之下，显而易见，中国搞对了，搞好了！"

我们访问匈牙利时，担任翻译的是60多岁的胡萨尔先生。他更是一个"中国通"：1956—1963年，他在北京大学学习汉语、中国历史；1967—1972年，他第一次在匈驻华使馆工作，当时中国正处于"文化大革命"期间；1979—1983年，他第二次在匈驻华使馆工作，当时中国已处于改革开放初期；1991—1996年，他第三次在匈驻华使馆工作，当到使馆政务参赞、临时代办。他这一生有20多年是在中国度过的。他曾见过毛泽东、周恩来、陈毅、贺龙等我们党和国家领导人，他目睹了我国几十年间所发生的翻天覆地的巨大变化，他对中国人民怀有美好的记忆和深厚的感情。通过几天的访问，互相之间熟悉了，我们就不再客气地称他"胡萨尔先生"了，而是按照我国的叫法，亲切地称他为"老胡"了。有一天晚上，我们在布达佩斯市内的多瑙河畔散步。这时，"老胡"忽然用手指着月亮，语带双关地说："过去，中国有人曾经讲，外国的月亮比中国的月亮圆！依我看呀，现在是中国的月亮比外国的月亮圆！"听到这里，我的心头为之一振。抬头仰望，只见星光疏朗，皓月当空，夜景美极了！我继而想到，现在是我国立秋的节气了，天高云淡，晴空万里，天凉好个秋，快到收获的季节了。"老胡"的一番话，显然是个比喻，但我觉得他讲的话寓意很深，值得我们仔细玩味。这些年，对于我国的发展变化，某些外国人比中国人还看得清、评价高。相反，国内有些人，特别是一些年轻人，由于缺乏各方面的对比，往往看阴暗面多，看发展变化少。这使我想起了苏东坡的两句诗："不识庐山真面目，只缘身在此山中"；也想起了毛泽东的两句诗："我自岿然不动”，“风景这边独好”。

通过两次出访，我有这样几点体会：一是中国不能慢，“发展才是硬道理”；二是中国不能散，一定要保持团结和统一；三是中国不能软，对于国内外敌对势力，一定要进行坚决斗争；四是中国不能乱，稳定压倒一切；五是中国不能变，“天下兴亡，匹夫有责”，“覆巢之下，岂有完卵”！前苏联解体和东欧剧变说明，如果执政党垮台了，国家变质了，最终倒霉的还是人民群众，而首当其冲的是党员、干部和军人。作为一名军人，我们一定要牢记，坚持党对军队的绝对领导，是确保我们这支人民军队永不变质的“军魂”，任何时候都要听党话、跟党走！

## 二、新时期的青年军人要具备较高的科学文化素质

士兵的素质表现在多方面，科学文化素质是士兵素质的重要组成部分，而且是基础性的。早在革命战争年代，毛泽东就指出：“没有文化的军队是愚蠢的军队，而愚蠢的军队是不可能战胜敌人的。”以高标准来说，科学文化素质表现在拥有广博精深的知识，学习和掌握现代科技，具有科学的思维方法和工作方法，等等。当然，以这样的标准来衡量普通士兵，要求显然高了，是难以达到的。但是，作为一个新时期的高素质士兵，则必须具备较高的科学文化素质。否则，就谈不上是一个高素质的士兵，当然也就很难适应军队现代化建设的需要。为什么要特别强调士兵具备较高的科学文化素质呢？我想有这样几条原因，我讲出来和大家一起讨论，你们看是不是这样一些道理。

### （一）从士兵科学文化素质的实际水平看

单从士兵的文凭看，似乎科学文化素质比过去高多了，但实际上水分很大，名不符实。比如，字写得不规范，文字表述不清，错别字连篇；不会讲普通话，讲话南腔北调，影响官兵之间正常交流沟通；科技、文史、音乐、体育方面知识贫乏，知之甚少。有一位自称是高中毕业的农村籍士兵，刚来部队时把“政委”写成“正伟”，把“幽默”写

成“油墨”，闹了大笑话，他的实际文化水平甚至还比不上高小毕业生。这怎么能行呢?

我这里给大家提供一点情况，有人曾对我军1955年第一次授衔后的1600余名将帅的科学文化素质作过考察。10位元帅有9位进过军事院校，5位曾到国外留学。10位大将也有9位进过军事院校，2位曾到国外留学。举例来说，朱德元帅青年时曾就读于云南讲武堂，以后又到法、德等国留学；彭德怀元帅是湖南陆军军官讲武堂毕业的；刘伯承元帅除了在重庆将校学堂就读外，还以优异成绩毕业于前苏联伏龙芝军事学院；陈毅元帅既在国内上过大学，又到国外留过学；罗荣桓元帅是地道的大学毕业生；叶剑英元帅1926年就是黄埔军校主管军事教育的教授部副主任；聂荣臻元帅先到欧洲留学，以后又去前苏联军事院校进修，回国后在黄埔军校任政治教官；徐向前元帅毕业于黄埔军校。林彪也是从黄埔军校毕业的。通过考察，得出了这样的结论：一是在我军初创时期，士兵的科学文化素质普遍很低，甚至很多都是文盲，但高级将领的科学文化素质，在当时就是相当高的；二是他们后来的成就、贡献和职务、级别大体上是和他们原来的科学文化程度成正比的。这两条结论很重要，至今仍有启示作用。这说明，一个士兵如果科学文化素质很低，那他今后的发展肯定是会受到限制的，他所做的成绩和贡献也不会是很大的。

### （二）从我们与外国外军科学文化水平存在的差距看

大家知道，人类文明进程至今已有六千余年的历史。地球上各个民族共同创造了人类文明的灿烂之花。中华文明同古埃及文明、古巴比伦文明、古印度文明、古希腊文明等一起，是人类文明的发源地。15世纪之前，以中华文明为代表的东方文明，曾遥遥领先于当时的西方文明。从汉代到明代初期，我国的科学技术在世界上一直领先达长14个世纪以上。在那个时代，影响世界文明进程的重要发明中，相当一部分是中华民族的贡献。后来，由于生产力落后和封建社会政治的腐朽，我国逐渐落后了。落后就要挨打，沉痛的历史教训，我国至今仍然记忆犹

新。新中国成立以后，特别是改革开放以来，我国的科技水平有了长足的进步，但与发达的外国外军相比，仍有相当大的差距。

美军前几年一项统计表明，美军军官98％以上具有学士学位，1/3以上具有硕士学位。参加海湾战争的8位美军战区级指挥官，其中2位具有博士学位，6位具有硕士学位。难怪外电评论说，海湾战争是一场由博士和硕士指挥的高科技战争。美军士兵相当多数是大学毕业生，最低也是高中毕业生。根据外军的科学文化水平和未来高技术战争的需要，我国著名科学家钱学森同志早在20世纪80年代就提出：21世纪的中国军队，士兵最低应具有高中文化水平，初级军官应具有学士学位，中级军官应具有硕士学位，高级军官应具有博士学位。钱老的意见，是很有见地的。我们只有发愤图强，急起直追，才能缩短与外国外军的差距。

知识的多少、科学文化素质的高低，与战争的胜负有着直接的关系。说到这里，我给大家讲一个真实的故事，早在第二次世界大战中，美国曾经宣称：1名优秀数学家的作用超过10个师的兵力，你可知道这句话的由来吗？

1943年以前，在大西洋上英美运输船队常常受到德国潜艇的袭击，当时，英美两国囿于实力受限，又无力增加更多的护航舰艇，一时间，德军的“潜艇战”打得盟军焦头烂额。为此，有一位美国海军将领专门去请教了几位数学家。数学家们运用概率进行分析后发现，运输船队与德潜艇相遇是一个随机事件，按数学角度来看这一问题，它具有一定的规律。一定数量的船（如100艘）编队规模越小，编次就越多（如每次20艘，就要有5个编次）；编次越多，与敌人相遇的概率就越大。比如5位同学放学都在自己家里，老师要找1位同学谈话，随便去到哪儿，一次找到的可能性只有20％。美国海军接受了数学家的建议，命令船队先在指定海域集合，再集体通过危险海域，然后各自驶向预定港口。结果奇迹出现了：盟军船队遭袭被击沉的概率由原来的25％降低到1％，大大减少了损失，从而保证了物资的及时供应。现在看来，这个变化并没有多少复杂的问题，也没涉及多么高深的知识，但其作用却是显而易见并且威力无穷。这个真实的故事雄辩地说明：知识就是力量！

### （三）从时代和社会发展的趋势看

不要说有些同志的文凭有水分，就是原来有足额“含金量”的学历，个人知识水平达到了一定的层次，也不能自我满足，还必须不断学习。当今社会已进入知识经济时代，新知识越来越多，知识更新周期越来越短。据统计，人类的知识在19世纪每10年增长一倍，20世纪70年代每5年增长一倍，到90年代末每3年增长一倍。在这种情况下，不要说满足已有的知识，就是稍微放松一下都有可能落后于时代。可以说，学习已扩展到人的整个一生，只有终生学习，才能成为适应社会发展需要的人才。就我军而言，随着世界军事现代化的迅猛发展，科学技术在军事领域的广泛应用，以及我军武器装备更新速度的加快，对军人素质的要求越来越高，对新型军事人才的需求量越来越大。每一位志存高远的士兵，都不应满足现状、停滞不前，而应树立终生学习、与时俱进的观念，把不断更新知识、跟上时代前进步伐作为自学成才的永恒目标，用丰富的知识、高强的能力，为我军现代化建设多作贡献。我们要深刻认识“知识就是力量，知识改变命运”的道理。新中国成立以来，党和政府高度重视发展人民教育，花了很大精力，我国的教育事业得到了巨大的发展，为社会主义建设事业培养了大批优秀人才。新中国成立以前，我国大约有4亿多人口，80%以上是文盲，受教育的人数很少。现在，我国人口已经超过13亿，绝大多数中青年早已摘掉了文盲的帽子，并具备了一定的科学文化水平，仅在校接受教育的人数就接近2.5亿人，这个成就是了不起的。早些年，我军士兵的科学文化素质普遍较低。士兵成分以农民为主，文盲占相当多数。那时的部队里，高小生就算小知识分子了，初中生就算中等知识分子了，高中生以上的就算大知识分子了。现在，全民的科学文化水平普遍有了提高，我军更应走在前列，适应这种“水涨船高”的形势。我军现在已正式开始从在校大学生中招手义务兵了，这是一个很大的变化。今后，一般战斗部队的士兵也将以高中毕业生为主，大专生也会占到相当比例了。在这种情况下，不继续学习怎么能行呢？不学习，不提高，不仅不能适应部队现代化建设的需要，恐怕找对象、找工作都会遇到很大的困难。我这样讲，决不是危言耸听，而是有很多实际的事例。

前些年《解放军报》曾刊登一位正在攻读硕士学位研究生的军嫂致济南军区某装甲团首长的来信。这封信振聋发聩，在该团官兵中引起了极大的反响。这位军嫂在信中反映，他对自己的丈夫、该团管理股管理员孙某某不思进取、不爱学习的精神状态感到恼怒和失望。她对自己的丈夫提出警告：再不加强学习，就离婚！这位军嫂指出：素质最重要，学习是诀窍。两眼遮迷雾，何以赴前程？慢走一步，差之千里；耽误一时，落后多年。如今的社会是竞争社会、知识社会。时代在飞速发展，不断变革，知识也要跟上潮流，不断更新。且不说人生短暂，知识宝贵，即便将来转业，“关系”、“靠山”再硬，也不如知识、素质过硬。大家听听，这位军嫂讲得多么好、多么实在呀！她提出的忠告，不仅仅是针对她丈夫的，也值得我们每一位士兵好好想一想，并切实提高认识，付诸行动，刻苦学习，不断提高自己的科学文化素质。

### （四）从实现我军“打得赢”、“不变质”两大历史使命的要求看

纵观历史，我们可以发现，无论古今中外，最优秀的青年往往集中于军队，最先进的科学技术往往首先发明于军队、使用于军队，真正的军人无不具备深厚的科学文化素养。这可以说是一条规律。比如我国古代的四大发明——火药、指南针、造纸、印刷术，其中火药和指南针就是首先与军队和军事活动直接联系在一起的。

早在一百多年前，西方的一位战略家就曾说过：一个民族如果输掉了科学，也就输掉了未来。历史发展到今天，现代化的武器装备凝聚了最先进的科学理论知识，要驾驭它，就必须具备现代文化科学知识。如果说在冷兵器时代，人们凭着强烈的阶级感情和勇敢忠诚就可以打胜仗的话，那么，在现代战争中，仅靠这些就不够了。在现代战争中，人仍

是战争胜负的决定因素，这是基于一定的客观物质条件和作战手段基础之上的，人的因素不仅仅是觉悟、勇敢和牺牲精神，它还包括智能和技能因素，包括较高的科学文化素质。

很明显，“打得赢”固然离不开较高的科学文化素质；同样，“不变质”也离不开较高的科学文化素质。比方说，江泽民同志曾提出了“以德治国”的重要思想，以德治国，德从何来？应该说，继承中华民族优良的文化传统，以史养德，是加强思想道德教育的重要手段。很难设想，一个人根本不了解中华民族曾经的苦难与辉煌，又从何处寻找动力去延续一个属于中国的奇迹？再比方，现在战士的科学文化素质和过去比，有了显著提高。善于学习和钻研问题，是当代青年军人的一个显著特点。这就要求我们军队的各级领导干部，我看也包括我们的各类士官，要具备更高的科学文化素质，做战士可以信赖的良师益友。否则，你用什么资本去要求战士有高尚的追求，去要求他们掌握现代化的作战本领呢？

懂得了具备科学文化素质的重要意义之后，接着就是如何提高科学文化素质的问题。这当然离不开一个“学”字，除此没有其他途径。

我先给大家讲一个故事。一个弟子问柏拉图：“怎样才能成为像您这样有知识的人？”柏拉图就把这个弟子的头按在水里，过了好一会儿才让他抬起头来。柏拉图问道：“你现在最需要什么？”“空气。”弟子答道。柏拉图告诉他，什么时候你像需要空气一样需要知识，你会像我一样拥有知识。

至于具体学什么、怎么学的问题，因为时间关系，我在这里就不详细讲了。现在社会上流行“包装”，我希望我们的士兵，要“武装”自己，不要“包装”自己。有个小故事很有趣，对我们很有启发。

这小故事说的是英国大文豪萧伯纳，有一天碰到一个大腹便便的资本家，那个资本家看到萧伯纳戴着一顶破旧的帽子，就讥笑他说：“萧伯纳，看你头上那顶破帽子，还算是个帽子吗？”萧伯纳不屑地反驳道：“先生，看你漂亮帽子下面那个脑袋，还算是个脑袋吗？”

这个小故事说明，一个有志青年，要讲学习，爱学习，把时间和精力用在学习上。也就是说，要“武装”自己，不要“包装”自己。“武装”自己，就会丰富知识，掌握本领，多作贡献，完善人生；“包装”自己，就可能金玉其外，败絮其中，无所作为，虚度一生。

## 三、新时期的青年军人要具备过硬的军事技术素质

过去，部队里经常说这样两句话：“养兵千日，用兵一时”；“平时多流汗，战时少流血”。前些年，部队里又流传着这样两句话：“当兵不习武，不算尽义务；武器练不精，不算合格兵。”

士兵是干什么的？平时训练，战时打仗，这就是士兵要做的两件大事。我们前面谈了高素质士兵要具备较高的科学文化素质，接着的问题就是高素质士兵应具备过硬的军事技术素质。我们所拥有的知识，不但应有足够的“含金量”，还应具备足够的“含军量”。俗话说，干什么吆喝什么，“三百六十行，行行出状元”。我们经常说“知识就是力量”。我们军队需要的人才是多方面的。每一位士兵都应立足本职，爱岗敬业，把知识转化为能力，把学习成果应用于工作实践，练就一身过硬的军事技术，为国防现代化多作贡献。

我觉得，掌握过硬的军事技术，对于士兵来说，是不言而喻的事情。作为军人，首先要熟悉军事，熟练使用手中武器，掌握过硬的军事技术。在这个问题上没有多少大道理好讲。下面，我想向大家介绍两个实例。

一个是军官的实例：广州军区某特种作战大队副参谋长喻秋华，他被称为“陆军伞王”。

有一次，他赶到国际滑翔伞优秀选手大赛赛场时，眼前的情景让他望而却步：同行们使用的都是国际一流装备。外国选手们看到他也瞪大了眼睛：过时的装备、迷彩服、解放鞋。然而，经过5天比赛，他的技艺让同行们瞪圆了双眼：5个课目，5个第一。当他走上领奖台领取金牌的时候，一个“陆军伞王”的名字，伴着国歌，通过媒体，走向了世界。

喻秋华受命训练30名士兵，带出了一支过硬的“特种伞兵”队伍，

他还为全军培养了数百名跳伞骨干。记者采访他的事迹时，他说了这样三句掷地有声的话语，可谓经验之谈。

第一句是：没几块伤疤算什么现代军人！

他曾1200多次在空中实跳，10多次死里逃生。有一次训练时，喻秋华不停地从高台上往下跳，跳到第60次时，他一头扎在地上。醒来后，他看了看战友们，擦了擦脸上的血，笑着说："没事，没几块伤疤算什么军人！"多年来，任何项目的第一次训练，他都是第一个先上，头部、手部留下了多处伤疤。他说，伤疤是一个军人的骄傲！

第二句话是：没几手绝活算什么特种兵！

他带领的一群"特种伞兵"，以6种机型、8种伞型，用血水、汗水创造了15个空降课目的新训法，填补了我军特种部队飞机空降作战的空白，获得全军训练成果特等奖。他被国家航空协会吸收为会员。作为"特种伞兵"的"教头"，他说："没几手绝活算什么特种兵！"

第三句话是：没创新精神算什么军人！

喻秋华以强烈的使命感潜心钻研军事，在陆军伞降史上创下了骄人的业绩。他运用武装直升机跳伞填补了全军空白，改装翼伞获得了全军训练改革成果一等奖，5项改革成果被全军推广。谈到体会，他说："没创新精神算什么现代军人！"

一个士兵的实例：总参陆航部的"科技练兵好战士"李洪涛。

有一天，北京航空航天大学的讲坛上，走上了一位身着绿军装的普通战士。在这所著名大学几十年的历史上，邀请一位只有高中学历的战士给大学生授课，这还是第一次。

也许是新鲜，也许是好奇，也许是不服气，抱着各种想法的大学生们把宽敞明亮的大教室挤得水泄不通。小战士刚把主要内容讲完，一位男生便提出了问题："直升机飞行中主液压系统出现故障有哪几种情况？"随着话音刚落，小战士迅速将"直升机液压系统工作原理图"准确地画到了黑板上，台下顿时掌声响起。接着，他对图讲解，从理论和实践两个方面回答了问题，又赢得了一片喝彩。

这位小战士便是被总参谋部授予“科技练兵好战士”荣誉称号的李洪涛。

李洪涛 1994 年 12 月从山东省高青县入伍，被分配到总参陆航部某机械团当战士。他是个农家子弟，入伍前曾因生活困难而辍学。入伍以后，他刻苦自学，掌握了《机械制图》、《飞行力学》等 18 门高等专业课程。他练就了对直升机 14 个主要系统 2000 多个参数“一口清”、对 75 个分系统原理图默画“一笔成”、对 200 种航材和 100 余件机务维修工具“一摸准”的过硬本领。他先后参与完成重大技术革新成果 20 多项，28 次在各类训练竞赛中获得优胜名次，分别荣立一等功、二等功、三等功。从而成为新中国成立以来第一次因军事训练成绩卓著而被总部机关授予荣誉称号的士兵。

李洪涛对直升机达到了痴迷的程度，参军以后，为了学习科学知识，掌握过硬本领，他没有休息过一个节假日。为了完成《防止直升机机尾桨打地的改进设想》的论文，切实解决飞行中拉杆过量造成尾桨打地的问题，李洪涛查阅了 66 种资料，问过 120 个问题，攒了 378 个数据，画了 112 张草图，最终以修改了 28 遍的论文，入选了第 12 届中国直升机年会。这是中国直升机最高水平的学术会议第一次入选一位“战士学者”的论文。

功夫不负有心人。他利用自己学到的知识和技能，多次在关键时刻排除故障。他的团长满意地说：“李洪涛维修的飞机，哪儿闹毛病，他竖耳一听，伸手一摸，用眼一扫，就基本上能查出来，飞他维护的飞机特别放心。”

李洪涛是一位把报效祖国的志向化作本职工作实践的有为青年，是一位把挚爱国防的热诚倾注到苦练本领的优秀士兵。我们向李洪涛学习，就要像他那样，牢记军人使命，自觉把对党、对祖国、对人民的热爱倾注到爱军习武的实践中，把个人理想和价值的实现，同国家富强和军队强大紧密结合起来。作为新时期的中国士兵，就应以强烈的使命感、责任感投入到工作中，为军队现代化建设贡献力量。

## 四、新时期的青年军人要具备健康的身体和心理素质

有这样一则寓言：一位哲学家乘船过河，他问船夫，你懂历史吗？船夫说，我不懂。哲学家遗憾地说，那你就失去了一半的生命。接着，这位哲学家又问，你研究过数学吗？船夫说，没有。哲学家更加遗憾地说，那你又失去了另一半的生命。正说话间，一阵风把小船吹翻了，两个人都掉进了河里。船夫喊着，你会游泳吗？哲学家挣扎着回答，不会。船夫急切地说，那你将会失去整个生命！

这个故事说明了一个浅显的道理：体能在人的生存中具有不可取代的作用，在军事斗争中，体能是构成部队战斗力的基本要素之一。有人说，军事体能是战场上载起士兵生命的挪亚方舟，这样说一点也不夸张。身心健康，无论对于什么人都很重要，对于军人更为重要。从某种意义上说，身心健康是军人的第一标志，体育是军人永远毕不了业的一门主课。

部队是执行革命政治任务的武装集团。这一特殊性，决定了对军人素质的要求比其他职业更高。从一定意义上说，爱护身体就是爱护战斗力。军人身体的好坏，不仅仅是个人的事儿，更是关系到部队战斗力的事儿。况且，多数士兵今后会回到地方参加社会主义建设，承担对家庭的责任和义务，也需要有一个健康的体魄。总之，军人保持健康的体魄，既是对个人、家庭和亲人的一种责任，更是对祖国和人民的一种责任。军人如果失去了健康之躯，驰骋疆场、保家卫国就会成为一句空话。因此，每一个士兵都要树立责任意识，顽强坚持锻炼，保持身心健康。

有的士兵认为，现代高科技战争与过去的战争样式不同了，主要依靠脑力就可以了。因此，对军人身体素质的要求不那么高了。这种认识是危险的、错误的。现代高科技局部战争的范例证明，士兵的体能素质是构成单兵战斗力的重要组成部分，任何高、精、尖武器装备，仍然取代不了士兵强健的体能在战场上所发挥的战斗力作用。从这个意义上讲，体能就是战斗力。现代高科技局部战争，更加需要身心健康的高素

质士兵。

当然，现代高科技战争的新特点，也决定了它对士兵的身体素质提出了更高更严更多的要求。在过去的战争年代，由于部队的武器装备性能差，科技含量低，作战样式单一，士兵打仗以“体力活儿”为主。因此，那时士兵的体力成为体能素质的关键要求和主要内涵。然而，在现代高科技战争中，武器装备的高技术密集，多种作战方式的综合运用，战场前后方概念的模糊，体能、智能、技能的互相渗透，对参战人员的整体素质要求越来越高。士兵打仗所需要的体能模式，已发展为以体力为基础，融脑力和心力于一体的“体力——脑力——心力活儿”。智能和技能的充分发挥，是以高素质的体能为基础和保障的。也就是说，士兵所拥有的智能、技能以及综合运用技术、战术能力的构成成分中，本身就包含了某些体能因素。另一方面，交战双方不见面的导弹、空袭、电子对抗、信息战等较量，固然是高技术战争的重要组成部分，但地面部队的介入和士兵的正面交锋，仍然是现代高科技战争不可缺少的组成部分，甚至是决定最后胜负的重要手段。因此，我们一定要正确认识现代战争对士兵身心素质要求的概念和内涵，不但不能降低这方面的要求，而且要更加刻苦地加强体育锻炼，不断增进自己的身心健康水平。

下面我向大家讲一讲毛泽东、邓小平等老一辈革命家始终坚持体育锻炼的故事。

毛泽东一向重视体育研究和体育锻炼。早在 1917 年，毛泽东还在湖南长沙第一师范学校读书时，就在当时影响很大的《新青年》杂志上发表了一篇题为《体育之研究》的重要文章。在这篇文章中，毛泽东提出了“文明其精神，野蛮其体魄”的思想。他还精辟地论述了德、智、体三者之间的关系。他认为，人的身体是“载知识之车而寓道德之舍”。毛泽东的这一思想是一贯的。新中国成立以后，他向全国人民发出了“发展体育运动，增强人民体质”的伟大号召。他对青年学生提出了“身体好、学习好、工作好”的“三好”要求，把“身体好”摆在了第一位。

1959 年，毛主席与身边的警卫战士谈心时，深刻提出：“有志参加革命工作的人，必须锻炼身体，使身体强健，精力充沛，才能担负艰巨复杂的工作。”他还风趣地说：“《红楼梦》里有两位主角，一位是贾宝玉，一位是林黛玉。依我看来，这两位都不太高明。贾宝玉不能料理自己的生活，连吃饭、穿衣都要丫头服侍，这种不肯劳动的公子哥儿，无论如何是不会革命的。林黛玉多愁善感，常常哭脸，她脆弱、多病，只好住在潇湘馆，吐血、闹肺病，又怎么能革命呢？我们不需要这样的青年！我们今天需要的青年是有活力、有热情、有干劲的青年！”“你们看，院中的花草原来长得很好，昨夜遭受了几点钟的风吹雨打，就差不多完全凋零了。但同在院中的树木却不怕风雨侵袭，依然枝强叶壮，苍翠可爱。我们的青年要像树木一样坚强，不要像花草一样脆弱！”毛泽东在这里既讲了生理健康，也讲了心理健康，他认为身心俱健才是真正健康。

毛泽东不但一生积极倡导体育锻炼，而且还带头参加体育实践活动。他有广泛的体育爱好，尤其喜欢游泳。他有两句名言：“自信人生二百年，会当水击三千里。”青少年时代，他就经常在自家门前的一个池塘里游泳。后来他回忆说：“我从小喜欢玩水，家门口有个池塘，就在这个池塘里玩水。有一次差一点出了危险，阎王老子向我招手，我就是不去，结果我就学会了。”1913 年，毛泽东开始就读长沙一师，湘江就成了他游泳的好场所。湘江水急浪大，江面宽阔。毛泽东专在险处横渡，“到中流击水”，一年四季从不间断。

投身于革命后，毛泽东把锻炼身体与实现远大理想联系在一起，更加注重锻炼身体。在中央苏区时，他曾到附近的一个水潭里游泳，并指导在那里游泳的少年、儿童练习。

新中国成立后，毛泽东虽然日理万机，但仍坚持游泳锻炼。1964 年 6 月 16 日，他和刘少奇等同志一起，畅游了十三陵水库，在初夏只有 23 摄氏度的水中整整游了一个多小时。他曾 10 次畅游长江。最令人难忘的是在 1966 年 7 月 16 日，73 岁高龄的毛泽东，以雄伟的气魄，在浩瀚壮阔、波涛万里的长江，“不管风吹浪打，胜似闲庭信步”，游泳历时1小时零5分，游程长达30里。现在我还清楚地记得，毛泽东这次游泳之后，我看了电影新闻，听了电台广播，心中激动不已，受到巨大鼓舞。我小时候胆子比较小，手脚笨，家里又管得严，所以一直不会游泳。1953年夏天，读高小时，在上学的路上过一座石桥，我不慎落水，差一点儿被淹死，多亏被赶集的老乡抢救上来，才算捡回一条生命。受到毛泽东高龄长距离游泳的鼓舞，我下决心学会游泳。经过两个夏天的勤学苦练，终于基本上学会了游泳，虽然姿势不佳，速度不快，但总算摘掉了“秤砣”的帽子。1968年7月16日，我参加纪念毛泽东畅游长江两周年游泳比赛，居然游了好几里，我当时感到很惊讶、很自豪。

邓小平一生热爱体育运动，为革命而顽强坚持锻炼。据他的儿女介绍，邓小平一生主要有三大爱好：一是踢足球，二是打桥牌，三是听京戏。

足球，是邓小平的第一爱好。早在少年时代，他就非常喜欢足球运动，曾是学校足球场上的一员虎将。在留学法国时，他曾为看一场足球比赛而卖了外衣购球票。到了中老年以后，他经常到现场或通过电视观看精彩的足球比赛。先前他还曾呼吁过足球事业要“从娃娃抓起”，希望我国的足球运动赶超世界水平。

打桥牌，是邓小平于20世纪50年代在西南工作时学会的，之后成为他的另一个爱好。经过几十年的思考锻炼，使他的牌艺达到炉火纯青的地步。邓小平精确地叫牌和果断地出牌，使其攻守自如，出奇制胜。曾和邓小平打过桥牌的原国民党将军黄维佩服地说：“在下不光在战场上是你们的手下败将，牌桌上也不是你们的对手，甘拜下风，甘拜下风。”邓小平还曾被国际桥牌协会提名为1981年桥牌名人，可见他的牌艺之高超。

听京戏，是邓小平休息时的消遣。他以此来放松大脑，以便投入更紧张的工作。

除了上述三大爱好之外，邓小平还喜欢游泳和爬山。在战争年代的戎马倥偬之中，他长期坚持冷水浴。80多岁以后，他还每年去北戴河的海水中游泳，每天能游 1 个多小时。他曾说，游泳还是到大海里去，大风大浪，很有气势，自由度也大，在游泳池里游没啥意思。1979 年 7 月 12 日，年逾古稀的邓小平开始向黄山进发，行程 60 里的山路，他一直走在前头，一口气登上 30 来个陡峭的台阶，竟把随行的亲属甩在后面。他还不时地回过头嘱咐身后的青年要当心。3 天时间，邓小平以其强健的体魄和脚力，踏遍了山路崎岖的黄山，登上玉屏峰，爬上百步梯，攀上光明顶，走上了雾海苍茫、险峻壮观的西海。山路陡峭，随行人员想搀扶他，都被他微笑着谢绝了。望着天都峰、莲花峰等胜景，邓小平风趣地说："征服了黄山，天下名山都不在话下了！"经此一游，邓小平精神倍增。保健医生为他做了体检，结论是："身体健康，一切正常！"

邓小平不但有健康的身体，更有乐观的精神。到了晚年，来访的外宾看到邓小平红润的面孔、幽默的谈笑和敏捷的思维时，都想向他请教保持健康的秘诀。在不同的时机和场合，他曾做过这样一些回答：

"我的回答就是四个字：乐观主义。天塌下来不要紧，有人顶着！"

"我是三下三上的人，对什么问题都持乐观的态度，相信自己的信念总会实现。如果没有这样的信念，我是活不到今天的。"

"我通过游泳锻炼身体，通过打桥牌锻炼脑筋，锻炼身体、锻炼脑筋都是为了更好地为人民服务。"

正因为毛泽东、邓小平一生坚持体育锻炼，保持革命乐观主义精神，所以他们分别活到了 83 岁和 93 岁的高龄，这在国内外的领袖人物中都是罕见的。

接着再讲讲外军官兵重视体育锻炼的情况。

前些年《解放军报》曾刊登过一篇文章，介绍我军派驻联合国军事观察团的一位军官，亲眼目睹外国军官寒来暑往、如醉如痴锻炼身体的情况，读来颇受启发。

阿希是美军少校，黑人。他对篮球、排球、跑步、举重、体操都有浓厚兴趣。他说："觉可以晚睡，饭可以晚吃，但锻炼身体不能少。"早晨 6 点他准时起床，打开小型电视录像一体机，边放录像边跟着做运动操，30分钟下来，已是大汗淋漓。下午5点，搬出哑铃、运动垫等器械，练习举重、俯卧撑、仰卧起坐，每个动作完成500次。不管去哪里，也不论气候如何变化，他坚持锻炼从不间断。一次他到司令部去当执勤官，带的行李又大又沉，司令官好奇，打开一看里面有很多体育用品和有关杂志。他在锻炼时间、内容、运动量上极讲科学性。当问到他为什么如此重视体育时，他伸出粗壮的胳膊说："没有强健的体魄，就不算真正的军人！"

在茫茫的沙海中，支起活动房，拉起铁丝网，垒上一些石块，就成了军事观察员的临时驻地。这里自然缺乏运动器械，两位法军上尉一合计，从营地官那里领来锯子、铁锤等工具，顶着风沙和烈日，自己动手干了七八天，利用旧包装箱、罐头桶、钢管、沙袋、木板等做出了一批体育器械；单杠、双杠、哑铃、拉力器等等。虽然不规范，但他们用来锻炼身体却很带劲。

在军事观察员驻地，还有三个锻炼身体的协会。一是"跑步协会"，凡入会者需每天长跑10公里，会长由坚持得最好、成绩最佳者担任，他有权组织比赛。二是"晒太阳协会"，参加者每天脱光了衣服在火辣辣的阳光下晒两个小时。三是"登山协会"，参加者不能贪床，清晨必须登山。三个协会经常施展本领扩大队伍，如能挖来另一个协会的会员，必定大肆吹嘘、炫耀一番。

这些人都是外军军官，他们在参加联合国军事观察团执行任务时，还时时处处不忘记体育锻炼。外军的士兵，就更加重视体育运动，而且要求更严，运动量更大。这正如那位美军少校所说："没有强健的体魄，就不算真正的军人！"

既然锻炼身体如此重要，那么，怎样才算身体健康呢？

前些年，世界卫生组织提出了人的健康新标准，指出它应包括人的肌体和精神（心理、精神和社会适应三方面均处于完美状态）的健康状况。肌体的健康可用"五快"来衡量，精神的健康可用"三好"来衡量，综合起来就是八大标准。

"五快"是：

（一）吃得快：进食时有很好的胃口，能快速吃完一餐饭而不挑剔食物，说明人的消化系统功能正常。

（二）便得快：一旦有便意时，能很快排泄大小便，且感觉轻松自如，在精神上有一种良好的感觉，说明胃肠功能良好。

（三）睡得快：上床能很快入睡，且睡得深，醒后精神饱满、头脑清醒，说明中枢神经系统的兴奋、抑制功能协调，且内脏无病理信息干扰。

（四）说得快：语言表达准确，说话流利，说明头脑清醒，思维敏捷，中气充足，心肺功能正常。

（五）走得快：行动自如，转动敏捷，说明精力充沛旺盛，因为诸多病变导致体衰均先从下肢开始，如心脏病、肝炎等病人下肢常有沉重感。

“三好”是：

（一）良好的个性：性格温和，意志坚强，感情丰富，具有坦荡胸怀与达观心境。

（二）良好的处世能力：看问题客观现实，具有自我控制能力，适应复杂的社会环境，对事物的变迁能始终保持良好的情绪，能保持对社会外环境与肌体内环境的平衡。

（三）良好的人际关系：待人接物能大度和善，不过分计较，能助人为乐，与人为善。

我们每个士兵都可以自我检查一下：自己的身心是否健康，也就是说，是否做到了这“五好”、“三快”。

我们所说的身体健康，包括生理健康和心理健康两个方面。作为一个士兵，不但在生理上要比一般人更健康，而且在心理上也要比一般人更健康。我们过去对于生理健康讲得比较多．现在要特别注重心理健康。艰苦的训练，恶劣的环境，紧张的生活，残酷的战争，都要求士兵身心俱健。现在的士兵大多数是独生子女，又处于情感突出、理性萌生但还不太完善的人生阶段，适应环境和处理人际关系的能力相对较弱，因此心理问题特别需要引起注意。

那么，怎样才算心理健康呢？不同的心理学家有不同的说法。我看了一些材料，觉得可以归纳为“三”、“四”、“五”、“六”四种说法，内容大同小异，意思基本一致。

一种说法是用“三好”来衡量心理健康：即上面讲到的良好的个性、良好的处世能力、良好的人际关系。

一种说法是心理健康包括四个要素：善良是心理健康的“营养素”；宽容是心理健康的“调节阀”；乐观是心理健康的“不老丹”；淡泊是心理健康的“免疫剂”。

一种说法是心理健康有五个标准：智力正常，了解并接纳自己，善于调节并控制情绪，能与他人建立和谐关系，良好的适应能力。

一种说法是心理健康具备六个特征：

（一）了解自己，认识自己。了解自己的优点与缺点，而不过于自我苛刻或过于自夸。

（二）适度的自信及自尊，并能接受自己。可以肯定自己的价值、成就与尊严，并适度接受自己的基本需要，不勉强压抑或过于放纵。

（三）具有与别人建立友善及亲密关系的能力。

（四）在群体中有适度的合作能力以及独立自主能力。能适度控制纯属于私人的欲望，但另一方面亦不盲从。

（五）与现实保持良好接触，对失败有一定的面对能力及容忍能力。

（六）性格具有弹性、完整性以及和谐性。不固执僵化，能适应时代与环境的变化。

综合上面各点，联系部队实际，作为年轻士兵，做到心理健康，要注意培养四种能力。

一是心理适应能力。心理适应，环境起决定作用。参军以后或调动工作，要注重从人际环境、工作环境、生活环境等多方面进行心理调节，让战友情、同志爱温暖自己的心田，尽快从心理上适应新的环境。

二是心理承受能力。心理承受，主要是承受挫折。人的一生无时不被喜、怒、哀、乐、惊、恐等情感所缠绕，要锻炼承受多种打击能力，以豁达的胸怀，提高对各种挫折的抵御能力。

三是心理控制能力。心理控制，主观因素是关键。要注意培养为人处世深思熟虑、沉着冷静、先思后行的自控能力，防止行为失常、失控。心理比较脆弱敏感的士兵，更要有意识地培养心理控制能力。古人说：小不忍则乱大谋。一时冲动可能后悔一生，感情冲动，失去理智，是会坏大事的。

四是心理康复能力。心理问题，也是一种疾患。要注意培养自己在受到心理刺激、造成心理创伤之后的自我修复能力。要通过倾吐、升华、暗示、比较等方法转移注意力，千万不要钻“牛角尖”，对任何事情都要“拿得起、放得下、想得开”，相信自己能够走出心理阴影。人这一辈子，谁也不会一帆风顺，难免遇到风风雨雨。可也没有过不去的难关，无论遇到什么事儿，还是要想办法往前走。走过去，前边就是一片蓝天！

现在社会上流传这样两句话：什么好也不如心情好，什么不好也不要身体不好。

古希腊有一个寻找快乐的故事：一群年轻人到处寻找快乐，但是却遇到了许多烦恼、忧愁和痛苦。他们向苏格拉底请教：快乐到底在哪里？苏格拉底说：你们还是先帮我造一条船吧！年轻人暂时把寻找快乐的事情放在一边，找来造船工具，用了七七四十九天，锯掉了一棵高大的树木，把树心挖空，造成一条独木船。独木船下了水，年轻人把老师请上船，一边合力划桨，一边齐声高唱。苏格拉底问：“孩子们，你们快乐吗?”年轻人齐声回答：“快乐极了!”苏格拉底说：“快乐就是这样，它往往在你为一个明确目标而忙碌却无暇顾及它的时候它就突然到来。”

俄国大文学家托尔斯泰讲过这样一个故事：一个男人被一只老虎追赶而掉下山，庆幸的是在跌落过程中他抓住了一棵生长在悬崖边上的小灌木。此时，他发现头顶上那只老虎正在虎视眈眈；低头一看，悬崖底下还有一只老虎张着血盆大口等在那里。更糟糕的是，两只老虎正忙着啃咬维系他生命的小灌木的根须。绝望中，他突然发现附近生长着一簇野生草莓，而且伸手可及。于是，这人拽下草莓，塞进嘴里，自语道：多甜呀！过去有这样的说法：人是生活在希望之中的，希望是人生的精神支柱，希望是人生前进的动力。因此，任何时候都不要绝望。只要抱有希望，就会如古诗所说："山重水复疑无路，柳暗花明又一村。"

我国民间流传着这样一个故事：从前有个老太太，被人称作"哭婆"。她有两个女儿，都出嫁了。大女儿家是卖鞋的，二女儿家是卖伞的。一遇到晴天，老太太就哭，心想：晴天人们出门不打伞，二女儿家的伞肯定卖不出去，她家的日子可怎么过呀！一遇到阴天，老太太也哭，心想：阴天人们怕下雨，不想出门，大女儿家的鞋肯定卖不出去，她家的日子可怎么过呀？她晴天也哭，阴天也哭，所以就有了个"哭婆"的绰号。"哭婆"家的邻居也是一个老太太，这个老太太为人开朗乐观，而且特别会做思想工作。这一天她就去找"哭婆"谈心了。她说："大妹子，你干什么总是哭呀？你能不能反过来想想：遇到晴天，你就想大女儿家的鞋肯定能卖出去，你就笑；遇到阴天，你就想二女儿家的伞肯定能卖出去，你也笑。""哭婆"一想，人家说的是这么个理呀！我还哭个什么劲呢？于是，她就破啼为笑了，晴天、阴天总是乐哈哈的，后来又得了个"笑婆"的称号。

这个故事说明，对于同样一个问题，从不同的角度看，有时会得出完全不同的结论，采取完全不同的态度，收到完全不同的结果。心理学家认为，在各种问题面前，人们往往表现出完全不同的两种思维方式。一种是"利导思维"，遇到什么不顺心的事儿，都往宽的方面想，往好的方面想。大家都知道"塞翁失马"这个成语典故，我在这里就不做解释了。这种人遇到天大的事儿，也能泰然处之，始终保持乐观的心态，对他们来说，没有过不去的"火焰山"。另一种是"弊导思维"，遇到什么不顺心的事儿，往往向窄的方面想，往坏的方面想，即使是遇到芝麻绿豆大的事儿，放在别人身上根本不在话下，而放在这样的人身上，就好像天要塌下来，再也活不成了一样。显然，我们应该学会"利导思维"，尽量避免"弊导思维"。

我在报纸上读到一首小诗，是讲人生要向前看、保持乐观态度的，我感到很好。所以在这里摘抄下来，与战友们共勉：

朋友啊，朋友！
你可千万不要忧愁。
你说生活像沙漠，
因为你心中没有绿洲。
先做一个绿色的梦吧，
才会有一个金色的秋！
朋友啊，朋友！
你可千万不要忧愁。
你说地上有阴影，
因为你总是低着头。
挺起胸膛来迎接太阳吧！
把黑暗的影子甩在身后！

### 五、新时期的青年军人要具备一定的指挥管理素质

讲到指挥管理素质，有的士兵可能会说，我们是普通一兵，管好自己就行了，还谈什么指挥管理素质呢？听了这样的话，我会说："同志，此言差矣！"我们军队是一所大学校，在这所大学校里，我们应该学习和培养各方面的素质，其中很重要的一个方面，就是指挥管理素质。我们很多士官担任班长，班长是"兵头将尾"，不具备指挥管理素质怎么能行呢？我们一些士兵可能考入军校，毕业之后成为军官，其中有些人就是未来带兵的人，不具备指挥管理素质怎么能行呢？我们士兵中的绝大多数，服役期满就会退伍或转业到地方，到地方有的可能去工厂企业，有的可能回到农村，有很多退伍兵成了企业家或农村基层政权的负责人，他们所具备的指挥管理素质，在很大程度上是从部队这所大学校学到手的。由此可见，即使是普通一兵，也应学习和培养指挥管理素质。

这里，我想专门讲讲班长的地位和作用问题。班长被称作"兵头将

尾”，历来享有“军中之父”、“军中之母”的美誉。班长作为最基层的带兵人，是联系干部与士兵的纽带。在清朝末年的新军中，班长的称谓是“目”，正副“目”就是军事将领在部队中的“双眼”。在一些外国军队中，士官班长被看做部队的中坚力量，形成了“指挥靠军官，管理靠士官”的一套做法。在我军建设发展的历程中，班长队伍从来都是一支重要的骨干力量。我军的高级将领，绝大多数都有过当班长的经历。正如总部在《关于加强班长队伍建设的若干规定》中指出的，班长是基层工作最直接的组织者和实践者，是基层军官的助手，是生长军官的重要来源。我军士官制度改革后，战斗部队的班长多由士官担任，这就给班长提出了更高的要求。做一名合格的班长，必须具备比一般士兵、比以往任何时候，都有更好更强的思想、军事、文化、技术和身心等方面的素质。只有这样，才能适应部队建设的需要，也有利于自己的成长进步。

现在，部队中有些带兵人，一谈到指挥管理素质，张口闭口就谈“巴拿马”（巴顿、拿破仑、蒙哥马利），对他们讲的驭兵之道称赞不已，而对我军指挥管理的优良传统和整套做法却知之甚少，这种倾向应该引起我们的足够注意。

其实，我军在指挥管理方面是很有一套的，实践证明是行之有效的，很值得我们认真学习和继承。

刘伯承元帅曾说，作为一个指挥员，第一条要会“养兵”，这一条占25分；第二条要会“带兵”，这一条占25分；第三条要会“练兵”，这一条占25分；第四条要会“用兵”，这一条占25分。如果这四条都具备，那就可以得100分了。欠缺其中的一条，就减25分，如果这四条都不具备，那就只能得0分了。

张震上将担任中央军委副主席时，曾对这四条做过具体解释，他说：“养兵”主要是搞好生活管理；“带兵”主要是搞好思想教育和行政管理；“练兵”主要是搞好军政训练、培养教育战士；“用兵”主要是搞好指挥作战、完成任务。这四个方面都离不开知兵、爱兵，知兵、爱兵是带兵的人应该具备的基本功。

带兵的人要懂得这样的道理，关爱士兵就是关爱战斗力。士兵是什么？士兵是人民的子弟兵，是军队的脊梁，是祖国的卫士。站在这样的高度来看，普通一兵不普通。善待士兵、关爱士兵，就是珍惜人民群众的感情，就是关爱战斗力，就是关心国防大业。每一名士兵，都值得我们付出满腔热忱，把他们的冷暖安危放在心上。过去，带兵的人经常讲一句古语，叫做“慈不掌兵”。现在，我军带兵的人又总结了这样一条体会，叫做“慈亦掌兵”。把这两个方面结合起来，做到严而有度，严中有爱，就能把兵带好。否则，单纯强调一个方面，就难免给部队管理带来副作用，给士兵的心理造成伤害。带兵的人要真正做到与士兵心贴心，关键在于要有爱心。有了爱心，对士兵的真心、热心、关心、耐心、细心、恒心等，就有了前提和基础。因此，带兵的人对士兵要有慈母之心、兄弟之情、战友之谊。你与士兵“贴心”，士兵对你就会“铁心”。战争年代广大带兵的人正因为这样做了，才赢得了士兵的平时诚心相助、关键时刻的舍身相救。

我曾直接听一位老将军说过，在红军初创时代，他开始当班长、排长。后来当连长、指导员。他说，他们那个时候带兵就靠这么几条：一是打仗时冲锋在前，退却在后，勇敢，不怕死，在战争年代如果怕死，那就谁也看不起你，当然就更谈不上带好兵了；二是行军时抢着替战士背枪、背背包，宁可自己多受累，也要让战士轻松些；三是吃饭时要往后靠，宁可自己饿肚子也要想方设法让战士吃饱；四是晚上宿营后，要替战士烧洗脚水，帮战士挑脚泡，让他们睡个好觉，恢复体力，第二天好再行军打仗。这位老首长说，现在看起来，这几条很简单，但当时却很管用，官兵关系非常密切，那真叫同生死、共患难。老首长对我讲的这些话，已经过去了二十几年了，但我还一直记在心里。这几条虽然简单，但真正做到也不那么容易。现在情况变了，大家的工作条件和生活条件都比过去好多了。但这几条“带兵之道”的基本精神，我们还是应当继承和发扬的，现在有些基层军官和“兵头将尾”，存在一种“离兵”现象。“离兵”就谈不上“知兵”、“爱兵”，当然就更带不好兵了。

一位在野战军工作过的将军曾对我说，士兵所喜欢的基层干部和

“兵头将尾”，其特点可以归纳为这样四句话：思想品德做榜样，军事技术特别棒，管理教育路数对，文体活动有特长。这四句话是从实践中总结出来的，是优秀基层干部和带兵骨干的形象写照。希望带兵的人记住这四句话，并能发扬光大。

关于指挥管理素质，展开来讲，包括很多内容，可以做一篇大文章，由于时间的限制，这里只能简单地一讲。我记得前些年《解放军报》上刊登了一篇题为《士气源于服气》的文章，这篇文章提出带好兵要做到“四个一”：即“先干一步”，“打成一片”，“一碗水端平”，“关心一辈子”。我认为讲得很好、很实在、很管用。在这篇文章的前面，《解放军报》评论部高级编辑、专业技术少将陈贤德同志写了一段很精彩的按语，现照录于后：

战士服气是干部有威信的根本标志。威信作为一种非权力性的影响力量，是带兵人最宝贵的“精神权力”。有了它，既可强化职务权力的效用，又可弥补管理素质的不足。威信不能靠上级赠与，也不会被他人剥夺。一纸任职命令可以提升一个干部的职务，却不会提升他的威信。一纸命令可以免掉一个干部的职务，却不会“免掉”他的威信，如同“灭六国者，六国也，非秦也”的道理一样，剥夺自己威信的，只有带兵人自己，对战士“一巴掌”打下去就可以把自己“打”得威信扫地。而带兵人一旦丧失了威信，即使“八面威风”，也事实上丧失了带兵资格。

下面就分别讲讲这“四个一”：

第一个“一”是“先干一步”。有句话说得好：“干部干部，先干一步。”干部以身作则的模范行动，对战士有着非常重要的影响力和号召力。特别是在急难险重任务面前，干部勇于打头阵、当先锋，那就等于下达了无声的命令，战士自然就会“不用扬鞭自奋蹄”。如果干部不是“甩开膀子干”，而是当“甩手掌柜看”，那么，影响战士的情绪且不说，还会贻误工作，怎么能使战士佩服呢？一位基层政治干部说得好：做战士的思想工作，一半靠“说功”，要把道理讲透；一半靠“做功”，坚持以身作则。而“做功”往往比“说功”更重要、更有效，因此也更难修炼、更难做到。中国有句老话：“身教重于言教。”孔子也有一句名言：“其身正，不令而从；其身不正，虽令不从。”讲的都是“做功”的重要性。

第二个“一”是“打成一片”。干部特别是一线带兵人，天天与战士在一起，“一个锅里抡马勺”，只有强化“兵味”，淡化“官气”，才能赢得战士的认同、亲近和喜欢。那种所谓“有距离才能有威信”的说法是不对的。只有以“身在兵中，兵在心中”的实际行动，实现官兵之间的“零距离”，才是正确选择。被誉为“布衣元帅”的徐向前同志，生前曾给儿女们讲过汉代名将霍去病与士兵同甘共苦的故事：霍去病率兵出塞，大胜匈奴，汉武帝从长安给他送去了两坛美酒，以慰战功。霍将军却不独自享用，他下令把酒倒在泉水中，让士兵都能喝到带酒香的泉水。这就是历史文化名城酒泉得名的来历。讲完这个故事之后，徐向前感慨地说：“古代名将都懂得关心群众，关心士兵，不独享军功，不推卸错误。我们共产党人，不应该比古人做得更好吗？”

第三个“一”是“一碗水端平”。处事不公，是战士最反感、也是最伤战士感情的问题。要本着“手心手背都是肉，十个手指皆连心”的思想，对战士一视同仁、秉公办事，纠正“以地域划圈圈、以亲疏定杠杠、以好恶拉坨坨”的歪风邪气，使战士真正顺心服气。现在，有些带兵人很看重“老乡”情分，并以此分亲疏，这样做非常有害。带兵人一定要搞“五湖四海”，撇开乡土之分、“门户”之见。还有，就是要坚持用新观念带兵，“不怕战士有缺点，就怕战士没特点”。实践证明，越是有个性的战士，越容易成才。就如一块好材料，选到艺术家手里就可能变成艺术品。不要把战士培养成畏首畏尾的“小绵羊”，而要把战士培养成有棱有角、奋勇争先的“小老虎”。

第四个“一”是“关心一辈子”。爱兵不能停留在问寒问暖、端病号饭上，更重要的是培养他们今天适应部队、明天适应社会的过硬素质。对战士不能只关心一阵子，更要关心一辈子。要着眼于战士的立身做人，帮助他们树立正确的世界观、人生观、价值观；着眼于战士的理想抱负，大力开展岗位练兵，帮助他们掌握“打得赢”的过硬本领；着眼于战士的自强自立，严格进行约束管理，帮助他们培养优良的品德作风；着眼于战士的长远发展，广泛进行技能培训，帮助他们掌握退伍后投入经济大潮的一技之长。

第六部分

# 风华正茂是青春
# 三大课题记在心
# ——和现役士兵谈心(二)

雷锋

青年，处于人生的春天，是最美好的年华，是为一生的事业打基础的关键时期。青年士兵与地方青年具有大体相同的特点，正值身体发育期、心理波动期、人生观形成期。

青年人面临着三大人生课题，这就是：成人、成才、成家。这三大课题处理好了，今后的人生之路可能比较宽阔、比较平坦；处理不好，今后的人生之路就可能比较狭窄、比较坎坷。

战友们、同志们：

今天，我想和大家谈谈年轻人的一些特点和年轻人面临的人生课题。我过去和地方一些大学生谈心，经常谈到这方面的问题。你们和地方大学生虽然有些不同，但都属于年轻人，处于同一个年龄段，所以你们和他们大体上有一些共同特点，面临相似的人生课题。

青年，处于人生的春天，是最美好的年华，是为一生的事业打基础的关键时期。毛泽东同志曾经说，青年人朝气蓬勃，正在兴旺时期，好像早晨八九点钟的太阳，希望寄托在你们身上。我经常和一些年轻人开玩笑说，我们这些老家伙已经接近"日落西山"了，一些中青年人则是"如日中天"，而你们还是"旭日东升"。你们赶上了好时候，我们很羡慕你们，也把希望寄托在你们身上。

说到年轻人的特点，有人概括为这样三个方面：

一是处于身体的发育期，还是在成长过程当中，正如民间俗话所说："二十三，蹿一蹿；二十五，突一突。"

二是处于人生观的形成期，思想还未完全定型，可塑性很强。

三是心理上处于波动期，生理发育与心理发育不同步，有的人身体发育成了个"傻大个子"，但心理上还不成熟，这时的年轻人既好学上进、朝气蓬勃，但因为冲动性强，抑制力弱，搞不好也容易出事情、犯错误，甚至一失足成千古恨。

基于上述这样一些特点，年轻人就面临着大体相同的三大人生课题：一是"成人"，二是"成才"，三是"成家"。下面我就分别给大家讲一讲。

## 关于"成人"

你们是唱着"十八岁，十八岁，我参军到部队"的歌声入伍的。18岁是人生很重视的一个年龄，标志着一个人进入成年了。现在，地方上的一些学校和共青团组织，在一些年轻人18岁这一年为他们举行成年仪式。的确，如果说人的整个一生是一首优美的交响乐，那么到了18岁，生命之歌才真正开始了汹涌澎湃的主旋律。

很有意思的是，外国也举行类似而又奇特的成年仪式，听来饶有兴味。

刚果少男在成年仪式上由族长用锉刀将门牙锉成尖刀状，犹如斑马和猫的牙齿一样。据说这种“锉牙礼”意味着少男成了“男子汉”，可以与任何猛兽搏斗了。

澳大利亚土著人的成年仪式上，少男们须面对大人们制造的种种“恐怖音响”镇定自如。如果能有幸通过此关，第二关便是一场战斗考验：少男须接受 3 名成年男子的挑战，即使在打斗中流了血也必须咬紧牙关，坚持到最后一刻。

秘鲁少男在成年仪式上须通过唯一的考试：是从 8 米高的悬崖上跃下，而胆怯者则永远不能成为“大人”。尽管每次仪式上都有一些少男被摔得鼻青脸肿，但这种古老的“跳崖礼”至今仍在秘鲁盛行。

墨西哥海滨地区一个部落的成人仪式更为奇特：少男们每人须携带一块沉重的石头游过一条海峡。

加拿大洛基地区印第安少男在成年仪式上，人人都须吞食一条活蜥蜴，望而生畏者即被取消“成年”资格。

以上这些材料，我作为笑话给大家讲一讲。我讲这些，当然不是求大家去模仿外国成年仪式上的那些举动，而是想借以说明，一个人到了 18 岁，就算进入成年人的行列了，人们对他的要求就与少年时不一样了，他的身上就应该担负责任了。或者说，他就应该无所畏惧了，应该有所作为了。

我在前面讲的“成人”，与人们通常说的到了 18 岁就算成年人了还不完全是一回事。“成人”，既指生理上成熟，也指心理上成熟，只有两个成熟才真正算得上“成人”。生理上成熟主要靠岁月、靠年龄，这一点现在对于大多数年轻人来说问题不大。心理上成熟不完全靠岁月、靠年龄，还要靠学习、靠训练、靠修养。我在前面说了，现在的年轻人生理发育与心理发育不同步，心理发育往往落后于生理发育。就像人们说的，有些人总也长不大，这主要是指他们心理上还不成熟。年轻人只有经过磨炼，吃一些苦，甚至经受一些挫折，才能逐步成熟起来。过去有

一句话，叫做“成人不自在，自在不成人”，说的就是这个意思。

外国有人把年轻人的成长过程比喻为三个标点符号。美国著名心理学家巴尔肯，见一青年写的《自传》只有三个标点符号：“——”“!”“o”，便问含义，那青年答道：“一阵横冲直撞，落个伤心自叹，到头来只好完蛋。”巴尔肯听后，将它们改为另外三个标点符号：“、”“……”“?”，鼓励青年人说：“青年时期只是人生一个小站；道路漫长，希望无边；君不闻浪子回头金不换?”这个年轻人在巴尔肯的关怀鼓励下，终于成为一个大有作为的人。

同志们或许会问，判断一个人是否“成人”了，有没有什么标准呢？我认为，一个成熟的人，应该具备这样“三性”：

一是独立性。就是要自信、自尊、自立、自强，已经长大成人了，就不能凡事都依靠老人、大人或他人了。一个人有没有出息，有没有作为，首先要看他有没有独立性。说到这里，我给大家讲讲“三个旅行者”的故事。

有一天，三个旅行者同时住进一个旅馆。早上出去的时候，一个旅行者带了一把雨伞，另一个旅行者拿了一根拐杖，第三个旅行者什么也没有带。晚上回到旅馆时，拿雨伞者淋得浑身是水，拿拐杖者摔得满身是伤，第三个旅行者却安然无恙。于是前两个旅行者很纳闷，问第三个旅行者：“你怎么会没事呢?”第三个旅行者没有回答，而是问拿雨伞的：“你为什么会淋湿而没有摔伤呢?”拿雨伞者说：“大雨到来时，我因为有雨伞，就大胆地在雨中行走，却不知怎么淋湿了！当我走在泥泞坎坷的路上，因为没有拐杖，就走得非常小心，专挑平稳的地方走，所以没有摔伤。”接着，拿拐杖者说：“大雨来临时，我因为没带雨伞，便专挑能躲雨的地方走，所以没有淋湿；当我走在泥泞坎坷的路上时，便大胆地用拐杖拄着走，却不知为什么常常摔跤。”第三个旅行者笑笑说：“这就是为什么你们拿雨伞的淋湿了，拿拐杖的摔伤了，而我却安然无恙的原因。我既没有带雨伞，也没拿拐杖，在雨中行走，无所依靠。大雨来临时，我躲着走，路不好走时，我小心地走，所以我既没有淋湿，也没摔伤。你们就失误在你们所凭借的依靠上，认为有了依靠便没有了忧患。”

这个故事说明，许多时候，人们不是跌倒在自己无所依靠上，而是跌倒在自已有所依靠上。没有依靠，常能激励人们奋发图强、勇往直前；有了依靠，常常使人忘乎所以、无所作为。一些动物尚且知道在它们的幼子能够独立时，强行将其赶走，让它们自力更生，独立生活。而人们却往往溺爱自己的后生晚辈，总想让他们在自己的羽翼下生活。而有些年轻人也往往因此而滋生骄娇二气，缺乏独立性，患上“软骨病”，这样的人是成不了大事的。

二是坚强性。古诗曰：“人间少平地，世上多山岳。”生活的道路上也横亘着由种种困难组成的“山岳”。对于“成人”来说，培养艰苦奋斗、百折不挠的精神尤为重要。人们常说，士兵是“艰苦”的代名词，军人是人世间付出代价最高、牺牲最大的职业。军人正是在金戈铁马、流血牺牲的奋斗、拼搏中，才显示出以苦为乐、以苦为荣的特有美德。说到这里，我也给大家讲一个故事。

一位父亲很为他的儿子苦恼，因为他的儿子已经 18 岁了，可是一点男子汉的气概也没有。于是，父亲专门拜访一位禅师，请他训练自己的儿子。禅师说：“你把孩子留在我这里，3 个月以后，我一定可以把他训练成真正的男人。不过，在这 3 个月里，你不可以来看他。”父亲同意了。3 个月后，父亲来接儿子。禅师安排孩子和一个空手道教练进行一场比赛。教练一出手，孩子被打倒在地。他站起来继续迎接挑战，但马上又被打倒，他就又站起来……这样来来回回一共 16 次。禅师问父亲：“你觉得你儿子的表现够不够男子汉气概？”父亲说：“我简直羞愧死了！想不到我送他来这里受训 3 个月，看到的结果竟是他这样不经打，被人一打就倒。”禅师说：“此言差矣！我很遗憾，你看到的只是表面和暂时的胜负。你没有看到你儿子那种倒下了又站起来的勇气和毅力，这才是真正的男子汉气概啊！”

是呀，只要站起来比倒下去多一次，就可能取得成功！一个人的可贵之处，并不是只能在顺境中扯满风帆前进，而是在身处逆境时，也能够不消沉，从而抗争奋起。宋代文学家苏东坡曾说：“古之成大事者，不惟有超世之才，亦必有坚忍不拔之志。”有位学者说过：“伟人之所以伟大，关键在于：当他与别人共处逆境时，别人失去信心，他则下决心实现自己的目标。”只要坚定理想信念，面对困难不气馁，遭受挫折不动摇，遇到失败不灰心，就能走出困境，战胜困难，做出成绩，也就可以成为生活中的强者。

三是成熟性。独立性、坚强性中，无疑也包含有成熟性的成分，但成熟性还有自己的要求，主要是指为人处世的全面与灵活。“成人”应当成熟，但成熟决不是圆滑，也不是世故。著名学者余秋雨在《苏东坡突围》一文中有段名言：成熟是一种明亮而不刺眼的光辉，一种圆润而不逆耳的音响，一种不再需要对别人察言观色的从容，一种终于停止向周围申诉求告的大气，一种不理会哄闹的微笑，一种洗刷了偏激的淡漠，一种无须声张的厚实，一种并不陡峭的高度……这些虽然我们难以达到，但至少我们有了奋斗的目标。

**关于“成才”**

成才，是年轻人的梦想。或许有人会问：士兵也可以成才吗？答复是肯定的：士兵不但可以成才，而且可以成大才、成英才、成俊才。古今中外的实践，都证明了这一点。

美国19世纪的伟大道德学家塞缪尔·斯迈尔曾经做出过这样一个判断：“天才和伟人往往与士兵的经历有着不解之缘。”这是因为，“服从、训练和纪律是士兵的灵魂，这些对于天才的形成有着至关重要的作用。”塞万提斯曾是一名士兵，并因受伤而终身残疾，但他认为“长矛从来没有妨碍钢笔”，他最终写出了蜚声世界的文学名著《堂·吉诃德》。

外国是这样，我国更是如此。翻开历史宏卷，仔细研究历史人物的成长轨迹，我们会惊喜地发现，原来那么多优秀人物都是出自军营。一部《历史名人传略》，收入200位历史人物，军人出身或有过军旅生涯的就有113位。如古代的姜尚、孙武、吴起、孙膑、曹操、诸葛亮、戚继光、郑成功……以及近代的林则徐、邓世昌、洪秀全、孙中山、黄兴等，都是著名的军事家。爱国词人辛弃疾、诗人陆游，也有过不平凡的军事生活体验。科学巨著《梦溪笔谈》的作者沈括，不仅在军中任过要职，亲自参加或指挥过战斗，而且还撰写了多部军事著作。更有许多著名的政治家、思想家、教育家、科学家、文学家、艺术家、企业家，他们的非凡成就，无不与军旅生涯的刻苦磨炼密切相关。

我军作为党绝对领导下的全心全意为人民服务的新型军队，历来是出英雄、出模范、出人才的“大学校”、“大熔炉”，这是由我军的性质决定的，也是我军的特有优势。早在民主革命时期，我军就造就了大批能文能武的治军人才。社会主义建设时期，特别是改革开放以来，我军坚决贯彻邓小平新时期军队建设思想，大力培养军地两用人才，使一批又一批优秀人才脱颖而出。从农民到将军，从放牛娃到教授，从士兵到院士，从军营功臣到地方英模……千百万经过军营陶冶的英才们，在各条战线发挥着重要作用。

军营之所以能够培养出各行各业的优秀人才，是因为军人的职业是一种极为特殊的职业，其分工之精细，岗位之齐全，门类之繁多，几乎可以和社会上任何职业相衔接。同时，人类社会的历史还告诉我们，军队不仅是最早、最严谨的社会组织之一，而且最初的社会各部门内部分工，也是从军队这个“母体”里分娩出来的；不仅如此，民用科学技术的进步、发展、创造、应用，也大都和军事有关。从古代鲁班的攻城“云梯”、诸葛亮的“木牛流马”、马钧的“发石车”，到今天的轮船、飞机、火箭、卫星、计算机、原子能……一次次以无可争辩的事实说明，最先进的科学技术往往首先发明于和使用于军事领域，然后才逐步推广到民用领域。军人职业荟萃了人类文明成果，军营生活能造就出时代精英。更何况军旅生涯对人的意志、品格的磨砺，精神境界的升华，组织纪律的培养，更是地方青年难以企及和比拟的。所以，我们完全可以这样说，军营不仅是军人建功立业的舞台，而且是培养时代英才的摇篮。

我前面讲的“自古军营多英才”，是从总体上讲的。具体到每一个士兵来说，怎样才能使自己力争成才呢？

**下定决心，立志成才**

古人说：“天生我才必有用。”又说：“有志之人立长志，无志之人常立志。”的确，很多人的经历证明，谁想成为一个怎样的人，就有可能成为怎样的人。志向是人生的灯塔，有志向才能有前进的目标，才能有不竭的动力。一个人是平庸还是不凡，很大程度上取决于他有没有志向，有没有恒心，有没有毅力。

要相信自己能够成才。一个人什么都可以没有，但不可以没有自信。一位同志在美国访问期间，去一家幼儿园参观了孩子们上课的情景，感到非常新鲜有趣。这是孩子们入幼儿园的第一堂课。教师从书架上抽出一本童话，选出其中一篇给孩子们念了一遍，然后说，哪位小朋友也来讲一个故事？于是，有一个小朋友走上讲台，讲了一个他自己编的故事。教师一面听，一面认真地把孩子讲的故事记在了一张纸上。然后又问，你们谁会画图？来为这个故事画一幅插图。又有一个小朋友上前把故事中的人物画了下来。教师拿出一张漂亮的纸做封面，把它与写了故事、画了插图的两张纸订在一起，封面上写下两位小朋友的名字，然后高高举起说：“孩子们，瞧，你们也能写书了！只要你们努力奋斗，什么事情都是能够干成的！”孩子们热烈鼓掌，向这两位小朋友表示祝贺。这是一堂生动活泼的人生教育课，在游戏般的氛围中，使孩子们从小受到了自信、自强的人格教育。

北京市一所学校对学生试行“我能行”的激励式教育，收到了很好的效果。他们把“我能行”教育概括为八句话：

相信自己行，才会我能行；
别人说我行，努力才能行；
你在这点儿行，我在那点儿行；
今天若不行，争取明天行；
能正视不行，也是我能行；
不但自己行，帮助别人行；

相互支持行，合作大家行；
争取全面行，创造才最行。

“我能行”教育虽然是在一所学校试行的，但我认为这种方法具有普遍意义，值得我们学习参考。

说到这里，我给大家讲一个故事，故事的名字叫做《有127个愿望的人》。

半个多世纪以前，美国洛杉矶有一位15岁的小青年，名叫约翰·科达尔。这个小伙子人小志大，为自己制订了一个实现127个愿望的计划，他称之为《我一生的计划》。其中有勘察刚果河、尼罗河，登上珠穆朗玛峰，重游亚历山大大帝和马可·波罗到过的地方，创作一部音乐作品，写一本书，结婚、生孩子，甚至还要登上月球。

科达尔把这些愿望都编上号，写在纸上以便逐一实现。21岁那年，他已到过21个国家旅行。刚满22岁，他在危地马拉的原始森林中发现了一座玛雅神庙。26岁时，他历经艰险，完成了对尼罗河的溯源探险。以后，他又到了南美洲并与土著部族人一起生活，登上过土耳其的阿拉拉特山和非洲第一高峰乞力马扎罗峰，他曾开过两倍于音速的飞机，写了一本书。当然，他早已结婚，并且有了孩子。

到前几年，科达尔已实现了127个愿望中的106个。他下一步的打算是游览中国的长城。他觉得自己的身体还十分强壮，盼望有一天实现最后一个愿望——登上月球。

当有人向科达尔问起他的著名计划时，他微笑着说：“我制订这个计划，是为了使自己总有奋斗目标。我看到周围有些人从来不敢试试自己的能力，结果一事无成。我下定决心，决不走这条路。”

我给大家讲这个故事，决不是要求自己，更不是提倡别人，去机械模仿这位小伙子的所作所为。说实在话，科达尔的有些举动，我们根本没有条件也没有必要去做。但我认为，他积极进取，勇于攀登，不达目的决不罢休的精神，还是值得我们学习的。

人生只有一次，人来到世上一趟，总要有所作为。从某种意义上说，人是生活在愿望之中的。没有了愿望，也就没有了动力，没有了目标。革命老人谢觉哉曾经这样勉励年轻人："最好不要在夕阳西下的时候再幻想什么，而要在旭日东升的时候即投入工作。"我们的年轻士兵，风华正茂，朝气蓬勃，正是大有作为之时，正处在大有可为之地。应该树雄心、立壮志，像科达尔那样，使自己总有奋斗目标。这样，你就会去拼搏、去奋斗，从而使自己的人生之旅与时俱进，逐步走向成功，走向辉煌，不至于虚度年华、碌碌无为，也不至于走到人生的终点时，留下无穷的遗憾。

**艰苦奋斗，学习成才**

古人说：玉不琢，不成器；人不学，不知义。任何人都是学而知之，而不是生而知之。我军是一所大学校，是一座大熔炉。我们党的主要领导同志都支持和鼓励部队官兵学习成才。早在革命战争时期，毛泽东就语重心长地教导我们："没有文化的军队是愚蠢的军队，而愚蠢的军队是不可能战胜敌人的。"毛泽东还经常以三国时孙权劝吕蒙读书，吕蒙终于成为能文能武的著名将领，令人"刮目相看"的故事，鼓励一些行伍出身的军人，艰苦奋斗，学习成才。邓小平同志一直强调"学习是前进的基础"。他主持军委工作期间，大力提倡军队培养军地两用人才，促使我军涌现了一批又一批优秀人才。江泽民同志主持军委工作以后，提出了"两个武装"的要求，号召广大官兵用科学理论和各种知识武装头脑，推动我军的学习成才活动进入了一个新的阶段。

我经常想，人的头脑不能是空白的，总要装进一些东西。"装"什么呢？第一要"装"科学的理论，要用马列主义、毛泽东思想、邓小平理论、"三个代表"重要思想和科学发展观武装头脑。第二要"装"各种知识。培根讲：知识就是力量。我国古代讲一个人有学问，就说他上知天文、下知地理。我国还有一种说法，叫做"三十而立"，又说"少壮不努力，老大徒伤悲"，如果你没有知识，没有文化，像个空麻袋那样，里边空空如也，那你怎么能"立"得起来呢？到时候你不伤悲才怪呢？第三要"装"光辉的形象，如张思德、雷锋、董存瑞、黄继光、邱少云等英雄模范人物。榜样的力量是无穷的，一个英雄人物的事迹，往往能够影响和激励几代人成长进步。

我们军队强调“两个武装”，现在社会上有些小青年却强调“包装”。我不笼统地反对“包装”，但我认为．做一个有出息的高素质的青年士兵，要更多地注意“武装”自己，而不要刻意去“包装”自己。美籍大科学家爱因斯坦，一生致力于科学研究，发明了相对论，大大推进了人类科学技术的进步。但他生活上从不讲究，总是不修边幅，穿着比较朴素，有时甚至比较破旧。在他成名以前，有人对他说：“你怎么老穿这样的衣服？也不注意修饰修饰自己！”他说：“这有什么？反正我无论穿什么衣服，人家都不认识我！”他成为世界著名的大科学家之后，又有人对他说：“你已经大名鼎鼎了，怎么还穿这样的衣服？”他说：“这有什么？反正我无论穿什么衣服，人家都认识我。”这个小故事说明，一个有志气的人，要讲学习、爱学习，要注意“武装”自己，不要刻意“包装”自己，这样才能成为一个大有作为的人，有益于人民的人。

谈到学习成才，我想再引用毛泽东的一段话，他曾经这样说道：“我们队伍里有一种恐慌，不是经济恐慌，也不是政治恐慌，而是本领恐慌。过去学的本领只有一点点。今天用一些，明天用一些，渐渐告罄了。好像一个铺子，本来东西不多，一卖就完，空空如也，再开下去不成了，再开就一定要进货。我们干部的‘进货’，就是学习本领，这是我们许多干部所迫切需要的。”毛泽东这样教导和要求别人，他自己就是看书学习的光辉榜样。我经常想这样一个问题，毛泽东的渊博知识是从哪里来的？单从学历讲，他没有就读过正规大学，就在湖南长沙第一师范读过几年书，按现在算，也就相当高中或中专学历，但毛泽东却成了举世公认、流芳千古的伟大政治家、思想家、革命家、战略家、军事家，他还是令人佩服的伟大诗人、书法家，等等，还可以举出一些“家”，这里就不一一去说了。谈到对毛泽东的评价，一位外国友人说：“毛泽东创建了新中国，其功不亚于美国的华盛顿、印度的圣雄甘地！”这是从横向相比而言的。一位著名学者说：“毛泽东及其战友统一了中国，其功不亚于秦皇、汉武！”这是从纵向相比而言的。还有一位历史

学家说："谁是中华人民共和国的国父？是毛泽东！"这些评价可能不完全恰当、不完全准确，但毛泽东的的确确是一代伟人，无论古人、今人，都难以企及和比拟。毛泽东的高超本领和渊博知识，一靠看书学习，二靠革命实践。他在这两个方面，都为我们树立了光辉的榜样。

前些年，我曾几次瞻仰毛泽东位于中南海的故居，我亲眼看到在他卧室里那张宽大的木板床上，差不多有一半的位置堆放着成摞成摞的书报杂志，他要看什么书，随时可拿，信手拈来。什么叫嗜书如命？什么叫手不释卷？什么叫博览群书？我从毛泽东故居的卧室里，得到了令人信服的答案。

我还听说过毛泽东酷爱看书学习，同时教导别人看书学习的两个小故事。

1938年的一天，毛泽东在延安举行会议的中间，与贺龙、徐海东等同志散步闲谈。毛泽东说，中国有三部古典文学名著：《三国演义》、《水浒传》、《红楼梦》，谁不好好看这三本书，不算中国人！毛泽东问徐海东看过没有？徐海东如实回答没有看过《红楼梦》。毛泽东笑着说：那你只能算是半个中国人！徐海东把这次谈话牢记在心，后来在生病期间，坚持在病床上读完了《红楼梦》。

1975年的一天，毛泽东在卧室里休息，他指着桌子上的《史记》和《资治通鉴》两部书，对护士说，这是中国的两部大书，难得的两部好书。《史记》我读过多少遍记不大清楚了，《资治通鉴》我读过17遍，每读一遍都获益匪浅。毛泽东还像老师辅导学生那样，认真地对护士说，不读书不行，不读你不知道啊！人都是学而知之，谁也不是生而知之啊！要知道，毛泽东说这些话的时候，已是82岁高龄，他是真正做到了活到老、学到老！

我们感觉到了"本领恐慌"，就要加倍艰苦奋斗，努力学习成才。一位学者认为，在人类社会6000年历史中，近30年开发出的知识、技术、信息的总量，与以前5970年的总量相等。联合国教科文组织在一份报告中，对"文盲"概念提出了新的观点："未来的文盲不是不识字的人，而是没有学会怎样学习的人。"现在社会上流行当"知本家"的说法。这三个字与“资本家”三个字语音相谐，含义相对。意思是说，现在到了知识经济时代，知识就是力量，知识就是财富，所以要做多学科知识和能力的拥有者。反过来说，现在没有“本领恐慌”，将来就可能有当“文盲”的悲哀。

上面是从整个人类社会而言的。从军事角度看，战争形态正由机械化向信息化迈进。透过海湾战争、科索沃战争特别是前几年的阿富汗战争，我们已经清晰地看到了信息化战争的新景观。作为发展中国家的军队，摆在我们面前的现实是如何打赢“不对称”战争。打赢这种战争，武器装备可以“不对称”，但我们的人才素质、知识水平必须对称，甚至超过对手。我们要清醒地看到，如果说前天的战争是以体能为主的战争，昨天的战争是以技能为主的战争，那么今天和明天的战争则是以高科技智能为主的战争。这样的战争，将不仅是体能和技能的较量，更是科技水平的较量，军人素质的较量。基于这样的认识，我们的年轻士兵，一定要珍惜青春年华，抓住大好时机，努力自学成才。这样做，利党、利国、利军、利民、利家、利己。如果没有“本领恐慌”，不学习，不长进，四平八稳，无所作为，做一天和尚撞一天钟，在未来战争中，何来本领去战胜对手？在漫长的人生旅程中，又何以安身立命？

**立足现实，岗位成才**

在我国长期的封建社会中，有“万般皆下品，惟有读书高”，“洞房花烛夜，金榜题名时”，“书中自有黄金屋，书中自有颜如玉”等说法，这里面有着封建主义的糟粕和经济社会不发展的局限性。今天我们不能再这样考虑和看待问题。社会和部队需要的人才是多方面的，成才之路也有千万条，正如老百姓经常讲的：“三百六十行，行行出状元”，“卖什么吆喝什么，干什么钻研什么”。人们都是对本职工作最熟悉，对本职工作的特点、现状、弊端看得最清楚，对这个岗位应当钻研什么、改进什么最有数，干出成绩、获得成功的机会也最大。所以，我们完全可以这样说，本职岗位是士兵成才的最佳平台，是实现理想目标的最佳起跑线。有抱负的青年士兵，要立足现实，热爱本职，尽快成才，把自己

锻造成一名高素质的青年军人。

确实，怎样使自己尽快成才，特别是成为高素质人才，是每一个士兵都经常考虑、努力解决的问题。外因是条件，内因是根据。一个士兵要想成为人才，尽管需要各种良好的环境和有力的保障，但根本还是自己要有成才的坚定信心和自觉行动。军人是特殊的职业，成才既要遵循与社会青年相同的一般规律，又要顺应军人的特点，掌握军人成才的基本方法和要求。社会和部队需要的人才是多方面、多层次的，在努力提高自己综合素质的同时，必须正确确定自己的成才目标，这样才能学有所成，尽快成才。

要想立足现实，岗位成才，必须自觉跳出一些误区。

有人认为只有上大学才能成才。其实，无论在地方还是在部队，人人上大学是不可能的。有的人上了大学，也不一定成为人才；有的人没有上大学，也可能成为人才。

有人认为只有学技术才能成才。这些同志常常抱怨自己的工作不理想、不热门、没技术，脱离已经具备的岗位优势、知识优势、专业优势去求发展，这实在是舍本逐末、舍近求远之举。须知人才应该具备的素质是多方面的，不仅包括一定的知识和技能，而且包括坚定的政治立场、吃苦耐劳的作风、严格的组织纪律和较强的指挥管理能力，而这些是在各种岗位上都可能培养和锻炼的。

有人认为文凭比实用技术管用。这些同志对本职工作不热心、不专心、不用心，而是热衷于参加地方的各类专业函授学习，因此出现了一种盲目追求“文凭热”的现象。其实这种文凭既缺少“含金量”，又缺少“含军量”，无论在地方还是在部队，都没有什么用处。

应该纠正这些认识上的偏差，坚信成才之路始于足下，立足本职工作，力争岗位成才，不能学非所用、徒劳无益。我们部队过去强调做到“学一行、会一行、精一行”，随着形势的发展，现在又提出了“精一行、会一行、懂一行”的要求。有的部队在培养军地两用人才中，引导士兵“注重常用的，突出急用的，掌握实用的”，使大家各学所长，各得其所，形成了“入伍入学、退伍成才”的良性循环，收到了很好的效果。我们任何时候都要知道，知识与能力相比，能力更重要；能力与素质相比，素质更基本；素质与觉悟相比，觉悟是灵魂。士兵应该具备的素质是多方面的，没有正确的人生理想、信念和追求，即使学了一些知识，拿了几张文凭，也不可能成为高素质的青年军人。

有人认为在部队学的东西回地方用不上。这些同志身在军营不识军，看不到军人素质的社会意义，认为在部队表现再好，回地方也得不到重用。这种看法是不全面的。的确，在和平建设时期，绝大多数军人或迟或早要转业退伍，这就必然面临第二次就业问题。因此，适当考虑后路是可以理解的。但也应该看到，凡是能在部队建功立业的人，到地方工作也是受欢迎的。军功章的“含金量”到了地方不但不会贬值，相反还会随着就业、立业和创业的进程而不断升值。无数事实证明，我们的很多士兵，在军营有出息，回地方有出路；在军营有发展，回地方无忧虑；在军营表现好，回地方干得棒。

在“成才”这个问题中，我们先后讲了立志成才、学习成才、岗位成才，其实这三者是互相联系的一个整体，是不可分割的。如果说立志是成才的起点，学习是成才的途径，岗位是成才的平台，那么成功就在后面等待你了。当然，任何人要想成才，都必须付出艰辛的努力。古人说：“书山有路勤为径，学海无涯苦作舟。”又说：“不经一番寒彻骨，哪来梅花扑鼻香?”学问和事业总是与艰辛为伴，与劳苦共存。世界上没有一件事情能够在安闲自在中获得成功，正如但丁在《神曲》中所说，“睡在被窝里的人是不会成名的。”幸运之神只垂青那些奋力拼搏，刻苦努力的勤奋者。古今中外一切有成就的人，都很严肃地对待自己的生命，总要尽量多劳动、多工作、多学习，从不虚掷光阴。业精于勤荒于嬉，一分辛苦一分才。这是人们总结事业成败的经验之谈，也是被无数事实反复证明了的劝世良言。

我们既要相信自己成才的可能性，又要看到成才的艰巨性，还要增强成才的紧迫性，争取使自己早日成才、成为大才。说到这里，我再给大家讲一个故事，故事的名字叫《成功的秘诀》。

一个年轻人想要获得成功，他听说有一位智者知道成功的秘诀，于

是就去找他。经过漫长而艰苦的长途跋涉，年轻人终于找到了智者。

“大师，我想请求您教给我成功的秘诀！”年轻人对智者说。

“你想获得成功，那就跟我来吧！”智者回答说。

智者没有理睬年轻人的反应，来到了海边。年轻人赶紧跟了上来。智者向前走，一直走进大海。他的身体已被海水淹没，但他仍然向着大海深处前进。这时，他突然回过身来，把年轻人的头按在了水中。年轻人拼命挣扎，最后终于挣脱了。智者紧紧握住了年轻人的手，一分钟后，他放开年轻人。年轻人惊恐地跳出水面，大口大口地喘着气。

“什么智者？纯粹蠢货！你想淹死我吗？”年轻人愤怒地朝智者吼叫。

“如果你渴求获得成功的愿望，像在海水中想要呼吸到空气那样强烈，你就已经找到了成功的秘诀！”智者说。

上面从道理上讲了成才的问题，下面再举两个实例。我军成才的人数何止成千上万，这些同志有的一直在部队工作，有的已经转业、退伍回到了地方。无论在哪里，他们都做出了卓越的成绩。

我讲的第一位是朱增泉同志，他 1939 年出生于江苏无锡，1954 年小学毕业后在家务农，1959 年入伍，曾任总装备部副政委，中将军衔。他于 1987 年在边界自卫还击作战中开始诗歌创作；1999 年获“中国诗人”年度奖；2000 年其散文集《边地散记》获全军“八一”文艺奖；2001 年获“鲁迅文学奖”。他是中国作家协会会员，人称“将军诗人”。看了他的简历，人们或许会问，朱增泉同志是怎样从士兵到将军，从小学生到诗人、作家的呢？带着这样的问题，曾有同志采访过他。让我们听听朱增泉同志是怎样回答的吧！

你问我有哪些特殊经历？在我身上是有些特殊性，因为我参军前只有小学文化。参军后深感自己文化水平太低，于是就拼命学文化。怎么学呢？抓到什么书就看，看得最多的是文艺作品，因为它有情节，吸引人，不枯燥，容易看下去。往往每月抓到一本杂志，什么小说、散文、诗歌、评论，从第一页看到最后一页，看完了就等到下一个月。星期六晚上跑图书馆，星期天上街逛书店，买些回来看。后来觉得文化关基本过了，但发觉自己的知识不系统。于是，我自己订了一个学习计划，上我自己的“大学”。我花了4年左右时间，读了三十几本马列的书。接下来又花了4年左右时间，读历史。再下来又花了4年左右时间，读中国古典文学名著。加起来12年，这是我比较有计划地学习的阶段。当然这12年是用零零星星的业余时间进行自学。后来，全国实行成人高等教育自学考试后，我就报了名，我想利用自学高考来检验一下自己的学习成果。就这样，我又花了3年时间，考完了12门课程，结果全部通过。有的课程是在紧张的战备期间复习、考试的。有时每天只睡一两个小时，白天带领部队作参战准备，晚上硬是挤出点时间来复习，咬紧牙关，坚持把规定的全部课程考完了。到了前线，我突发性地写起诗来，以后竟一发而不可收。现在人们称我“将军诗人”，这是大家对我的鼓励。当然，这也与我长期坚持自学有关，有一些知识和生活积累。如果说我身上有些什么特殊性的话，这一点可能有些特殊。但是，古今中外自学成才的人多得很，同他们相比，我算不了什么！

我讲的第二位是著名作家二月河（这是笔名，他本名凌解放），他于1945年生于山西昔阳，其父母都是革命军人。解放军南下时，父母带着他辗转定居在河南南阳。二月河因创作《康熙大帝》、《雍正皇帝》和《乾隆皇帝》帝王系列（又称“落霞系列”）历史小说13卷长篇巨著，而享誉海内外，上自党和国家领导人，下至平民百姓，都喜欢读他写的历史小说，看据此而改编拍摄的电视连续剧。他还荣获了“最受海外读者欢迎的中国作家奖”。同志们或许会问，这样一位鼎鼎有名的大作家，一定是一位天才人物。其实，满不是这么一回事。他读小学、初中、高中时各留一级，被有的老师讥为“废物”、“饭桶”，直到21岁时才从高中毕业。

他于1968年入伍，应该说这是他一生的一个重要转折点。他在部队先后当过战士、班长，以后入了党，提了干，曾任新闻干事、连队副指导员，直至1978年转业回河南南阳工作。在部队的10年间，二月河一直当的是工程兵。大家都知道，工程兵是个既艰苦又危险的兵种。作为普通一兵，打眼儿、放炮、挖煤等脏活累活他都干过，有一次还遇到险情，差一点儿要了性命。与别人不同的是，二月河在艰苦的工作和生活中，养成了手不释卷、嗜书如命的良好习惯。在几百米的巷道深处，他头戴矿灯，“啃读”了英文版的《毛泽东选集》。他抓紧点滴时间，阅读了《二十四史》、《资治通鉴》和大量中外文学名著。《二十四史》的很多篇章，他都是晚上熄灯后在被窝里打着手电筒读的。对《红楼梦》他究竟读了几十遍，自己也记不清了。他还用装水泥的牛皮纸，做了大量的读书卡片。了解二月河的人，都知道他是一个读书狂。在漫长的岁月里，他每天晚上捧书夜读，很少在凌晨一点半之前睡觉。他在图书馆埋头看书，被管理员锁在馆中而不知晓。有一次他捧书走路，踢掉了脚指甲而浑然不觉。在不断学习、提高的基础上，他给自己制定了“三条守则”：一是守时，二是守信，三是一段时间只做一件事情。所有这些，都对他后来的成名（有人称他是文坛“黑马”），奠定了厚实的基础。我和二月河是交往多年的好朋友。他虽已转业三十多年了，但至今对部队、对战友仍一往情深、念念不忘。他曾多次对我说，他世界观、人生观的形成在部队，坚强意志的培养在部队，健康体魄的锻炼在部队，必备知识的积累在部队。可以这样说，没有 10 年半的军旅生涯，就没有今天的二月河，也就没有他一系列蜚声文坛的鸿篇巨制。

**三说“成家”**

我这里说的不是成名成家，而是说的“男大当婚，女大当嫁”。年轻人“成人”、“成才”之后，接着而来的便是“成家”的问题。我国自古以来就有先立业后成家还是先成家后立业的争论，好像立业与成家永远是一对矛盾似的。其实，人之于事业和家庭，犹如鸟之两翼、车之两轮，是完全可以把两者之间的关系处理好的。也就是说，处理好了，鱼和熊掌是可以兼得的。有一句名言说得好：“游离于事业上的爱情，无异于断了线的风筝。”匈牙利革命诗人、战斗英雄裴多菲的一首名诗吟得更好：“生命诚可贵，爱情价更高。若为自由故，二者皆可抛。”名言和名诗道出了爱情与事业的内在关系：只有把爱情置于事业之中，才能使爱情更有意义。

著名诗人郭小川在他那首著名的《团泊洼的秋天》中这样写道："战士自有战士的爱情，忠贞不渝，坚美如画。"还有人这样说："世界有两种衣服最美，一种是军装，另一种是婚纱。"士兵的婚姻恋爱问题，向来为自己和家人所关注。什么时候找对象？找什么样的对象？如果遭遇失恋应该如何处理？怎样看待军人的婚姻？结婚以后怎样建设好家庭？这些都是大家非常关心的问题。作为一个过来人，我想谈谈自己的一些看法，供年轻的战友们参考。我衷心祝愿大家事业有成，婚姻美满，家庭幸福。

我们的家长、师长、首长往往这样告诫年轻人：你们现在还未成熟，恋爱结婚不要太早。的确，现在有些年轻人事业未成，就急于恋爱结婚，说是"先下手为强，后下手遭殃"。还有的说：马克思和燕妮不是很早就恋爱了，他们的婚姻不是很美满吗？我们为什么就不可以？这时，中老年人又总是劝你们"不要急，不要急"。但如果谁年龄好大了，成了"大龄青年"，还没有找到对象，不但自己着急，当父母的和其他长辈也很着急，很操心这个问题。这里的关键是，要掌握好时机，既不要太早，也不要太晚。有位母亲这样教育自己的儿子："人这一辈子是应该分季节的，该夏天做的事，春天就做了可不大好。你看那稻子，如果还没熟就开镰，那就一颗粮也别想打。"这位母亲的比喻很有道理。有的人还不成熟就急于谈恋爱，结果爱情之花开得既早，败得也快。常言说，心急吃不了热豆腐。我们也可以说，着急找不到好配偶。一般来说，恋爱结婚应当选择在"成人"、"成才"之后，这样才比较稳妥。

苏格拉底的三个弟子曾求教老师，怎样才能找到理想的伴侣？苏格拉底没有直接回答，而是让他们走麦田埂，只许前进，不许后退，而且只给一次机会，选择一穗自己认为最大最好的麦穗。

第一个弟子刚走没几步，看见一穗又大又好的麦穗，就高高兴兴地摘下了。但当他继续前进时，发现有许多比他刚才摘下的更大更好的麦穗，只能遗憾地走完了全程。

第二个弟子吸取了教训，每当他刚要摘时，总是提醒自己，后面还有更大更好的麦穗。当他快要走到终点时，才发现自己已经错过了最好的机会。

第三位弟子吸取了前两位的教训，当他走完三分之一时，即分出了大、中、小和好、中、差三类，再走三分之一时验证是否正确，等到走最后三分之一时，他才选中了一穗最大最好的麦穗。

苏格拉底接着讲评，他说选择配偶就如同你们摘麦穗：第一位弟子急于求成，结果后悔莫及；第二位弟子挑花了眼，什么也看不上，该出手时不出手，结果高不成、低不就，错过了好时机；第三位弟子既积极又稳重，结果找到了理想的麦穗。希望大家在婚姻恋爱问题上，接受前两位弟子的教训，像第三位弟子那样，选择最适合自己的又大又好的“麦穗”——找到理想的伴侣。

苏格拉底向他的三位弟子介绍选择配偶经验教训，也可能是有感而发。据说这位大师级人物选择的配偶并不理想，他的妻子是一个泼妇、恶婆。有一次，苏格拉底正在给弟子们讲课，他的妻子冲了进来，先是指着苏格拉底破口大骂，接着又把一盆污水泼到他的头上。面对这样难堪的局面，你们想想，苏格拉底会怎样处理？他不慌不忙，平静地说：“自然界的现象就是这样，大风刮过之后，接着就可能是倾盆大雨！”你们看，在这种情景之下，苏格拉底还讲了一通哲理，这也可能是他真的修养到家了，也可能是实在没有办法才说这样的话。如果你们谁碰上这样的媳妇，不倒霉才怪呢！

俄国大文豪托尔斯泰曾有一句流传甚广的名言：幸福的家庭都是相似的，不幸的家庭各有各的不幸。

革命导师恩格斯说过，没有爱情的婚姻是不道德的。这要算做最经典的关于婚姻与爱情的理论。如果把爱情作为婚姻的基础，那么事业则是使婚姻更加牢固的又一块基石。

一种比较学术又带点心理分析意味的“婚姻理论”是钱钟书先生的“围城论”：婚姻好似一座围城，在外面的人想进去，在里面的人想出来。这种观点影响了几代人，可谓婚姻常识的第一课。不管你是城外的还是城内的，统统被网罗其中，实在是高明。还有一种比较高雅的“婚姻理论”叫做“交响乐”：乐器是一种比较容易买到的锅碗瓢盆，然后敲敲打打就成了美妙的音乐。

比较通俗的“婚姻理论”是说：婚姻如鞋子。颜色、款式都是穿给别人看的，而是否称心如意，只有自己的脚指头知道。这种说法，看似粗俗，实则很有道理。

婚姻，这大概是世界上最说不清楚的事情之一。有人说它美好，也有人说它丑恶，有人赞美，也有人诅咒。世界上千千万万对男女，也就有千千万万桩婚姻。

有个古代故事，说的是齐国一家人有个女儿，从小既聪明又漂亮，“女大十八变，越变越好看。”女孩子长大成人了，她的左右两家邻居都来上门求婚。东家的独生子长得很丑，却很富有；西家的独生子长得很帅，但家境贫寒。老两口左右为难，犹豫不决，就来征求女儿的意见。女儿说：“啊呀！这有什么难的？那就都答应他们两家，结婚之后，去东家吃饭，到西家住宿呗！”你们看，这个女孩多可笑！这怎么能行呢？难道世上还有这样“脚踏两只船”的吗？

有一位老人年过七旬仍到处流浪，仆仆风尘掩不住他眼中的憧憬与脸上的忧伤。面对着他那常年跋涉的身影，终于有人按捺不住心中的好奇，问道：“老人家，您到底在找什么？”“我在找一个完美的女人做我的妻子。”“您找了这么多年，找到了吗？”“找到了！我找到过一个貌美绝伦、举世无双的女人。”“那你为什么不娶她呢？”“她也在找一个十全十美的男人。”老人说着，痛苦地低下了头。你们看，人都 70 岁了，还没有找到理想的配偶。按这样的标准，恐怕一直到死也不可能找到。实际上，真正完美无缺的女人在人世间是根本不存在的。由此推论，十全十美的男人也无处可寻。这就告诉人们一个真理，不完美才是绝对的。比如说，太阳辉煌，惜有黑子；月亮皎洁，却显荒凉；歌星影星似乎美轮美奂，那不过是“距离”和“包装”制造的迷人效应。所以，民间有谚语为证：瓜无滚圆，人无十全。世上万事万物总是不完美的。懂得了这个道理，我们或许才能够客观现实地面对生活，恰如其分地确定择偶标准；才能够正确地看待自己和别人，“水至清则无鱼，人至察则无徒。”用十全十美去苛求别人，只能适得其反，你只能永远处于失败、挫折或孤独之中。

我国古代人选择配偶，承认“男大当婚，女大当嫁”；遵从“父母之命，媒妁之言”；讲究“郎才女貌，珠联璧合”；恪守“嫁鸡随鸡，嫁狗随狗”；期望“白头偕老，天长地久”。这些说法，在今天有的应该摈弃，有的可以继承。

那么，我们究竟应该树立怎样的婚恋观呢？让我们听一听毛泽东、周恩来、王震等老一辈革命家的教导吧！

**毛泽东趣谈“恋爱三原则”**

1937 年夏末秋初的一天，在延安“府衙门”广场，“抗大”的师生像往常一样，列队成排地坐在场院平地上听毛主席讲课。毛主席是延安人的教师，平时多是长篇演讲、大型报告，说的全是革命大道理。这一回，却专门向青年人讲了“恋爱三原则”。

第一个原则是政治上一致的原则。毛泽东说，我们现在的革命任务是抗日救国，将来还要实现共产主义，男女之间的爱情首先要有这个基础，我们能爱敌人吗？能同汉奸、卖国贼谈情说爱吗？只有政治上的志同道合，才有可能说到此人可爱不可爱。

第二个原则即是双方自愿，绝非单方面愿意。我们主张男女平等，反对男尊女卑，反对大男子主义，更不能有变相的强迫。

第三个原则即是不妨碍工作。在青年中要提倡工作第一，绝不能恋爱第一，更不能“若为恋爱故，万事皆可抛”。

毛主席讲得风趣幽默，青年们听得津津有味。有了这个“恋爱三原则”，在当时延安这个新社会的初始，就立下了恋爱之道的章法，使得青年们在反封建、反旧习之后，在既无“父母之命”、也无“媒妁之言”的生活里，有了新的规则。从那时到现在，已经过去 75 年了，但是毛主席讲的“恋爱三原则”，对于今天的青年人仍有很重要的教育和指导意义。

### 周恩来召开“恋爱座谈会”

抗战时期，中共重庆办事处年轻人多，然而，由于国民党统治区的限制，不太好找对象。

于是，中共中央副主席周恩来从百忙之中挤出时间，召集这些年轻人开“恋爱座谈会”。

在座谈会上，周副主席笑容满面。他说：“男大当婚，女大当嫁，你们差不多都到了结婚年龄，急着找对象了吧？”

“不急！”大家七嘴八舌地说着，一片笑声。

周副主席接着说：“这是终身大事，怎么能不急呢？但关键是找一个什么样的，怎样去找。”

顿了顿，他又说：“我是过来人，你们都说我和小超（对邓颖超同志的爱称——作者注）是模范夫妻。那么，我和小超是怎样走到了一起呢？说实话，在认识小超以前，我有一个女朋友，长得很漂亮。可是接触一段时间后，发现她革命意志比较薄弱，只是革命的同情者，不是革命的战士。因此，我和她只能做朋友，不能做夫妻。然而，我和小超接触一段时间则不同了，她有理想、有抱负，革命意志坚定，我们志同道合，有共同语言，这样逐步建立了感情，以后就走到了一起。”

接着，周副主席又像老大哥那样语重心长地嘱咐大家：“你们都到了结婚年龄，该处朋友、找对象了，但是要注意，不要光看表面，要看人品，要多考虑，要慎重，首先从思想上衡量，看她适合不适合做你的妻子。”

在中共中央南方局，为了帮助夫妻感情不太好的同志，在一次党员生活会上，周副主席竟抖开了自家之事。他幽默地说：,“你们都说我和小超好，其实我们也有矛盾，只不过家丑不可外扬罢了。今天，当着大家的面，我也扬扬，我们也吵过架！一次我感冒发烧，冷得很，可是小超竟故意气我，她起来后把窗户全打开了。我发起脾气，有气无力地喊：‘怎么，你要冻死我呀！’然而，小超一声不响，关上门走了。我无可奈何地把被子紧紧裹在身上，加之刚才生气，出了一身透汗，似乎觉

得浑身轻松些，迷迷糊糊地睡着了。大约过了半个小时，小超回来了，她把手伸进被窝摸摸，轻声说：‘怎么样，出汗了吧？出汗感冒就好了！怎么，还生气呢！你知道吗？我刚才打开窗户是故意气你的，我想你肯定生气，再把被子捂严，非出汗不可，这一出汗病就没啦！’我觉得小超的话有道理，气也就消了，还有点感激她呢！”

周副主席讲完自己的家事，又语重心长地对大家说：“夫妻之间有矛盾是正常的，关键是要解决好、处理好，善意的矛盾有时候还能促进感情的加深呢！”

**王震将军最满意的一道命令**

大家知道，我们国家原来的副主席王震同志，在战争年代是一员叱咤风云的战将，1955 年被授予上将军衔，新中国成立以后曾经当过农垦部部长。上个世纪 50 年代，他率领的农垦大军大规模的拓荒壮举，使沉睡的“北大荒”变成“北大仓”，为国家和人民作出了重大的贡献。来自全军的 10 万名复转官兵，把血汗洒在亘古荒原上，化为全国最大的农场群，化做一条社会主义现代化的大农业之路。1958 年，在北大荒，王震主持召开一个座谈会，他听到了这样一首“顺口溜”：“北大荒，好地方，又有兔子又有狼，就是缺少大姑娘。”这反映了复转官兵在婚姻上遇到的困难。针对这种情况，王震决定安排他们在冬季农闲时节回家找对象，他幽默地说：“你们回去是一个人，回来要两个人。谁找不到媳妇，谁就是没有完成任务！”同时，王震还通过四川省委、山东省委，动员来一大批支边女青年，与复转官兵恋爱结婚，有时他还亲自主持复转官兵的婚礼。过去有一部很有名的电影，叫《老兵新传》，不知大家看过没有？这部电影所反映的大体上就是我刚才讲的这些情况。后来，回忆这段往事，王震曾满怀深情地说：“我参加革命以后，曾经下过无数道命令，但最满意的一道命令，还是让北大荒复转官兵回家找对象的命令。”

我前面讲了这么多，目的在于说明，各级领导和父母长辈都很关心你们的婚恋问题，你们自己当然也很关注自己的终身大事。这是自然现象，人之常情。谁都想找个好对象，这种心情是完全可以理解的。问题是找一个什么样的，怎样去找。聪明的人找对象，并不是去找最优秀的，而是去找最适合自己的。也许你找到的伴侣在某些方面不尽如人意，但是，只要对自己适合，就是一个最好的选择。“一心想找个最好的对象”，并非个别现象。许多人都认为，找对象是越出色越好，最好品格、才学、长相，样样都令人十分满意。至于家庭条件、学历文凭、经济收入，也应该出众得令人无可挑剔。但是，选择最好的，是不是就是最好的选择呢？答案是“不见得”。实际上，两个人走到一起，是否美满幸福，并非取决于对方多么出色，而取决于两个人心灵上的默契程度，取决于两个人在一起是否合适。两个恋人就像钥匙和锁，一把金钥匙并不一定能打开一把普通的锁，而一把普通的钥匙倒可能胜任。在现实生活中，每个人最好根据自己的实际情况，全面、准确、合理地确立择偶标准，找一个适合自己的人。尽管对方很可能不是各方面最好的，但对于你来说，这就是最好的选择。如果光挑长相、身高等外部条件，又不会及时调整自己的心态，早晚会变成一个婚姻上的失败者。

前面，我们从一般意义上探讨了年轻人什么时候找对象、找什么样的对象的问题，下面我想和大家专门谈谈有关军人婚姻的问题。

军人的牺牲不只在战场，爱国奉献也不是一句空洞的口号。前些年无论是年轻军官还是士兵，都存在找对象难的问题，这一度成为部队首长和官兵个人的一块心病。虽然通过多种方式和渠道为大龄青年牵红线、搭鹊桥，但仍有很多人难以找到合适的对象，从而不同程度地影响了这些同志的工作和生活。分析其中原因，除客观上部队驻地偏僻、条件困难、与地方女青年接触机会少之外，更主要的还是前些年社会上一些人的价值取向发生了变化。一些女青年在择偶的职业选择上，注重实际生活，追逐物质利益，不在乎政治荣誉；喜欢花前月下，卿卿我我，不愿意吃苦奉献。然而这些情况在近几年又发生了戏剧性的变化，有不少女青年又主动将绣球抛向军营，把爱情献给军人。《解放军报》曾报道一家五姐妹，人人嫁军人，个个是军嫂，这的确不同寻常，令人非常

感动。是什么力量使五姐妹对军人如此痴心呢？她们的母亲一语道破天机——“军人靠得住！”这简短朴实的一句话，却蕴含着丰富的内涵：军人有非凡的气质，军人有无私奉献的精神，军人有艰苦朴素的作风，军人也有真挚、热烈的爱。因此，军人被称作“新时期最可爱的人”。婚姻以爱情为基础，军人对爱情更真挚、更热烈。他们把对祖国的爱，对人民的爱，对军队的爱，对事业的爱，对家庭的爱融为一体。军人也想拥有浪漫，也想与恋人花前月下，也想拥有与爱人长相亲、长相守的美好时光。可是，特殊的环境却制约着军人美好的梦想。其实，在特殊的环境中，军人更需要理解与支持，更需要爱情的力量。在特殊的环境中，军人更懂得珍惜爱情，更懂得用真挚、热烈的爱去关心呵护自己心爱的人。这些或许就是一些地方女青年选择军人作为配偶而无怨无悔的最深层次的原因。当然，我说上面这些话，是从整体上讲的，至于是否每个年轻军人都不用费吹灰之力，就能找到一个称心如意的爱人，那还要看你自己的具体情况。有道是：人生是一个圆，每个人是一个半圆。当你还没有找到那半个圆时，先努力让自己成为一个完整的半圆吧！如果把自己的这个半圆做得既大且好，又何愁找不到与之相匹配的另外那个半圆呢！作为一个成功的男人，就是要让和自己结合的女人永不后悔，让有机会和自己结合却没有结合的女人感到遗憾。

关于女兵找对象的问题，我想在这里简单说几句，因为总的看这不是一个大问题。一家专为军人服务的婚介中心传来这样的信息：女兵材料存不住，小伙子最恋兵姑娘。在这里登记的地方青年与军人登记人数基本持平，90%以上的男士表示愿找女军人为伴。这家名为军地月光的婚介服务中心成立于7年前，原本是为解决部队大龄军官的难题而设，现在则成为地方青年向年轻军人抛绣球的桥梁。

翻开这里一摞摞的登记册发现，女军人的材料一般存不住。许多在地方大有作为的未婚男士表达了这样一个愿望：要找一个既坚强又温柔且有主见的女孩共同创业，想来想去觉得女军人最符合自己的择偶标准。这里的负责人反映，自从1998年抗洪抢险和1999年国庆大阅兵之后，军人所表现出来的责任感和高素质，使军人择偶难成为历史，选择军人做伴侣的人越来越多，到该中心登记的地方青年一年比一年多。

这里还要特别讲到，军人的婚姻，由于军人职业的特殊性，因而国家的政策法律对军婚有着特殊的保护规定。如原来的《婚姻法》及其相关政策规定，“现役军人的婚约关系，应予保护”，“现役军人的配偶要求离婚，须得军人同意”。基于军人职业的特殊性，军人长年在外保家卫国，不可能像一般人那样经营自己的家庭。军人配偶提出离婚须得军人同意的法律条文，是为了给军人一个安定的后方，体现了国家对军人婚姻的特殊重视和保护，这样有利于巩固人民军队，提高我军的战斗力。考虑到保护军婚并兼顾保护军人配偶一方利益的要求，在原《婚姻法》规定“现役军人的配偶要求离婚，须得军人同意”之后，新《婚姻法》又增加了“军人一方有重大过错的除外”这样一句话。那么，哪些情形可以认为是军人一方有重大过错呢？根据《婚姻法》的规定，结合具体情况，主要指重婚、与他人同居、实施家庭暴力、虐待遗弃家庭成员等，可以作为“重大过错”的判定标准。作为军人，我们应该既深刻理解和十分珍惜国家法律关于保护军婚的规定，又要严于律己，小心呵护爱情和家庭，避免自己一方发生“重大过错”。如何对待婚姻和家庭，最能看出一个人的道德品质。在这个问题上，一个人内心深处的光明面或阴暗面，往往会暴露无遗。

谈到军婚，还有一点是应该提到的，就是士兵没达到一定年龄不得在部队驻地选择配偶的规定。之所以做出这样的规定，是有深刻道理的。有些士兵无视这样的规定，坚持在驻地找对象，既不符合军队的要求，也给自己带来了无穷的麻烦，这是特别需要引起注意的。

谈论婚姻恋爱问题，不能不说说失恋，因为这是不少人曾经遇到或可能遇到的事情。谈情说爱是两个人的事儿，而且是你情我愿的两个人，正所谓“哥有情妹有意”。谈恋爱有两种可能：一种是越谈越好，白头偕老；一种是越谈越差，吹灯拔蜡。对于后一种可能，地方青年叫失恋，部队官兵叫“吹灯”，多少带有一些既无奈又幽默的味道。毫无疑问，失恋会给当事人带来极大的精神痛苦，尤其是被动接受分手的一方。从热恋关系中断裂出来，一下子失去与自己最亲密的人，对大多数人来说是痛苦的。我自己年轻时也曾有过失恋的经历，对此是有深刻体会的。问题是如何对待和处理失恋问题。有人说："爱情是一种锻炼灵魂的东西，爱情能使傻瓜变得聪明，也能使聪明人变成傻瓜。"关键在于你自己采取什么态度。有的人失恋后一蹶不振，终日烦恼；有的人轻生厌世，自杀身亡；有的人反目为仇，残害对方，不仅变成傻瓜，而且成为罪犯。那么，怎样才能摆脱失恋的痛苦，重新开创工作和生活的新局面呢？

一是立志。最重要的是做到失恋不失志，千万不要自暴自弃，也不必自卑，更不能自杀。这些都是愚蠢的、懦弱的、可悲的想法和做法。要采取想得开、放得下、挺得住的态度，任何时候都要对工作、对生活、对前途充满信心，树立"天涯何处无芳草"、"大丈夫何患无妻"的信念。收拾起自己的尴尬，尽快调整好心态，继续向前迈进，这才是最应该做的。"莫愁前路无知己，天下谁人不识君"，你爱的人也是爱你的那个人，可能正在前方等待着与你同行。

二是排遣。心理学家认为，为了排遣失恋的痛苦，可以适当运用"酸葡萄"与"甜柠檬"两种效应。所谓"酸葡萄"效应，是指失恋者为了排遣内心的痛苦，不妨像《伊索寓言》里的狐狸那样说"葡萄是酸的"。热恋中的人往往觉得对方一切均好，甚至把缺点也看成优点，往往形成非他不嫁或非她不娶的想法，这就是所谓"情人眼里出西施"。失恋之后，一方面要坚持做到"君子绝交，不出恶声"，另一方面也可以从内心里通过找出以前恋人的某些缺点，从而打破理想化的倾向，以修补自己心理上的创伤。所谓"甜柠檬"效应，则是多想自己的一些优点，找出自己的美好之处，克服自卑感，恢复自信心，从而减轻痛苦、振奋精神。如果运用适当，这两种效应会带来很好结果。

三是转移。包括环境转移、时间转移、对象转移、感情转移，等等。要懂得"捆绑不能成夫妻"、"强扭的瓜不甜"，就像老百姓所说，不要非在一棵树上吊死。与工作和事业一样，爱情生活中也有机遇和缘分。要平静地问自己："你爱人家，人家还爱你吗？"失恋固然痛苦，但只痛苦一时，只要自己不丧失信心，美好的爱情终会到来。而没有感情的婚姻是可悲的，很可能痛苦一生。一时与一生相比，究竟该做何种选择，那是不言而喻的。要坚信，时间是人们最伟大的导师和最优良的药品。许多被失恋折磨得死去活来的人，都是时间帮助他们抚平了心灵的创伤，并最终享受到了本该属于自己的那份人间之乐。在感到实在受不了的时候，也要坚信，痛苦总会过去的，对象总会找到的，问题总会解决的。

四是升华。就是将失恋的痛苦，化作一种发愤图强的动力。当一个人为了减轻失恋的痛苦而把满腔热情投入到了事业中去时，他就会把这种痛苦慢慢释放以至最终忘却，变为成就一番事业的强大动力。革命导师恩格斯、大音乐家贝多芬、大诗人歌德、大作家罗曼·罗兰、大科学家居里夫人，都曾遭受过失恋的打击和痛苦。但是，他们都战胜了自己，摆脱了痛苦，经受了考验，并在各自不同的领域里，成就了一番伟大的事业。

我国首届“国家最高科技奖”获得者、中国工程院院士袁隆平，是举世公认的“杂交水稻之父”。国际权威人士甚至断言：整个世界的饥饿问题，将因袁隆平获得的科研成果而解决。我国一些农民则说：“吃饭靠两平：一靠邓小平（给政策），二靠袁隆平（给稻种）。”就是这样一位大科学家，年轻时也曾遇到过恋爱的挫折：第一次来相亲的姑娘看上了介绍人；初恋的情人成了别人的新娘；他抑制住内心的剧痛，平静地祝福初恋女友全家幸福；最后终于有一位慧眼识珠的姑娘走近了他，“有情人终成眷属”。这些生动曲折的故事，当时就成为袁隆平所在单位和朋友之间的笑谈佳话。

下面再讲正反两个事例：

先说反面事例。

1937 年 10 月上旬，在延安发生的黄克功事件，对毛泽东触动很大。那天傍晚，“抗大”第六队队长黄克功，与其女友、陕北公学学员刘茜在延河旁谈话，黄强行要与刘尽快结婚，遭到刘的断然拒绝，黄一怒之下，开枪将刘杀害。

黄克功时年 26 岁，参加过长征，身经百战，出生入死，是一个很

有才华的年轻干部。毛泽东认识此人，还比较熟悉

出事当天，“抗大”副校长罗瑞卿就报告了毛泽东。毛泽东愤怒地说：“这是什么问题？这样的人不杀，我们还是共产党吗？”

不久，黄克功和陕甘宁边区高等法院院长雷经天都致信毛泽东。黄的信除对自己的罪行表示忏悔外，还请求组织念他多年为革命事业奋斗，留他一条生路，“以便今后为党尽最后一点忠心”。

毛泽东看过信后，很快写了一封信：

你的信及黄克功的信均收阅。黄克功过去斗争历史是光荣的，今天处以极刑，我及党中央同志都是为之惋惜的。但他犯了不容赦免的大罪，以一个共产党员、红军干部而有如此卑鄙的、残忍的、失掉党的立场的、失掉革命立场的、失掉人性立场的行为，如为赦免，便无以教育党，无以教育红军，无以教育革命者，并无以教育一切普通的人。因此，中央与军委便不得不根据他的罪恶行为，根据党与红军的纪律，处以极刑。正因为黄克功不同于一个普通人，正因为他是一个多年的共产党员，是一个多年的红军，所以不能不这么办。共产党与红军，对于自己的党员与红军成员不能不执行比一般平民更加严格的纪律，当此国家危急、革命紧张之时，黄克功卑鄙无耻残忍自私至如此程度，他之处死，是他自己的行为决定的。一切共产党员、一切红军指战员、一切革命分子，都要以黄克功为前车之鉴。请你在公审大会上，当着黄克功及到会群众，除宣布法庭判决之外，并宣布我这封信。对刘茜同志之家属，应给予安慰与抚恤。

在公开宣判大会上，雷经天宣读了毛泽东的这封信，然后对黄克功执行了死刑。此后，毛泽东多次提到这件事，指出作为党的干部，居功自傲、贪图享受、欺压群众、自私自利，是万万要不得的。这件事已经过去 75 年了，我们作为后来人，还是应当从中汲取深刻的教训。

正面事例是居里夫人的故事。

居里夫人原名玛丽亚，她生于波兰，卒于法国。她中学毕业后，因

家境贫寒，无钱上大学，只好到一个乡绅家里去当家庭教师。她与乡绅的大儿子卡西密尔相爱，在两人准备结婚时，却遭到卡西密尔父母的反对。这两位老人深知玛丽亚生性聪明，品行端正。但是，贫穷的家庭女教师怎么能与自己家庭的钱财和身份相配呢？父亲大发雷霆，母亲几乎晕了过去，卡西密尔屈从了父母的意志。

失恋的痛苦折磨着玛丽亚，她曾有过“向尘世告别”的念头，但玛丽亚毕竟不是平凡的女人，她除了个人的恋爱，还热爱科学和自己的亲人。于是，她放下情缘，刻苦自学，并帮助当地贫苦农民的孩子学习。几年后，她又与卡西密尔进行了最后一次谈话，卡西密尔还是那样优柔寡断，玛丽亚终于砍断了这根爱情的绳索，毅然去法国巴黎读大学。大家知道，玛丽亚后来找到了自己理想的伴侣——青年物理学家居里。居里夫人先后获得物理学和化学两个领域的诺贝尔奖，这在全世界的女性中，都是举世无双、绝无仅有的。从事后看，玛丽亚经历了一次“幸运的失恋”。如果没有这次失恋，她的历史很可能是另一种写法，世界上也就会少了一位杰出的居里夫人，少了一位伟大的科学家。

失恋的问题我们已经谈得不少了，让我们从这个“泥坑”中走出来，谈谈成功吧！

恋爱的成功，就是结婚，组成家庭，生儿育女，建功立业。就像有些年轻人说的，“将爱情进行到底。”过去还有一种说法，叫做“婚姻是恋爱的坟墓”。今天我们不能再这样看待问题。应该说，婚姻是恋爱的升华，是一种再创造。恋爱与婚姻并不矛盾，恋爱是一时的，婚姻是长久的。婚姻是培养爱情的温床，家庭是事业的港湾。当然，我们也应当承认，如果处理不当，婚姻也可能成为粉碎爱情的场地，那样家庭就可能崩溃，“坟墓”之说也正由此而来。夫妻，在青年时代是情人，中年时代是伴侣，老年时代是守护。男女双方从相识、相爱、相依、相助到白头偕老，是要相伴终生的。恋爱、婚姻是终身大事，切莫只图“一时拥有”，而应力求“天长地久”。那么，怎样才能处理好婚姻、家庭问题呢？

有的过来人提出了这样“三点”注意事项：

一是忽略对方的特点，可以消除婚姻的“阴影”。俗话说“金无足赤，人无完人”。夫妻双方谁也不可能完美无缺，所以双方都应当学会忽视对方的缺点。不能恋爱的时候瞪大眼睛看对方的优点，结婚以后瞪大眼睛看对方的缺点。这样肯定是不可能长久地搞到一起的。

二是宽容对方的缺点，可以消除婚姻的“斑点”。婚姻的密码在于“和而不同”。夫妻双方就像拼在一起的木板，并非天衣无缝，总会存在一些差异。因此，两人世界没有圆心，任何一方都不能用自己的特点去消灭对方的特点，也不能按照自己的标准去雕刻对方，而应相互理解、相互宽容、相互包涵。

三是赞美对方的优点，可以改善婚姻的“色彩”。诗人说，世界上不是没有美，而是缺少发现美的眼睛。只要用心，你总会发现对方身上的优点，然后赞其所长、夸其所好，这样就能巩固感情，完善家庭。有一个男人对他的朋友说：“我妻子只有一个优点，就是她找的配偶比我找的配偶好。”如果是开玩笑倒无所谓，如果真是这样看问题，看自己“一朵花”，看妻子“豆腐渣”，那怎能搞好夫妻关系呢！

还有的过来人总结了这样四条经验：

尊重是家庭和睦的前提。夫妻之间亲密无间，但也不能随心所欲。如不尊重对方，就会使对方的自尊造成伤害，在彼此的心中留下阴影。首先要尊重对方的人格，其次要尊重对方的兴趣爱好，另外还要尊重对方的隐私。决不能以自我为中心，不尊重对方，这是一种缺乏修养的表现。

忠实是家庭和睦的基石。特别是在夫妻分居、天各一方的情况下，夫妻之间彼此忠实于对方，就显得格外重要。任何时候都要牢记：友谊是广泛的，爱情是专一的；激情是一时的，婚姻是永久的。决不能朝三暮四、见异思迁、移情别恋。如果你向爱人付出始终如一的热烈诚挚的爱，那么爱人的心灵就会得到极大的情感满足，夫妻之间的感情就会与时俱进、日益加深。

支持是家庭和睦的保证。夫妻双方大多有自己的事业和工作。这就要求双方正确处理工作和家务、事业和爱情的关系，彼此互相理解、互相支持，在家务上同甘共苦，在事业上比翼齐飞。军人所从事的是特殊的职业，作为军人的妻子，应该理解和支持军人的事业。中国军人大多是农家子弟，其妻子多数也是故土上开出的“芝麻花”，她们虽然没有都市“玫瑰花”的热烈浪漫，但也有着“豆腐干”的隽永和菠菜汤的淳朴。这一部分军嫂，有着自己的“责任田”，有个缺少男人的家，有需要替夫尽孝的公婆，有嗷嗷待哺的孩儿，上上下下，里里外外，都要靠她们去奔波、去劳碌、去求人、去支撑。正像有人说的：军嫂总把欢乐写在脸上，把苦楚埋在心底；军嫂最清楚分别和距离意味着什么；军嫂总是毫不吝啬地把有限的钱交给铁道部和邮电局；军嫂最爱听别人说“她的男人是个军人”，这时她绽开一脸红霞，感到自己是个幸福的女人。的确，做个军嫂，是幸福的，也是艰辛的，是很不容易的。“无情未必真豪杰”。我们的军人，作为大丈夫、男子汉，就要把欠妻子的情和爱加倍地补偿给她们。要尽可能地给妻子多一些理解、多一些鼓励、多一些支持、多一些关爱。俗话说：一个人的痛苦，两个人分担，就会减少一半痛苦；一个人的幸福，两个人分享，就会成为双倍的幸福。

我曾听部队有的基层干部说过，搞好夫妻关系有个“八字秘诀”，这就是“装聋作哑，当牛做马”。所谓“装聋作哑”，就是平时夫妻二人像牛郎织女，天各一方，做丈夫的每年才休一次探亲假。这时妻子有什么苦衷和难处，总是要向自己最亲爱的人倾诉。做丈夫的一定要听得进，就是有不同意见也不要反驳。试想，妻子憋了一年的心里话，不向丈夫说，又向谁说呢？对此，丈夫千万不能讲“你瞎唠叨什么？真烦人！老子在部队比你还辛苦呢！”所谓“当牛做马”，就是回家时要帮妻子干活，什么苦活、累活、脏活、难活、险活，都要尽力干、抢着干，要干到妻子心疼你，不让你干了，这就叫“当牛做马”。这“八字秘诀”是风趣之言，但果能如此，对增进夫妻感情无疑会起到很大作用。我们当兵的人拿出一份对事业的执著，去温暖为我们生儿育女、备尝艰辛的妻子的心，我们就能既守得住红色的江山，也能守得住一个幸福的家园。

充实是家庭和睦的源泉。空虚和无聊是家庭和睦的大敌。空虚无聊的人喜欢斤斤计较一些家庭琐事，容易对家庭和感情生活产生厌倦情绪。而那些被事业和学识占据心灵的夫妻，他们将宝贵的时间用于充实和完善自我，而无暇顾及鸡毛蒜皮的小事。因此，夫妻双方应不断用知识充实精神世界，让思想和感情升华到一个更高的境界。这样的家庭一定是欢乐和睦的家庭。

我们中国人的绝大多数都对婚姻、家庭问题抱严肃态度，强调婚姻的稳定性和长期性，讲究夫妻恩爱、白头偕老。有一首歌唱得好：“从新婚到金婚，整整五十年光阴。从早晨到黄昏，从热烈到深沉，从纯情到忠贞。有情人都是痴情人，老来依然是青春。”把天长地久、白头到老作为婚姻的最高境界。

和我国不同的是，欧美一些国家的人们婚姻稳定性相对差些、长期性相对短些。但也有不少人忠于爱情、珍惜婚姻，他们还特别注意祝贺结婚纪念日，每一年都有不同的叫法和说头，分得很细致、很有趣。这些年来，我国一些恩爱夫妻也开始纪念银婚、金婚。下面，我就给大家趣谈一下西方的结婚纪念日：

第 1 年，纸婚，最初结合感情薄如纸；
第 2 年，杨婚，夫妻感情像杨树叶子一样来回飘动；
第 3 年，皮革婚，夫妻感情开始有韧性了；
第 4 年，丝婚，夫妻感情紧紧地缠绕在一起了；
第 5 年，木婚，夫妻感情已经开始硬化起来了；
第 6 年，铁婚，夫妻感情牢固如铁；
第 7 年，铜婚，夫妻感情比铁更坚韧，且不易生锈；
第 8 年，陶器婚，夫妻感情如陶器那样坚硬美丽；
第 9 年，柳婚，夫妻感情像垂柳那样风吹雨打不会折；
第 10 年，锡婚，夫妻感情像锡器那样柔韧，不易跌破；
第 11 年，钢婚，夫妻感情不易生锈，比铜和铁还坚硬；
第 12 年，链婚，夫妻感情像铁链那样紧紧相连；
第 13 年，花边婚，夫妻感情不但坚韧，而且美丽；
第 14 年，象牙婚，夫妻感情时间越久，越晶透美丽；
第 15 年，水晶婚，夫妻感情透明、清澈而且光彩夺目；
（以后每五年纪念一次）

第 20 年，搪瓷婚，夫妻感情光滑无瑕；

第 25 年，银婚，夫妻感情已有恒久价值，是婚后第一个大庆典；

第 30 年，珍珠婚，夫妻感情像珍珠般浑圆、美丽和珍贵，令人艳羡；

第 35 年，珊瑚婚，夫妻感情嫣红而宝贵，更为生色；

第 40 年，红宝石婚，夫妻感情像红宝石那样名贵难得；

第 45 年，蓝宝石婚，夫妻感情比红宝石更名贵、更值钱；

第 50 年，金婚，夫妻感情像金子那样纯洁珍贵，这是夫妻婚后第二个大庆典，通常都已儿孙满堂，一起热烈庆祝，比银婚庆典盛大多了；

第 55 年，翡翠婚，夫妻感情如翡翠玉石，是无价之宝；

第 60 年，钻石婚，夫妻感情像钻石那样坚硬无比、牢不可破，这是人生中极其珍贵罕见的纪念，亦是夫妻间最隆重的庆典。

从以上结婚纪念日的叫法和说头可以看出，一般说来，结婚时间越长，双方感情越深，呈现出一个正比例的关系。过去人们的寿命较短，夫妻双方能共同度过金婚的已经很少了，能达到钻石婚的就更微乎其微。现在已经进入 21 世纪了，人们的生活条件和医疗条件都比过去改善多了，欣逢盛世喜事多，人活百岁不是梦。你们是年轻的一代，我祝愿你们能够度过结婚 70 年、80 年、90 年甚至 100 年的纪念日，也希望你们为这些婚庆纪念日创造出新的更加有趣的称谓，这也可以算作你们对于前人的一个继承和创新吧！

讲到这里，有的同志可能会说，关于恋爱、婚姻和家庭问题，你给我们讲了这么多道理，说了这么多故事，那你年轻的时候是怎样处理这个问题的呢？作为过来人，我不敢吹牛，但我可以实事求是地给大家讲一讲自己这方面的情况。

我年轻的时候相信这样两句话：一句是“离不开爹娘，成不了栋梁”；一句是“舍不得娇妻，成不了好汉”。我 1960 年参军，在当时的解放军张家口外国语学院参加入伍教育之后，分配到北京学习，以后参加工作。1960 年至 1970 年，也就是我 20 岁至 30 岁的时候，应该说正是恋爱、结婚的年龄，当时国家和军队还没有特别强调晚婚晚育的问题，我的不少同龄人已经结了婚，有了孩子，但我对这个问题“觉悟”和考虑得比较晚，虽然也有些想法，心里也着过急，但直到二十六七岁了，还没开始谈恋爱。二十八九岁以后开始谈恋爱了，当初我很积极，人家也很主动，互相都有爱慕之心，但不知怎么回事，过了将近一年时间，不知什么原因，大概是人家觉得我这个人不怎么样吧，反正人家不同意谈了，提出要“吹灯”。说实在话，这件事确实给了我很大的打击，使我在很长一段时间里陷入了痛苦和煎熬之中。但我毕竟没有趴下，还是顽强地站立起来，并且继续前进了。这可能是我前面讲到的那两句话在我身上发挥了很大的作用。那时，就是一心一意搞好学习和工作，从1960年至1970年，在参军后的10年间，我没有回过一次家，阔别的母亲想我有时甚至差点要发疯了。我是“而立”之年才第一次回家探亲的。经过自我心理调整，我终于挺过来了。后来直到31岁才又开始谈恋爱，32岁结婚，组成了幸福美满的家庭。我爱人是搞医务工作的，与我同在一个单位，当时我们都在青海工作。婚后不久，我爱人就到第一军医大学去上学，这一去就是4年，我到了快38岁的时候才有小孩，是个姑娘。我到39岁的时候，国家和军队已非常强调计划生育，我就带头做了男性绝育手术。我当时早已是正团职领导干部了，在一个处当副政委，分管的几项工作之一就是计划生育，也是先进单位。我和我爱人共同认为，有一个小孩足矣，决心再不要孩子了。著名女作家冰心有一副对联：“无官一身轻，有女万事足。”“无官一身轻”这句话大家都知道，另一句本来是“有子万事足”，冰心改了一个字，成了“有女万事足”。北京人有个说法，女儿是父母的“小棉袄”，与父母亲最亲近、最贴心。女儿没有辜负我们的期望，她的发育和成长状况都比较好。孩子读大学是在北京广播学院播音系，毕业后分配在北京电视台当记者。也许因为我当年在恋爱婚姻和计划生育方面有过这样一些经历，所以在30多年前，我曾被评为总参谋部计划生育先进个人。

1996年8月，中央电视台节目主持人敬一丹同志到原装甲兵指挥学院，采访在抗洪抢险中光荣牺牲的张金垠烈士的英雄事迹。我当时担任这所学院的政委。为了把我的好战友、好部下的英雄事迹宣传出去，我特地去石家庄白楼宾馆接敬一丹同志。看到一位将军来接她，她多少有些惊讶和感动。我说：我这个将军很普通、很平凡，实在没有什么。我一没当过兵（一入伍就是学员，没在战斗部队当过兵），二没立过功，三没打过仗，可以说是个“三无将军”。我只是被评上过总参谋部的计划生育先进个人。说到这里，我还是感到很光荣、很自豪的。我有时和一些年轻人开玩笑，我说我 31 岁谈恋爱、32 岁结婚、38 岁有小孩、39 岁做男性绝育手术，目前我的部下中还没有破这个记录的，我就看谁能打破我的记录，破不了记录，我就不批准他结婚！当然，这是说笑话。其实，我内心里也并不希望年轻人一定要破我的这个记录。

前面我们分别谈了“成人”、“成才”、“成家”三个问题，现在可以总括起来说一说了。讲到这“三成”，我就想到了我的老朋友曲啸同志。他是上个世纪 80 年代很有影响的一部电影《牧马人》的原型，是著名的演说家。他的坎坷经历和高尚情操非常感人。多年前，他应邀去外地作报告，凌晨突患脑溢血，经抢救虽然保住了性命，脑子也还清楚，但却失去了语言功能，这对于一个演说家真是天大的遗憾。那年农历猴年春节，我去看他，给他写了十六个字：“大难不死，必有后福；身体如牛，精神似猴。”祝他早日康复，他看了非常高兴。曲啸身体好的时候，我曾与他探讨过“成人”、“成才”、“成家”这三者间的关系。他说，他有三个儿子，他对孩子的要求和希望是：第一保证“成人”，起码要做到这一条；第二，力争“成才”，有英才、大才、小才、庸才，只能希望他们成才，不能保证每个儿子都能成才；第三，适时“成家”，关键是“适时”二字，太早了当然不好，太晚了成了“困难户”，或是挑挑拣拣，丧失“机遇”，落得高不成、低不就，那样也不好。我很同意曲啸同志的看法。的确，年轻人面临着“成人”、“成才”、“成家”三大课题。一位作家曾经说过这样的话：“人生的道路虽然漫长，但关键处就那么几步，特别是年轻的时候更是这样。”年轻人处理好了“成人”、“成才”、“成家”这三大课题，今后的人生之路就会比较宽阔、比较平坦了；相反，处理不好这三大课题，今后的人生之路就可能比较狭窄、比较坎坷了。

第七部分

# 自古巾帼多豪杰
# 谁说女子不如男
# ——和部队女兵谈心

雷锋

女兵，是部队里凤毛麟角的“军中之花”，是万绿丛中的“一点红”。当一名女兵，是地方许多女青年的梦想。

但同时你要知道：军中不言性，军中无娇娘，军中无戏言。战争并没有让女人走开，而战争又只有胜负之别，而无性别之分。在军营里，在战场上，女兵首先是军人，其次才是女人。

战友们、同志们：

今天和一群年轻女兵谈心，我感到很亲切、很高兴。为什么这样说呢？我想有两个原因。一个原因是，我参军之后，多数时间是在机关和院校工作。而机关和院校是女军人比较集中的地方，由于工作关系，我与女军人接触比较多，因此对女军人也就比较了解。另一个原因是从我的家庭来说，我的“小家”是个三口之家，我和我爱人，还有一个独生女儿。三个人之中，有两个军人。我是 1960 参军的，到 2001 年退休，经历了近 42 年的军旅生涯，也就是说当了大半辈子兵。我爱人是 1964 年参军的，她当时才 16 岁，算是“小兵”，她当兵 45 年头，60 岁时退休了。她毕业于第一军医大学，具有高级专业技术职称，大校军衔。我们的女儿毕业于原北京广播学院播音系，现在北京电视台工作，她没有当过兵。这就是说，我们这个三口之家，从军民比例说是 2：1，军人占优势。从男女比例说则是倒过来的 1：2，女同志占优势。在我们这个家里，女同志就不只是“半边天”了，而是三分之二的天。说实在话，我不但不是家长，连副家长也没捞上当，只是家庭中的一个普通成员。总之，由于以上两个原因，我看到你们这样一群天真活泼的女兵，确实从心里感到很高兴、很亲切。

开头算是讲讲笑话。我们今天的谈心怎么个谈法呢？我想了想，准备采取“古今中外法”。什么叫“古今中外法”呢？就是打算顺着这样的思路谈：先给大家介绍一下我国古代女兵的有关情况，再给大家讲一讲我国革命战争年代和建国以后女兵的有关情况，然后给大家介绍一些外国女兵的情况，最后再重点讲如何当好新时期中国女兵的问题。

### 中国古代女兵

在我们中国，妇女参军打仗，从古至今从未间断过。特别是当国家处于危难之际，妇女更是义不容辞地参加到保卫国家的战斗中去。女子从军，可以说是中国妇女历史久远的一个优良传统。有人曾说，我们中国的历史，是多变乱、多征战的历史。那么，占人口二分之一的女性，在千百年的战争中，有怎样的感受、有怎样的表现、有怎样的作用呢？

我们可以这样回答：中国妇女在战争史中，绝不仅仅是在消极地被动地迎受着苦难，她们曾经有过积极的奋争，曾经有过精彩的表演，曾经有过卓越的成功。

有一位叫王子今的作家，专门写了《中国女子从军史》一书。该书从我国早期部族战争中的女性，一直写到辛亥革命女子军，生动地重现了一幅幅绚丽多彩、斑驳陆离的历史画面，再现了栩栩如生、血肉丰满的女统帅妇好、平阳公主、穆桂英、花木兰等女英雄形象。其中，有的是文学作品中的艺术形象，但多数是历史上的真人真事。今天，我们重温历史上女子从军的英雄故事，对于当好新时期的中国女兵，仍然会有启发和教育作用。

记得在10多年前，有一次我去中国第一大古都、现河南省安阳市去参观，在殷墟旧址看到了一尊飒爽英姿、威风凛凛的古代女将军的雕像。听讲解员介绍，才知道这是我国有文字记载以来第一位女将军妇好的雕像。这位女将军的名字有点奇特，她叫“妇好”，是商王武丁的妻子。武丁时代，多次用兵征伐四方，进一步巩固了殷商政权，史称“高宗中兴”。在武丁时代的一系列军事活动中，妇好有引人注目的突出表现。妇好频繁出现在四面八方的战场上，多次作为承担主要作战任务的部队统帅，以上司身份和诸名将合作，率军万千，并且屡屡获胜。商王武丁时代有一位著名男将军，名叫侯告，他有时出征也在妇好麾下。妇好的确不愧是中国历史上的第一位女将军。

我相信今天在座的很多女兵，在中学的语文课本上，都读过千百年来脍炙人口、世代相传的《木兰诗》。这首诗是人们在说到我国古代女子从军时会首先想到的诗作。这首诗的开头是这样写的：

唧唧复唧唧，木兰当户织。
不闻机杼声，惟闻女叹息。
问女“何所思”，问女“何所忆”。
女亦无所思，女亦无所忆。
昨夜见军帖，可汗大点兵。

军书十二卷，卷卷有爷名。
阿爷无大儿，木兰无长兄。

你看，国难当头，征兵令急，而木兰之父年老体弱，她的上面又无长兄。在这种情况下，木兰决心既尽孝又尽忠，毅然女扮男装，替父从军。

木兰参军后，一点也没有骄娇二气，她和男兵一样，南征北战，东奔西突。接下来，诗是这样写的：

……

旦辞爷娘去，暮宿黄河边。
不闻爷娘唤女声，但闻黄河流水鸣溅溅。
旦辞黄河去，暮至黑山头。
不闻爷娘唤女声，但闻燕山胡骑鸣啾啾。
万里赴戎机，关山度若飞。
朔气传金柝，寒光照铁衣。

征战是艰苦的、激烈的，但却最终取得了胜利——“将军百战死，壮士十年归”。下面的诗句则是描述木兰女扮男装，历经百战之后，终于回归故乡，恢复女儿之身的情形：

归来见天子，天子坐明堂。
策勋十二转，赏赐百千强。
可汗问所欲，“木兰不用尚书郎，
愿驰千里足，送儿还故乡。”
爷娘闻女来，出郭相扶将。
阿姊闻妹来，当户理红妆。
小弟闻姊来，磨刀霍霍向猪羊。
开我东阁门，坐我西阁床。

脱我战时袍，着我旧时裳。
当窗理云鬓，对镜贴花黄。
出门看伙伴，伙伴皆惊忙。
“同行十二年，不知木兰是女郎。”

木兰在征战中一定是表现极为突出，立下了汗马功劳，否则，天子怎会亲自接见、给予重赏呢？这个可爱可敬的木兰姑娘，真是高风亮节，她当兵12年，而且功勋卓著，但却不提任何要求，而是毅然退伍回乡，恢复她的女儿之身，过起普通百姓的日常生活。

木兰从军是我国历史上女性自强奋斗的经典故事。这位女扮男装、替父从军、建立赫赫战功、却不爱功名富贵的“奇女子”传奇，千百年来一直为人民群众喜闻乐见，传颂不衰。花木兰的英雄形象，激励了我国世世代代的妇女，特别是世世代代的女兵。千百年过去了，今天的中国女兵，再也用不着女扮男装参军入伍了。但我相信，你们还是可以从花木兰身上，学到很多东西的。

我们学中国历史时知道，隋朝末年天下大乱，义军蜂起。在这种形势下，隋王朝太原留守李渊听从次子李世民的劝说起兵反隋。经过激烈征战，隋朝灭亡，李渊称帝，国号为“唐”。大家都知道李世民在夺取政权时立下的汗马功劳，也知道他在后来创建“贞观之治”的光辉业绩。我在这里着重要说的是，在李渊、李世民父子反隋立国的武装斗争中，李渊的第三个女儿平阳公主统领的“娘子军”，曾经发挥了重要的作用。

平阳公主在李渊父子决策起兵时，让丈夫柴绍速往太原参与，自己则独立在关中地区组织武装策应。平阳公主足智多谋，能征善战，身先士卒，军纪严明，她统领的女兵曾经多达7万人，号称“娘子军”。唐高祖武德六年（公元623年），平阳公主病故。其父李渊因她独有军功，遂打破旧制，坚持以正式的军乐军礼送葬。宋代著名学者洪迈在其所著《容斋随笔》一书中，曾以“伟烈”二字形容平阳公主的才略和勇力，以为一般的英烈女子与她无法相比。

在我国，关于“杨家将”的故事，更是家喻户晓、妇孺皆知。民间广泛流传的“杨门女将”的传说，是以宋朝杨业一家忠烈勇武的事迹为基础，逐步扩充而成的。传说中“杨门女将”的中心人物佘太君，曾经百岁出征，率领杨家女子 12 人远征北方强敌，终于取得胜利。据考证，佘太君在历史上实有其人。佘太君是敢于和黑暗势力抗争的英雄女性。她的谋略和勇力，确有超常之处。“杨门女将”中另一光彩夺目的人物，是杨宗保的妻子、著名女将穆桂英。据著名历史学家、北京大学教授翦伯赞先生考证，历史上也确有穆桂英其人。关于穆桂英的家乡，传说中有的说是河北省易县的穆柯寨。此外，据说北京的密云和顺义也各有穆家寨，同样传说是穆桂英的家乡。我们中国自古就有崇敬英雄、鄙视叛徒的光荣传统。很多人愿意将古代英雄人物引为自己的异代同乡，并以此为荣，津津乐道。由此也可以看出，“杨门女将”在我国世世代代人们心目中的崇高地位。

在我国古代，妇女素有“好勇”、“好武”、“好兵”之风，因此多有女子从军，女将军、女英雄更是层出不穷、不胜枚举。因为时间关系，我在这里只是简单地讲述了几个突出的人物事例。清代文人冯渠写《明史杂咏》，感叹明末著名抗清女将秦良玉的事迹，其中写道：“肉食男儿女方镇，平台御墨赐钗裙”，“漫羡高粱谯国妇，有明又见女长城”。诗人在这里把古代从军女子并作出卓越贡献者，赞誉为“女长城”。这样的高度评价，对于古代众多巾帼英豪是当之无愧的。是的，无论是古代的“长城”还是现代的“长城”，无论是有形的“长城”还是无形的“长城”，都不只是历代的男子汉所单独筑成的，历代女子特别是历代女兵，也作出了不可磨灭的贡献。

**革命战争年代和建国以后的中国女兵**

据我了解，你们作为新时期的中国女兵，对革命战争年代的女红军、女八路很羡慕、很崇敬，渴望了解她们的英雄事迹。的确，在革命战争年代，涌现出了大批的女军人、女英雄。战争并没有让女人走开，她们和男兵一起，英勇顽强，浴血奋战，用青春和生命换取了革命的胜利。她们有的已经离开人间，有的已经步入老年。但是，历史不会忘记她们，人民不会忘记她们。老一代女兵的英雄事迹，永远是鼓舞新时期女兵奋勇前进的光辉旗帜。

中国人民解放军从诞生那天起，就把实现妇女解放和男女平等作为奋斗目标之一，并率先垂范，成为男女平等之楷模，吸引了无数进步青年和妇女投奔革命。

国共合作时期创办的武汉军事政治学校女生队，有 30 多人参加南昌起义，成为我军的第一批女兵。之后，从红军时期一、二、四方面军的女战士，到琼崖红军第二独立师女子特务队；从新四军妇女独立营，到军政大学的女学员队；从解放军中的现代“花木兰”，到志愿军部队中的女战士，在我军发展的各个历史时期，都有相当数量的女军人和女兵建制团、营、连队。她们随军南征北战，为中华民族的解放事业立下了不朽的功勋。红军西路军妇女先锋团，在狭长的河西走廊，艰苦转战将近 5 个月，当马步芳匪军围堵西路军于甘南石窝时，妇女团用血肉之躯牵制敌人、掩护主力部队突围，写下了这一时期中国女军人英勇悲壮、光彩照人的一页。

谈到红军时期的女兵，我想与大家一起学习毛泽东的一首词：

**临江仙**

赠丁玲

1936 年

壁上红旗飘落照，西风漫卷孤城。保安人物一时新。

洞中开宴会，招待出牢人。纤笔一枝谁与似？三千毛瑟精兵。

阵图开向陇山东。昨天文小姐，今日武将军。

这里稍微进行一些解释。1936 年夏天，著名左翼女作家丁玲，逃离被国民党反动派囚禁三年多的南京，秘密经上海、北平、西安于 11 月来到陕北保安（当时党中央还未到延安）。中共中央宣传部在一座大窑洞里开会欢迎她。中央领导同志毛泽东、周恩来、张闻天等都出席了。会后，毛泽东同志问丁玲打算做什么，她毅然回答说："当红军!"毛泽东说："好啊！还赶得上，可能还有最后的一仗，你跟杨尚昆他们领导的前方总政治部上前线去吧!"不久，丁玲便随红军来到陇东前线。随后，她就收到了毛泽东用电报发来的给她的欢迎词《临江仙》。这首词通俗易懂，无需多加解释。我只希望在座的女兵记住两句话，就是："昨天文小姐，今日武将军。"这里所说的"文"，我理解有两层含义：一层是"文弱"，一层是以文笔当武器。"今日武将军"，是说革命战争必将造就一批武将。不管是男是女，只要投身到生与死的战争之中，都有可能成为文武兼备的"武将军"。投笔从戎，历来被称为壮举。而著名女作家丁玲同志正是这样做了，可见其胆略与勇气令人钦佩。

在艰苦卓绝的斗争中，不仅中国女军人那种自强不息的精神得以弘扬，她们的雄才大略也得到施展，从我军高级将领到基层干部，都有女军人担任。张琴秋担任红四方面军政治部主任时，还不足 30 岁；贺子珍是在大革命失败后最早一批上井冈山的女红军，在长征途中，敌机狂轰滥炸，她为掩护伤员，被敌弹击中，受了重伤，身上被炸弹弹片炸伤多达 17 处，稍好之后，她又继续与队伍一道前进；李坚真在红军时期就成为中国革命根据地的第一位女县委书记；李开芬担任过我华北军政大学组织部长……这在 20 世纪中叶半封建半殖民地的旧中国，实在可以算做是妇女解放的一个空前。

新中国成立以后，这些经历过血与火考验的女中豪杰，有些又陆续走上社会主义建设的领导岗位，其中担任过国家部委以上领导干部的，就有 19 名。

——国家领导人蔡畅、邓颖超、康克清都曾是女红军。

——曾任过纺织工业部副部长的张琴秋、交通部副部长的刘亚雄、中央纪律检查委员会副书记的钱瑛、全国总工会副主席的陈少敏、电力部副部长的蹇先佛，都是大革命时期或土地革命时期的女革命家和女军人。

——曾任过全国人大常委会副委员长的陈慕华、全国政协副主席的钱正英，在抗日战争时期和解放战争时期，就曾担任过我军的基层领导干部。

下面讲讲我军女兵的几个“第一”：

最早一位女扮男装的我军战士是王九焕同志。1938 年，被卖到异乡做童养媳的王九焕怀着新生的希望，女扮男装参加了八路军。在部队里，她像男子一样训练执勤、行军作战。直到 1943 年，在一次战斗中身负重伤，才被发现为女性。还原女装后，她继续在部队里生活了 6 年，参加过很多战役，并多次立功受奖。

最早获得我军军衔的外国女性是德国人王安娜。她是一位哲学博士，来到我国后于 1939 年 4 月被任命为八路军少校军官。1955 年，王安娜返回德国。

我军第一位女将军是李贞将军。她于 1955 年被授予少将军衔。李贞于 1927 年加入中国共产党，随后参加了秋收暴动、举世闻名的长征和保卫大西北等战斗。解放后她入朝参战，担任中国人民志愿军政治部秘书长，立下了赫赫战功。1955 年实行军衔制度之前，全军共有 11 万女军人，中央军委确定 10 万女军人转业复员，只剩下了 1 万人。李贞作为唯一被授予将军军衔的女军人，真正是“万里挑一”。

我军第一位女飞行员将军是岳喜翠同志。她于 1965 年入伍，是我国第三批空军女飞行员。2003 年 7 月 28 日被授予空军少将军衔。

我军第一位女试飞员是优秀的女飞行员张玉梅同志。1985 年，空军从一批飞行员中，挑选了优秀的女飞行员张玉梅为女试飞员。

无须赘言，我军女军人的这些杰出代表，为新中国的诞生、建设以及妇女的翻身解放事业作出了无法替代的贡献。

我军十分重视女军人在军队中的平等地位，在严格执行国家有关法令法规的同时，进一步形成了一整套维护军队妇女合法权益和促进男女平等的制度规定。解放军总部早在 1990 年就联合专门颁发文件，对军队妇女的政治、工作、生活等若干问题，系统地做出了规定。

——凡适合于妇女工作的部队医院、通信、科技、文体、院校、机关等单位和部门，应在编制之内配备一定数量的女军官和女文职干部。

——对申请入党入团的女军官、女文职干部、女职工，特别是女知识分子，要积极培养教育，确实具备党员、团员条件的，应及时吸收她们入党入团。

——军队院校招生，凡适合女同志的专业，要招收一定数额的女生。一些女同志比较集中的单位和部门，应注意选拔优秀的妇女干部进入领导班子。女同志的离退休年龄，按国家和军队的有关规定执行。

——在分配住房时，女军官、女文职干部和女职工与本单位男同志享受同等的待遇。

——女军官、女文职干部配偶在异地工作的，女方所在单位应积极与另一方协商，尽量将夫妻调在一起工作。

——女军官、女文职干部、女士兵集中的单位和部门，应适量订阅全国性和驻地省级妇女报刊。每年“三八”国际劳动妇女节，要举行群众性的纪念活动。

大家听听看，这些规定多么具体、多么详细、多么周到！纵观世界各国妇女和军队女兵现状，我们完全可以这样说，中国军队的女军人是享受与男子同等待遇的典范。中国女军人，在解放军这支伟大的军队中，是有广阔发展前途的，是大有用武之地的，是能够大有作为的。

**外国女兵**

前面两个问题算是从纵向上讲，这里则是从横向上讲，给大家介绍一些外国女兵的主要情况，你们听了也可以与我国的女兵、与你们自己作些对比。

女性在战争中地位的升高，是人类科技进步和战争需要的必然结果。从游牧部落到农耕文明，战场上使用的是冷兵器，征服与扩张需要军人孔武有力，由于生理上的差别，的确曾经使女性远离战场。蒸汽机车的一声汽笛，将人类带入大工业时代，以机枪、大炮、坦克、飞机为手段的作战，将战争演化为铁与血的较量。尽管女性参与战争的现象逐渐增多，但其地位却未从根本上有所改变。随着信息技术的迅速发展，武器装备的不断更新，战争将由机械化进入信息化时代。在决定战争胜负的因素中，智力成为最重要的因素，体力的差别远不如以往重要。信息战呼唤女性去从军，女性在战争中发挥更重要的作用成为必然。

女性在战争中地位的提高，也是社会观念更新的结果。在人们的传统思维中，战争是男人的事，军营是男子汉的天地。女人应该留在家中，角色是母亲、妻子和女儿。第二次世界大战中，这种现象得到了改变。为解决兵源不足问题，1941 年 11 月，英国国会通过了动员 12.5 万妇女到军队服役的兵役法案。二战期间，前苏联有 89 万妇女参加了红军，其中有一半到前线服役，有三分之一的女红军配发了迫击炮、轻重机枪或自动步枪。鉴于女性在伟大卫国战争中的卓越表现，共有 10 万名左右苏联妇女被授予奖章。美国也征召了一些妇女参加海岸防空部队。美国前总统艾森豪威尔在回忆第二次世界大战时，曾高度赞美了参战妇女的特殊功勋。他说："可怕的战争使千万柔美而文静的女人，义无反顾地走向了战场。在前线救护所，在后方医院，在运输线上，在高射炮阵地，我见过无数个坚强的女性，她们用自己的身躯，担起了本不该由她们承受的责任。但是，她们是在用女性的温柔、女性的韧性和女性的天赋，迎接和平的黎明。每当我一想起那场可怕的战争，我就由衷地感激女人，没有她们的贡献，我们男人是不能打赢这场战争的。正基于此，我要在这里为女人唱一曲颂歌，歌颂她们的伟大和高尚、坚强和刚毅。"

作为一种普遍的社会现象，妇女真正大量参加军队，则是从上个世纪六七十年代开始。目前，世界各国普遍开始招收女兵。一些国家的兵役法规定，妇女在平时可根据自愿原则服兵役，战时则可被动员应征。一些兵源匮乏的国家，就更重视招收女兵入伍。在俄罗斯，宪法明文规定，女性完全享有参加军队的权利。如今，生产力水平的提高、社会观念的转变、社会组织结构的调整，使社会分工原则与形式发生了嬗变，这些都为女性进入军营提供了以往无法想象的便利条件。她们的作用已经在军事领域内几乎每一个岗位上展现着，她们已经是战斗力本身。据有关资料统计，世界上各国军队的女兵，加起来总数大约有 50 万人，约占世界军事力量总兵力的 2%。高技术战争的挑战和信息技术的迅猛发展，已经并正在使"军中之花"走向战争领域的各个方面，女兵成为各国军队钢铁营盘中的一道“亮丽风景”，她们正以自己出色的业绩和飒爽的英姿，演绎着一个真理：谁说女子不如男！

美国是当今世界上女兵最多的国家之一。现在，有将近 32 万名妇女在美军中服役，占军队总数的 13%。女军人已成为美国武装力量的重要组成部分。

如此看来，好像美国女兵很潇洒，实际上并不完全是那么一回事。美国女兵与男兵相比，在很多方面存在着实际上的不平等。即从穿军衣这件不大不小的事来说，人们很难想象，美国女兵服装种类不够，她们有时不得不穿上不合身的衬衫和裤子、为男兵设计的靴子，甚至还有造成她们脱水的飞行服。近年来，随着美国女兵人数不断增加，女性新兵的训练也成为世人关注的一大焦点。在美军中，女兵与男兵一样训练。女性新兵必须接受九个星期的严格训练，不合格者被淘汰，剩下的才有可能成为合格的战士。那个训练强度是很大的，被称之为在“地狱”里打造巾帼英豪。为了使我们的女兵了解美军女兵的生活，我想在这里比较详细地介绍一下美国女性新兵九个星期训练的有关情况。

**与男兵同场训练**

在美国，那些立志为国防事业献身的女兵们，在通过必要的身体检查后，将参加为期 9 个星期的新兵基础训练。只有训练合格者才能进入下一阶段的训练，并成为一名真正的美国大兵。

在这为期 9 个星期的基础训练中，虽然有一些课目是男女分练的，但绝大部分训练课目为男女合练，训练的标准也相同。在进行基础训练前，女性新兵必须一次完成 3 个引体向上，1 分钟内完成 17 个仰卧起坐，在 10 分半钟内完成 1 英里跑。只有通过上述测试的新兵，才有资格参加基础训练。

在基础训练过程中，新兵们的生活既单调又统一。她们的时间表为：每天凌晨 4 点起床，然后整理内务，不准化妆和佩戴各类饰物。4 点半：每天轮流派人前去食堂帮厨一天。：周一至周六，每天 4 点 45 分开始晨练，每周最少 3 次 2 英里跑。5 点 30 分：穿上军装，准备进行军事课目的训练。6 点：到武器库领取装备，即 1 支 M16A2 步枪。6 点 30 分：乘车或徒步前往训练营地开始一天的训练。7 点：早餐。8 点：进行射击训练，新兵们必须在 27 发子弹中至少有 6 发击中直径为 4 厘米的枪靶。中午 12 点：午餐。13 点：继续进行射击训练，直到所有的新兵都达到射击课目的最低标准。17 点：返回驻地。17 点 30 分：武器入库。18 点：晚餐。18 点 30 分：士官对当天新兵表现进行讲评。19 点：进行思想教育，向新兵灌输作为一名合格美军必须具备的良好素质和价值观念。20 点：自由活动开始。21 点：熄灯。总之，美国训练女性新兵，在为期 9 个星期的基础训练中，每天训练和活动时间，竟长达 17 个小时，可见运动量之大，要求之严。

**军营不相信眼泪**

在基础训练阶段结束前，女兵必须通过以下测试：一次完成引体向上 13 个，一分钟内完成仰卧起坐 27 个，在 19 分 42 秒内完成 2 英里长跑。

此外，女新兵们还必须通过阶段结束考试，该考试项目包括：在 9 个星期内完成 7 次长度为 10 公里的武装越野跑；进行手雷实弹投掷（投掷距离必须超过 35 米），利用防化装备在化学毒雾中停留 1 分钟。在 30 至 50 米的距离内，新兵必须用 40 发子弹至少击中枪靶 23 次。不仅如此，新兵还必须通过战场徒手搏斗训练考核。最重要的是，新兵必须通过为期三天两夜的野外生存训练，并成功地在仿真战场上抵达指定目标。

如果一个新兵通过了上述所有的考核，她就有资格进入高级项目训练阶段。在那个阶段，她将有针对性地进行训练，并决定以后在军中发展的方向和从事的工作。

听完这些以后，如果你还觉得美国女兵训练并不是一件很难的事，那你就大错特错了。许多美国女兵把这 9 个星期的基础训练，视为“地狱般的 9 个星期”，女兵被灌输的思想就是“军营不相信眼泪”。

有一份材料介绍了美军一个训练基地的情况，让我们听一听那些亲

身经历过这一切的女兵对此有何感受。

进入营地后，人们首先听到的是训练考官们的呵斥声："把头低下，听见没有，你是白痴吗？"

在女兵们抵达那个营地后，欢迎她们的不是鲜花和咖啡，而是苦难。那里的考官们不断地向女兵们发难，甚至对她们破口大骂，而她们除了服从与忍受外别无选择。

女兵杜花就是她们中的一员。有一次，有3个考官同时对她大声呵斥，杜花的泪水立刻夺眶而出，但考官们却以更大声音的呵斥来回应她的眼泪。一名考官喊道："把眼泪收回去，这里不需要眼泪！"而另一考官则附和道："我们每时每刻都与眼泪打交道，因此我们不会可怜你的！"

**考官"铁石心肠"**

数十年的训练生涯已经练就了考官们的铁石心肠，对他们而言，唯一的任务就是将平民百姓训练成为合格军人。在他们眼中，新兵只是穿上军装的老百姓，根本就不是士兵。

但他们也不是训练机器，他们只想培养新兵们如何在巨大压力下无条件服从上级命令这一军人最基本的素质。每个新兵都必须完成从老百姓到军人的转变，这是每个军人必须经过的阶段。

该军营的沃克考官说："我们并不是让新兵心中充满恐惧和仇恨，也许她们在开始的时候会恨我们，但最终她们会了解我们是为她们好。我们必须让她们感到压力的存在，只有这样，在上战场时她们才会适应战争的残酷，才会知道如何去应付战场上所遇到的一切困难。"

沃克补充说："有时严厉的呵斥是必要的，因为只有这样她们才会努力做得更好。许多刚参军的新兵总喜欢按照自己的意愿行事，而在战场上，这是绝对不允许的。一个合格的军人，必须学会服从上级和团体间的相互合作。"

**退缩即被淘汰**

并不是所有的人都能忍受这一切，有些人会退缩，从而被无情地淘汰。不少人认为，9 个星期的基础训练，让她们的人格受到伤害，她们受到的待遇是非人道的。但训练的考官并不认为他们的呵斥是对新兵人格的侮辱，他们认为这是训练战争所需要的合格士兵的必要手段。

在基础训练中，新兵们必须学会团体合作，否则，她们将很难通过基础训练阶段。因为在战场上，团体合作精神是降低伤亡率的最好办法。因此，如果一个新兵受罚，整个小组都会受罚，虽然这样做能够培养新兵们的团体合作精神，但同时也加剧了新兵之间的矛盾，毕竟无故受罚不是一件愉快的事。与此同时，男兵们还被教育，在训练中必须帮助同组的女兵，因为他们是一个团体，必须注重团体的整体进步。

在基础训练进行了 10 天左右后，女兵们普遍感到身体和精神都已接近所能忍受的极限了。一名叫奥利华的新兵对前来采访的记者说："我无法忍受这一切，考官们的呵斥让我无法忍受，我真的很恨这个地方。我觉得压力太大了，真的很想回家，但我不想成为一名被淘汰者。"

**战场技能考验**

在进行了 3 个星期左右的体能训练后，新兵们开始了战场技能训练，这是对她们身体和意志极限的又一重大考验。虽然在这之前，新兵们已经克服了种种困难，但接下去她们还会遇到更多更大的困难，唯一可以做的就是坚持下去。

在接下来的时间里，她们必须掌握战斗技能，这包括枪支的使用、手雷的实弹投掷和徒手搏斗。

一名叫罗莎的老兵对记者说："当我刚参加训练的时候，体重是 280 磅，而一年后，我的体重减到了 170 磅。很少有人能够想象到我在这段时间内所付出的一切，我努力不让自己掉队，但这真的很难很难。"

对新兵身体和意志最大的考验就是武装越野。美国单兵常用武器装备总重量约 40 磅左右，这还不包括防生化装备。因此，全副武装地跑 10 公里，对任何人都不是一件容易的事。

此外，新兵们还必须进行两次夜战训练，成绩不合格者，将无法完成基础阶段的训练。在完成所有的训练课目后，这些女兵就正式成为美

军士兵了。她们将被送往各地的军营，继续她们的高级训练阶段，并选择不同的军种和发展方向。

刚才，我着重向大家介绍了美军女兵的有关情况，下面再介绍几个国家女子从军的情况。

在今天的俄罗斯军队里，人数越来越多的女军人对男军人提出了挑战。女军人认真的工作态度，高度的责任感，吃苦耐劳的精神，赢得了人们的信赖。越来越多的指挥员认为，军队中的许多岗位适合于女军人，而且她们干得比男军人还好。俄罗斯女兵的战斗风采早已为世人所知。她们脱下亮丽的时装，换上单一颜色的军装。她们的手虽然纤细，但能传递各种信息，标绘漂亮的军事地图、操纵硕大的导弹和在雷达荧光屏上寻找可疑的亮点。她们虽然娇小，但却能像男兵一样汗洒训练场。在今日的俄罗斯军队中，仅指挥专业就有 170 种职业对女兵开放，而在工程技术专业、军法和军医序列中，则有更多的女兵在勤奋工作。目前在俄军中大约有 10 万余名女军人在服役。有意思的是，俄军女军人的文化程度普遍比男军人高。俄军女兵的训练标准与男兵一样，没有什么照顾。指挥员认为，女兵首先是士兵，其次才是女人。一位女军官说道，她从入伍到现在，不仅参加了各种课目的训练，而且还都取得了好成绩。她认为，女军人在能力、耐力和忍受力等方面，并不比男军人差，有些方面还胜过男军人。俄军女兵认为，她们走进军营，就是担负起了保卫祖国的重任，就要把自己的青春和才华奉献给自己的祖国。

目前，法国有女军人 17100 人，约占其兵员总数的 4%。其中，在陆军服役的有 6800 人，在海军服役的有 2400 人，在空军服役的有 6100 人，其他军兵种 1800 人，其中，有不少女兵驾驶直升机和运输机飞上蓝天，也有的女兵荣任舰长。50 多岁的库莱特·穆兰是两个孩子的母亲，她从空军学院的少尉升至空军少将，共用了 28 年时间，她是法国第一位女将军。

英国女性申请入伍的人数正在大幅度增加，她们占全部武装力量的 8%，但是占新兵的 13%。英国国防军需国务大臣西蒙斯甚至预测，英国军队中未来的女兵甚至将超过男兵。西蒙斯说，女兵的表现可能好于男性，因为她们常常有较强的耐力，还有非凡的自觉性，也非常勤奋。英国国防大臣杰夫·胡恩表示，他赞成取消女兵不准在步兵和装甲兵的前线部队服役的禁令。这样，女兵今后上前线作战已经没有障碍。尽管有一些理由让英国女兵感到欣慰，但她们还有很长的路要走。对那些雄心勃勃想上升到最高职位的女性来说，这方面的样板还少得可怜。英军现在还没有女将军，连准将也没有。

前面讲的，主要是积极的正面的东西，实际上外国军队距离真正的“男女平等”、“一视同仁”，还有很大的距离。性别歧视的传统观念仍在许多国家的军队中严重存在，外国军队有些指挥官仍然认为，“战争是战争，女人是女人”。1976 年，美国允许女子进入西点军校学习时，曾经引起轩然大波。西点军校校长诺尔顿为此愤然辞职，继任者柏里将军也是带着忍辱负重的心情来完成这一任务的。海湾战争中，许多前线指挥官不肯要女军医，直到上级命令：“不要女军医，就没有军医”，才勉强予以接受。军营中传统观念的转变决非一蹴而就，这对踏入军营大门的女兵来说，无疑会带来许多心理负担。女兵与男兵实际上的不平等明显存在。虽然很多国家的军队都提倡“男女平等”，但无论从录取的数额，到工作的选择，以及职级晋升等方面，女兵都与男兵不同，受到各种各样的限制。一般来讲，女性在军队中从事的工作，大都被限制在比较容易胜任的工作，这就极大地限制了女兵才干的施展。

**如何当好新时期的中国女兵**

说起女人，说起女兵，我们经常听到这样有趣的问题：

女人是水做的吗?

女人的名字是弱者吗?

战争应该让女人走开吗?

前面，我给大家讲了我国古代女兵的故事、革命战争年代和新中国成立以后女兵的故事，还向大家介绍了外国女兵的一些情况。所有这些，可能对于你们现在当好女兵，有些参考和启迪作用。接着，我就给大家着重讲一下如何当好新时期中国女兵的问题。

现在，虽然女军人在大中城市里不算稀奇，但女兵作为一个群体，在中国女性里毕竟只占极小的比例，在我们的整个军队中也占很小的比例。你们有幸成为这极小部分中的一员，的确是值得骄傲和自豪的。军营里的女兵，多数还是青春妙龄，正值人生花季。你们飒爽英姿，天真活泼。有人说，女兵是“军中之花”、是“万绿丛中一点红”，女兵群体是军营中“一道亮丽的风景线”。女兵历来受到我们军队和整个社会的关注与爱护。越来越多的女性，凭着自己的实力，走进了原属于男性世界的军队。你们似一朵朵鲜艳的奇葩，辉映着绿色的军营，战斗在军事领域的各条战线，以巾帼不让须眉的气度，立足本职，建功立业，为我军革命化、现代化、正规化建设，作出了应有的贡献。

因为女兵所占的比例很小，所以有时就会出现一些很有趣的故事。我于 1960 年到军校时，学员中大体上有四分之一的女同志。那时正是经济困难时期。记得有一次我们到一个地方去开荒，男女学员都参加，每人肩上扛着一把铁锹。我们路过一个村庄时，一群小孩儿跟在后面，不停地亲切呼喊：“解放军叔叔好！解放军叔叔好！“我们一回头，小孩儿们傻眼了：怎么解放军里还有戴着无檐帽、留着辫子的妇女呢？小孩儿们很机灵，他们很快改口：“解放军婶婶好！解放军婶婶好！”那时，农村小孩儿不叫女同志“阿姨”，而是把与我们在一起的女学员叫做“解放军婶婶”。其实，当时这些女学员才是十八九岁的女孩子。这样一叫，顿时使几位女学员不知所措，窘得闹了个大红脸。过去几十年之后，我们当年的同学在一起聚会时，说起这件事，大家还是笑个不停。

我们有的边防部队，驻地条件非常艰苦。每年冬季大雪封山几个月，几乎与世隔绝。他们管报纸叫“半月谈”，管对象来信叫“爱情双月刊”。他们平时吃的蔬菜就是萝卜、土豆和大头菜这“老三样”。战士们风趣地说：“天是蓝的，菜是圆的，人都是男的。”在这样的环境下，他们大力开展丰富多彩的文化活动，抒发官兵的革命英雄主义情怀和革命乐观主义精神。

某部有一位女新闻干事，她的名字叫英子。有一次，她去一个营采访。那时正是 7 月，天气很热，到了营区，英子真不敢相信自己的眼睛：官兵清一色的平头，清一色的军用裤衩，上半身清一色的光着膀子。见有女同志突然光临，从营长到士兵，像是见了天外来客，谁也没有思想准备，只听一声“快跑”，便不见了大家的踪影。后来，穿戴整齐的教导员才出来对英子说：“新闻干事同志，您以后下部队采访，最好事先打个招呼。”英子听了连连点头，表示歉意。

闲话少说，书归正传。怎样当好新时期的中国女兵，我认为，新时期的中国女兵应该有志气、多才气、求大气、讲正气，总之就是要具备这么“四气”。

先从总体上讲讲这个“气”字。我们中华民族特别讲究这个“气”字。2500 多年前的孟老夫子，强调人要培养“浩然正气”。俗话说：树活一张皮，人争一口气。我们形容天时，说“天气”；形容一个人时，说“气质”；形容一个人的气节时，说“有志气”、“有骨气”；形容一个人的精神状态时，说“生气勃勃”或“垂头丧气”；说一个人去世，叫“咽气”、“断气”，等等。可见“气”这个字之重要。

下面，我就分别讲一讲有志气、多才气、求大气、讲正气。

**有志气**

我国古人讲：“志不立，天下无可成之事。”对于一个不甘平庸的年轻女兵来说，树立远大的志向是事业成功的第一步。前苏联大文豪高尔基曾说：“一个人追求的目标越高，他的才能就发展得越快。”一个人如果没有远大的志向，没有明确的奋斗目标，就不会有巨大的持久的动力，人生就会变得模糊不清，就会失去前进的方向。由此看来，有志气的确是一个非常重要的问题。

说起女兵要有志气，大概同志们都知道“巾帼不让须眉”这句古语。巾帼是古代女子的头巾，后来就以巾帼指女子。须眉是男子的面部特征，后来就以须眉指男子。“巾帼不让须眉”这句话，说的就是在很多方面，女子丝毫不亚于男子，男子能做到的事，女子大部分也能做到。我们现在常讲“妇女能顶半边天”，说的也是这个意思。

根据生理学家和心理学家研究，女性与男性除生理构造、生理机能有所不同之外，在其他方面（包括智商）并没有什么差别。甚至在认真、仔细、耐心、毅力等方面，女性还优于男性。知道了这些道理，女兵就一定要彻底打消自卑心理，树立为实现远大理想而不屈不挠去奋斗的坚定信念。

无论是文韬武略，还是思想境界，女子不逊男子，甚至超过男子的，古今中外不胜枚举。

我先给大家讲讲波兰女科学家居里夫人的故事。

你们可能听说过这样一种讲法：人生有“三大不幸”，即幼年丧母、中年丧偶、老年丧子。1867 年 11 月 7 日生于波兰，1934 年 7 月 4 日卒于法国的居里夫人（原名玛丽亚·斯可罗多夫斯卡），几乎经历了“三大不幸”的全部考验。她的母亲是一位女校长，父亲是一位理科教师。父母发现并培养了她对物理学的兴趣。她的坚定和严肃在学生时代就已非常明显。15 岁那年，她中学毕业，当时的成绩是全班第一。不幸的是，母亲过早去世，鳏居的父亲又把全部积蓄都用在了一场不成功的投资上。她家变得一贫如洗、衣食无着，玛丽亚只得去给人家当家庭教师，想办法自己养活自己。其间，她又经历了失恋的打击和痛苦。后来，她去法国进了巴黎大学，以优异成绩读完了数学、物理学等课程。她还认识了当时已崭露头角的法国年轻物理学家比埃尔·居里，并与他结为夫妇。从此，他们夫妇二人共同开始了既震惊世界而又令人悲叹的科学生涯。为了从沥青中提炼出镭这种物质，他们想办法弄到了 10 吨沥青。在一个极其简陋的大棚里，他们开始了成千上万次的“结晶”：这是一个令人烦躁的漫长过程，必须不停地加热并搅动大桶中的黑色矿物质。真是令人难以置信，她们就是这样日以继夜地整整坚持了 4 年。最后回报他们的是 1/10 克镭的氯化物，这大约是原始材料的一亿分之一。这是一种奇怪的材料，它放射出的灿烂光芒让每个看到它的人目眩神迷。为了表彰他们在揭开放射性之谜这个异常深奥的研究方面所取得的惊人进展，1903 年的诺贝尔物理学奖，颁给了居里夫妇和另一位科学家。这是他们一生中最美好的时光。1906 年 4 月 19 日，她生活中的伴侣、科研事业的战友比埃尔，在穿过巴黎市中心一条拥挤的马路时，被一辆马车撞成重伤，不治身亡。大家想想，这对居里夫人是多么惨重的打击呀！然而，她并没有因为悲痛而倒下，她让自己的悲伤在艰苦的科研工作中继续升华。她接替比埃尔在巴黎大学担任教授（她是在那里执教的第一位女性），并对钋和镭开始了更详尽的研究。出色的研究成果，使她又荣获了1911年的诺贝尔化学奖。一个多灾多难的女性，在物理学和化学两个领域先后两度获得诺贝尔奖，这在全世界都是举世无双、绝无仅有的。1934年7月4日，白血病夺走了居里夫人的生命。几乎毫无疑问，这是多年受到镭辐射的直接后果。直到今天，镭仍然是已知的放射性最强的物质。如果人们想要了解居里夫人对科学的贡献，最好的办法就是看看她的双手。为揭开放射性之谜的多年劳作，使这双手上布满老茧，辐射刻下的伤痕则讲述着她的成功。居里夫人总结自己的一生，讲了这样一句名言："一个人，打倒他的往往就是他自己，别人是打不倒他的。"大科学家爱因斯坦这样评价居里夫人："在所有名人当中，玛丽亚·居里是唯一没有被名誉腐蚀的一个。"

接着我再给大家讲讲"世界第一女兵"的故事。大家知道，军事五项运动是国际军体比赛中最艰苦、最精彩、最锻炼军人素质的项目。我军总参军体大队军事五项队，勇于挑战自我、挑战极限、挑战生命，3次荣立集体三等功，先后赢得90个世界冠军、64次打破世界纪录，男子团体实现"十二连冠"，女子个人实现"七连冠"，为祖国赢得了至高无上的荣誉，捍卫了人民军队这面神圣的战旗。

在这支英雄的队伍中，有一个身上挂满金牌但也布满伤疤的"女超人"，她的名字叫王恋英。王恋英在最残酷、最激烈的世界军体大比武中，拼搏过8个春秋。她连续5次夺得世界冠军，先后13次将自己的名字刻在了个人奖杯上，成为世界顶级"女超人"，被国外媒体称为"世界第一女兵"。

王恋英算是半路出家。她在原先练的被称为"皇家运动"的现代五项中，已经成为名噪一时的全国冠军、世界亚军。可当传来组建军事五项女子队的消息时，这个倔强的姑娘却坐不住了，她说："我是军人，

现在军队需要我去战斗，我决不能眼睁睁地看着别的国家的女兵把‘挑战者杯’夺走!”

一到军事五项队，迎接她的便是超常代价的艰苦训练。一次，练50米障碍游泳，水中的圆木撞断了她中指关节的韧带，十指连心，疼得她直冒汗，可她硬是咬牙挺了过去。

1994年11月，在巴西“黑珍珠”军事学院，举行第42届军体五项世界锦标赛，巴西女选手凭借东道主之利，组织观众大声唱起巴西国歌，企图干扰外国队员比赛。这时，王恋英“腾”地站起来，冲着他们大声唱起《义勇军进行曲》，一下子把对方的歌声压了下去。唱完中国国歌，她疾步提枪上场，“叭、叭、叭”，一口气打出10发子弹，发发命中靶心，打出100满环。在看台上嚼着口香糖的欧美观众，一个个被惊得目瞪口呆。比赛结束，她不仅获得女子个人射击第一名，还在成绩上超过了世界各国男选手，登上了世界冠军宝座。国际军体理事会技术检查委员会主席走过来，把戴在自己手上的刻有胸环靶图案的金表送给王恋英，激动地说：“只有您才有资格戴这块金表!”

王恋英一举成名，使她面临更多的诱惑，需要经受更多的考验。她在电视连续剧《神圣军旗》中担任女主角，获得了全国电视剧“飞天奖”和“优秀女主角奖”。一些大型企业看中王恋英的知名度，纷纷登门请她做广告，有的还出巨资请她做“形象大使”，一些好心的朋友也劝她向影视方面发展，这些都被王恋英一一回绝。她说：“是党和军队给了我实现人生价值的舞台，我不能对不起这身绿军装，不能对不起这一枚枚军功章。金钱固然重要，可有许多东西是金钱买不到的。”

1999年8月，在第二届世界军人运动会上，30岁的王恋英带伤出征。她双腿打着绷带参加障碍接力，在跑掉一只鞋的情况下，光脚踩着锋利的砂石，通过徒涉场，冲上独木桥，飞过障碍墙，攀上“死亡陷阱”，满脚鲜血淋漓，第一个冲过终点，跑完了接力的最后一棒。在场观众，无不为之震惊与欢呼。

现在王恋英担任总参军训部军事体育运动大队副大队长，大校军衔，分管训练工作，继续为我军和国家的军事体育事业拼搏奋斗。

俗话说："无志之人常立志，有志之人立长志。"法国科学家巴斯德说："立志是很重要的事情，工作随着志向走，成功随着工作来，这是一定的规律。立志是事业的大门，工作是登堂入室的旅程，在这个旅程的尽头，就有成功在等待着庆祝你的胜利。"衡量一个人有没有志气，不但要看他为自己定下了什么样的奋斗目标，更要看他有没有实现这个目标的恒心和毅力。为了说明这个道理，我给大家讲个故事，故事的名称是《一英里的地方是海岸》：

过去有个外国女孩叫弗洛伦丝，是上个世纪 50 年代世界最著名的游泳女将。1950 年，她第一次成功横渡英吉利海峡后，为了再创奇迹，决心从卡德林那岛游向加利福尼亚海滩。在海水里拼搏了 60 多个小时后，由于大雾弥漫，她没能看到近在 1 英里外的海岸，疲倦、特别是信心的丧失，使她失去了继续前进的勇气，结果登上了小艇，功亏一篑。她说，如果当时能看到海岸，就一定会有足够的信心和力量游向终点。

两个月后，依然是大雾弥漫的天气，依然是在拼搏了 60 多个小时之后，弗洛伦丝坚定地相信：1 英里外的地方就是海岸！

这一次，她终于成功了！

1 英里的地方就是海岸！

很多时候，我们往往会看不到成功之巅的绮丽风景，因为经过艰辛的跋涉仍无法达到终点，而丧失了继续前进的勇气，放弃了不断前进的选择，在成败的临界线上，徘徊观望，驻足不前。很多时候，我们也会因偶尔的失落、挫折，甚至一些微不足道的不如意，而对昨天的艰苦付出产生怀疑。

这个时候，请记住：也许，1 英里的地方就是海岸！

航行在自己的人生之海，不能轻易选择归航，不能忘记随时提醒自己：成功，是不是就在 1 英里远的地方？

**多才气**

在谈女兵应该"多才气"之前，先给大家讲个故事。

熊向晖同志是一位传奇人物，他是参加过“一二·九”运动的老共产党员，长期在我党隐蔽战线工作。他曾打入国民党军队内部，担任胡宗南的机要秘书，为我党我军提供了大量有价值的情报。解放后他曾担任中共中央统战部副部长兼中国人民外交学会副会长等职。

1960年5月，英国元帅蒙哥马利来华访问，根据周总理指示，让熊向晖等人陪同蒙哥马利去外地参观访问。大家知道，蒙哥马利是二战时国际知名的英国元帅，他的言谈举止，经常透露着军人的英气和自傲。在洛阳访问时，一天晚饭后，熊向晖等陪同蒙哥马利到街上散步，走过一个小剧场，他闯了进去，当时正演出的是豫剧《穆桂英挂帅》，翻译向他简介了剧情。中间休息时，他走了，回到宾馆，说：“这出戏不好，怎么让女人当元帅?”熊向晖说：“这是中国的民间传奇，群众很爱看!”蒙哥马利说：“爱看女人当元帅的男人不是真正的男人，爱看女人当元帅的女人不是真正的女人。”熊向晖说：“中国红军就有女战士，现在解放军还有一位女少将。”蒙哥马利说：“我对红军、解放军一向很敬佩，但不知道还有位女少将，这有损解放军的声誉。”熊向晖说：“英国的女王也是女的，按着你们的体制，女王是英国国家元首和全国武装部队总司令，您这位元帅也得服从她的领导和指挥呢!”听了熊向晖有理有据、柔中寓刚的话语，蒙哥马利才不再吭声了。

看来，外国也和我国一样，存在“男尊女卑”的问题。旧社会是男权社会，盛行大男子主义，宣扬男尊女卑的陈腐观念。那时有一句话，叫做“女子无才便是德”。但即使在那种情况下，在我国历朝历代，还是出现了许多有才气的女子，她们被人称之为“才女”。我们的时代不同了，男女都一样。女同志不但要有德，而且要有才。女同志要以奋斗求解放，以素质求平等，以贡献求地位。特别是新时期的中国女兵，更要艰苦奋斗，自强不息，立足本职，岗位成才，建功立业。就是说，女同志一定要有本事、有才气。人才，人才，讲的就是一个“才”字。没有本事，训练搞不上去，工作拿不起来，必然平平庸庸，一事无成。

当今时代，是知识时代，是要求人们必须终生学习的时代。没有本事，没有才气，不能及时实现知识的不断更新，就必定落在时代的后面。美国有位著名哲学博士，是个老太太。她的名片上写着这样几行字：哈佛大学哲学博士（1954 年）、哈佛大学哲学博士（1963 年）、哈佛大学哲学博士（1981 年）。许多人对此觉得奇怪：同一所大学，同一门学问，为何还连续多次取得同一学位呢？有人去问她的丈夫，得到的回答是：她是搞教育的，近 30 年新的学问不断出现，一个博士学位过了几年就会“缩水”，必须不断地补充新的知识。所以，她只好再去攻读，再拿学位。我们好好想一想，就能理解这位老太太的所作所为。说实在话，她的做法，真还值得我们很好地学习。

社会上有些女性，包括有的影视明星，尽管她们有着漂亮的面孔、苗条的身材、华丽的服饰，但说起她们的学问来，人们实在不敢恭维。有一位眼下正红得发紫的演员竟说：“我们国家的电影根本没法和好莱坞相比，人家美国电影已有 300 年的历史了。”（此人肯定不知道美国的历史才有 200 多年，也不知道发明电影才有多少年）在拍摄电视剧《天国春秋》时，一位演员居然好奇地问：“天国是哪一个国家？”一位在某地名模大奖赛中获得第一名的女模特，面对主持人“您最大的爱好是什么”的提问，她竟回答：“吃鸡腿！”在前不久中央电视台举行的全国青年歌手大奖赛专业组的比赛中，有的青年歌手面对比较简单的文化素质考题，不是目瞪口呆，就是答非所问，真是令人失望。有一道题这样问：“有位浙江籍的作家，他创作过《林家铺子》，并担任过新中国第一任文化部长，请问他是谁？他有何代表作？”回答竟把茅盾错成了老舍，代表作也由《子夜》错成了《茶馆》。更可笑的还有一位女歌手，面对这样一道填空题：一日不见，口口口口；先天下之忧而忧，口口口口口口口；有容乃大，口口口口。这三个填空，她竟一个也没答对。对于第一个填空“一日不见，口口口口”，很多人都知道应填“如隔三秋”，而这位歌手竟答了这样三个字：“好想你！”真是错得太离谱了，实在令人啼笑皆非。这样的常识都没有，对于小学生尚可原谅，而对于这些拥有大学学历的专业歌手来说，实在是太不应该。

说到这里，我想起了“文化大革命”之前上海市原市长曹荻秋为女饯行的故事。曹的女儿曹晓兰从上海一所中学毕业后，考取了当时的解

放军张家口外国语学院。曹荻秋请人备了家常便饭，请来了王家姆妈和曾经关心、帮助过晓兰的街坊邻里，为女儿送行。客人到齐之后，曹荻秋端着一只杯子站起来，对女儿说："这杯子里装的是四川老家的苦茶，茶里还盛有王家姆妈和邻里叔叔、阿姨的辛苦，才使你成为今天的曹晓兰。满饮这杯苦茶，以向各位长辈致谢。"

"女儿一定牢牢记住。"曹晓兰站起身说，"参军以后，我一定勤学苦练，决不辜负父亲和各位长辈的期望。"说完，她接过父亲手中的杯子，将苦茶一饮而尽。大家以掌声鼓励。

接着，曹荻秋又斟满了第二杯苦茶，说道："我这个当爸爸的戎马半生，军事知识是在打仗中学得的。你这次考进军事院校的机会，是先烈们用鲜血和生命换来的，你可要珍惜呀！不管你将来干什么，你也算是人民的子弟兵。"曹晓兰点点头，接过爸爸手中的第二杯苦茶，又一饮而尽："女儿决不会忘记与人民群众血肉相连的关系。"大家又一片喝彩。

说着，曹荻秋将女儿手中的杯子接到自己手中，不一会儿又递给女儿，然后说："我现在还给你这只空杯，意思嘛，由你自己去思考！"晓兰接过空杯，略思片刻，说："爸爸是要女儿虚心学习，虚怀若谷，像空杯子那样，才能装得进学问。"众人不禁一齐鼓掌。

曹荻秋为女儿饯行，先让她喝下两杯苦茶，接着又递给她一只空杯，这个故事含义很深，值得深思。曹晓兰到军校之后，时刻牢记父亲的教诲，成了品学兼优、受人称赞的优秀学员。

女同志要改变自身的地位，做出优异的成绩，就必须刻苦学习，顽强训练，使自己成为一个出类拔萃的人才。说到这里，我再讲一个不满足于只做一粒沙子，努力使自己成为珍珠的故事。

说的是有一个自以为是全才的年轻人，毕业以后屡次碰壁，一直找不到理想的工作。他觉得自己怀才不遇，没有伯乐来欣赏他这匹"千里马"。痛苦绝望之下，有一天，他来到大海边，打算就此结束自己的生命。

在他准备自杀的时候，正好有一位老人从附近走过，看见了他，并且救了他。老人问他为什么要走绝路，他说自己得不到社会和他人的承认，没有人欣赏并且重用他。

老人从脚下的沙滩上捡起一粒沙子，让年轻人看了看，然后就随便地扔在了地上。老人对年轻人说："请你把我刚才扔在地上的那粒沙子捡起来。""这根本不可能！"年轻人说。老人没有说话，他又从自己的口袋里掏出一颗晶莹剔透的珍珠，也是随便地扔在了地上。然后，对年轻人说："你能不能把这颗珍珠捡起来呢？""这当然可以！""那你就应该知道，现在你自己还不是一颗珍珠，所以你不能苛求别人立即承认你。如果要让别人承认，那你就要想办法使自己变成一颗珍珠才行。"年轻人蹙眉低首，一时无语。

有的时候，你必须知道自己只是一颗普通的沙粒，而不是一颗价值连城的珍珠。你要卓尔不群，就要有鹤立鸡群的资本才行。要想自己卓然出众，就要努力使自己变成一颗珍珠。

**求大气**

过去，说起一些女性，往往讲这样几句话：头发长，见识短；儿女情长，英雄气短；女孩三特长——爱哭、爱笑、爱叫娘。现在社会上也有这样一些女青年：她们像小姐的多，像大姐的少；小气的多，大气的少。讲起男女区别，也有一些说法：男人不愿谈收入，女人讨厌说年龄；男人在女人面前变得勇敢，女人在男人面前变得娇羞；男人有泪不轻弹，女人无泪也爱哭；男人最关心自己的身高，女人最关心自己的体重。这些话显然带有开玩笑的成分，说得不全面、不准确，但也从某些侧面，道出了某些女性的弱点和不足。

我们军队里的女同志不能这样，女军人应该大气一些。所谓大气，主要是指心胸开朗，意志坚强，为人大度，处事大方。这是由我们军队的特点所要求的，也是由我们军队的特点所形成的。我们军队平时要训练，战时要打仗，这就需要具有压倒一切敌人和困难的气概，具有英勇顽强、百折不挠、不畏艰难险阻的精神。你们既然走进了军营，那就意味着在必要时拿起武器，与男兵们一起担负保卫祖国、维护和平的责任。只要有战争，就不能让女人走开。战争只有胜负之别，而无性别之分。在军营里，在战场上，女兵首先是军人，其次才是女人。

大气是一种气度、一种涵养、一种境界。历史上凡是成就了一番大事业的，多是心地坦荡、胸怀宽阔的人，正所谓“宰相肚里能撑船，将军额头堪跑马”。而心胸狭窄、小肚鸡肠的人，必然难有大的作为。有人这样说，比大地更广阔的是海洋，比海洋更广阔的是天空，比天空更广阔的是人的胸怀。江泽民同志曾经讲过这样一件事：有一次他去北戴河开会，途中停下来参观一个天文馆，从天文望远镜里看天空中的星球，看到一个比地球大很多倍的星球，在望远镜里只是一个小点点。江主席深有感慨地对身边的同志讲：人的知识多了，视野就开阔了，精神境界也就高了。知道宇宙浩瀚无边，地球才是宇宙中极小的一点点，就知道人是多么渺小。那么，个人的一点儿得失、一点儿恩怨，又算得了什么呢？江主席这段话讲得非常深刻，值得我们很好深思。一位杰出母亲这样教育自己的女儿：“在人之上，要视别人为人；在人之下，要视自己为人。”她还告诫女儿：“莫在失意人面前做得意状。”她教给女儿摆脱嫉妒的良方是：“要学会用真诚的简单，对付虚伪的复杂。”

我向大家介绍一位我们军队的女作家，我觉得她是一位比较大气的女同志。她的名字叫张聂尔。她出身将门，为共和国戎马一生的父母以子女名字中的一个“尔”字，寄托了希望下一代成为“布尔什维克”的愿望。张聂尔则以自己的人生轨迹，诠释着“布尔什维克”的内涵。张聂尔在“文革”之初高中毕业，曾到北大荒劳动，然后参军当了一名电话兵，提干后担任过宣传干事。她博览群书，自学成才，笔耕不辍，成为军内外知名的女作家。张聂尔以擅写我党我军的上层领导人物著称。其成名作长篇纪实文学《中国第一人毛泽东》于 1993 年 1 月在北京的王府井书店举行签名售书仪式时，读者如潮，半天之内作者签秃了 5 支签字笔。1998 年，她的 36 万字的长篇小说《叶氏父女》一出版，即被北京人民广播电台作为优秀小说播讲。她于同年推出的力作《风云九一三》，以独特的视角、翔实的资料，剖析了林彪集团的毁灭。军事科学院军史部的有关研究人员赞叹：这部作品对党史军史都是一份贡献。

2001年，她的自传体纪实文学作品《拥抱生命》一出版，很快被多家报刊所转载。

上面简要诉说的是张聂尔作为一个作家的写作简历，与众不同的是，她还有另一份简历——与癌症抗争的简历。这份简历更加使人惊叹：1977年被诊断为恶性淋巴癌以来，住院26次，手术10次，化疗不计其数。医生数次预测她的生命最长存活期不超过3个月，然而她却笑对病魔，屡屡化险为夷，被朋友誉为中国的“女保尔”、文学园中的“不死鸟”。文学和亲情是张聂尔生命中的两个支点。“永不放弃”四个大字是她的座右铭。她特别欣赏叔本华的这样一段话：“青春、健康和自由是人生的三大财富。”

她最终还是离开了我们，但是她的精神和才华，却是永远值得我们学习的！

下面，再给大家讲一段女兵的故事，题目叫做《女兵杀猪记》。

说的是那年过春节，某部通信站决定杀猪过年，至于谁主刀却迟迟没有结果。炊事班都是女孩子，都有些害怕，大家互相“谦让”，班长最后决定：“明天全班一起上，捅哪算哪，杀不了，这么多人咬也要把它咬死！”

这天，18个领命上阵的姑娘，个个心里敲着小鼓，面色严峻，场面气氛多有几分杀气，更有几分好玩。肥猪被赶了上来，班长一声令下：“姐妹们，上！”18个女兵一起扑向肥猪，攥耳朵、拖尾巴、掰脖摁腿，只见六七把刀毫无章法地向肥猪捅去。

肥猪在剧烈的挣扎之后，奄奄一息地躺在血泊之中。18个女“杀手”喘着粗气互相瞅瞅，发现浑身是血，脸上血珠汗珠同时在滚。不知是害怕还是成功的喜悦，有几位还淌着眼泪，一个手里还攥着拔下来的猪尾巴。

正当大家沉浸在胜利的喜悦中时，那只被捅了十几刀、没有尾巴的肥猪，又摇摇晃晃地爬了起来，背上还插着一把忘记拔下来的刀。这下，女兵们魂飞魄散地闪到一旁，肥猪便乘虚而逃。

这时，刚刚赶来的女站长张玉珍，操起地上的一把刀，迅速追了上去，她一脚将身负重伤的肥猪踹倒在地，狠劲一刀朝猪脖子刺去，惟恐猪还不死，又把刀在肉里转了几圈，猪再也不动了。

张玉珍因杀猪得了两个雅号，好听一点儿的是“杀猪女能手”，不太动听的是“冷面杀手”。但以后站里杀猪的活，便成了张站长的“专利”。

这是一个真实的故事。这里所说的通信站，是总参原通信部驻在北京的一个长话站。站长张玉珍是位很优秀、很大气、很能干的女军官，后来她先后担任某通信团政委、某通信总站政治部副主任、某干休所政委等职。

我讲这个故事，并不是让今天在座的女兵今后都去杀猪，更不是要大家去具体模仿通信站女兵的杀猪动作，而是想要说明，在军营里，在战场上，并不专门照顾女兵，有时女兵要和男兵做一样的工作，站在同一条起跑线上。当然，女同志到了一定的年龄，由于生理和心理的差异，加之身上要担负起事业和家庭两副重担，所以负担往往比男同志更重。要做出同样的成绩，男同志付出五分努力，女同志就必须付出十分努力。但是，只要付出了艰苦的努力，女同志也是完全可以取得优异成绩、作出卓越贡献的。

### 讲正气

正气，指的是一个人正派的作风、刚正的气节。可以说，它是一个人内在思想的外在反映。一个人要想获得成功，就必须弘扬正气，具有正派的作风，培养优良的品德。女兵是我军的重要成员，一定要注意讲正气，努力做到心灵美、语言美、行为美。女兵之美，是一种特殊之美。这种美当然含有阴柔之美，但更重要的是要体现阳刚之美、整齐之美、简洁之美、朴素之美。

现在某些电视台的节目主持人和影视明星，男男女女多是小模小样、小腔小调、举止做作、一派阴柔，缺乏的是英风正气。演艺圈中，多的是“小燕子”类型的莺声燕语，即便偶尔冒出几个青春偶像，也不能给我们以凛凛然豪气一身的英雄气概。我们在一些戏剧舞台上看到的女兵形象，表现她们高兴时就如同麻雀一样叽叽喳喳、又蹦又跳，受了委屈、遇到挫折就呜呜大哭、又喊又叫。这样来表现女兵，行为虽然天真烂漫、活泼可爱，可给人的感觉却是幼稚可笑，太矫情，没有什么思想。其实，我们的女兵比同龄人更懂事、更成熟、更稳重。你们既然选择了军营，就说明你们的思想、作风具备了一定的层次，是高于一般社会女青年的。

那么，女兵应该具有什么样的形象呢？1961 年 2 月毛泽东同志写了一首题为《为女民兵题照》的七言绝句，诗文如下：

飒爽英姿五尺枪，曙光初照演兵场。
中华儿女多奇志，不爱红装爱武装。

这首诗歌颂了女民兵飒爽英姿的美好形象，肯定了她们“不爱红装爱武装”的远大志向。这首七绝虽然是毛泽东 50 多年前写给女民兵的，但我认为，我们新时期的中国女兵，也是应该追求这种远大志向和美好形象的。

女兵，女兵，既是普通一兵又不普通。这是因为，女兵既是女人，又是军人。俗话说，爱美之心，人皆有之。我们现在的女兵，多是十八九岁的女孩子，爱美是女兵的天性。作为单位领导，要关注女兵的生理和心理特点，设身处地为女兵着想，尽量给予她们一些关心和爱护。作为女兵个人，则应注意去掉虚荣心，树立女军人应有的独特的审美观。要懂得，在军队，统一是美，直线加方块是美，而不像地方有些女青年喜欢的讲化妆、穿时装、戴首饰那一套。

究竟什么是美呢？我们不妨听听国外的一些名人是怎样谈论美的：

雨果：真实包括着道德，伟大包括着美。

罗丹：你不要忘记了我最喜欢的一句箴言——自然总是最美的。

德谟克里特：身体的美，若不与聪明才智相结合，便是某种动物性的东西。

休谟：理智传达真和伪的知识，趣味产生美与丑及善与恶的情感。

苏格拉底：只有美才赋有一种能力，使她显得最出色而且最可爱。

库申：美的特点并非刺激欲望或把它点燃起来，而是使它纯洁化、高尚化……所以美感是一种特别的情操。

柏拉图：应该学会把心灵的美看得比形体的美更珍贵。如果遇见一个美丽的心灵，纵然她在形体上不甚美观，也应对她产生爱慕。

别林斯基：无论在哪一种情况下，美都是从灵魂深处发出的，因为大自然景象不可能有绝对的美；这美隐藏在创造或者观察它的那个人的灵魂里。

女兵是部队里凤毛麟角的“军中之花”，是万绿丛中的“一点红”。成为一名女兵，是地方许多女青年的梦想。你们参军之后，绝大多数女兵吃苦耐劳、严于律己，但也有少数女兵把在家中或社会上的一些习俗带到部队里来了。有的女兵一味沉浸在“绿军装”的光环中，讲究吃喝打扮，追求“美好形象”，结果影响了进步，浪费了青春；有的女兵训练怕把皮肤晒黑了，劳动怕把手指磨粗了，一身骄娇二气，缺乏军人气质；有的女兵家庭条件较好，经济生活宽裕，父母视为“掌上明珠”，到了部队花钱大手大脚，不知勤俭节约；有的女兵盲目减肥，追求苗条，结果搞得自己面黄肌瘦，四肢无力，学习训练无精打采，甚至患上心理疾病。我讲的是一些个别事例，今天在座的女兵中可能没有这种情况，你们是努力进取、积极向上的。我在前面讲了，爱美之心，人皆有之，不可一概否定。但女兵同样是兵，军队有其特殊性，女兵必须具有健康的身体，这样才能适应训练、工作和打仗的需要。女兵在思想作风和言谈举止上，应该追求高格调。年轻女兵应该充满青春气息，一要健康，二要健美，既有阴柔之美，又有阳刚之气。年轻女兵应该追求的形象是：庄重、典雅、善良、温柔、干练、坚强。

我军有些女将军、女学者、女教授、女专家，她们经过几十年军营生活的锤炼，形成了值得年轻女兵效仿的典范。有人这样概括她们的一些特点：

女军人的性格是：乐观开朗；

女军人的气质是：端庄大方；

女军人的生活是：简单朴素；

女军人的作风是：爽快利落；

女军人的形象是：英姿飒爽；

女军人的格言是：甘愿奉献；

……

还有人说，成熟女军人的魅力主要体现在：

高雅而不自负，温柔而不脆弱，活泼而不轻浮，开朗而不粗野，天真而不幼稚，热情而不放荡，成熟而不世故，富有同情心而不怯懦。

我再给今天在座的年轻女兵讲三句话，希望大家能够记住：

第一句是“军中不言性”，意思就是人们经常说的，战争只有胜负之别，而无性别之分；

第二句是“军中无娇娘”，意思是说从军的女子必须吃苦耐劳、英勇顽强，绝不能娇生惯养、怯懦脆弱；

第三句是“军中无戏言”，意思是说“军令如山”，军人必须严格遵守各项纪律，以服从命令为天职。

为了帮助你们加深对这几句话的理解，我给大家讲一讲孙子吴宫演兵的故事。这是一个颇富戏剧性的故事。说的是古代大军事家孙子（即孙武），从鲁国到吴国觐见吴王阖闾，并献上《孙子兵法》13 篇。孙子向吴王陈述了 13 篇兵法之后，吴王赞不绝口。但是，吴王还想实际考察一下孙子实际训练部队的本领究竟如何，便对孙子说：“你能不能对你的兵法作一次小型的实际演练呢？”孙子肯定地回答：“能！”

吴王又问道：“那么，用宫女来操练也能行吗？”孙子又果断回答：“行！”于是，孙子从吴王宫中挑选了 180 名宫女，并让吴王最宠爱的两个妃子分别担任左右队长。她们全部身着戎装，手持兵器，像士兵一样。孙子向她们宣布了军令军法，讲解了队列训练的动作要领。三令五申之后，演练立即开始，先从右队开始，宫女们根本不把孙子放在眼里，嘻嘻哈哈，松松垮垮，满不在乎，全然没有一点军人的样子。孙子见状和气地说：“约束不明，申令不熟，是我当将军的罪过。”遂再三令五申，然后又从左队开始操练。宫女们还是嬉笑不止，依然如故。这次孙子严厉地说：“我前面讲了，约束不明，申令不熟，是我当将军的责任。现在我已把要求讲得清清楚楚，而你们还是不听指挥，那就是你们这些当士兵的罪过了！”说着就要立斩左右队长。这时，坐在台上观看的吴王大惊，急忙派军使给孙子传话说：“我已看出你的确善于用兵了！我没有这两个美姬，食不甘味，寝不安席，你可万万不能杀掉她俩呀！”孙子回答道：“将在外，君命有所不受！”断然斩了这两个美姬。然后重新任命了两个队长，继续进行操练。这时，剩下的那些宫女一个个吓得战战兢兢，“一切行动听指挥”，让前进就前进，让后退就后退，让卧倒就卧倒。于是，孙子便向吴王报告：“现在这支部队已经整肃，您可以下来亲自视察。今后您什么时候使用这支部队，就是赴汤蹈火，她们也会勇往直前！”

这个故事见于司马迁所作的《史记》。故事说明，孙子是主张以法治军的。只要严明军规军法，即使是娇弱散漫的女子，也可以把她们训练成为赴汤蹈火、视死如归的勇士。我们平时常说“军中不言性”、“军中无娇娘”、“军中无戏言”，这几句话大体上就是从这个故事演化而来的。没有严格纪律的部队是不会有战斗力的，不严格遵守纪律的军人是必然会犯错误的。

我今天拉拉杂杂讲了许多，不知对你们有没有什么帮助。年轻人都厌烦唠叨，讲多了大家也就不愿听了。最后，我再说一下，我曾连续十多年给当年参军到总参的地方大学生作报告。在讲到女大学生选择军营时，我赠过她们一首诗，现在也转赠你们，作为我们今天谈心的结束语：

从来女子做大事，先是艰苦后是甜。
自古巾帼多豪杰，谁说女子不如男？

第八部分

# 士官肩上责任重
# 建功立业在军营
# ——和部队士官谈心

雷锋

追溯历史，外军建立士官制度距今已近500年。西方国家军队中有一种普遍的说法：“指挥靠军官，管理靠士官。”他们认为，“士官是军事指挥系统中的一个关键环节，也就是具体组织落实的环节”。

士官队伍是我军的一个特殊群体，一个重要的组成部分。有人这样比喻：如果部队基层是一根水泥柱，那么，士兵就是柱中的水泥，士官则是凝固水泥的钢筋。还有人这样比喻：如果士官是一只雄鹰，那么，“服从”和“奉献”则是士官搏击长空的“双翅”。总之，士官应保持“兵”的本色，担起“官”的责任。

战友们、同志们：

从 1999 年 12 月 1 日开始，我们军营出现了一个新的群体——士官。

士官佩戴的肩章，上面有宛如燕子双翅飞翔的银杠、两支交叉的步枪，中间衬着一颗五角星，三级以上的还镶着麦穗，看上去很醒目、很漂亮。从此，军营里又增添了一道亮丽的风景线。

军内外很多人好奇地端详着、议论着：这是什么标志？他们和讨去的志愿兵有什么不同？

士官制度改革，作为继兵役制度改革之后又一项重大改革，令全国、全军瞩目，对于部队建设，尤其是对于士兵队伍建设，必将产生深远的影响。由于这是一项新的制度，许多人对此还缺乏了解。连“士官”这两个字，很多人还是第一次听到的新鲜名词。当然，对于士官制度最为关心的，莫过于现实和未来的士官们。我今天就来和士官同志们谈谈心，我将尽量涉及你们所关心的方方面面的问题，和你们一起学习探讨，共同提高。

**从一组数字，看外军士官队伍建设状况**

为了帮助大家开阔眼界，首先让我们看一看外军士官队伍建设的状况。

从世界各国军队发展潮流看，一些大国纷纷调整军事发展战略，加强军队质量建设，以争取 21 世纪的军事优势地位。注重军事人才培养和储备，不断提高士兵队伍的专业化、职业化程度，成为世界各国军队的普遍做法和共同规律。美、日等国家士官人数已发展到占总兵力的 50%左右。其实，追溯历史，外军建立士官制度距今已近 500 年。15 世纪，法国就建立了士官制度。日、俄、英、法、美等国自 18 世纪末，就相继开办了士官学校。俄国 1874 年士官学校就达 16 所，并另外开办了专门招收贵族军官和将官家庭出身的青少年士官学校。美国几乎在建国后就实行了士官制度。目前，世界上实行单一义务兵役制的国家已由 20 世纪 70 年代的 76 个，减少到上个世纪 90 年代的 64 个。实行征募混合制的国家由 8 个增加到 28 个。实行募兵制已成为当今兵役制度改革的方向。

外军不但很早就建立了士官制度，而且非常重视发挥士官在军队中的作用。他们认为，充分发挥士官的管理骨干作用，既能减轻军官的责任，又能发挥士官的优势。西方国家军队中有一种普遍的说法：“指挥靠军官，管理靠士官”。美军认为，“士官是军事指挥系统的关键环节”。外军在基层管理中充分发挥士官的管理骨干作用，主要采取了三个方面的具体做法：

## 一、强调士官在基层行政管理中的重要地位

外军认为，士官在基层行政管理中，处于上有军官、下有士兵的特殊地位，能够成为基层管理中的“中坚力量”，在士兵和军官之间起着“传送带”的作用。正是这种特殊的重要地位，使士官在基层行政管理中具有无法替代的作用。首先，士官服役时间长，并整天和士兵在一起，具有比较丰富的管理经验，而军官的流动性大，调整频繁，“知兵”的程度和管理经验都不如士官，所以军官不能代替士官在基层行政管理中的作用。其次，军官的数量少，精力有限，需要考虑和处理的事情很多，不可能始终像士官那样深入、具体地抓基层管理，所以士兵的起居作息、点名操练等具体行政管理工作，只有士官才能真正抓紧、抓细、抓好。再次，由士官直接管理士兵，既能使基层军官不陷入日常琐事而处于超脱地位，又能发挥士官在士兵和军官之间的“缓冲”作用，从而便于维护基层军官的权威，有利于搞好基层单位的全面建设。

## 二、赋予士官较大的管理职责和权限

要充分发挥士官在基层行政管理中的骨干作用，就必须赋予士官较大的管理权限，明确其管理职责，使士官的管理作用切实得到发挥。外军在有关的条令和管理实践中，都较好地解决了这个问题。例如，英军不仅把士官看做部队的“中坚力量”，而且把连队的日常管理主要交给士官负责。士兵出现违纪问题，士官就有权处理，情节严重时才上报基

层军官处理。美军认为，士官是军事指挥系统中一个关键环节，也就是具体组织落实的环节。美军把士官区分为三级，分别配备到部队中的营、连、排级单位，并在相关的条令中明确他们的职责。比如，二级士官相当于“助理连长”，每周负责召集全连其他低一层次的士官，研究行政管理工作以及决定向连长汇报的重大问题。

**三、要求士官成为士兵的榜样**

要在基层行政管理中充分发挥士官的骨干作用，还必须使士官本身成为贯彻条令条例的模范和榜样。从这个意义上说，士官既是管理者，也是被管理者。外军主要是通过普遍提高士官的素质和发挥士官的帮教作用，来达到这一要求。在提高士官素质方面，外军特别强调提高士官的科学文化水平和专业技术水平。例如，美军规定一级以上士官晋升军衔时，需要具备高中以上的学历，并经过相应的士官学校轮训，经过高级士官学院轮训的士官，可以获得学士学位。在发挥士官的具体帮教作用方面，外军特别重视在日常接触中，士官对士兵的具体帮助和指导。例如，日本自卫队对士官的要求是：能驾驭生活，具备高于他人的技能，又善于听取他人的意见，能想他人之所想，为年轻士兵所信任。

上面，我简要介绍了外军士官队伍建设的一些情况，目的在于使我们的士官了解外情，开阔眼界，便于参考和借鉴。这里需要说明的是，我们与他们的国情、军情不同，对于他们的一些具体做法，只可参考借鉴，不能照搬照套。

**从一个笑话，谈士官的准确“定位”**

1998 年暑假，某士官学校学员小李回家探亲，乡亲们看见肩扛红牌的小李，问道：“你毕业后是什么官?”小李随口回答：“军士长。”村里人以为“军士长”不是“军长”就是“师长”。于是，“老李家要出大官了”的消息不胫而走。这个笑话发生在鲁西南一个偏僻的小村庄里。其实，对士官制度缺乏了解，又何止是这些普通村民?社会上缺乏介绍，部队内部宣传的力度也不够，过去就连电脑词库里也找不到“士官”这个名词。

我们部队内部也出过这样的笑话。那是1999年新的士官制度实行之初，有一位刚套改的新士官，命令一下就去找基层干部要房子：“现在我也成为‘官’了，既然军官有房子，士官也应给房子。”

从上面说到的笑话可以看出，有必要给大家讲讲我军为什么要实行新的士官制度，现在的士官与过去所说的“志愿兵”有什么不同，士官究竟是官还是兵，应该怎样给士官“定位”，等等。

我军实行士官制度即原来的志愿兵制度，是中央军委根据邓小平同志关于要搞“辈子兵”，以便保留部队技术骨干的指示精神，于1978年开始实行的。当时规定，义务兵服现役期满后，超期服役1至2年，自第6年起选改为志愿兵。再服役8至12年转业。20多年的实践证明，这个制度符合我国的国情和军情，对于保留和稳定基层士兵骨干队伍，优化兵员结构，提高部队战斗力，起到重大作用。但是，随着我国改革的深入和我军的建设发展，原来实行的志愿兵制度，在许多方面已经不适应新的形势的需要。主要是缺乏有效的激励机制，志愿兵的积极性难以充分调动；志愿兵的使用范围和规模，与我军现代化建设的发展不相适应：志愿兵待遇偏低，退役难安置；缺乏一套完整的与志愿兵制度相适应的管理机制，等等。因此，改革和完善我军的士官制度，对于迎接世界军事发展的挑战，贯彻质量建军、科技强军方针，增强打赢未来高科技战争能力；对于适应我国改革开放和发展社会主义市场经济新形势，增强军队的吸引力和凝聚力；对于建立健全竞争机制，增强士官队伍活力，全面加强部队基层建设，都具有十分重大而深远的意义。

士官是普通一兵，但又不普通。关于士官在军队中的“定位”，有这样一些形象而有趣的说法和比喻：

士官属于“兵”的范畴，又享受“官”的待遇；士官既是士兵中的“头领”，又是军官的得力“助手”。这种位置的“中介性”，理所当然地使他们成为官兵之间的“桥梁”和“纽带”。正是士官队伍这种特殊的地位和作用，奠定了我军现代化建设的基石，使我军战斗力才得以稳步

提高。

士官、士兵虽只一字之差，但本质上都在士兵行列，都是普通一兵。士官要保持“兵”的本色，不能端着“官”的架子，即使你是“胡子兵”了（有的高级士官四五十岁了），对于“娃娃官”（有的军官才二十多岁），也要尊重、支持、服从。

士官要当好士兵的“领头雁”，充分发挥在政治思想、军事训练、管理教育、专业技术四个方面的模范带头作用。需要说明的是，士官虽然在称谓上带有一个“官”字，但士官是“士”不是“官”。士官是士兵骨干力量的总称，其基本职能是战斗员，不同于军官。士官和义务兵一起，构成军队的主体部分，统称为士兵。

实行新的士官制度以后，虽然士官的权力大了、责任重了、待遇高了，但兵的本质没有变。士官首先是战士，其次才是战士中的“官”。士官应该成为基层建设的中坚、终端抓落实的主角、科技练兵的骨干、部队战斗力的重要力量。

士官既是士兵行列中的普通一兵，他们和义务兵一样，过着严格的连队生活，受着军队各项规章制度的管理；士官又是战士的标杆，在部队工作和日常生活中起着模范带头作用，因而得到官兵的敬重。

士官应该保持“兵”的本色，担起“官”的责任。要唱好“我是一个兵”的主旋律，当好士兵的“第一任教官”。士官既是士兵的兄长，又是士兵的领导。这就决定了士官不光要“老实听话”，还要“能干会干”。

士官的本色是什么？就是“服从”和“奉献”。这四个大字是士官永恒的主题。有人这样比喻：如果士官是一只雄鹰，“服从”和“奉献”就是他们搏击长空的“双翅”。

士官处于“兵”的位置，负有“官”的责任，拿士官的工资，尽干部的责任。有人这样比喻：如果部队基层是一根水泥柱，士兵就是柱中的水泥，士官则是凝固水泥的钢筋。

士官是基层干部的“参谋”和“助手”，是连系官兵的“纽带”和“桥梁”。在基层处于特殊地位的士官队伍，在做好“两个经常性工作”

中，具有独特的优势。

说士官是“兵”，但他们每月领工资；说士官是“官”，但他们又不是军官，士官士官，亦兵亦官，非兵非官。总之，士官队伍是我军的一个特殊群体，一个重要的组成部分。士官应该“摆正位子，放下架子，扑下身子，挑起担子，做好样子”。

……

这些说法和比喻，不一定完全准确和恰当。但我相信，这对于士官同志摆正自己的位置，认清自己的责任，做好自己的工作，是会有一定参考和启发作用的。

正因为士官队伍在军队建设中具有这样的重要地位和作用，所以有人这样说：从某种意义上讲，没有士官队伍的现代化，就没有整个军队的现代化。外军甚至有人这样说，“未来的战争是士官的战争”。给士官正确“定位”，明确士官是兵不是官，决不是降低士官的地位和作用，而是指出士官在我军建设中扮演着日益重要的角色。我们的士官同志应该树立这样的观念：是“兵”也光荣，非“官”亦风流，当好一名士官，同样大有作为！

**从一个班长，看士官的能量有多大**

我军士官制度改革后，不仅士官数量有了较大幅度增加，大部分战斗班长也由士官担任，而且随着科技练兵的深化和新装备的增多，随着我军传统组训方式的重大变革，今后军官一般不再随队训练，士官将挑起组训大梁，逐渐走向训练、管理的前台，负起管兵、带兵的重大责任。所有这些都说明，今后的士官已不同于传统的班长，不断发展的军队现代化建设，对士官提出了更高的标准和要求。

《解放军报》曾以很大的篇幅介绍了兰州军区某团“红一连”班长赵彪的突出事迹，这篇报道的题目就叫《一个士官的能量有多大?》，报道说，士官，作为部队最基层的骨干，其能量到底有多大？兰州军区某团“红一连”士官赵彪，以他的亲身经历生动地回答了这个问题。

赵彪是一级士官，大专学历。他当班长 4 年，全班 3 次荣立三等

功。他带过的 42 名战士中，出了 28 名训练尖子和骨干，其中 4 人考入军校。他撰写的 16 万字带兵体会和 30 万字军事课教案，被师团两级推广使用。他摸索总结的新时期“带兵六法”——目标引导法、情感沟通法、知识启迪法、品德感召法、身教示范法、理性反思法，在部队广为流传。兰州军区一位主要领导同志下部队检查工作，看到“赵彪带兵体会”，开始随便翻翻，后来竟不能释手，临走又将这个普通士官的带兵笔记带回，推荐给军区党委常委们传看。赵彪当年所在师的代理政委曹益民同志，深入“红一连”与赵彪同吃同住、实地考察，也为其钻研带兵的精神所折服。一个士官的能量有多大？怎样才能无愧于士官的使命和责任？优秀士官赵彪用自己的行动书写了一份出色的答卷。

讲到怎样当好班长，我们经常听到这样几句话：班长是“兵头将尾”；班长是“军中之父”，这是拿破仑说的；班长是“军中之母”，这是斯大林说的。这几句话说明，班长的地位和作用太重要了，班长既要像严父，又要像慈母。只有这样，才能管好士兵、带好士兵。

《解放军报》原总编辑杨子才同志，在纪念建党 80 周年时写了一篇题为《我的人生楷模》的文章，用以怀念他在战争年代的老班长齐家祥同志。有一次在行军路上，杨子才问齐家祥：“怎样才能成为一个共产党员？”齐家祥以平缓的口气回答了 9 个字：“爱人民，爱同志，爱学习。”他还具体解释说：“爱人民，上战场就能视死如归；爱同志，平日里就能先人后己；爱学习，一辈子就能不断进取。”齐家祥说的这 9 个字，不是停留在口头上，而是处处用行动展示在同志们面前。行军路上，他帮年龄小的战士扛枪背背包。饿了，他把苞米饼子塞给战士，自己硬挺着。到了宿营地，他烧水给战士烫脚，帮他们挑泡。夜里睡地铺，他在门口为战士挡风。后来，在一次战斗中，连队来到一个小山村，敌机来扫射，村里一个小孩吓得乱跑，齐家祥冲上去把小孩推到一座磨盘底下，自己来不及躲避，中弹牺牲了。他用鲜血和生命，诠释了自己所说的 9 个字的全部内涵。如今，齐家祥牺牲已经 68 个年头了，杨子才也成了年过八旬的离休干部。尽管沧海桑田，岁月冲淡了一切，但杨子才却永远忘不了自己当年的老班长。从齐家祥身上，我们今天的士官班长也可以吸取许多有益的东西。

我们今天的士官怎样当好班长？这的确是值得大家研究和探索的一个大问题。有人这样说，一个连队是一个家，百十口人能否拧成一股劲，把各项工作都搞得很出色，关键在于连长、指导员，在于他们能否做个好当家人，能否和战士团结一心、打成一片。还有人说，一个班像一个小社会，什么脾气秉性的人都有。现在的战士不像过去那么单纯，要把一个班带好的确不容易，必须刻苦学习，善于动脑，以身作则，还要讲点“艺术”。有一位连队指导员回忆自己当班长时是这样做的：传播革命理论的“宣传员”，掌握思想脉搏的“观察哨”，解决棘手问题的“排雷手”，联络官兵感情的“接线兵”。

一个班就像一个小社会，什么样的人都有。有人归纳说，当前部队士兵中存在着 5 个差异，即家庭贫富差异、文化程度差异、关系背景差异、年龄大小差异、个人理想差异。这 5 个差异基本上概括了同志关系的主要矛盾，也是处理同志关系的五大难题。要把全班战士团结在一起，使大家心往一处想、劲往一处使，可不是一件容易事。这就要班长特别能团结人。能团结人，既是德，又是才，还是艺术。说到这里，我给大家讲讲唐僧取经的故事。

《西游记》中的唐僧师徒 4 人，用现代人才学的观点来看，是一个科学组合的集体。但如果单独看待他们每一个人，不是有明显的弱点，就是有突出的缺点。唐僧善良、懦弱，有时甚至人妖颠倒，不辨是非；孙悟空曾经大闹天宫，历史问题严重；猪八戒贪吃贪睡，生活作风不大正派；沙和尚在蟠桃会上打破了玉帝的宝物，受罚下凡后在流沙河兴风作浪。人们不禁要问，这样的 4 个人为什么能够战胜九九八十一难，最终完成了从西天取回真经的任务呢？妙就妙在这 4 个人扬长避短，形成了一个团结战斗的集体。唐僧具备不取回真经誓不归还的远大理想和坚定信念，不怕取经路上风雨饥寒的折磨，不受金钱美色的诱惑，这正是一个主要领导者必须具备的素质。孙悟空神通广大，勇敢机智，逢山开路，降妖除魔，是既定路线的坚定执行者，是具有开拓精神的难得人才。猪八戒虽无大才，但性格憨厚、朴实，并且很能吃苦。沙和尚虽无明显长处，但为人正直，善于团结人，是一个不可多得的协调型人才。这 4 个人的才能和性格都不甚相投，但组合在一起，却形成了强大的整体功能，他们在摩擦中团结，在斗争中前进，最后终于取回了真经，完成了任务。我们今天的士官班长，是否也可以从唐僧取经这个神话故事中，悟出点什么道理，得到点什么启示呢？

我们部队有一位叫姜升立的同志，他生前留下了 43 本约 85 万字的学习和工作笔记，是人们学习的好教材。在他总结的《带兵要讲究艺术》的体会文章中，这样写道：

视战士高于自己，爱战士胜过自己，为战士不顾自己，学战士提高自己。

深入兵之中，体察兵之苦，倾听兵之声，多帮兵之需。

多一些笑脸，少一点冷脸；多一些指导，少一点斥责；多一些宽容，少一点计较；多一些耐心，少一点急躁；多一些研究，少一点蛮干；多一些请示，少一点武断。

当好士官班长必须不断给自己“充电”，尽量使自己具备多方面的知识和才能，以适应管好兵、带好兵的需要。现在，还简单地再搞“我讲你听”、“我打你通”那一套，战士不但不听你的，还会从心里反感你。说到这里，我讲一个故事。

一个战士收到家里寄来手机的那一天，晚上开班务会，班长对这位战士说：“根据规定战士不得使用手机、传呼机，你的手机就不要用了，收起来就是了。”这个战士不服气，心想：当个兵真窝囊，连手机都不能用，现在都什么年代了，放着先进的通信手段不让用，难道只有排队打电话才符合上级的规定？又过了几天的一个晚上，班长招呼大家：“来，我们开个故事会。”那位战士心里不痛快，磨磨蹭蹭凑过来，低着头不说话。班长看了战士一眼，开始讲故事：“1996 年 4 月 21 日深夜，俄罗斯车臣叛匪头目杜达耶夫，在一个小村庄被导弹击毙，原因是他使用手机，暴露了自己的位置……”班长讲完了故事，那位低头不语的战士赶紧表态：“班长，我明白了，在现代战争中，军人使用手机就等于自杀，我明天就把手机寄回家!”这时，班长笑了，战士们也笑了。后来，在这个班“战士，让手机走开”，成了大家的共同认识和自觉行动。同志们看看，简单生硬，压而不服，但有时看来很复杂的“老大难”问题，只要坚持用知识带兵，讲清道理，问题很快就迎刃而解了。这也是“知识就是力量”的一个例证吧!

作为一个士官班长，不但要能吃苦，还要能吃亏，尽量做到：说的让人信服，做的让人佩服。有一次，在一个连队的政治教育课上，一个新兵站起来问：啥叫“境界”? 连长回答：“假设你今年是当兵3年的党员，有最后一次报考军校的机会，但连队只有一个考学指标，论专业技术水平，也该是你去，而且你也是正儿八经的高中生，而你却让给了另一名想考军校的战士。你的理由是自己上高中的时候是校篮球队队员，文化课不行，绝对考不上，别浪费了一个指标。结果，考上军校的战士回来当了排长，而你依然是个班长，但你很尊重排长，支持他的工作……这就体现了党员的先进性，这就叫‘境界’!”战士们听得瞪大了眼睛，伸长了脖子，生怕落下一个字。

俗话说：良言一句三冬暖，恶语伤人六月寒。作为士官班长，应该性格开朗，大度能容，不计小事。幽默是搞好人际关系的润滑剂，有时一句风趣话，就可能化解矛盾，使问题得以解决。某部新战士对副班长不满，老想找机会同副班长“干一场”。可当他下决心“收拾”副班长时，副班长却在他的肩上轻轻一拍，然后说出了一部电影的名字：“有话好好说!”结果使矛盾“钝化”了：后来副班长不幸摔伤时，受到很大触动的新战士主动为副班长拭血喂水，两人终于成为好朋友。由此看来，遇到偶发矛盾，要“钝化”不要“激化”，要冷静不要急躁，关键时候要“忍一忍”。一个“忍”字，有时便是化解矛盾的灵丹妙药。

作为士官班长，对战士要尊重、理解、关心、帮助。既要身入，又要心入，做战士的知情人；既当领导，又当兄长，做战士的知心人；既要管理，又要育才，做战士的知音人。要善于做耐心细致的思想工作，切忌态度生硬，方法简单。套用毛主席“谦虚使人进步，骄傲使人落

后”的名言，可谓“鼓劲使人进步，打击使人落后”。讲到这里，我想起了电视连续剧《陶行知》中有这么一个细节，简单地给大家讲一讲：

著名教育家、时任育才学校校长的陶行知，在校园看到男生王友用泥块砸自己班上的男生，当即斥止了他，并令他放学后到校长办公室里来。

放学后，陶行知来到校长室，王友已站在门口准备挨训了。可一见面，陶行知却掏出一块糖果送给他，并说：“这是奖给你的，因为你按时来到了这里。”王友惊疑地接过糖果。

接着，陶行知又掏出一块糖放到他手里说：“这第二块糖也是奖你的，因为当时不让你再打人时，你就立即住手了。”王友更加惊疑了。

陶行知又掏出第三块糖塞到王友手里，说：“我已调查过了，你用泥块砸那些男生，是因为他们欺负女生。你砸他们，说明你正直善良，且有跟坏人作斗争的勇气。”王友感动极了，他哭着说：“陶校长，我错了，我砸的不是坏人呀！”

陶行知满意地笑了，他随即掏出第四块糖递过去，说：“为你正确认识错误，我再奖给你一块糖。只可惜我只有这一块糖了，我的糖送完了，我看咱们的谈话也就结束吧。”

陶行知批评一个犯有过失的学生，始终没说一句斥责的话，但却收到了教育的目的。这种教育方法，值得我们每个带兵人效仿。当然，我们面对的是青年战士，不能如此这般送糖果，但是，批评的话让人听来“顺耳”，容易接受，却是适用于每个人的。金无足赤，人无完人。有缺点有错误就要批评。批评有“急风暴雨式”的，也有“春风化雨式”的。批评的方式，往往因人因事因时因地不同而各异，不可笼统而论。但就现实生活中遇到的情况和从解决思想问题的实际效果看，更多的还是需要“春风化雨式”的批评。良药未必都苦口，忠言未必要逆耳。“扬善于广庭之上，劝过于居室之中”。当班长肯定是批评人的，因为批评也是一种关心、爱护。需要注意的是，做耐心细致、入情入理的帮教，尽量收到满意的结果。

## 从一次考核，看士官提高专业技术水平的迫切性

在新的士官制度实行之初，某团发生了这样一件事儿。一位姓张的炮兵班长选取士官后，对班里比他兵龄低的战士呼来喝去，有时连衣服也让别人给洗，“官架子”摆得很大。年终团里组织专业技术考核，没想到这位张班长因为平时训练不认真，技术不过硬，一下子考砸了，成绩还不如“一道拐”的新兵蛋子，不仅拖了班里的后腿，还连累连队没有评为先进。面对战友们投来的异样目光，张班长难过地哭了。

北海舰队高级士官张奎年是潜艇某重要部位的修理工。一次，在舰队编队出航的节骨眼儿上，潜艇出现故障，张奎年奉命上艇修理。从早上 8 点钟开始，他连续奋战近 13 个小时，终于在上级规定的时间内，将复杂的故障彻底排除。这期间，基地参谋长和总工程师一直陪着他，和他一样没顾得上吃一口饭。他爱人随军后，组织出面为其安排了工作。每当和战友谈起这些时，张奎年眼里总是泪花闪动。

张班长因为专业技术不过硬，结果弄得自己很没面子；张奎年技术过硬，将军陪着搞修理，用战友们开玩笑的话说：“真牛。”前者令人叹息，后者让人振奋，缘何如此不同？简单说来，原因就在两个字：实力。张奎年拥有与士官“定位”相适应的实力，而张班长却正好相反。

我在前面讲到，外军有人说：“未来的战争是士官的战争。”我军新的士官制度实施之后，士官所占员额，与军官、义务兵比例基本相当，可谓“三分天下有其一”。除战斗部队的班长外，士官的绝大多数分布在各类专业技术岗位。部队各级领导都非常重视发挥专业技术士官在部队建设中的作用，对这支队伍寄予厚望。一大批像张奎年这样的士官正在部队建功立业，为部队的现代化建设发挥着重要作用。

作为一名士官，要想为军官所看重、倚重，为士兵所尊重、敬重，并不是单纯凭着士官的身份就能自然得来的，最重要的是要具备与士官“定位”相适应的过硬本领。不可否认，一些战士在选取士官之后，“肩牌换了、钱拿多了、架子大了”，心态逐渐发生了变化，常常自觉不自

觉地与军官和士兵横攀竖比，有的认为自己也是个“官”了，盲目自满，工作中动嘴多，动手少；有的认为自己已进了“保险箱”，不再要求上进，甚至有所退步；有的拿了工资不知咋花，讲排场，爱“摆谱”，缺乏自我约束，失去了普通一兵的本色。像这样平时稀稀拉拉、关键时刻“掉链子”的士官，想“端架子”也端不起来，被人看低也就在所难免。

老实说，被人看低还是小事，影响部队建设才是大事。我们每位士官都要认识到，自己被选取士官之后，就意味着自己的军旅生涯开始了新的历程，组织赋予了自己更光荣更重要的责任，同时也给自己提出了更新更高的要求。当务之急是把本领练得更过硬，自身实力提高更快，真正使自己成为名副其实的专业技术骨干。一位士官说得好：“用实力赢得尊重，用精彩赢得喝彩。”专业技术士官应该刻苦钻研专业技术，具备一流的专业技能，精通手中武器，在作战、训练中勇当“排头兵”。

毛泽东有句名言：“没有文化的军队是愚蠢的军队，而愚蠢的军队是不可能战胜敌人的。”我军有个光荣传统，就是不但重视提高官兵的政治思想觉悟，而且重视提高官兵的军事技术水平。有人说，军人有两支笔，这便是钢枪和钢笔。“平时多流汗，战时少流血”，这是战争年代喊得非常响亮的一个口号。20世纪八九十年代，部队中也有叫得响亮的两句口号，这就是：“当兵不习武，不算尽义务；武艺练不精，不算合格兵”。在这两句口号感召下，全军涌现出一大批爱军习武标兵，促进了军事训练的开展。进入新的世纪之后，部队中又喊出了两句鼓舞人心的口号：一句叫“科技素质不过硬，不算当代合格兵”；一句叫“专业技术不过关，不算一个好士官”。这两句口号的提出，贴近当前科技练兵和实行新的士官制度的实际，针对性强，具有时代感。把这两个口号叫响了，并落实在行动中，就必将涌现一大批先进典型，推动我军现代化建设不断发展。

科技强军，人才为本，各级各类士官应该“学习在工作中，成才在岗位上”。这里，我给大家介绍几位在本职岗位上取得突出成绩的士官。

北海舰队第一支队五级士官苗杰，敢于当众喊出这样的口号：“我比美军士官棒!”因为他对手中的武器既能操作，又能修理；而美军的专业士官，按职责要求只负责操作武器装备，而把修理任务，交给工人去做。没有过硬的本领，是不敢说这样的“大话”的。

原石家庄陆军指挥学院多媒体信息中心二级士官崔敦汉，刻苦学习，顽强拼搏，获得了两个专业的大专文凭，通过了全国计算机二级考试，掌握了多媒体软件和三维动画制作技术，出版了专著，他作为主创人员之一设计的一个软件，被评为全国教育软件开发一等奖。当他走上大学讲坛为学员讲课的时候，大家都尊称他为“士官教员”。

原廊坊陆军导弹学院有一位被称作“导弹专家”的士官，他叫杨功华。1992 年，杨功华入伍后，面对高科技的导弹装备，只有初中文化的他刻苦学习，用节省下来的津贴费参加了《机械制图》、《电器原理》、《空气动力学》等几门相关课程的函授学习，并以优异成绩获得了结业证书。在入伍第二年的新装备岗位培训中，他一人参加了八个岗位考核，均获得优秀成绩。后来，他又摸索出导弹车控与瞄准同步共进快速操作法，将原来设计的导弹射向瞄准完成时间由 14 分钟缩短到 4 分钟，被技术专家称为“超越极限的改进”。杨功华还自己编写导弹教材，培养了一大批科技练兵骨干。作为学院公认的“导弹专家”，他多次被系里聘为“客座教员”，走上讲台为导弹专业本科生授课。

北京军区某团二营五连三级士官陈平，自学取得了法律大专毕业证书和律师资格证书，为官兵提供法律咨询 500 多次，为部队挽回和避免经济损失 100 多万元。

前些年的一个阳春三月，一则消息像拂面的春风一样，在总后军事经济学院不胫而走。在该院当了 20 多年炊事员的王海东，被部队正式批准为军需教研室副教授。从炊事兵到副教授，王海东是一步一个脚印走过来的。1980 年，王海东入伍不久就与锅、碗、瓢、盆结下了不解缘。从那时起，他专心研究烹调技艺，买来烹调方面的书籍，从川、粤、京菜系列到普通家常菜、大锅菜，从各种名点制作到地方风味小吃，他都不知疲倦地学做。他还四处拜师，虚心求教。由于王海东刻苦努力，先后拿到了三级、二级、一级、特一级厨师和高级技师证书。1993 年，在全国第三次烹饪大赛上，他以一盘具有军营特色的凉菜“奔”和“橘瓣鱼汆”的热菜，勇夺冷热菜两枚金牌。1999 年底，来自全国 60 余名烹饪高手聚集北京，进行了烹饪理论考核和现场操作比赛，王海东以总分第 2 名的优异成绩，入选“全国十佳厨师”。王海东还为部队培养了一大批等级厨师。他出版的《宴席指南》、《部队大锅菜》等 10 余部专著，受到军地专家一致好评。他先后荣立三等功 3 次，二等功 3 次。

以上事例说明：只要工夫深，铁杵磨成针：三百六十行，行行出状元。各级各类士官，不管在什么单位，也不管在什么岗位，只要发愤图强、锲而不舍，都会大有作为，做出突出成绩。

大家还要看到，科技不断发展，装备不断更新，作为专业技术士官，只有紧跟形势，与时俱进，才能适应部队建设的需要。海军、空军、二炮本来技术性就很强，对士官素质的要求更高。即以陆军中的步兵而言，过去主要就是“一杆枪、两条腿、三顿饭、四颗手榴弹”，那时步兵有几大专业，只要把步枪、冲锋枪、手榴弹练得呱呱叫，再加上跑好武装越野这个“拿手戏”，就算得上一个好的步兵。然而，这些昔日引以为荣的“绝活”，已不能成为衡量今天一名合格步兵的标准了。步兵的训练和作战方式，已经发生了根本的变化，战车上配备的火炮、导弹、防护设备等现代化武器装备，更是让步兵如虎添翼。过去步兵靠“11 号”（两条腿）奔跑，现在乘坐战车越沟跨坎，不用下车就能执行战斗任务。在这种情况下，没有过硬的专业技术，是做不到开得动、联得上、打得准的。过去的一套已经远远不够用了，只满足当个熟练的操作手也不行了。专业技术士官只有从操作型、修理型、体力型向知识型、智能型、专家型跨越，不断学习和掌握新的技能，才能适应部队建设需要，在本职岗位上建功立业。

我今天面对的是各级各类士官，加之我自己的知识水平有限，所以我不可能具体地讲怎样向知识型、智能型、专家型跨越的问题。这里我给大家讲一则故事，然后再讲讲士官学习提高的问题。

古希腊哲学家捷诺曾讲过一则故事，听来颇受启发。

一个学生问他的老师："老师，您所掌握的知识比我们多许多倍，可是您对自己的解答为什么总是有点怀疑呢？"

老师没有直接回答他，而是用教鞭在沙土上画了个大圆圈，又画了个小圆圈，然后说："大圆圈的面积代表我掌握的知识，小圆圈的面积代表你掌握的知识，这两个圆圈以外的地方就是你和我无知的部分。因为大圆圈比小圆圈大，因而接触的无知的部分也比小圆圈多，这就是我常常怀疑自己的原因。"

这则故事揭示出一个发人深思的哲理：已知的东西与未知的东西往往成正比，"让人觉得无知，往往是最大的睿智"。一个人能否正确认识和估价自己，可以看出他所掌握知识的多寡。当今时代，是要求人们终生学习的时代。不实现知识的不断更新，就必定要落后。

关于学习提高问题，国内外专家提出，21 世纪成功的关键是什么？他们的答案是：除了要非常努力之外，更重要的是要变得非常聪明，即爱学才会赢。那么，你知道怎样才能学习提高吗？以下几条可供参考：

过程比结果重要。美好的过程可以产生美好的结果。就像电脑一样，你输入什么，则输出必是什么。

广度比深度重要。20 世纪是专业挂帅的年代，21 世纪则不然，制胜关键除信息外，更重视创意。有的专家权威说："没有创新，就是死亡。"创意的本源不仅在于专业深度的加强，更在于知识广度的学习。

计划比随意重要。在学习的时候，应该清楚目标并制定具体可行的计划，这样可能会比较慢，但能使你赢得最后的胜利。

数量比质量重要。学习是否有成，除了质的提升，更应注重量的扩充。

浏览比精读重要。在知识爆炸的新世纪，如果你仍然沿用精读的方法，注定要吃亏。因为未来的学习重点，不只在于你学到多少，而在于你是否知道。

能力比学历重要。学历只是你学习的经历，学历不等于能力。一位自学成才的人士，在谈到自己如何成功时，风趣地说："我把自己当成垃圾筒，把握每一个学习的机会。”

常识比知识重要。知识的本源是书本，这是将他人的想法、观念植入你的脑海；常识的汲取是经验，通过自己的体验，将理论转化为经验。

思考比阅读重要。学习是否有成效，不完全在于阅读，更不在于死读，而是就其所学，全方位地多加思考，并灵活运用，如此学习才会产生排山倒海的力量。

终生比一时重要。一个人在学校学到的东西，在大学毕业后5年约用到20%，以后便绝少用得到，因此人们必须终生学习。停滞就是落伍，惟有终生学习，才是生存之道。所以，学习绝不是“一时之事”，而是“一世之事”。

**从一篇文章，谈士官的婚恋问题**

在《解放军报》上我读到了一位地方女青年写的一篇文章。这篇文章专门谈了她为什么要选择我们部队的一位士官做男友，表达了她对这位边防士官忠贞不渝的爱情，也从侧面反映了这位士官的优良素质。文章不长，真切感人。我在这里给在座的士官同志们读一下。

**男友是士官**

陈　慧

连团、营、连的顺序都搞不清的我，居然找了一位当兵的男友，还第一次被灌输了“士官”的概念。男友告诉我：“士官，士兵的身份，军官的工作。”其实，当时他说了半天，我也没闹明白士官是咋回事。

男友是西北戈壁上一位平凡的军人。我们认识在醉人的八月。最初，我们只是兴趣相投的知己好友，但随着彼此的了解，不觉中我们都默默萌发了一种别样的情愫。相识的第一个冬季，男友寄来了他的个人简介，身份一栏写着：士官。过去只听说过士兵、军官，对于我来说，士官还是个新鲜词。知情的好友劝我：别犯傻！士官不就是一个兵嘛，过几年回来啥都没有！面对亲人的劝阻，说真的，那会儿我矛盾极了。

是啊！他只是士官，纯粹的士兵，与前程似锦有着不小的差距。况且远隔千山万水，我能握得住这份看似浪漫的爱情吗？

阴雨绵绵的日子，我流着泪拒绝了他的真情。面对我的退缩，他没有责怪我，他在信中说："军人，是情系天下安危的代名词。选择我，当然需要极大的勇气；选择放弃，我自然也能心悦诚服地接受。"捧着他的信笺，我的泪水浸湿了每一个字。在那一刻，我决定用我的爱情和柔情与他共同呵护一份属于军人的爱情，虽然他只是一名士官。我不再留意别人对他的不屑，我不再在乎别人对自己的叹息和劝阻。我和男友在新千年的春天许下了一生相守的诺言。

男友异常热爱自己的事业。面对积极向上的男友，我没有理由成为他的负担。虽然在离别的日子里，我只能捧着他的照片偷偷落泪，只能凭借信件和电话感受他千里之外传来的绵绵情意。在共同期盼再次相拥的日子里，我把相思藏在日记本中，却不忘给远方的他鼓励、赞许和支持。我们是倾心相爱的恋人，也是志同道合的知己。我们分享着彼此的每一分快乐，也分担着对方的每一丝忧伤。

如赴心灵之约，冥冥中我们选择了对方，并为之一生无悔。虽然许多人不理解，但我很清楚，正是男友特有的忠贞不渝，才让我义无反顾且无怨无悔地爱上他。如今，每当有人问起男友的职业时，我都会自豪而坦然地回答："我的男友是士官！"

"男大当婚，女大当嫁"，这是年轻人正常的生理、心理需求，是自然而然的事情。许多士官同志反映，婚恋问题成了他们遇到和关注的"热点"、"难点"问题。刚才大家听了这位地方女青年写的文章，或许能够受到一些启发。这位姑娘把自己真挚的爱献给我们部队的这位士官，是真心实意的；我们的这位士官也的确是个很棒的小伙子，值得地方姑娘去爱。

有的士官讲，"说起婚恋好困惑"，还真是一件使人头疼的事情。谈情说爱本来是使人甜蜜的事情，有什么困惑呢？大概有这样几种情况：

有的是刚刚选取士官，还年纪轻轻，就急于找对象。特别是一些农

村籍的新士官，才 20 岁出头，对婚恋问题就显得比较急切，他们认为"先下手为强，后下手遭殃"，"动作慢了，好姑娘就没有了"。因此明确表示，"婚恋问题是自己近期内需要解决的头等大事"。

有的士官觉得自己的发展前景还不明朗，对象到底是从城市找，还是从农村找，心里很犯难。处于高不成、低不就、左思右想、举棋不定的状态。

有的认为自己是士官了，戴上了银光闪闪的士官肩章，毕竟与士兵不同了，觉得身份"水涨船高"，找对象的标准也应随之提高。有的原来在农村已经有了女朋友，改士官后就想"吹灯拔蜡"，另觅佳偶。

有的士官出于一些现实因素的考虑，产生了想在驻地找对象的想法，他们明知这样做与有关条令规定相违背，却还心存侥幸，悄悄托人帮自己找对象，或主动出击，与驻地女青年拉关系。

这困惑那困惑，概括起来主要是两个问题：一个是心情过急，一个是标准过高。如能正确认识和处理这两个问题，树立正确的婚恋观，在提高自身素质上下工夫，应该说到了适当年龄，绝大多数士官同志的婚恋问题，是可以得到比较满意的解决的。"大丈夫何患无妻！"一个棒小伙子，只要具有出类拔萃的能力，事业上有所成就，没有姑娘瞄着他，那才是怪事呢！一个有志青年，应该先选择事业，再选择爱情。若过早坠入"爱河"，很容易迷失方向、影响事业。

应该说，一名士官在部队的发展是基本可以预见的。大体什么时候离队，最终落脚在哪儿，回去后能干什么，一般而言自己是心中有数的。因此，对象的选择，应该以此为基础，采取实事求是的态度，不能太盲目、太急躁，甚至存在一些不切实际、不能实现的想法。我们的士官同志原来都是有志青年，又经过部队几年的培养教育，眼光应该放远大一点，坚持实行晚恋晚婚。另外，实事求是地说，大部分士官一般只能选取上第一期或第二期，按照 18 岁入伍计算，退伍时的年龄才是 23 岁至 26 岁。与社会上的同龄人相比，此时再恋爱、结婚，并不算晚。所以，找对象"先下手为强"和一味讲究"档次"的想法，实在是没有多少道理可言。

对于一些大龄军人和有特殊情况的官兵，我们部队的各级领导总是十分关心的，有时还亲自出面，帮助牵线搭桥，促使他们建立“温暖之家”。可以说，这也是我们部队的一项优良传统。说到这里，我给大家讲讲我军原来的总政治部主任、独臂将军余秋里同志关心伤残战士婚姻家庭的故事。

那还是 1986 年 6 月，时任总政治部主任的余秋里同志，到浙江金华参加南京军区召开的一个会议。会议期间的一个晚上，余秋里观看了部队宣传队自编自演的一个小话剧《登记》。讲的是有一位战士，在边境自卫作战中身负重伤，截去了双腿和左臂。有一位地方姑娘主动到医院去照顾这位战士，产生了感情，两人登记结婚，成了眷属。这个节目是根据真人真事编写的。男的叫展亚平，是“硬骨头六连”的战士，一等功臣。女的叫徐秀兰，是苏州吴县一个乡镇企业的工人。他们结婚以后，住在了杭州。余秋里知道这个情况后，心里很感动，专门去杭州看望这一对夫妻，还请他们吃了一顿饭，席间说了许多亲切鼓励的话语。后来，展亚平到北京参加先进党支部、优秀党员代表会议，余秋里听说后，派车把展亚平接到家里，亲切交谈，热情接待。应这对夫妇的请求，余秋里还为他们刚出生的女儿起了个名字。余秋里深情地说：“你和秀兰同志要我给孩子起个名字，我想好了，就叫展晶吧。希望她长大以后，像水晶那样坚硬、透明，像你那样坚强，像徐秀兰同志那样纯洁。”此情此景，在场的同志都看到了、听到了。他们所见所闻，是一位老红军、老将军和一位伤残战士的革命友谊。有人把它称之为“水晶一般的友谊”。

部队规定士官一般不能在驻地找对象，尽管有些人想不通，但仔细想想，这样的规定是很有道理的。部队是一个高度集中统一的武装集团，随时可能执行各种特殊的战斗任务。如果担负一线管理和技术保障工作的士官，忙于谈情说爱、携家带口，部队建设必然受到影响，对士官本人的成长进步也不利。因此，上级规定，只有孤儿、伤残和超过一定年龄确实需要在部队驻地找对象的，经上级政治机关审批，才能在驻地找对象。从实际情况看，士官在驻地找对象弊多利少，不让士官在驻地找对象，也是部队从实际出发，对士官的一种关心和爱护。有一位二级士官，在上海郊区服役。他家兄弟姐妹多，家境不太好，而驻地的生活水平要比家乡高得多，于是他心里萌发了在驻地找对象的想法。这位士官身材魁梧，长相英俊，经人介绍认识了一位温柔多情的姑娘，两人很快进入了热恋状态。后来，这位士官没有选取上三级士官，退伍后留在驻地打工。没料到军装一脱，面对很多难以解决的实际问题，他们之间的浪漫少了，矛盾多了，小吵天天有，大吵三六九。本来两人已经谈婚论嫁，但有了这些疙疙瘩瘩，关系就难以维持，双方都痛苦不堪，最后只得分手。

其实，婚姻是否美满，家庭是否幸福，并不在于女方是城市的还是农村的，也不在于女方文化程度的高低，关键在于人品如何。军人所从事的是一种特殊的职业，对军人的配偶也就提出了特殊的要求。女方必须作风正派，忠于爱情，孝敬老人，耐得住寂寞，经得住艰苦。找的是农村姑娘，也会成为理想的伴侣。说到这里，我给大家讲讲李大钊和他妻子的故事。

李大钊，是一个令人肃然起敬的名字。他是我国早期的无产阶级革命家、理论家，著名的学者、教授，我党最主要的创始人之一。他与妻子的真挚爱情，反映出他崇高的品德，令我们感慨仰慕。

李大钊 11 岁时，因为家中无劳力，爷爷就给他早早完了婚。妻子赵纫兰，是个乡下妇女，目不识丁，年龄比李大钊大 8 岁。李大钊从未嫌弃过自己的妻子。随着学识、名望的不断提高，李大钊从一个贫苦农村少年，成长为一个具有革命抱负的爱国青年，一位学识渊博、在北京大学执教的著名学者、教授。在这个过程中，他始终与妻子共同撑起家庭担子，相亲相爱，一如既往。在北京居住期间，常有很多知名人士到李大钊家中拜访。每当客人来临，李大钊都把妻子请出来，同客人见面，还帮助妻子换衣服，扣扣子，细心地拉平衣襟。客人看到这位缠着小脚的夫人，受到他们敬重的李教授如此关爱，都十分感动，当作佳话传播。

李大钊曾在一篇文章中这样写道：“两性相爱，是人生最重要的部分。应该保持它的自由、神圣、崇高。不可强制它，侮辱它，屈抑它，使它在人间社会，丧失了优美的价值。”李大钊言行一致，在爱情这个衡量人心的天平上，他得到了最高值。

我在前面讲的主要是男士官的婚恋问题。士官制度改革后，部队也出现了女士官。每个青年男女，都渴望拥有甜美的爱情，正值花季的女士官自然也不例外。但女士官因其特殊的身份和职业，还是不要过早涉入“爱河”为好。女兵是“军中之花”，女士官更是“万绿丛中一点红”。只要素质过硬，本领高强，到了适当年龄，何愁找不到“白马王子”?

**从一个故事，谈士官的选取和晋升**

《解放军报》上曾刊登过一个小故事，虽然短小精悍，读来很有兴味。我在这里给大家念一念。

**一条香烟**

李栋稳

在我转士官的节骨眼上，父亲来队了。

父亲还是在家的那身装束，破棉袄，蓝布鞋，腰里扎着磨得明晃晃的牛皮腰带，肩上搭着一根旱烟袋和一个烟荷包。只是父亲手里多了个蓝布兜兜。我想，这可能是我最爱吃的炒花生了。

父亲一进门，就把我拉到墙角，神神秘秘地说：“有眉目了吗?”

我如实相告：“连队公开投票，我的票数最多。”

父亲松了口气，拿起旱烟袋给铜锅儿里按满烟，火光一闪，父亲就在那一口一口抽了起来。

之后父亲收了烟袋，索索着双手打开蓝布兜兜，不是花生，却是一条红塔山，云南产的。

我说：“爹，你这是——”

父亲小心地把门关上，极其严肃地对我说：“给你连长送去。”

我忙说：“爹，部队不兴这个，不兴这个——”

父亲瞪我一眼，说："我就是为你这事来的，傻小子，有些事，你不懂。"

我反驳道："部队的事，你也未必全懂。"

父亲拍拍我的肩膀，很老到地说："去吧，孩子，你当兵时，爹就是用一条红梅打开关口的，这方，灵验着哪！"

我还是没去。

父亲眼里掉了泪。一天里饭也不吃，茶水也不沾，就抽烟。

看着父亲的样子，我心里隐隐作痛。父亲平生第一次出远门，应该让他老人家高兴才是。我想。

第二天，我说："爹，听你的，我去。"

我把父亲给我的红塔山用报纸包好，出去了。

见我回来，父亲问："送了？"

我说："送了。"

又问："连长收了？"

又答："收了。"

父亲脸上有了笑，笑得很灿烂。晚上吃饭时，父亲和我说了很多很多的话。

三天后，父亲要走了。

我用洗衣粉袋装了一袋烟丝送给父亲。我说："爹，给你称了几两城里的烟丝，你带在路上抽吧。"

父亲捏了一小簇烟丝按进锅儿里，有滋有味地抽了起来。许久，父亲说："这城里的烟丝确实不错，红塔山也就这个味吧。"

我的泪水在眼里打转，但我就是不敢让它掉下来。父亲不知道我把那条红塔山拆开、揉碎，拣出烟纸，装进了洗衣粉袋里。

一个月后，我的士官如期转上。

我把这个消息告诉父亲时，父亲一脸自豪，以功臣自居道："爹永远是对的。"

这个小故事提出了一个很严肃的问题，就是士兵的进步靠什么，士官的选取和晋升靠什么。不可否认，社会上的一些不正之风，的确也不同程度地刮进了我们部队。一些士兵一入伍，就打听有什么老乡或亲戚在什么部队，当什么官。他们不是埋头苦干、积极进取，而是老想拉关系、走后门，到了某些“关键时刻”，还要登门拜访，送物送礼，“意思意思”；觉得没有“意思意思”，就不够“意思”。其实，我们部队的多数干部是不吃这一套的，也就是说，部队是不兴这个的。所以，这种“意思意思”，实在没有什么“意思”。很多领导干部，很讨厌这种“意思意思”，不理会这种“意思意思”。俗话说：要进步，走正路。不要靠这种“意思意思”，即使偶尔这种“意思意思”起了某种作用，那也没有什么“意思”，你会被战友戳脊梁骨的，自己的心里也不会坦然的。还有人说，要进步，靠“两本”。哪“两本”呢？一是本分，二是本领。本分是德，本领是才。实践一再证明，德才兼备最可靠，歪门邪道行不通。德才兼备、成绩突出，用不着“意思意思”；德才一般、表现平平，“意思意思”也不行。

那么，士官的选取和晋升，受哪些因素的制约呢？简单说来，主要是受两方面因素的制约：客观因素是受编制标准的限制，没有编制绝对不能选取和晋升；主观因素是受个人德才表现的限制，德才表现不好，即使有编制也不能选取和晋升。

### 士官同志，请把眼光放长远些

实行新的士官制度之后，许多士官一方面非常感谢军委和总部对大家的关怀与爱护，另一方面也觉得还有一些后顾之忧。有些士官认为实行分期服役、分级安置，打破“一改定终身”的惯例，对自己的前途和命运捉摸不定。比如对能否转为更高一级士官感到没有把握，存在婚恋难、休假难、住房难等实际问题，对转业或退伍之后的后路心里没底，等等。俗话说，“家家都有一本难念的经”。实行新的士官制度之后，各级各类士官对个人的前途和后路更为关注。

我们应该怎样认识这个问题呢？

首先，我们应该看到，实行新的士官制度给士官带来的好处是看得

见、摸得着的。拿工资待遇来说，士官工资由基础工资、军衔等级工资、军龄工资组成，跟相应级别的现役军官一样享受住房、公费医疗、保险等待遇。符合随军条件的士官可以享受夫妻分居补助、随军配偶生活困难补助、子女教育保育补助、住房公积金和房租补贴等。第一、二期士官工资标准接近于排级军官，第三期以上士官工资标准、年增资标准和各种补助补贴，分别接近于同期正常晋升的连、营、团职军官标准。服役满16年以上的五级士官家属还可以随军，其住房、家属安置、子女入学入托与营职干部相同，六级士官待遇与家属随军的团级干部相同。服现役满30年或年满55岁的高级士官，实行退休制度。这些在过去的确是想都不敢想的事情。

大家知道，我军士官制度建立后，军委、总部为解决士官队伍的后顾之忧，制定并陆续出台了许多优惠政策，提高了士官的待遇，体现了军委、总部对士官的关爱之情。这些政策，解决了士官队伍可能遇到的各种困难。一位将军说：落实好现有政策，就是对士官最大的关爱；不按现有政策办事，就是对士官利益的最大侵害。还有一位将军说：只要把士官当成我们的亲弟弟、亲妹妹，什么困难都能解决！

应该肯定，部队各级领导，对军委、总部关于士官待遇方面的政策规定，是认真贯彻落实的。在这方面，还出现了一些感人肺腑的事情。

前些年的一个春节前夕，北海舰队召开的一次战备交班会上，舰队政委陈先锋将军讲起了这样一个特殊的话题："快过年了，大批士官家属就要来队。他们有没有房子住？柴米油盐缺不缺？房间冷不冷？各级领导要亲自过问。"他还严肃地说："所有来队士官家属都要安排住房，部队房不够，在外租房住的费用要全部给予报销。具体落实情况，我要亲自检查。"政委一番话，使北海舰队的所有士官都过了一个温暖的年。几个月过去之后，当谈起这道"战备交班会上的特殊命令"时，广大士官心里还是感到暖意融融。一番话为什么能感动这么多人？因为这里面包含着人民军队官兵之间的血肉真情。

"士官也能住团职房了！"这事发生在海军某基地高级士官王纪德身上。单位要盖一栋宿舍楼，他被列入了分房名单。可研究分房方案时，却有人反对，理由是人多房少，干部还没有完全解决，士官应该往后排。一位领导同志为此拍了桌子：“给王纪德分房，不是哪一个人的恩赐，也不是从干部碗里分走‘一杯羹’，而是政策规定他应该享受的待遇!”经过公正打分，24套团职房中，王纪德位居第三。

济南军区某团，为解决士官休假难的问题，从每年年初开始，由各连上报士官休假计划，机关统一协调，有序安排。士官休假期间，没有特殊情况，不准随意中途召回。这个团还规定，家离驻地不远的农村籍已婚士官，一年的假期可分两次休完。这样，士官休假有了保证，有时间处理个人实际问题，婚恋家庭问题也不再难以解决。

我们的士官同志还要看清这样一个基本事实，数以几十万计的士官一下子出现在我军的行列中，士官有些难处，部队的难处更大。有些共性的问题要靠部队解决，有些个别的问题还要靠自己解决。有些问题的解决，还需要一定的时间和过程。部队要尽力为士官解除后顾之忧，士官也要努力为部队排忧解难。《现役士兵服役条例》里说得很明白：士官必须忠于祖国，热爱社会主义，全心全意为人民服务。义务兵被选取为士官，首要条件就是“志愿献身国防事业”。所以，士官在任何时候都要做到个人服从组织、“小家”服从大家、眼前服从长远。

实行士官制度，万变不离其“宗”，这个“宗”就是我党我军全心全意为人民服务的根本宗旨。人民军队是一个执行革命政治任务的高度统一的武装集团，奉献和牺牲是军人永恒的主题。说实在话，谁还没有点儿这样那样的实际问题？如果遇到点儿事就想打退堂鼓，就顾虑重重、忧心忡忡，甚至发牢骚、讲怪话，那军队不就成了一盘散沙？还何谈什么吸引力、凝聚力、战斗力？在进行士官制度改革教育时，有的同志说得好：“国家利益至上，党的政策在胸，无私奉献是本，自觉服从为荣。”

还有，我们对一些所谓“后顾之忧”，也要具体问题具体分析。有的同志说，过去志愿兵“一改定终身”，回去以后都可以转为城镇户口，地方负责安排工作，现在的士官制度实行分期服役、分级安置，这样不是把“铁饭碗”变成“泥饭碗”了吗？其实，这个“铁饭碗”早该打破了！这些年地方人事制度和用工制度已经走上了市场经济的轨道，实行竞争上岗、择优录用，而我们一些同志的思想却跟不上形势的发展，还是抱着老观念不放，习惯于一切都由国家和军队包起来。从表面上看，“一改定终身”似乎解除了“后顾之忧”，其实不是那么回事。这些年，一些同志转业为什么那样难以安置？为什么有的当时安置得好好的，过了几年就有的下岗、有的待业？说到底，还是“铁饭碗”造成的弊病。再有，是到城镇还是回农村，这个问题的严重性也不像从前那样重要了。现在，很多地方实行城市户籍制度改革，同时大力发展小城镇，在城镇落户，已经不是远不可及和难上加难的事情。即使回到农村，也大有用武之地，能够干出一番事业。总而言之，现代社会是竞争的社会，机遇与挑战并存，风险与成功相伴，才能就是“金钥匙”，本事就是“通行证”。一句话，有能力，“泥饭碗”能变成“金饭碗”；没本事，端着“金饭碗”也会没饭吃。

毛主席写的《七律·和柳亚子先生》一诗中，有这样两句名言：“牢骚太盛防肠断，风物长宜放眼量。”意思是说，忧伤烦恼过度，就会有损于身体健康。对于社会上的一切事物，应该放开眼界，观察衡量，看到前途，充满信心。在前苏联的一部电影《列宁在1918》中，有这样几句鼓舞人心的话语：牛奶会有的！面包会有的！日子终会好起来的！这几句本来极其普通的话语，却成了鼓舞人们战胜困难、奋勇前进的力量。观念一变天地宽。士官同志一定要看到：前途后路，天宽地阔。作为士官，要注意打好两个基础：一是为进入更高一级士官打好基础，二是为转业或复员回地方打好基础。落实到行动上就是一句话：干好工作，练强本领。只要自强不息、奋发进取，就会“能者自有路千条”！

从前有这样一则寓言：一个叫“懦夫”的人走在大街上，一片叫“困难”的树叶掉下来，正好落在他的头顶。他觉得这片树叶很重，顿时弯下了腰，变成驼背。一个身心健康、意志坚强的人，绝不能让类似树叶一样的东西压弯了腰，走不动路。我们应该以此自警。在漫长的人生旅途中，困难和挫折常伴左右。在困难面前，我们要拿出军人特有的坚韧与刚毅，挺直脊梁，奋勇前进！人生如登山，只要我们笑对困难，勇敢地迎接生活的挑战，军旅人生就会一定是无限美好的！

最后，让我以一个老兵的身份，向默默为我军现代化建设而辛勤耕耘的士官同志们道声珍重！祝你们在各自的工作岗位上作出更大贡献！

第九部分

# 入伍退伍都光荣
# 广阔天地书鹏程
# ——和退伍老兵谈心

雷锋

凡是当过兵的人，都知道这样一句话："铁打的营盘，流水的兵。"这是军队建设的自然规律。部队不可能为每个士兵安排一生，但在部队里生活的这一段时间，却可以影响人的一生，改变人的一生。

老兵把青春年华奉献给了部队，部队给了老兵勇敢和智慧。部队生活的实践证明，一个士兵在部队能摸爬滚打，回地方就能建功立业；在部队有出息，回地方就有出路。这正如《当兵的历史》那首歌所唱的："啊！生命里有了当兵的历史，一辈子也不会感到懊悔！"

战友们、同志们：

今天参加座谈的，都是一些即将转业、复员、退伍的老兵。你们之中，有士兵，也有士官。叫你们老兵，其实你们并不老。现在义务兵的服役期限缩短为两年，18 岁当兵的小伙子，服役两年退伍时才 20 岁，有些士官复员转业时也不过二十大几岁，最大的也就 30 来岁，还不到“而立之年”。叫老兵，是我们部队的习惯称呼，要是在地方，二三十岁的人是不能称“老”的。“老兵”这两个字，意味着责任，意味着荣誉，意味着贡献，也意味着你们的生活将要发生新的转折。

我当了大半辈子兵，欢送过几十批退伍老兵。说心里话，欢送老兵的滋味是很难说得清楚的。有长辈送女儿出嫁，看到“女大十八变，越变越好看”的喜悦之情；也有不愿意离开可爱的战士，依依不舍的留恋之情。我退休之前最后一次欢送老兵退伍，是在 2000 年的 12 月初。那次，我深入到驻守在湖北的一个工兵连队，这个连队有 19 位退伍老兵，他们在部队时表现都很好，他们得知即将退伍的决定后表现得更好。他们无条件服从组织决定，走得愉快，走得潇洒。我给他们每个人的胸前都佩戴了红花。其中一位士官代表这 19 位退伍士兵，送给了我一个很别致的温度计。在过去，我是从不接受士兵的任何礼物的，但这次我是盛情难却了。当他们向我敬最后一个军礼时，我忍不住流下了眼泪，我再一次接受了心灵的洗礼，我心里想，这是多好的战士呀！从湖北出差回来以后，我就把这 19 位战士送给我的温度计，摆在了家中很显眼的位置，我觉得这是最可宝贵、最值得纪念的礼物。每当我看到这个温度计，我觉得我的心一直是和老兵连在一起的。

今天，面对这么多的退伍老兵，我的心情和欢送那 19 位老兵退伍时一样，心里有好多话想对你们说，但一时又不知从哪里谈起。过去有句老话，叫“赠人以钱，不如赠人以言”。经过反复考虑，我想对你们讲三句话：一句是“要想一想自己在部队学了些什么？”一句是“想一想自己在退伍时留下些什么？”一句是“要想一想自己退伍后准备做些什么？”我就把三句话作为临别赠言，也算做送给你们的“礼物”吧！

## 首先，要想一想自己在部队学了些什么

凡是当过兵的人，都知道这样一句话：“铁打的营盘，流水的兵。”军队特殊的任务、特点，决定了每年都有一批军人告别军营，走向社会。其中既有士兵，也有军官。绝大多数军人不可能在部队呆一辈子，士兵是这样，军官也是如此。当兵是人生的一个阶段，而不是人生的全部。时间过得很快，前几年你们唱着“十八岁，十八岁，我参军来部队”时，你们被称做“新兵”，当时你们满怀憧憬踏入绿色军营，在经历了无数次的摸爬滚打之后，当你们被叫作“老兵”时，你们又要唱着“二十岁，二十岁，我就要离部队，我把青春留给了亲爱的连队，连队给了我勇敢和智慧，从此再也不怕浪打风吹。啊！生命里有了当兵的历史，一辈子也不会感到懊悔……”恋恋不舍地离开了我们这支部队。这一首你们多次为战友唱起的《当兵的历史》，如今要为自己歌唱了。“铁打的营盘，流水的兵”，是军队建设的自然规律。部队不可能为每个士兵安排一生，但在部队生活的这一段，却可以影响人的一生，改变人的一生。你们退伍之后，可以通过自己努力，让当兵这段历史为今后的人生之路做更好的铺垫。你们在部队时干得很好，我相信你们退伍时也会表现很好。能否正确对待“走”与“留”、“得”与“失”，是对每一个老兵的严峻考验。我建议你们在离开部队之前，好好回顾一下这几年的军营生活，看看自己学到了一些什么，有哪些变化，有哪些进步，有哪些收获。这样，你们就会感到，确实“没白来军营一趟”，你们对今后的人生之路也就会充满信心，不管你们未来的生活将如何改变，军营这段美好而难忘的生活，都会给你们带来温暖和勇气。

我手头一直保存着一份《解放军报》，这份军报的第 10 版，专门开辟了《致老兵》这样一个专栏，整版的大标题就是那句著名的歌词：“生命里有了当兵的历史，一辈子也不会感到懊悔。”在《最大的收获》这个小标题下面，分别用三言两语说出了一些退伍老兵的心里话。我想，你们的收获可能与他们大体上一样。我们不妨来看一看他们说了些什么。

郝新兵（武警北京总队礼炮支队一中队）：因为我当了兵，女朋友更爱我了。

杨战国（西藏军区某高炮团防空连）：在西藏的军旅生活中，我领会到了“艰苦不怕吃苦，缺氧不缺精神”这句话的含意。

曹莹（女，西藏军区通信总站）：不会再摆一副娇娇女的样子，事实证明我们女兵不比任何人差。

徐福本（沈阳军区某部三连战士）：锻炼了身体，结识了战友。

丁新乾（65663 部队一连班长）：独立生活能力和管理能力有了很大提高，使我能够冷静地处理好各种事情。

杨培军（71939 部队六营）：学会了坚强，学会了怎样为下一个目标奋斗不止。

张峰（71939 部队三营六连）：经过部队锻炼，觉得自己长大了，成熟了，懂事了。

朱晓丽（女，72556 部队十六分队）：得到了自信，只要自信，没有办不成的事情。

何勇（78086 部队，老驾驶兵，主动选择了复员而非转业）：学了技术，开了眼界。

施陶丽（女，78086 部队）：学到了管理方面的技能。当兵前我挺害羞的，但在这儿我得管 17 个人，很能锻炼自己。

王东信（海南军区某炮团计算班班长）：到了部队改掉了我的坏脾气，我记住了一句话：“忍一时，风平浪静；退一步，海阔天空。”

他们总结自己的收获，不是长篇大论、空洞无物，而是三言两语、直截了当。正因为这样，才显得更实在、更可信。

老兵在退伍时，有很多心里话想向战友、向亲人倾诉，说得很感人。在同一篇报纸上《最想说的一句话》题目下面，刊载的是一些即将退伍老兵的心里话。让我们来一起听一听。

嘎玛旦培：当兵光荣，退伍也光荣。

杨培军：想对连队领导和战友们说一声：谢谢了，你们让我体会到了亲如兄弟的感觉。

裴国买：一句话送给自己：做什么事都要努力拼搏。

田广武：如果部队需要，不管什么时候，我都会立即回来！

杨淑嫒：天生我材必有用，只要有能力，到哪都一样。

杨　胜：感谢父母送我到部队。

张昕伟：警营生活是我人生最精彩的瞬间。

李新元：告诉全体留队战友，珍惜短暂的军旅生活。

李谨松：没有什么困难能挡住我们当过兵的人。

何　勇：我老家在农村，以前啥都不懂，今天也能干点事，感谢部队对我的培养。

这些退伍老兵三言两语谈收获也好，一两句话讲感受也好，说的都是肺腑之言，也可以说是经验之谈，使我们听了很受感动、很受启发。他们的体会足以说明，我们部队是大学校，是培养人、造就人、出息人的地方；我们部队是大熔炉，战士是矿石能够炼成好铁，是好铁能够炼成好钢；我们部队是大家庭，火热的军营温暖的家，这里充满着同志爱、战友情；我们部队是“大魔术师”，可以把“虫”变为“龙”；我们部队是“人才库”，军营里藏龙卧虎，能给地方培养和输送各种各样的人才。总而言之，我们部队是士兵成长的沃土，前进的跑道，成才的阶梯，施展才华的舞台。

无论是部队还是地方的同志，都有这样的感觉：当没当过兵，就是不一样，一比较就很明显。一个人当过兵之后，各方面的变化和进步都很大，这种变化可能是不知不觉的，但一比较差距就出来了。当过兵的人，经过军中岁月的磨砺，身体变得强健，意志变得刚强，理想变得成熟，行为变得理性。遇到困难，经没经过部队锻炼的人大不相同，没有当过兵的人可能缺少千方百计的劲头，而当过兵的人则恰恰相反。比如，你让一个士兵和一个学生去爬同一座山，责任和意志会驱使那个士兵不惜一切代价，想尽一切办法，以最快的速度，争取第一个爬上。不管遇到什么困难，他都会想办法克服，因为部队就是这么要求和训练的。当过兵的人做任何事时，都会体现出这种意志来。那个学生就不一定了，遇到困难，他也许就会选择放弃。我国大文豪鲁迅先生说过：

“战士的生活并不都那么可歌可泣，但总与可歌可泣相关联。”德国著名作家舒曼·罗伯特曾经这样说过：“一磅铁只值几文钱，可一旦经过锤炼，就可制成几千根价值累万的钟表发条。”当过兵的人，生命中有了当兵的历史，就等于他们那曾经柔弱的肩膀，铸成了钢筋铁骨，他们就会不畏艰险，迎接挑战，勇往直前。军旅生涯作为人生永不言悔的历程，会给人们带来战胜艰难困苦的坚强斗志、顽强拼搏的斗争精神、积极向上的思想品质、乐观豪放的工作作风，这些都是人生旅程中永远不会失传的巨大财富。只要你们珍惜这难得的人生财富，就一定能显示出强者的本色，在未来的征程中顺利地踏上成功的阶梯。

我知道，你们当年参军时，是带着美好的理想和亲人的嘱托来到部队的。有很多同志抱有入党、立功、改士官、考军校、跳“农门”、当军官等种种想法。有的同志在当兵时还暗暗发誓，一定要当个好兵，混出个模样来，决不辜负父老乡亲的期望。我过去说过，有这些想法无可厚非，是大家进取心、荣誉感强的表现。但由于你们在部队的时间比较短，再加上各种各样的原因和限制，恐怕一个人要在短暂的时间里全部实现这些想法，是不可能的，也是不现实的。有的可能实现了两三项，有的可能实现了一两项，有的可能一项也没沾边。这样，有的同志可能就想了，自己在部队是不是没有进步呀？领导对自己是如何看的呀？当然，绝大多数即将退伍的老兵，是能够正确认识和处理这些问题的。但也有的老兵有些遗憾、有些惆怅、有些想不通，感到“愧对家人，无颜见江东父老”，回家后没面子。有个别老兵甚至工作消极，情绪低落，想在退伍前把怨气发泄在领导身上。我要说：同志，这可使不得呀！你们的想法，可是有些不对头哟！虽然你们快要走了，但作为一个过来人，我还是要这样说你们的。我希望你们走得愉快、走得潇洒，而不愿意看到一个老兵带着思想疙瘩离开部队。

对于这些问题，由于时间关系，今天我不可能一一详细谈到，我总的看法是这样三条：一是要正确认识自己当兵的历史，即使原来的有些愿望没有实现，也要充分肯定当兵几年的收获；二是理想的实现不只在军营，你们来日方长，今后建功立业的机会还会很多；三是要相信自己，相信未来。

我今天想着重谈谈入党问题。我想，如果把这个问题搞通了，对于正确认识和解决其他问题，可能会有好处，因为道理都是相通的嘛！

临近退伍，有不少将要离开部队的老兵希望解决组织问题。但实际上，这对其中的绝大部分同志来说是不可能的。有的老兵讲，我工作干得不错，表现也很好，还是发展对象，只是由于名额所限未能如愿，难道就不能把政策放宽一点？有的老兵讲，我在部队辛辛苦苦干了几年，入党是对我成绩的肯定，入不了党我在部队不就白干了吗？况且和我一起参军的老乡也有入党的，没入党脸上不好看，回去也不好向父母交待呀！还有的老兵认为，入了党到地方好找工作，可以进好单位，所以想在退伍之前把组织问题解决了。恕我直言，我觉得大家这些想法都是正常的，但却是不正确的。

首先，上级明确规定：发展党员要严格控制数量，保证质量。这是为了保持党的先进性和纯洁性，是个重大的原则问题、政治问题。在这个问题上，任何组织、任何个人都没有回旋的余地，是不能随意“放宽”的。同时，虽然一些老兵是发展对象，自我感觉也良好，但还是应该冷静地审视一下自己，是否确实已经符合党员标准，离真正的党员还有多少差距。要相信组织、相信领导，绝不会把一个已经培养成熟的发展对象拒之门外。

其次，不能把入党看做是对自己某一阶段工作的总结或肯定。老兵中有很多同志立过功、受过奖、被评上过优秀士兵，或多次受到单位领导的表扬，这些都是对你们在部队工作成绩的肯定。入党当然含有肯定工作的成分，要入党，工作必须干得好，这是毫无疑问的。但一个人能否入党，组织上更看重的，是政治表现，是思想觉悟。因此，是否入党不是衡量你们在部队有无工作成绩和成绩大小的唯一标准，更不能有“没入党就是白干了”的错误思想。

再次，入党愿望强烈并不等于入党动机端正。入党是为了更好地全心全意为人民服务，而不是为了争彩头、好找工作、图脸上好看或向父母交待，这些都是与党的宗旨大相径庭的。入党动机如果不端正，怎么

能够加入党的组织呢？

最后，入党固然是一种进步，但进步不仅仅是入党，没入党不等于没进步，没入党也有收获，应该全面看待自己在军营的成长进步。我在前面已经讲到，军营是一所全面锻炼体魄、意志、能力、作风的大熔炉、大学校，这不只是一种形象的比喻，而是大多数士兵的共同感受。许多转业复员到地方有所建树的同志，总结自己成功的原因和验时，往往不约而同地把军营生活为他们打下的坚实基础，作为其中非常重要的一条。可以这样说，当兵几年，无论是身体素质、心理素质、意志品质、反应能力，还是思想水平、法纪观念、胆识魄力、工作能力等各方面，都是一次全方位的锻炼和提高，这些有形和无形的进步，是军旅生涯最重要的收获，也是终生受用的宝贵财富。我相信，当你们退伍时摘下帽徽和领花的瞬间，你们就会惊喜地发现：当兵的收获不仅仅是胸前的军功章，而是深刻地体会到生与死的考验，学会帮助别人和爱护自己，学会战胜困难和经受挫折，拥有钢一般的体魄，铁一般的意志，还有那永远珍藏于自己心中的军人情结。所以，应该全面地辩证地看待自己的成长进步。再说，父母希望你们在部队入党，更希望你们能够取得各方面的进步。因此，即使由于种种原因，服役期间没有入党，只要各方面都有进步和提高，你们的父母亲友同样会感到高兴的。

当然，我这样说决不是给你们泼冷水，也不是说都要你们在追求一辈子、奋斗一辈子之后才能入党。我相信，只要你们为党的事业不懈奋斗，按照党员标准严格要求自己，积极向党组织靠拢，党的大门始终为你们敞开着。只要你们不改初衷，执著追求，无论在部队，还是到地方，总有一天会实现你们入党的愿望。

在你们即将退伍的时候，考虑比较多的问题可能是，如何看待自己这段当兵的历史，如何面对家乡的亲人。特别是有些在部队没有入党、立功、改士官、跳“农门”的同志，可能还有些担心、有些疑虑。其实，我觉得这是大可不必的。我在《解放军报》上读到过一封父亲盼望儿子平安归来的信。这封信写得很感人、很朴实。我在这里给大家全文读一读，你们或许从中能够有所感悟。

林儿：

来信收悉，得知今年部队名额紧，你没有被列入士官选取对象，不得不退伍回来。你说当兵两年没有立功、入党，肩上也没扛上“硬牌牌”，回来没脸见乡亲。你还说，家乡穷，没有发展，如果退伍了，就是在驻地打工也不回来。看完你的信，我和你妈心里十分不安。夜深了，爹和你好好唠唠嗑。

孩子，爹首先希望你能跳过人生的这道坎，不要为在部队没有实现自己的理想而难过。爹知道你从小就要强，高考没考上，你不死心，当兵离家时发誓要考上军校才回来。说实话，爹当初也希望你能当上军官，别再回咱这个穷山乡。但是，现实不留情，你没考上军校，士官也没有转成，眼看就要离开你热爱的部队，你难过，爹能理解你现在的心情。俗话说，“铁打的营盘，流水的兵”。部队上年年有老兵走，不可能让每个老兵都留下来。既然部队已经决定让你退伍，你就要服从，不要想不开，给组织出难题。爹虽然没有当过兵，但爹也明白这样一个理：参军光荣，退伍一样光荣。参军两年，你完成了自己服兵役的义务，为部队建设做过贡献，在爹眼里，你照样是让人刮目相看的功臣。你在部队虽然没有实现自己的理想，但你通过两年的锻炼，开阔了眼界，增长了见识，回来后从头干起，一定会有出息的。你要放下思想包袱，愉愉快快地回来。

和你们驻地相比，家乡确实偏僻贫穷。但是，再穷也是生你养你的地方，不能忘记一直关心你的乡亲。你还记得当初离家时吗？乡亲们把你参军当成全村的光荣，敲着锣鼓像嫁闺女一样，顶着满天飞雪，走了30多里山路，把你送到镇上。你刚走，村里干部就送来了优抚金和米面、猪肉，村妇联主任还硬塞给你妈500块钱，说是村里补助你妈看病用。你去年被评为“优秀士兵”时，喜报一寄回来，村里就用大喇叭广播了两整天。支书还说，咱村几年没走兵了，就你这么个宝贝疙瘩，等你回来，就把你当接班人来培养。乡亲们都在眼巴巴地盼望你在部队学到真本事，回来后领着大家勤劳致富奔小康哪！

孩子，我不多说了，总之一句话：暂时没有实现理想不要紧，只要你能平安回来，以后还有很多机会。

父亲：徐桂山

这位可敬的父亲在给儿子的信中，没有讲多少大道理，更没有给孩子施加什么压力，但却写得通情达理、语重心长。这位父亲的话语，代表了很多老兵家长的共同心声。事实证明，父老乡亲看重的，不是你们是否入了党、立了功，关键是看你们在部队是否真正学到了过硬的本领，看你们回去之后究竟干得咋样。绝大多数人在军营的时间毕竟有限，这就注定了你们整个的人生理想在部队期间不可能全部实现。过去我们常讲，当英雄不只在战场。我们今天也可以说，理想的实现不只在军营。入伍时的理想，未实现的比实现的要多得多。你们现在风华正茂、任重道远。我相信，你们的很多理想，一定能在未来的人生征途中加以实现。俗话说：可怜天下父母心．父母最懂儿女心。父母最关心、也最理解儿女。孩子有大作为，父母当然高兴；孩子普普通通，父母也绝不会埋怨和嫌弃。大家可能还都记得，前些年中央电视台举办的春节联欢晚会上，一首《常回家看看》的歌曲，打动了电视机前千千万万人的心。这首歌至今仍在社会上传唱不衰，我想它的最大魅力就是唱出了天下父母儿女的共同心愿。其中有这样几句："老人不图儿女为家做多大贡献，一辈子总操心，就奔个平平安安。"父母健康是儿女之福，儿女平安是父母之福。在这个世界上，人同此心，心同此理。

讲到这里，我想给大家穿插着讲一个外国的小故事。这个故事讲的是，有位记者在采访一位国家元首的母亲时，充满羡慕地问："老人家，你心里很为你当总统的儿子感到骄傲和自豪吧？"老人回答："你说得很对，我很为我当总统的儿子感到骄傲。"她顿一顿，接着说，"同样，我也为我的另一个儿子感到骄傲和自豪。"这位记者立刻表现出更强烈的兴趣，忙问："您的另一个儿子做什么工作？他在哪里？"老人脸上的笑容更加灿烂，她说："我的另一个儿子是农民，他正在田里挖土豆哩！"在这位母亲的心目中，她的当总统的儿子和当农民的儿子处于相同的位置，她绝没有因为有一个儿子是总统，而嫌弃另一个没有出人头地的当农民的儿子。由此可见，老人对儿女的朴素情感和宽广胸怀。

当兵光荣，退伍也光荣。有道是：月是故乡明，人是家人亲。退伍后，天高任鸟飞，海阔凭鱼跃。你们当年高高兴兴来入伍，现在就愉愉快快地回故乡吧！

**其次，要想一想自己退伍时留下些什么**

几年的部队生活，给你们的青春书写了绚丽的篇章。你们在部队发挥的作用、作出的贡献，部队首长和继续服役的战友，是永远不会忘记的。训练场上，洒下了你们辛勤的汗水；学习室里，留下了你们勤奋的笔迹；俱乐部里，荡漾着你们欢乐的笑声；抢险救灾的队伍里，闪动着你们舍生忘死的身影；部队营院里，成长着你们栽植的花草树木。现在，你们就要结束充满生机的军旅生涯，画上一个圆满的句号，翻开人生新的篇章。当你们举手向军旗行最后一个军礼的时刻，也是考验你们作为一个老兵素质是否真正过硬的时刻。过去人们常说，无论做什么事情，善始者众，善终者寡。人们说“万事开头难”，其实“万事结尾更难”。外国有一种人生有“三大难”的说法：第一难是取得荣誉难，第二难是保持荣誉更难，第三难是死后留下好名声最难。我国也有相同的说法，叫作“雁过留声，人过留名”。只要我们从积极的正确的方面去理解，我觉得这些话还是有道理的。当你即将离开军营的时候，我希望大家也好好想一想，自己给部队留下些什么。

俗话说，“编筐编篓，重在收口”。老兵临近退伍，就是给自己军旅生涯“收口”。说它重要，就是因为这个时期是军旅生涯的“总结时期”。政治上的进步，思想上的收获，工作上的成绩，都将随着军旅生涯的结束而做出最后的结论。每到这个时候，老兵的想法很多，来自周围的影响也很多。有些问题处理不好，就容易出问题。所以，即将退伍的老兵，一定要走好军旅生涯的最后一步，切不可走歪这最后一步。

即将退伍的老兵都是 20 岁左右的年轻人，你们的人生之路才刚刚开始，美好的生活还十分漫长，个人的前途还很远大，光荣退伍只不过是人生的一个转折点。根据以往的经验教训，老兵临近退伍期间，要注意克服四种有害心理：

一是要克服悲观心理。有的老兵因没能入党、立功、转士官、考军校而心灰意冷；有的农村籍老兵因家庭困难，担心返乡后没有出路而顾虑重重。

二是要克服放纵心理。有的老兵临近退伍时，感到“船到码头车到站”，该“轻松轻松”了，因而放松了对自己的要求。

三是要克服贪占心理。个别老兵认为自己是快走的人了，萌发了趁机“捞一把”的心理，出现侵吞公物或小拿小摸的行为。

四是克服报复心理。有的老兵因为个人愿望未实现，怀疑是领导或他人从中作梗，想在退伍前给对方一点“颜色”瞧瞧；有的因平时与别人积怨较深而耿耿于怀，产生了离队前“比试比试”、“了结了结”的念头。

临近退伍的老兵，如果不能克服上述几种有害心理，就有可能把军旅生涯的最后一步走歪，甚至前功尽弃，将自己的前途毁于一旦。我这样讲，决不是危言耸听，过去在这方面是有深刻教训的。每个退伍老兵，为了部队，为了家庭，为了自己，都要自尊、自爱、自警、自省，在军旅生涯的“总结时期”，用自己的实际行动证明：在过去的日子里，你们是部队建设的尖兵；在即将告别军营时，你们仍然是一条“好汉”；在离开部队后，你们一定是各条战线上的生力军。

记得我与刚入伍的新兵谈心时，曾对他们讲过，要迈好军旅生涯第一步，实现由普通青年向合格军人的转变，需要过好“五关”，这就是：动机关、吃苦关、想家关、荣誉关、分配关。今天，我与即将退伍老兵的谈心，根据过去的情况和经验，我认为，老兵要走得好、走得正，也需要过好“五关”。当然，老兵要过的“五关”与新兵要过的“五关”在内容上是不一样的。我在这里所说的“五关”是：一是正确对待走与留，个人意愿服从组织需要，过好人生转折关；二是正确对待批评表扬与各种奖励，不背“包袱”，不留“过节”，过好荣誉关；三是端正人生价值观念，过好金钱关；四是强化法规意识，遵守各种制度，过好纪律关；五是树立高尚情操，切忌乱交朋友，过好婚恋关。

过去，有很多即将退伍的老兵，都喊出了这样的口号：走留听党的，工作看我的。大家都还熟知一句军中名言，叫做“站好最后一班岗”。这些可爱的老兵，是这样说的，也是这样做的。让我们大家一起看一看这样一个感人的“镜头”。

海军某船运大队四中队为明天返乡的8名退伍老兵举行欢送晚会。当全队官兵入座之后，却意外发现8位老兵“失踪”了。夜幕已经降临，海风不停地呼啸。一向表现优秀的8位老兵到哪里去了呢？这时，队长于波忽然想起，晚饭时他发现8位老兵都穿着作训服。当时他还在想，明天他们就要离队了，还穿作训服干什么呢？“莫非他们又去了码头上的建设工地？”于波把猜想说出来之后，大家都摇头说：“这不可能，天这么晚了，白天已经在工地上干了一整天，明天就要走了，他们怎么还会去施工的码头呢？”于波却坚信自己的直觉。8名老兵对海岛有着特殊的感情，尤其是大队决定在海湾新建码头时，8名在海上历经风险的老兵打心眼里高兴。他们盼望着新码头早日建成。这几天，中队担负了建设码头的运载卸货任务，8名临近退伍的老兵更是没日没夜地奋战在工地上。想到这里，于队长立即带领几名官兵直奔码头。风寒浪起，月明星稀。在码头工地上，隐约看到8个熟悉的身影在晃动。他们走近一看，果真是这8位“失踪”的老兵，他们正在搬运白天没有搬完的石料呢！只见二班长屠晓敏扛着一块50多公斤的石料，在码头上奔跑。四班长赵二伟一身泥浆，分不清哪是汗水哪是泥水。平时瘦弱的文书李华累得躺在海滩上，正仰面朝天喘着粗气呢！看到这感人的场景，谁能不激动万分呢？同志们，这些即将退伍的老兵是多么令人可亲而又令人可敬啊！他们这样做，是真正做到了“站好最后一班岗”。

这次与你们来谈心之前，我与几位老兵先谈了谈，想听听他们的想法。这几位老兵都表示，把美好的形象留下来，把优良的素质带回去。对于什么事可以做、应该做，什么事不应做、不能做，他们心里非常清楚。我觉得他们觉悟很高，谈得很好。我听了很受启发、很受教育。我在这里把他们讲的一些话，也对你们说说，这样可能对大家都有一些好处。

一位老兵说，在告别可爱的连队之前，我想抓紧时间多做一些好事，比如多站一班岗，多值一次勤，多修一回桌椅，多掏一次厕所，多拖一次地板，等等。虽然这些都是一些微不足道的小事，但现在做起来却与过去感觉不一样，因为这是表达一个即将离队老兵的心愿呀！再不抓紧时间做，以后就没有这样的机会了。

一位老兵说，作为一名军人、一名党员、一名骨干，受部队教育几年，我们这点本事都是部队培养的，在对待个人走留问题上，应该高姿态地服从组织的决定。组织上让留就愉快地留，让走就无条件地走。这样，才无愧于自己当兵的历史，无愧于组织几年的培养。

一位老兵说，在退伍前的日子里，作风不能松，干劲不能减，要积极参加连队组织的各项活动，严格遵守各项制度规定，真正做到“在队一分钟，战斗六十秒”，决不以老兵自居，吊儿郎当，自由散漫。否则，就会愧对“老兵”这个光荣的称谓，也会给留队的同志造成不良的影响。比我早一年参军的一位战友，本来平时各方面表现都不错，在服役期间还立了三等功，但在去年老兵退伍前夕，他却放松了对自的要求，与地方青年发生纠纷，结果在离队前背了个“记大过”的处分，他自己感到十分后悔。你说这是何苦呢？划得来吗？我一定要吸取这个老兵的教训。

一个老兵说，我们连队过去退伍的老兵绝大多数表现很好，他们走时给我们做出了好样子。但在个别老兵身上也发生过这样的现象，他们想在退伍前撒撒气，发牢骚，讲怪话，给领导找麻烦，影响很不好。他们这样做，有的是因为与连队首长或其他战友有“过节”，有的是因为自己的一些愿望没有实现，觉得受了委屈，临走了想趁机发泄一下。我觉得这样做不恰当，既伤害了战友之间的情谊，又损害了自身的形象。我认为个人心里有疙瘩，应该多从自身找原因，也可以找有关同志交换意见，无论如何不能意气用事。想想两年前，战友们敲锣打鼓欢迎我们来连队，过几天战友们又将敲锣打鼓欢送我们回故乡。不是说“入伍光荣，退伍也光荣”吗？我们可不能做不应该做的事啊！

还有一位老兵说，去年老兵退伍时，战友们分别前，互相请喝酒。

我也应邀参加了，还凑了份子。当时觉得不参加过意不去，仿佛战友情谊“尽在酒中”。结果有的战友喝多了，有的战友喝醉了，语言失体，行为失态，有的还为一件小事打了起来。我至今回忆起当时的情景来，还有些后悔，有些后怕。其实，在酒桌上喝酒多少，并不能代表战友情谊的深浅，相反，酒能误事、坏事。今年轮到我们了，我想表达战友之间深情厚谊的方式很多，从我们这批退伍老兵开始，能不能改变一下方式，比如赠个言、留个影什么的，或是互相谈谈心，交换一下回去后的想法。这样，可能比喝酒更有意义，更值得回忆。但也有的老兵不同意我的意见，他们说古今中外都是“军人嗜酒”，分别之前不喝点“小酒”，怎么说得过去呢？这真是个两难的事，我现在正为这件事犯愁呢！

这几位老兵给我说的都是心里话，我觉得他们说得对、说得好，所以我也给大家讲一讲，希望你们参考、仿效。也许有许多老兵觉得自己当兵还没当够，或出于对军营的深深留恋，或觉得自己的一些愿望还没有实现，所以不那么情愿离开部队。这种心情是完全可以理解的。但“铁打的营盘，流水的兵”，这是不以人的主观意志为转移的客观规律。既然如此，走就要走得光彩，把自己的美好形象留给战友，把自己的真诚笑容留给军营。

讲到这里，我顺便讲讲战友之间的互相赠言。战友之间相处数载，彼此之间结下了深厚的友谊。如今分别在即，写上几句意味深长、耐人寻味的高尚赠言，是战友之间互相关心、互相爱护、互相鼓励的体现。这不，我带来了几位战友的赠言，感到写得很好，在这里也给大家念念。

一位班长给本班受过处分、即将退伍的一位老兵写下了这样的临别赠言：

人字一撇一捺，人生一波一折，前进的道路哪能一帆风顺？挫折并不可怕，可怕的是沉溺于叹息和懊丧中不能自拔。

这是一位老兵给另一位老兵的临别赠言：

亲爱的战友，我们要永远记住自己曾经是个军人。这样，当我们在工作和生活中遇到坎坷或挫折时，我们就能永不退缩、勇往直前！

这是一位老兵写给另一位老兵的赠言：

亲爱的战友，一路走好，无论走到天涯海角，别忘了咱们曾经是个军人！

这是一位老兵写给另一位老兵的赠言：

生命中有了当兵的历史，就知道什么是苦，什么是乐，什么是幸福，什么是责任，今后什么困难也挡不住我们前进的脚步！

这是一位老兵写给另一位老兵的赠言：

信念，工事般牢固。友情，钢铁般坚硬。今后的路，还很长很长。战友啊！让我们彼此勉励：上下求索无惰气，奋斗终生莫歇气，续写开拓、拼搏、进取的辉煌篇章。

这是一位老兵写给另一位老兵的赠言：

在我们的人生旅途中，有了这段不平凡的岁月，我们生命的价值就在苦辣酸甜中升华。即将脱下这身戎装，但我们的记忆，却永远植根于这段军旅生涯，并为之激动一生。正如歌中所唱：生命中有了当兵的历史，一辈子也不会感到懊悔！

好了，因为时间关系，我不多念了。希望即将退伍的老兵以心相交，以言相励，在今后不同的工作岗位上，共同创造美好的生活吧！

## 最后，要想一想自己退伍之后做些什么

你们很快就要脱下军装，离开军营，回到故乡，开始新的生活。从军营到地方是人生旅途中的一次重大转折。你们现在考虑最多的问题是，如何才能使自己的工作和生活有一个良好的开端，并进而取得成绩，作出贡献，去创造新的人生辉煌。

我在与以往退伍老兵交流他们回到地方后的工作和生活经历时，发现有这样几个因素是影响他们发展的主要障碍。

意志消沉，不能很快脱离受挫的阴影。有些退伍老兵由于觉得在部队没有完全实现自己当兵之初定下的目标，回到故乡之后总觉得抬不起头来，人变得很消沉，干什么都打不起精神。结果匆匆几年过去了，发现自己一事无成，深感苦恼。

不能及时转换角色，适应新的环境。很多退伍老兵由于适应了部队

紧张有序的生活，刚回到地方时，感到处处不适应，因而影响了情绪。

对自己缺乏信心。有些退伍老兵因为没有学到适合地方工作的技能，处处觉得不如别人，结果干啥都缩手缩脚。尤其是在第一次找工作受挫折时，更是心灰意冷。

急于求成心理。有些退伍老兵在家乡看到自己的同龄人已经小有成就，而自己还没有起步，就十分着急。总想找到一条捷径，一下子赶上甚至超过别人。在这种心理驱使下，做事总是沉不下心来，结果事事都不如意，因而差距越拉越大，导致最后自己心里也没有了谱。

以上因素中可以看出，这里有一个共同的东西，就是这些退伍老兵回去后没有及时调整好自己的心态。良好的心态，是取得成功的基础。正如一名运动员在比赛的关键时刻，决定他胜利的往往不是他的技能，而是他能否始终保持一个稳定的心态。如何才能使自己有一个良好的心态呢?

首先，要正确看待自己在部队时的得失。其实对于得失的理解，是不尽相同的。即使同一个人在不同的阶段也会有所不同。但是无论你觉得是得还是失，从你离开军营的那一刻起，就已经不再重要了，因为它已经成为过去。如果你总是让过去的得失问题影响你前进的道路，那可就是得不偿失了。

其次，要有积跬步而成千里的意识。不要因小事而不为。须知凡取得成功的人，都是一步一个脚印，从一点一滴积累起来的。成功没有捷径，即便有，也需要你踏实地去走。

再有，要给自己一个比较明确的定位。这一点对于刚刚起步的人来说，显得尤为重要。因为第一步的成败直接影响到下一步的发展。对自己做一个恰当的评估，才能使你清楚地看到给自己确定的目标是否过高或过低。

还有，就是要不断地去获取新的知识。当今时代知识更新越来越快，只有不断地去获取新的知识，才能使你面前的道路更宽广，同时也会使你增加对事业的信心。

下面，我向大家介绍一下党和国家在新中国成立之后，安置军队转业复员官兵的总体情况，目的在于使大家了解全局，以便确定自己的位置，到地方后更快适应新的情况，作出新的贡献。

据有关部门统计，从共和国诞生到共和国成立50周年时，全军共有348万干部转业，其中70万人成为各行各业的领导骨干。仅1980年以来转业的154万干部中，就有54万人被评为各级劳动模范或先进工作者；有33万人担任了县处级以上领导职务；有30余人担任了省部级领导职务；近1万人被评为优秀企业家；近3万人被评为优秀思想政治工作者。

和转业干部一样，在同一时期，经过军营锤炼的近4000万名退伍老兵，在各条战线大显身手。据不完全统计，1984年以来，各地选拔使用的退伍战士累计已达350万人，占同期回农村复退军人总数的85%以上。有60万人担任了地方基层领导干部，其中县市干部1.5万人、乡镇干部15万人、村干部50万人，担任厂长、经理的20万人，进城进厂务工经商的180万人，从事种植养殖业并成为专业大户的100多万人。

长城内外，大江南北，都留下了转业复员军人跋涉、攀登的足迹。在祖国960万平方公里的大地上，复转官兵像一粒粒种子那样，生根发芽，长出枝干，变成一棵棵参天大树。正像每一颗星斗都用心血和智慧做着双重证明：既证明自身的价值，又证明军旅生涯的宝贵。有的复转军人这样自豪地说：要问我的背景——中国人民解放军；要问我的出身——我是一个兵！广大人民群众永远不会忘记复转军人创的光荣历史，同时坚信，自强不息的广大复转军人，必将用更加炽热的智慧，更加不凡的业绩，创造新世纪的辉煌。

前面讲的是群体，下面着重讲个体。我们的退伍军人，有的在农村，有的在城市，有的由组织安排工作，有的是个人自谋职业。社会主义市场经济的确立，使人才竞争上岗成为我国人事制度改革最突出和最重要的特征。在这种情况下，广大转业复员军人，同样必须接受这个挑战和考验。现在是一个人才辈出的年代，然而在比较封闭、稳定的军营中成长起来的退伍军人，投身市场经济大潮，在走向成功的道路上，所遇到的坎坷、做出的牺牲，有时比常人还要多。但是，他们坚信，军营生活是人生的一笔财富，高素质是就业路上的“通行证”，操场与市场是相通的，操场上的好战士在市场上也能大显身手。在这种思想支配下，无论是在城市还是在农村，无论是由组织安排工作还是个人自谋职业，都涌现出了许多优秀退伍军人。他们艰苦奋斗的精神，他们拼搏成功的经验，都值得后来的退伍军人学习。我希们这一批退伍老兵，要牢记毛主席这样一句话：世上无难事，只要肯登攀！

下面，我给大家介绍几位优秀退伍军人的先进事迹。

首先，让我们来追述一下发生在伟大领袖毛主席身边的故事。

那是 1949 年 5 月 17 日夜，在北京香山，毛主席的 16 名警卫员正坐在小饭厅为班长兼党小组长张瑞岐饯行。他们静静地等待毛主席的到来。不一会儿，卫士长李银桥跑来告诉大家，毛主席有重要事情不能到场了，说着将毛主席送的一条“五台山”牌香烟、一斤北京水果糖等礼物交给张瑞岐。就在这时，毛主席的次子毛岸青从客厅里走来，只见他递给主持人李银桥一个红皮塑料本，毛主席在扉页上写道：“张瑞岐同志：回到陕北继续工作，永远忠于人民事业。”就这样，号称“天下第一班长”的张瑞岐，带着毛主席的嘱托回到了陕北。当时，在祖国大陆解放之初、新中国成立前夕，全军各部队像张瑞岐这样的老兵，就有数十万之多。这些从长征路上走来，从抗日烽火中走来，从解放战争的硝烟里走来的退伍军人们，扛着人民发给的 50 斤小米、1 床棉被、两双胶鞋和少得可怜的一点点钱，带着部队的厚望和期待，回到家乡与父老乡亲一起，开始了再造人间山河的风雨历程。

像这样的情况，我还清楚地记得。刚解放的时候，有大批复员战士回到故乡。在部队的时候，他们出生入死，有的立了战功，有的留下了伤残，他们为推翻三座大山，建立新中国，立下了汗马功劳。战争结束以后，他们就是背着那么一点简单的行李，告别部队，回到家乡了。记得那时我们村里回来了一个复员战士，父老乡亲都去看他，欢迎他回到家乡来。那时我刚上小学，趁放学的时候，也和一群小伙伴去看他，觉得很新鲜、很热闹。那时的复员战士回家就是当农民，他们觉得在部队出生入死是应该的，因此复员时也不给组织提任何要求。那时的复员战士说得最多的几句话是：我们村里参军去了多少人，牺牲了多少人，自己是幸存者，回来以后一定要好好干，这样才对得起牺牲的战友。现在想想，那时候的复员战士思想境界可真高哇！的确值得我们很好学习。

从哪里来，回哪里去，是我国兵役制度的一项基本原则。对于绝大多数来自农村的战士来说，农村仍然是你们施展才华的舞台和最后的归宿。我国是一个农业大国，没有农村的稳定，便没有整个国家的稳定；没有农民的小康，国家的富强就缺乏坚实的基础。因此，我们一刻也不能忘记，现代化对于许许多多刚刚解决温饱问题的农民兄弟来说，还是一个陌生的字眼和短期无法实现的梦想。从这个意义上说，振兴农村是摆在我们每一个人面前的历史性课题。在提倡人才自由流动的今天，农村籍退伍老兵在选择今后的人生道路方面，理应享受更充分的自由。但对于养育自己的黄土地的深切呼唤，相信每一个曾在军旅奋斗过的人，都不会无动于衷，并且会做出正确的选择。我衷心祝愿农村籍退伍老兵在“希望的田野上”，再创佳绩，为军旗增辉。

实际上，多年来已经回乡的广大退伍老兵，已经成为农村“两个文明”建设的生力军，基层领导和农民兄弟称誉他们是脱贫致富的“领头雁”、治愚治乱的明白人、文明新风的传播者、国防后备力量的栋梁才。

海军某部751艇上一名普通水兵梁来劲，当兵时曾两次报考军校榜上无名。但他并不因此而消沉，退伍回到湛江一个海岛上。凭着军人敏锐的目光，他利用家乡海岛上海产资源丰富的优势，做起了海鲜生意。由于吃苦耐劳，加上经营有方，仅两年便成了拥有两家公司的“百万富翁”。他在应邀回部队向即将退伍的老兵作报告时，主要讲了这样一个道理：在部队入党、立功、上军校，只是收获中的一种。在部队几年间锻炼出来的政治思想水平、独立思考能力、雷厉风行的工作作风、吃苦耐劳的精神，无疑是一种优势，这些都将成为退伍老兵走向社会，在市场经济大潮中竞争的法宝。

济南军区某炮兵团退伍老兵康修，在军营这所大学校锻炼成才，退伍5年后，当上了青岛双星集团股份有限公司平邑分公司的经理，拥有

2000 万元的固定资产。致富不忘拥军报国，去年春节前夕，他来到自己的“娘家”——济南军区某炮兵团，不仅介绍了他艰苦创业的生动事迹，还主动帮助老部队建立了“战士成才奖励基金”。康修从山东沂蒙山区入伍后，被分配到炮兵团当了一名火炮修理员。当兵第二年就当上了班长，并加入了党组织。他当兵 5 年后，正怀揣军地联合颁发的村级组织人才结业证书退伍返乡时，青岛双星集团股份有限公司到部队来从退伍兵中招工，康修经考核应试，凭着过硬的素质被择优录取。来到双星集团后，康修先后当过工人、推销员、车间主任。他干一行、爱一行、专一行、精一行，很快得到了领导和员工的信任，被公司提拔为平邑分公司的经理。走上领导岗位后，康修凭着在部队学到的过硬本领，使公司日益兴旺发达，拥有了固定资产 2000 万元。康修不忘部队的养育之恩，经请示公司董事长同意，主动帮助老部队建立了“战士成才奖励基金”。凡在部队岗位成才和见义勇为的战士，荣立三等功、二等功、一等功的战士，都将分别获得不同数额的奖励基金。

再讲一个退伍兵搞活小山村的故事。山西省晋城市素有“太行之巅”的美称，该市泽州县东四义村以其小康建设的巨大成就，享有“太行第一村”的美誉。进入这个村庄，展现在眼前的是一幅“山村都市”的画卷：绿树环抱的村落，宽阔笔直的街道，漂亮别致的住宅，碧波荡漾的湖泊……漫步村中，科工贸商业一条街、文明花园小区、文化活动中心等，令人大开眼界。朱镕基总理在任时，曾去东四义村视察，他感慨地说：“什么是小康？这就是小康！在这里我看到了农村发展的希望！”东四义村的变化，是和一位退伍军人的名字联系在一起的。改革开放前，东四义村年人均收入不足 300 元，集体欠款 50 万元，是有名的穷地方。1981 年底，返乡不久的退伍军人田真炉，立志改变家乡的贫穷面貌。他担任村党支部书记后，提出了“发挥资源优势，兴办集体企业，实现共同富裕”的兴村富民思路。田真炉南下北上，找信息，引资金，聘人才，学管理，先后办起了三个村办煤矿和一个炼铁厂。1986 年底，东四义村偿还了全部债务。到 1990 年，全村共办企业 12 个，80%的劳力被安排在企业上班。集体经济总量猛增到 2600 万元。村办企业生产的多种型号水泥，被评为省优产品，畅销全国。随着集体经济的不断发展，东四义村又瞄准了建设现代化新农村的目标。1994年，他们投资数千万元实施“新农村建设工程”，到2000年底已全部建成。新建的小区仿照城市小区的布局，分成商业区、文化区、生活区、娱乐区，实行“社区化管理”。新建设的公园花团簇簇，芳草萋萋，楼台亭阁，绿水碧波，美不胜收。东四义村富了，田真炉却清醒地认识到，物质上的富有并不是真正的富有，还必须注重农村的精神文明建设。村党支部始终坚持两手抓，利用农民夜校等形式对村民进行思想教育，确保“两个文明”协调发展。在村里的文化活动中心，村民们读书看报，下棋打牌，娱乐健身，各得其乐。十多年来，村里没有出现过聚众赌博和封建迷信活动，没有发生过一起刑事案件。田真炉和党支部“一班人”又制定了新的发展规划，他们雄心勃勃，干劲十足，决心把东四义村再带上一个新的台阶。我们相信，东四义村这颗“太行明珠”，一定会更加璀璨夺目。同志们看看，通过这个小山村的变化，显示出一个退伍老兵的能量有多大！作用有多大！成绩有多大！贡献有多大！假如我们农村籍的退伍老兵，都向田真炉同志学习，发挥种子作用，在农村“两个文明”建设中做出成绩和贡献，那对于农村现代化建设和自己的人生理想的实现，意义又是多么重大！退伍老兵回农村，的确可以大有一番作为！

前面介绍了几位农村籍退伍老兵艰苦创业的事迹，下面介绍两位城市籍退伍官兵自谋职业的情况。

首先讲一个转业到上海的军官“卖粥成大器”的故事。

在上海书画界和餐饮界同时具有知名度的人寥寥无几，可上海“粥天粥地”美食有限公司的总经理史涌华却享此殊荣。史涌华戴着副金边眼镜，一身休闲西装配上精致领带，周身散发着文化商人的气息。出身军人世家的史涌华，转业到上海市某区房产局，拥有一份令人羡慕的职业。改革开放的洪流，触动了史涌华的心思：难道转业军人就只能四平八稳地捧着铁饭碗？眼下国家的政策搞活了，何不尝试在商海里劈波斩浪一番？史涌华开始了他人生坐标的重新定位。他在部队18年，当过文化干事和驻铁路军代表。他看到在上海这个国际大都市中，中外美食城到处林立，西式快餐与中式快餐争奇斗艳。深思熟虑之下，史涌华有了一个大胆而新奇的设想：将粥文化与艺术相结，在人们喝粥、品尝佳肴的同时，欣赏书画艺术，岂非既饱口福又饱眼福的人间乐事？看准了就干，于是他开始进行周密的市场调查，下南方，赴香港，四处考察讨教，终于掌握了煲粥的秘方和技术。不久，一家冠名“粥天粥地”的艺苑粥店应运而生。“粥天粥地”不愧为粥的天地，有 170 种之多。为使粥不粘底，要用文火煲 6 小时以上，而且要不断搅拌，用 4 种米、12 种料，颇费工夫。为了营造一个宜人高雅的就餐环境，他邀请上海书画名家程十发、赵冷月、徐伯清等留下墨宝，把粥店装饰得像家庭一样温馨。为了于民便利，消费定位从 30 元到 3000 元，满足不同层次人群的消费需求。由于开了沪上粥文化之先，很快得到了市场响应，公司初显规模效应，已有 4 家连锁店。事业顺达，但史涌华却无法割舍他的军人情结。在他看来，军旅生涯无疑是他最值得珍惜的一笔宝贵财富。在他心中，军人永远是最伟大的、最无私的、最可爱的。这种对军人的真情很自然地流露在日常经营中，军人到“粥天粥地”就餐，不仅可以享受最大幅度的打折，而且可以享受最优质的服务。以至于附近的军人们遇有亲朋聚会，都乐意到“粥天粥地”。

关于城镇籍退伍老兵工作安置问题，我在这里想多说几句。应该说，无论农村还是城市，地方党委、政府和有关部门，对于退伍士兵的安置，都是高度重视的，可以说做到了千方百计。但也毋庸讳言，不用说小城镇，即使是中等以上的城市，安置就业的困难和压力也越来越大。以前安置一个退伍老兵，和企业的领导说明情况，讲两句好话，人就安排进去了。可如今在有些地方，就是困难情况讲得再多，好话说了几箩筐，还是没有用。这决不是哪一级领导不重视，而是计划经济向市场经济转变必然带来的问题。下岗职工增加，士兵服役期缩短，更增加了安置就业的困难。市场经济对每个人都提出了挑战，优胜劣汰是其自然的竞争法则。因此，对每一个退伍士兵来说，都必然要接受市场经济的风雨洗礼。在这种情况下，有些城镇退伍士兵采取了自主择业的办法。自主择业完全采取自愿申请的原则，不愿自主择业的仍由国家安排工作。越来越多的退伍士兵认识到，市场经济条件下的用人制度已经发生变革，主动适应才是上策。有些退伍老兵说：与其分配到一个效益不好的企业，今天上岗，明天下岗，还不如利用部队发的复转费和地方发的补偿费，作为自己创业的资本。只要自己有信心、有能力，勇敢地面对生活，勇敢地去闯，就不愁就不了业，不愁挣不到钱。

安徽省合肥市退伍士官陈长贵，主动放弃省城的正式工作，到农村承包 100 亩荒山，创建农业高科技示范园，使之成为合肥市现代农业综合开发示范园和推广园、农业技术的储备园、农民学科技的大校园。4 年来，有世界 10 大类 20 多个最新品种的高科技农作物在此落户，带动 2000 多户农民彻底脱贫致富。陈长贵原是南京军区联勤部某分部机关的一名士官，1996 年转业回原籍安徽省合肥市。在部队时他曾目睹了一些农村贫穷落后的现实，决心为广大农民脱贫致富尽一份力。去市劳动局报到的当天，他就要求停薪从事农业开发，并与安徽省合肥市肥东县马湖乡小陶村签订了一项承包期为 25 年的 100 亩荒坡地生态农业综合开发合同。经过 4 年的艰苦奋斗，如今科技园内所种的果树全部结果，加上苗圃场、大棚菜和养猪喂鱼等收入，他已收回了所有投资，去年科技园产值超过了 100 万元。他还帮助驻地 2000 多户农民走上致富路，平均每户收入都超过万元。目前，他组建了合肥市信风现代农业有限责任公司，两年内再开发数千亩低产水稻田，以“公司＋农户”的形式，再带动附近一些农民共同致富，无偿为更多的农民提供更好的技术服务。

没有必要讲更多例子了，我也不可能具体地讲到每个退伍老兵回去后做什么工作、怎样找工作。讲得越具体可能越没用，也不一定适合你们每个人的情况。不过，我心里还是对你们有一种依依不舍之情，还有些话想说一说。我想简短地讲几个故事，其中有外国的故事，也有中国的故事。这几个故事，都含有一些人生哲理，可能对你们今后的工作和生活，有所启迪和教育。

第一个故事，叫做《伟人与泥土》，说的是文艺复兴时期意大利大画家达·芬奇前半生际遇坎坷，怀才不遇。30 多岁时，他投奔到米兰的一位公爵门下，希望他给自己创造一些机会。几年过去了，在达·芬奇的再三要求下，公爵终于开了恩，让他去给圣玛利亚修道院的一个饭厅画装饰画。这是一件无足轻重的活计，一个普通的匠人也可以完成。但是，达·芬奇却倾尽了自己所有的力量去进行创作。他日夜站在脚手架上，干到暮色沉沉也不肯下来。他有时会抱着肩站在画前，一站就是三四天，思考怎样把这幅画画得精益求精，好上加好。他画的这幅画，名为《最后的晚餐》。画成后，很多人为之倾倒，前来参观的人络绎不绝，达·芬奇也因此成了举世闻名的大画家。500 年后，这幅画仿佛成了一个寓言：一个人，要想取得成功，就要从最基础的工作做起，并要倾尽自己的全部力量。而巨人，如果不嫌弃一块泥土，那么他就能使泥土变成黄金。

第二个故事，讲的是一个美国人"换行"的故事。说的是美国开发初期，人们在加利福尼亚大山里发现了特大金矿，成千上万的美国人争相来此淘金。一位名叫亚威尔的贫苦农民难抵诱惑，也前来淘金，但由于种种原因，收益甚微。其实，加利福尼亚大山里，天气燥热，人满为患，水源奇缺。一天，亚威尔灵机一动：何不在这里卖水？他找来大批食品袋，从几十里外的山泉中装上甘甜水，运到淘金现场出售。没几年，亚威尔便成了当时美国屈指可数的百万富翁。这个故事说明，人生之路千万条，没有必要都走独木桥。俗话说：绊脚石大了不妨绕道走，不要非在一条道上走到黑。必要时及时"换行"，重新选定突破口，就有可能取得巨大成功。这正如我国古诗所说：山重水复疑无路，柳暗花明又一村。

第三个故事说的是"多想几步即可获得成功"。甲和乙差不多同时受雇于一家超级市场，开始时他们都从最底层开始。可不久甲受到总经理的青睐，一再被提升，直到部门经理。乙却像被人遗忘了一般，还在最底层。终于有一天，乙忍无可忍，向总经理提出辞呈，并痛斥他用人不公。总经理耐心地听着，他了解这个小伙子，工作肯吃苦，人很忠厚，但似乎少了点什么。总经理忽然有了个主意，对乙说："请您马上到集市上去，看看今天有什么卖的。”乙很快从集市上回来说，刚才集市上只有一个农民拉了车土豆卖。“一车大约有多少袋？一袋有多少斤？”总经理问。乙又跑去，回来说有 10 袋，每袋 100 斤。“那么，价格多少呢？”乙准备再次跑到集市上去。总经理看着跑得气喘吁吁的乙，说：“请您休息一会儿吧，您可以看看甲是怎么做的。”说完叫来甲对他说：“请您到集市上去，看看今天有什么卖的。”甲很快从集市上回来了，汇报说：“到现在为止，只有一个农民在卖土豆，有 10 袋，价格适中，质量很好。”他还带回几个土豆让总经理看。这个农民过一会儿还将弄几筐西红柿上市，据他看价格还公道，可以进一些货。这种价格的西红柿总经理可能会要，所以甲不仅带回了几个西红柿做样品，还把那个农民也带来了，他现在正在外面等回话呢！其实，甲比乙只是多想了几步，于是他在工作上总会获得成功。

第四个故事说的是两个乡下人外出去打工，一个去上海，一个去北京。可是在候车厅等车时他们又都改变了主意，因为邻座的人议论说，上海人精明，外地人问路都收费；北京人质朴，见吃不上饭的人，不仅给馒头，还送给衣服。去上海的人想，还是去北京好，挣不到钱也饿不死。去北京的人想，还是去上海好，给人带路都能挣钱，还有什么不能挣钱的？于是他们在退票处相遇了，原来去北京的得到了去上海的票，原来去上海的得到了去北京的票。去北京的人发现，到北京果然好，他初到北京的一个月，什么也没干，竟然没有饿着，不仅银行大厅里的“太空水”可以白喝，而且大商场里欢迎品尝的点心也可以白吃。去上海的人发现，上海果然是一个可以发财的城市，干什么都能赚钱。给人带路能赚钱，看厕所能赚钱，弄盆凉水让人洗脸也能赚钱。凭着乡下人对泥土的感情和认识，他在建筑工地装了 10 包含有沙子和树叶的土，以“花盆土”的名义，向爱花的上海人兜售。当天他在城郊间往返了 6 次，净赚了 50 元钱。一年后，他凭出售花盆土，竟然在大上海拥有了一间小小的门面。在去年的走街串巷中，他又有了一个新的发现：一些商店楼面亮丽的招牌较黑，一打听才知道是清洗公司只负责洗楼而不负责洗招牌的结果。他立即抓住这一空档，买了人字梯、水桶和抹布，办起了一个小型的清洗公司，专门负责擦洗招牌。如今他的公司已有150多名打工仔，业务也由上海发展到南京和杭州。前不久他去北京考察清洗市场。在北京站，一个捡破烂的人把头伸进软卧车厢，向他要一个啤酒瓶。就在递瓶时，两人都愣住了，因为5年前，他们曾经换过一次车票。我讲这个故事，绝不是褒一个城市贬一个城市，也不是说捡破烂就没有出息。而是说人的观念不同，就会带来不同的命运和结果。馅饼不会从天上掉下来，世上没有这样的便宜事。只有解放思想，转变观念，开阔视野，埋头苦干，才会改变命运、取得成功。

战友们、同志们：

再过几天，留队的官兵们又要唱着“送战友，踏征程……”为你们送行了！我当兵42年，送别过几十批战友。送别的心情是难以形容的。我们大家经常说“铁打的营盘，流水的兵”这句话，其实还有一句话，叫“流水的兵，铁打的情”。这前一句话说的是理，是军队建设的自然规律；这后一句话说的是情，是官兵之间、战友之间坚如钢铁、难以割舍的情。这种情理交融、亲如兄弟的场景，在送别老兵退伍时最为生动、最为感人。都说军中好男儿，流血流汗不流泪。是啊！男儿有泪不轻弹，只因未到离别时。那一刻，大家抱在一起，哭成一团，泪水打湿了没有徽章的旧军装，而留下的是难舍之情、惜别之恋。我说，这不叫脆弱，这叫坚强。这种场景，只有在我们中国人民解放军的营房里才能看到。退伍老兵对部队的爱有多深，对战友的情有多厚，那泪水足以证明。大家相互之间不用说什么，就让眼泪尽情地流吧，洒向军营绿土地，洒给战友一片情！

说到这里，我还想转赠大家一首小诗。这首诗刊登在《解放军报》上，作者是郭可兴。我现在朗诵一下：

### 告别军旅

——献给即将退伍的战友

郭可兴

好战友啊好兄弟，

今天你就要告别军旅。
彼此相对默默无语，
双手紧紧握在一起。
祝福的话儿千言万语，
道不尽你我离情别意。

好战友啊好兄弟，
今天你就要脱下军衣。
请把成熟打进行李，
再把友谊留在心底。
今后无论你走到哪里，
我和你永远恋着军旅。

最后，我再说一句：老兵战友们、同志们！你们今后的人生之路还很长很长，请一路走好！我——一个退休老兵，衷心地祝福你们——退伍老兵！

# 后 记

我写这篇后记的日子——2012 年 12 月 24 日，恰逢是我 72 周岁生日。我与雷锋同年出生、同年入伍，雷锋是我终生学习的光辉榜样。不论我这本书写得怎样，总算是了却我的一桩心愿，也算是对雷锋同志的一个纪念。我写这本书的过程，也是重新学习雷锋的过程。我越写越觉得雷锋既平凡又伟大，我下决心学雷锋要活到老、学到老。

老舍先生曾说："付出九牛二虎力，不作七拼八凑文。"我虽然也付出了"九牛二虎力"，但终因时间紧迫、水平有限，所以还是写成了"七拼八凑文"。

应该实事求是地承认，我写这本书，没有脱离"天下文章一大抄"的套路。我这个人没有什么特长，平时只有两大爱好，一个是散步，一个是看书。我性喜杂览，经常阅读各种书报杂志。每逢发现了人家的好东西，不论是一篇文章、一段言论、一个故事，还是一个寓言、一段警句、一句名言，我都视如宝贝，赶快把它们剪贴或摘抄下来，并且分门别类保存起来，从而变成自己的"私有财产"。到有用的时候，再翻箱倒柜找出来，把它们派上用场。这实际上是一个"充电"和"放电"、"收入"和"支出"的过程。

这本书不是什么学术著作，而是类似于电视中的谈话节目。每当谈到什么问题，为了说得更清楚、更明白、更生动、更活泼一些，我就拿出自己"百宝箱"中的一些存货，这里既有我的旧作，也引用了别人的不少东西。明显的、段落较长的，都注明了作者和出处；较短的或记不清作者是谁的，就"偷偷"地塞进了书里。如果原作者或明眼人发现了，我一定供认不讳、老实承认。我的目的只有一个，只要是对部队士兵有用、有益的东西，哪怕是只言片语，也想写进书中，让他们学习参考。

我很喜欢和佩服蜜蜂这种小动物。很多人都愿意食用甜美好吃、营养丰富的蜂蜜，但很少人知道轻易购得的蜂蜜却是“滴滴皆辛苦。”据动物学家估计，一只蜜蜂一次只能采撷20毫克的花蜜，采集1公斤需要飞行5万到6万“航次”。酿制1克蜂蜜，需要采集1500到1600朵花的花蜜。若从飞行长度计算，酿造1公斤蜂蜜，必须飞行36万至45万公里。这可真是“都知蜂蜜甜，谁知蜜蜂苦”啊！我想，如果我们每个人都具备了蜜蜂这种不远万里、不辞辛苦的精神，我们能做多少工作、能作多大贡献呀！

解放军总政治部办公厅编研室原主任邢华琪同志，真是一位有心人！20多年来，在众多单位和同志的支持下，他一直千方百计地收集、整理雷锋同志的材料，经常认识编纂，由华文出版社出版了《雷锋全集》。书中收录了雷锋写下的330余篇日记、眉批、诗歌、小说、散文、书信、讲话、赠言，近20万字，其中不少是过去从未公开发表过的。

为一位士兵出全集，这在古今中外恐怕都是罕见的！邢华琪同志慷慨地赠给了我一本《雷锋全集》，并在扉页上写了一段充满激情的赠语：

中国出了个毛泽东，因了毛泽东，中国出了千千万万个雷锋。

人间相知、天地有缘，或许许多东西早已注定。

衷心感谢邢主任和有关同志，正是因为他们整理、编纂的《雷锋全集》，为我写这本书提供了极大的方便。

我还衷心感谢我的忘年好友、解放军总参谋部信息化部政治部的李照达干事。现在正值年终岁尾，他的工作十分忙碌。在这种情况下，他利用了很多晚上和双休日时间，帮我打印、整理书稿。没有他的辛勤劳作和大力支持，我是不可能在这么短的时间里写出这本书稿的。

我特别感谢中国财政经济出版社张立宪副总编辑、周桂元主任、张怡然编辑。他们为这本书的选题、内容、结构和书名提出了宝贵的意见，并不厌其烦地对书稿进行了修改加工。

我国古语说：“近朱者赤，近墨者黑。”又说：“见贤思齐焉。”

无数实事证明，如果选择一位优秀人物作为自己的楷模，研究他的成功之路，学习他的成功经验，一直朝着他的方向努力，那你也就必然逐渐向这位优秀人物的目标靠近。

相反，如果你终日与一些小人物为伍，与一些狗苟蝇营之辈纠缠在一起，那你决不可能成为品格高尚、有所作为的人。

中宣部、中央文明办提出了“学习雷锋、奉献他人、提升自己”的口号。我认为，这样的提法是正确的、实事求是的。

“雷锋班”命名已经 50 周年，“雷锋班”班长到现在已是第 25 任了。前 3 任班长与雷锋一起工作、学习和生活过，从第 4 任班长以后，他们虽然没有见过雷锋，但他们一直坚持学习雷锋、宣传雷锋。他们提出了这样 4 句话：一事当前想雷锋，一事当中做雷锋，一事之后比雷锋，一生一世学雷锋。我认为，这 4 句话提得很好，他们也的确是这样做的。

一代伟人毛泽东，曾满怀激情地对青年人说道，世界是你们的，也是我们的，但归根结底是你们的。你们青年人好像早晨八九点钟的太阳，希望寄托在你们身上。

可亲可爱的士兵同志们！作为一个年逾“古稀”的退休老兵，我愿意把这本小书作为礼物奉献给你们，并和你们携起手来，一起向雷锋同志学习、学习、再学习！

**田永清**

写于 2012 年 12 月 24 日（作者出生 72 周年）